समय के माध्यम से यात्रा करना - पाठकों का संस्करण

एरिक जोन्स

समर्पण

जीवन फलदायी हो सकता है, लेकिन कभी-कभी यह जटिल भी हो सकता है। मैं इस पुस्तक को उन सभी मजबूत महिलाओं को समर्पित करना चाहूँगा जिन्होंने मेरे जीवन को आकार देने में भूमिका निभाई।

मेरा पालन-पोषण बहुत साधारण रहा, और मेरी दादी हमेशा मेरे साथ खड़ी रहने वाली थीं। उनकी ताकत, बुद्धिमानी और परिवार के प्रति समर्पण बेजोड़ था।

मैं अपने दादा-दादी के उदाहरण का पालन करने की कोशिश करता हूँ क्योंकि मैं दिग्गजों के कंधों पर खड़ा हूँ, और मैं हर दिन आगे बढ़ता रहता हूँ, यह जानते हुए कि वे मेरे भीतर जीवित हैं। इस किताब को लिखते हुए, मैं खुद को खोजने और यह पहचानने के दृष्टिकोण से दुनिया के साथ बातचीत करना चाहती थी कि क्या महत्वपूर्ण है और हम समय के माध्यम से इस तरह से कैसे यात्रा कर सकते हैं कि यह जीवन सार्थक हो।

मैं भाग्यशाली हूँ कि मुझे एक अच्छा परिवार और मजबूत बेटियाँ मिला है जो हमेशा मेरा समर्थन करता हैं, और मुझे उम्मीद है कि इन पन्नों में समाहित कुछ ऐसा होगा जो पाठक के जीवन में इस तरह से बदलाव लाएगा कि उन्हें वह दिशा, संतुष्टि और पूर्णता मिल सके, जिसे सीखने में मुझे जीवन में बहुत देर लग गई।

हम सभी समय के एक काल्पनिक रोलर कोस्टर पर सवार हैं जो तेज़ या धीमा हो सकता है। कभी-कभी, इसमें उतार-चढ़ाव होते हैं, लेकिन हमारे पसंद के आधार पर, यह उतना ही सहज हो सकता है जितना कि यह हमें अस्तित्व के अगले स्तर तक ले जाता है। इस यात्रा पर निकलने के लिए आपके समय और प्रयासों की मैं सराहना करता हूँ, और मुझे उम्मीद है कि आपका समय सार्थक व्यतीत होगा।

अस्वीकरण

इस पुस्तक में प्रदान की गई जानकारी केवल सामान्य सूचनात्मक और शैक्षिक उद्देश्यों के लिए है और इसे वित्तीय, निवेश, कर, या कानूनी सलाह नहीं माना जाना चाहिए। लेखक एक लाइसेंस प्राप्त वित्तीय सलाहकार, लेखाकार, या वकील नहीं है, और इस पुस्तक की सामग्री पेशेवर वित्तीय परामर्श का गठन नहीं करती है।

पाठकों को प्रोत्साहित किया जाता है कि वे कोई भी वित्तीय निर्णय लेने से पहले अपना स्वयं का शोध करें और योग्य पेशेवरों से सलाह लें। लेखक और प्रकाशक सामग्री में किसी भी त्रुटि या चूक के लिए, न ही इस पुस्तक में दी गई जानकारी का उपयोग करने से होने वाले किसी भी परिणाम के लिए कोई ज़िम्मेदारी नहीं लेते हैं। प्रदान की गई जानकारी पर कोई भी निर्भरता पूरी तरह से पाठक के अपने जोखिम पर है।

इस पुस्तक को पढ़कर, आप इस बात से सहमत हैं कि यहाँ चर्चा की गई किसी भी जानकारी या सिफारिशों को लागू करने से उत्पन्न होने वाले किसी भी वित्तीय हानि, क्षति, या अन्य परिणामों के लिए लेखक और प्रकाशक को उत्तरदायी नहीं ठहराया जाएगा।

विषय-सूची

अध्याय 1
परिचय

हम सभी समय में आगे बढ़ते हैं। घड़ी की सुई की निरंतर चाल हमें याद दिलाती है कि हर सेकंड कितनी तेजी से बीतता है और फिर वह पलक झपकते ही चला जाता है। क्षण हमारी पकड़ से फिसल जाते हैं, ठीक वैसे ही जैसे खुले हाथों से रेत के दाने लुढ़क जाते हैं। उन क्षणों में से कुछ अवसर लेकर आते हैं। ये हमारे लिए चिंतन करने, विकसित होने और ऐसे तरीकों से निवेश करने के अवसर हैं जो उद्देश्य और संतुष्टि की गहरी भावना की ओर ले जा सकते हैं।

इसे समझना आपको अतीत में लौटकर पलों को अलग तरह से जीने, क्षणिक चीज़ों को थामे रखने की इच्छा दिला सकता है। हालाँकि हम चीज़ों को बदलना चाह सकते हैं, समय केवल आगे बढ़ता है। हम में से अधिकांश लोग, किसी न किसी समय, छूटे हुए अवसरों को पीछे मुड़कर देखते हैं, यह पहचानते हुए कि वे हमारी पहुँच से बाहर हैं। फिर भी, जो मायने रखता है वह यह नहीं है कि हमने क्या खोया है, बल्कि यह है कि हम आगे बढ़ने का विकल्प कैसे चुनते हैं। हर कदम, हर चुनाव, हमारे विकास को आकार देता है, और हमारे पास कुछ सार्थक बनाने की शक्ति होती है।

इस पुस्तक की सामग्री आपको उन निर्णयों को खोजने में मदद करने के लिए तैयार की गई है जो किसी के चरित्र और निर्णय लेने की प्रक्रिया में योगदान करते हैं, साथ ही यह पहचानने में भी कि कौन से कारक अधिक संतुष्टि के स्तर की ओर ले जा सकते हैं।

संतुष्टि इस बात से जुड़ी होती है कि हम वर्तमान में अपना जीवन कैसे जीते हैं। यह इस बात से आकार लेती है कि हम अपना समय कैसे बिताते हैं और रास्ते में हम कौन-कौन से चुनाव करते हैं। हमारे मूल्य एक कम्पास की तरह काम करते हैं, जो हमारी अपेक्षाओं का मार्गदर्शन करते हैं और इस बात को प्रभावित करते हैं कि हम खुद को कैसे देखते हैं। लेकिन जीवन के पास वास्तविकता और कल्पना को एक साथ बुनने का एक तरीका होता है, और कभी-कभी, जो तस्वीर हम अपने मन में बनाते हैं, वह उस तस्वीर से मेल नहीं खाती जिसे

हम अपने सामने देखते हैं। जब ऐसा होता है, तो यह चिंता को जन्म दे सकता है या हमें थका हुआ महसूस करा सकता है।

मैं चाहता हूँ कि आप एक महत्वपूर्ण बात याद रखें: आपके पास अपने जीवन को इस तरह से आकार देने की शक्ति और ज़िम्मेदारी दोनों है जो आपके मूल्यों के अनुरूप हो और आपकी आत्मा को तृप्त करे। संतुष्टि तब मिलती है जब आप जो सोचते हैं, महसूस करते हैं और करते हैं, सब एक साथ काम करते हैं। मेरी आशा है कि यह किताब आपको उस सामंजस्य पर विचार करने में मदद करे और आपको एक ऐसे जीवन के करीब लाए जो सार्थक और संतोषजनक लगे।

हम में से प्रत्येक एक आध्यात्मिक और एक भौतिक प्राणी है। हम एक साथ दो जीवन जीते हैं: एक हमारे मन में, जो सपनों और कल्पनाओं से भरा है, और दूसरा भौतिक दुनिया में, जहाँ हम उन सपनों को साकार करते हैं। मानव होने की सुंदरता यह है कि हम इस बारे में गहराई से सोच सकते हैं कि हम क्या चाहते हैं और फिर इसे प्राप्त करने का तरीका चुन सकते हैं। यहीं से सच्ची संतुष्टि और एक स्वस्थ जीवन की शुरुआत होती है।

एक बेहतर जीवन, इसका मतलब आपके लिए जो भी हो, पूरी तरह से दुनिया का अवलोकन करने, अपनी वर्तमान वास्तविकता को समझने, और यह पहचानने की आपकी क्षमता पर निर्भर करता है कि आप वास्तव में क्या चाहते हैं। यह इस बारे में है कि आप जहाँ हैं और जहाँ आप होना चाहते हैं, उनके बीच के अंतर को जानना। जब आप उस अंतर को स्पष्ट रूप से देख सकते हैं, तो आप अपने मूल्यों को दर्शाने वाले सार्थक लक्ष्य निर्धारित कर सकते हैं और उन पर उद्देश्यपूर्ण ढंग से काम कर सकते हैं। लेकिन आइए यहाँ ईमानदार रहें: जीवन हमेशा योजना के अनुसार नहीं चलता। जब चीजें हमारी समय-सीमा या अपेक्षाओं के अनुरूप नहीं होती हैं, तो निराशा और तनाव आ सकता है। मैं यह बहुत अच्छी तरह जानता हूँ।

हमारे पास केवल एक ही जीवन है, और मैं अपने जीवन का भरपूर उपयोग करना चाहूँगा। असफलताओं को हमें परिभाषित करने देने के बजाय, हम अपनी मानसिकता बदल सकते हैं और उस पर ध्यान केंद्रित कर सकते हैं जो वास्तव में मायने रखता है। विकास वहीं होता है।

कुछ लोग अपनी ज़िंदगी से वैसे ही खुश रहते हैं जैसे वह है। वे इसे और बेहतर बनाने की ज़रूरत महसूस नहीं करते हैं। लेकिन हम में से कई लोगों के मन में एक आवाज़ आती है, "अगर मैं बस कुछ चीज़ों को ठीक कर सकूँ, तो शायद ज़िंदगी और भी बेहतर लग सकती है।" यहीं पर सचेत चिंतन की भूमिका आती है। जो चीज़ें हमें खुश करती हैं, उन्हें आत्मनिरीक्षण और जाँच-पड़ताल के ज़रिए बेहतर ढंग से समझा जा सकता है। दर्शनशास्त्र इसी सटीक आधार पर टिका है: कि इंसान को सोच-समझकर सोचना चाहिए, सत्य की खोज करनी चाहिए, और सार्थक निर्णय लेने चाहिए।

मूल रूप से, दर्शनशास्त्र स्वयं को और हमारे आसपास की दुनिया को समझने के बारे में है। यह हमें सही निर्णय लेने, उद्देश्य के साथ जीने और जीवन में बिना सोचे-समझे आगे बढ़ने से बचने में मदद करता है। विचारशील चिंतन के माध्यम से, हम स्पष्टता प्राप्त कर सकते हैं, अपने ध्यान को तीखा कर सकते हैं, और अपने जीवन को कुछ ऐसा आकार दे सकते हैं जिस पर हमें गर्व हो।

दर्शन क्या है?

यह असाधारण गहराई और व्यापकता वाली एक बौद्धिक खोज है, जिसे मानव अस्तित्व के मूल में मौजूद मौलिक प्रश्नों की अनुशासित और व्यवस्थित जांच के रूप में परिभाषित किया गया है। सरल शब्दों में, यह सत्य की खोज है—हमारे आस-पास की चीजों की प्रकृति को समझने का एक तरीका और यह जानने का कि वे भौतिक दुनिया में हमसे कैसे संपर्क करती हैं। तर्कसंगत पूछताछ में निहित, यह खोज अस्तित्व-मीमांसा, ज्ञान-मीमांसा, नैतिकता और परलोक-मीमांसा के क्षेत्रों में प्रवेश करती है, और वास्तविकता, ज्ञान, नैतिकता और हमारे साझा मानवीय अनुभव के रहस्यों के बीच जटिल संबंधों को उजागर करती है।

मजबूत आलोचनात्मक सोच, तार्किक तर्क, और गहन विश्लेषण के अनुप्रयोग के माध्यम से, दर्शन हमारे सचेत जागरूकता की सतह के नीचे छिपी हुई उन दुर्लभ सच्चाइयों को उजागर करने के लिए एक खोज करता है।

तत्त्वमीमांसा

तत्त्वमीमांसा वास्तविकता की प्रकृति के बारे में मौलिक प्रश्नों की गहराई से पड़ताल करती है। यह ईश्वर के अस्तित्व, सत्य की रहस्यमयी प्रकृति, और यहां तक कि मन और शरीर के बीच के रहस्यमय संबंध की जांच में भी शामिल होती है। साहस और बौद्धिक जिज्ञासा के साथ, तत्त्वमीमांसा उन अंतर्निहित सिद्धांतों और संरचनाओं को उजागर करने का प्रयास करती है जो हमारी दुनिया के भौतिक और अ-भौतिक पहलुओं को आकार देती हैं।

ज्ञानमीमांसा

ज्ञानमीमांसा, जिसे ज्ञान का अध्ययन कहा जाता है, वस्तुओं और परिवेश से संबंधित है। यह इस प्रश्न का भी उत्तर देती है कि हम ज्ञान कैसे प्राप्त कर सकते हैं। ज्ञानमीमांसक ज्ञान की प्रकृति को समझने का प्रयास करते हैं और जो वे नहीं जानते हैं, उसकी खोज के लिए अपनी अन्वेषणात्मक मानसिकता का उपयोग करते हैं।

समझने की उनकी यह खोज न केवल उन्हें जो वे सीखते हैं उसकी प्रामाणिकता को समझने में मदद करती है, बल्कि उन्हें उस ज्ञान की विश्वसनीयता का मूल्यांकन करने की अनुमति भी देती है। भले ही वे जानते हैं कि क्या करना है, फिर भी वे अक्सर आत्म-संदेह के भूलभुलैया में खो जाते हैं। यह अजीब लग सकता है, लेकिन संघर्ष, संदेह और प्रश्न ही जानकारी की खोज को इतना महत्वपूर्ण बनाते हैं।

नैतिकता

नैतिकता, जिसे अक्सर सदाचार का पर्याय माना जाता है, किसी व्यक्ति की आदर्श व्यवहार अपनाने की क्षमता पर केंद्रित होती है। यह हमें कालातीत प्रश्नों पर विचार करने के लिए आमंत्रित करती है: क्या सही है या गलत? क्या अच्छा या बुरा है? हमें आदर्श रूप से कैसे जीना चाहिए? नैतिकता हमें नैतिक सिद्धांतों और नैतिक सिद्धांतों पर विचार करते हुए मानव व्यवहार की जटिलताओं और उसके प्रभावों पर प्रकाश डालने में मदद करती है। यह एक कम्पास के रूप में कार्य करती है, जो हमें नैतिक निर्णय लेने की चुनौतीपूर्ण प्रक्रिया में मार्गदर्शन करती है और हमें अपने और अपने आस-पास के लोगों के लिए दुनिया को बेहतर बनाने के लिए प्रेरित करती है।

तर्कशास्त्र

तर्क, तर्क और वैध अनुमान का व्यवस्थित अध्ययन और अनुप्रयोग है। यह एक ऐसा विषय है जो स्पष्ट, सुसंगत सोच के सिद्धांतों और नियमों की जांच करता है। मूल रूप से, तर्क तर्कों का मूल्यांकन करने, यह निर्धारित करने कि वे मान्य हैं या अमान्य, और निष्कर्षों की ठोसता का आकलन करने के लिए एक रूपरेखा स्थापित करता है।

यह तर्कों की संरचना और संगति का विश्लेषण और मूल्यांकन करने के लिए उपकरण और तरीके प्रदान करता है। यह अपाती (deductive) और अनुपती (inductive) तर्क में गहराई से उतरता है—कि तार्किक निष्कर्ष पूर्वधारणाओं से कैसे उत्पन्न होते हैं। अनुपती तर्क में विशिष्ट अवलोकनों या डेटा के आधार पर सामान्यीकरण विकसित करना शामिल है, जबकि अपाती तर्क व्यापक सिद्धांतों या पूर्वधारणाओं से विशिष्ट निष्कर्ष निकालता है। सरल शब्दों में, तर्क वैधता के सिद्धांतों के अनुसार तर्क करने की प्रक्रिया है जिसे एक सामान्य बुद्धि द्वारा व्यापक रूप से समझा जाता है।

तर्क और भावनात्मक बुद्धिमत्ता

किसी ऐसे पल पर विचार करें जब किसी बहस में भावनाएँ उग्र हो जाती हैं। तुरंत प्रतिक्रिया देने की प्रवृत्ति बहुत प्रबल हो सकती है। हालाँकि, एक कदम पीछे हटना और तार्किक तर्क लागू करना एक अधिक संतुलित प्रतिक्रिया देने की अनुमति देता है। यह इस बात का सार है कि तर्क और भावनात्मक बुद्धिमत्ता कैसे एक साथ काम करते हैं। तर्क उस नींव को प्रदान करता है जो भावनात्मक बुद्धिमत्ता का समर्थन करती है, व्यक्तियों को अपनी भावनाओं को इस तरह से समझने, प्रबंधित करने और व्यक्त करने में मदद करती है जो रिश्तों को नुकसान पहुँचाने के बजाय उन्हें मजबूत बनाती है।

मूल रूप से, तर्क एक स्थिरता प्रदान करने वाली शक्ति के रूप में कार्य करता है। यह व्यक्तियों को अपनी भावनाओं का विश्लेषण करने, उत्तेजक कारकों को पहचानने, और केवल आवेग पर आधारित निर्णय लेने से बचने की अनुमति देता है। जब तर्क लागू किया जाता है, तो भावनात्मक प्रतिक्रियाओं में पैटर्न की पहचान करना और उन पर प्रभाव डालने वाले किसी भी संज्ञानात्मक पूर्वाग्रह को उजागर करना आसान हो जाता है। आत्म-जागरूकता का यह स्तर भावनात्मक बुद्धिमत्ता का एक मौलिक पहलू है। यह चिंतन करने, भावनात्मक

प्रतिक्रियाओं को विनियमित करने, और दूसरों के साथ बातचीत पर अधिक नियंत्रण विकसित करने की क्षमता प्रदान करता है।

भावनात्मक बुद्धिमत्ता तब प्रभावी होती है जब कोई व्यक्ति यह समझता है कि तर्कशीलता को कब अलग रखना आवश्यक है। मैं और समझाता हूँ। बहुत सारी बातचीत इसलिए बिगड़ जाती है क्योंकि एक व्यक्ति चर्चा या समझाए जा रहे विषय के परिस्थितिजन्य संदर्भ को सुनने या समझने से इनकार कर देता है। अक्सर प्रतिक्रिया गुस्सा और अतर्कपूर्ण होती है। आम तौर पर, लोगों को सक्रिय रूप से सुनते हुए तर्कशील बने रहने का संतुलन सीखने की आवश्यकता होती है। ऐसे क्षणों में, उन्हें अपनी भावनाओं को अस्थायी रूप से अलग रखने में सक्षम होना चाहिए। मैं लोगों से कहता हूँ कि वे अपनी भावनाओं को अपनी जेब में रख लें। इन कौशलों को विकसित करना संघर्षों से बचने और परिप्रेक्ष्य प्राप्त करने का सबसे अच्छा तरीका है, जो अंततः समझ और विकास में सहायक होता है।

उच्च दबाव वाली स्थितियों में, व्यक्तियों को सहानुभूति और आलोचनात्मक सोच के बीच संतुलन बनाना चाहिए। उदाहरण के लिए, कोई चिकित्सक जो कठिन समाचार दे रहा है, उसे सहानुभूति बनाए रखना चाहिए, साथ ही यह भी सुनिश्चित करना चाहिए कि जानकारी स्पष्ट और पेशेवर तरीके से दी जाए। ऐसी स्थितियों में भावनाओं को पूरा नियंत्रण करने देना गलत संचार या अनपेक्षित परिणामों को जन्म दे सकता है। तार्किक तर्क इन क्षणों को स्पष्टता और संवेदनशीलता दोनों के साथ सामना करने के लिए आवश्यक संरचना प्रदान करता है।

तर्क दूसरों की भावनाओं की व्याख्या करने की क्षमता को भी बढ़ाता है। किसी भावनात्मक प्रदर्शन पर बस प्रतिक्रिया देने के बजाय, तार्किक तर्क मौखिक संकेतों, शारीरिक भाषा और परिस्थितिजन्य संदर्भ का विश्लेषण करने में मदद करता है। यह गहरी समझ गलत व्याख्या के बजाय जुड़ाव को बढ़ावा देने वाले अधिक विचारशील प्रतिक्रियाओं की अनुमति देती है।

भावनात्मक बुद्धिमत्ता रोबोट या स्वचालित यंत्र बनने के बारे में नहीं है। यह भावनाओं को समझने के बारे में है, अपने और दूसरों की भावनाओं को। यह इस तरह से प्रतिक्रिया करना जानना है जो पारस्परिक समझ और सम्मान को बढ़ावा दे।

तर्क और भावनात्मक बुद्धिमत्ता के बीच का संबंध एक को दूसरे पर चुनने का मामला नहीं है। बल्कि, यह जानने के बारे में है कि प्रत्येक को सही समय पर कैसे लागू किया जाए। भावनात्मक बुद्धिमत्ता सहानुभूति और जुड़ाव को बढ़ावा देती है। यह यह जानने की कला है

कि तीखी बहसों के बाद सब ठीक हो जाएगा और स्पष्ट संचार स्थापित होगा। साथ ही, तर्क किसी व्यक्ति की भावनाओं के प्रवाह पर स्पष्टता और नियंत्रण प्रदान करता है। यह तथ्यों को सामने रखना और उन्हें बिना किसी पक्षपात के देखना है। इस संतुलन में महारत हासिल करने से गहरे संबंध, बेहतर निर्णय लेने की क्षमता और जीवन के प्रति अधिक ठोस दृष्टिकोण मिलता है।

दर्शन और इतिहास

जब अतीत के पन्नों में लिखे गए दर्शन के सिद्धांत की बात आती है, तो बौद्धिक बहस कभी खत्म नहीं होती। एक इतिहासकार, अपनी सच्ची प्रकृति के अनुसार, इस बात पर जोर देगा कि अतीत में ही सभी उत्तर मौजूद हैं। हालाँकि, दार्शनिक इससे असहमत होगा और यह तर्क देगा कि तथ्यों से अधिक प्रश्न महत्वपूर्ण हैं। यदि किसी आम सहमति पर पहुँचने के लिए उन्हें एक साथ एक कमरे में बंद कर दिया जाए, तो वे बहस करते रहेंगे, न कोई जीतेगा न कोई हारेगा, क्योंकि सच तो यह है कि उन्हें एक-दूसरे की आवश्यकता है। दर्शन और इतिहास अलग-अलग विषय नहीं हैं; वे एक ही सिक्के के दो पहलू हैं।

इतिहास घटनाएँ, तथ्य और परिणाम प्रदान करता है। यह हमें बताता है कि क्या हुआ, किसने क्या किया, और सभ्यताएँ कैसे उठीं और गिरीं। लेकिन दर्शनशास्त्र के बिना इतिहास, किसी उपन्यास को उसके विषयों को समझे बिना पढ़ने जैसा है। बेशक, कोई भी हर प्रमुख क्रांति की तारीख याद कर सकता है, लेकिन दार्शनिक तर्क के बिना, वे क्रांतियाँ मानव स्वभाव, शक्ति और समाज के बारे में सीख के बजाय निर्जीव तथ्य बनी रहती हैं।

दूसरी ओर, दर्शन कठिन प्रश्न पूछता है। न्याय क्या है? सत्य क्या है? एक अच्छा समाज क्या है? जहाँ इतिहास हमें उदाहरण देता है, वहीं दर्शन हमें उन पर आलोचनात्मक रूप से सोचने के लिए मजबूर करता है। उदाहरण के लिए, प्राचीन रोम को लें। इतिहास हमें बताता है कि साम्राज्य गिर गया। दर्शनशास्त्र पूछता है कि यह क्यों गिरा और आज के समाजों के लिए इसका क्या मतलब है। क्या यह भ्रष्टाचार था? अति-विस्तार? शक्ति का अपरिहार्य चक्र? दर्शनशास्त्र के बिना, इतिहास बस हमें यह बताएगा कि रोम ढह गया, और हम आगे बढ़ जाएंगे। दर्शनशास्त्र के साथ, हम रोम को नेतृत्व, शासन और मानवीय महत्वाकांक्षा की सीमाओं के एक केस स्टडी के रूप में देखते हैं।

प्रबोधन काल इतिहास और दर्शनशास्त्र के एक साथ काम करने का सबसे अच्छा उदाहरण है। इतिहासकार हमें बता सकते हैं कि यह कब हुआ और किन विचारकों ने योगदान दिया, लेकिन दर्शनशास्त्र हमें यह विचार करने के लिए मजबूर करता है कि नए विचारों का यह विस्फोट क्यों हुआ। वोल्टेयर और रूसो जैसे विचारकों ने पारंपरिक अधिकारों को क्यों चुनौती दी? समाजों ने अचानक व्यक्तिगत अधिकारों और लोकतंत्र के विचारों को क्यों अपना लिया? जवाब न केवल ऐतिहासिक घटनाओं में बल्कि उन पर हुई दार्शनिक बहसों में भी निहित हैं।

दर्शन और इतिहास के बीच यह संबंध केवल विद्वानों के लिए नहीं है। यह दैनिक जीवन में प्रासंगिक है। आधुनिक राजनीति के बारे में सोचें। इतिहास हमें बताता है कि अतीत में कौन सी नीतियां सफल रही हैं या विफल रही हैं। दर्शन हमें यह पूछने के लिए प्रेरित करता है कि कुछ विचार सफल क्यों होते हैं और अन्य क्यों नहीं। मिलकर, वे हमें वर्तमान को समझने, यथास्थिति पर सवाल उठाने और भविष्य की भविष्यवाणी करने में मदद करते हैं।

इतिहास के बिना, दर्शन की वास्तविक दुनिया में कोई जड़ें नहीं होतीं। दर्शन के बिना, इतिहास सिर्फ पुरानी कहानियों का एक संग्रह है। लेकिन जब वे एक साथ काम करते हैं, तो वे वास्तव में कुछ शक्तिशाली प्रदान करते हैं। उनमें अतीत को देखने, वर्तमान को समझने और बुद्धिमानी से भविष्य को आकार देने की क्षमता होती है।

दर्शन और ज्ञान

दर्शन और ज्ञान मानव इतिहास की दो सबसे अधिक गलत समझी जाने वाली शक्तियाँ हैं। वे पारिवारिक भोजन पर दो भाई-बहनों की तरह हैं। एक बौद्धिक है जो एक गिलास अच्छी वाइन के साथ जीवन के अर्थ का विश्लेषण करने का आनंद लेता है। दूसरा है व्यावहारिक व्यक्ति जो आँखें घुमाकर कहता है, "यह अच्छी बात है, लेकिन इससे मेरे बिल चुकाने में कैसे मदद मिलेगी?" यह सच है कि दर्शन और ज्ञान जुड़े हुए हैं, लेकिन वे एक ही चीज़ नहीं हैं। उन्हें एक-दूसरे की ज़रूरत है, फिर भी वे हमेशा एक-दूसरे से मेल नहीं खाते।

दर्शन जिज्ञासा का चरम रूप है। यह बड़े सवाल पूछता है। सत्य क्या है? न्याय क्या है? पिज्जा पर अनानास होना चाहिए या नहीं? उसे इन सवालों के जवाब जल्दी देने की ज़रूरी नहीं कि उसे परवाह हो। वास्तव में, दार्शनिक बहसों को यथासंभव लंबा खींचना पसंद करते हैं क्योंकि सवाल पूछने की प्रक्रिया उतनी ही मूल्यवान है जितना कि जवाब खोजना। इस

बीच, बुद्धिमानी दर्शनशास्त्र की अधिक कुशल, व्यावहारिक बहन है। जहाँ दर्शनशास्त्र अस्तित्व पर विचार करने में व्यस्त है, वहीं बुद्धिमानी पृष्ठभूमि में फुसफुसाती है, "यह बहुत अच्छा है, लेकिन शायद यह अपने बॉस से ज़ोर से न कहो।"

दर्शन इसका खाका प्रदान करता है। बुद्धिमानी यह तय करती है कि जब हवा चलने लगे तो क्या वह खाका वास्तव में टिक पाएगा। बुद्धिमानी आपके मस्तिष्क का वह हिस्सा है जो आपको सुबह दो बजे अपने एक्स को टेक्स्ट करने से रोकता है। यह वह आंतरिक आवाज़ है जो कहती है, "मैं यह फिल्म पहले भी देख चुका हूँ, और इसका अंत अच्छा नहीं होता।" लेकिन बुद्धिमत्ता उस मुकाम तक पहुँचने से पहले, दर्शनशास्त्र ही वह है जो सबसे पहले यह जानने के लिए उत्सुक होता है कि रिश्ते कैसे काम करते हैं, लोग जैसा व्यवहार करते हैं वैसा क्यों करते हैं, और एक अच्छी तरह से जिया गया जीवन क्या है।

वास्तविक दुनिया में, जब न्याय की बात आती है, तो हम अक्सर कुछ लोगों को ऐतिहासिक संदर्भों का हवाला देते हुए, अरस्तू, कांट और इनके बीच के हर कानूनी विद्वान का उद्धरण करते हुए पाते हैं। दूसरा बस आह भरकर कहता है, "न्याय तो बस सही समय पर अपना मुँह बंद रखना जानना है।" दोनों ही बातें सही हैं, लेकिन एक सिद्धांत में खोया हुआ है, जबकि दूसरा अनुभव से उपजा है। यही दर्शन और बुद्धिमत्ता के बीच का खींचतान है।

अगर हम इतिहास में झाँकें और सुकरात पर विचार करें, तो वह आदमी खुद एक सवालिया निशान था। उसका मानना था कि ज्ञान का मतलब यह जानना है कि आप वास्तव में कुछ भी नहीं जानते। लेकिन हम आज भी उन्हें याद करते हैं क्योंकि इतिहास ने वही किया जो वह सबसे अच्छा करता है। उसने उनके विचारों को लिया, उनका परीक्षण किया, और उन्हें कुछ उपयोगी चीज़ में बदल दिया। दर्शन हमें प्रश्न देता है, लेकिन ज्ञान ही यह तय करता है कि हम उनका उपयोग कैसे करें।

यहीं पर विश्वास और आस्था का मामला आता है। ये दोनों चचेरे भाई एक ही पार्टी में तो आ जाते हैं, लेकिन एक ही मेज पर बैठने से इनकार कर देते हैं। इन दोनों में विश्वास करना सबसे आसान है। आप किसी चीज़ पर इसलिए विश्वास कर सकते हैं क्योंकि आपके पास सबूत हैं या क्योंकि यह तार्किक रूप से सही लगता है। हालाँकि, आस्था तब होती है जब आप किसी चीज़ में विश्वास करते हैं, भले ही सबूत छुट्टी पर हों। यह कहना एक बात है, "मुझे विश्वास है कि मैं यह नौकरी पा सकता हूँ।" और यह एक और बात है कि आपके पास

विश्वास हो कि आप सामने आएँ, अपना सर्वश्रेष्ठ दें, और अगर अस्वीकृति मिले तो उसे शालीनता से संभालें।

विश्वास एक बीज बोना है। आस्था उसे पानी देना है, भले ही आपको सिर्फ मिट्टी ही दिखाई दे। यह आपके मन में आने वाले हर संदेह के बावजूद प्रक्रिया पर भरोसा करना है।

यह वास्तव में इतना आसान नहीं है। अगर ज्ञान प्राप्त करना और दर्शन को समझना आसान होता, तो हम सभी अपनी ज़िंदगी को सुलझा चुके होते, बेहतरीन फैसले लेते और हमारे कोई पछतावे नहीं होते। हालाँकि, सच तो यह है कि ज्ञान मेहनत से कमाया जाता है। यह गलतियों से, उन रातों से आता है जब आप हर चीज़ पर सवाल उठाते हैं और उन सबकों से जिन्हें आप कभी सीखना नहीं चाहते थे लेकिन जिनकी आपको बिल्कुल ज़रूरत थी।

अंततः, दर्शन और बुद्धिमानी प्रतिद्वंद्वी नहीं हैं; वे टीम के साथी हैं। एक कठिन प्रश्न पूछता है और दूसरा उन उत्तरों का उपयोग करके जीवन को बेहतर बनाने का तरीका खोजता है। एक को अनदेखा करें, और आप या तो एक अलग-थलग सिद्धांतवादी बनने का जोखिम उठाते हैं या फिर ऐसे व्यक्ति का जो एक ही गलती बार-बार करता रहे। लेकिन दोनों को अपनाएं, और अचानक, दुनिया बहुत अधिक समझ में आने लगती है।

तो, अगली बार जब कोई आपसे कहे कि दर्शनशास्त्र बेकार है या बुद्धिमानी उम्र के साथ जादुई रूप से आ जाती है, तो विनम्रता से मुस्कुराएं और जान लें कि उन्होंने बड़ी तस्वीर को नहीं देखा है। वास्तव में, बुद्धिमानी और दर्शनशास्त्र हमें अनजान होकर इधर-उधर भटकने, बार-बार एक ही दीवार से टकराने, और बार-बार वही मूर्खतापूर्ण चुनाव करने से बचाते हैं।

धर्म और दर्शन

एक दार्शनिक मन बनाने का उद्देश्य वास्तविकता को समझना है; वास्तविकता को जानने का प्रयास ही धर्म की अवधारणा को जन्म देता है। एक दार्शनिक मन होना वास्तविकता के ताने-बाने को समझने और सहज रूप से हमारे स्रष्टा की खोज करने के मानवीय प्रयास में भी सहायक होता है। ईश्वर की बुद्धि और दृष्टि अनंत है, और उसकी तथा हमारे उद्धारकर्ता, यीशु मसीह की खोज करने से, हम स्वयं को अपने मिशन और ब्रह्मांड में अपनी जगह को समझने की एक बड़ी प्रवृत्ति के लिए खोलते हैं।

दूसरे शब्दों में, यह कहा जा सकता है कि धर्म और दर्शन एक सुंदर श्रृंखला में एक साथ बुने गए हैं। धर्म का वर्णन ईश्वर में आस्था रखने के रूप में किया गया है। इसे नैतिक आधारों के भीतर रहते हुए अपनी सौंपी गई जिम्मेदारियों को पूरा करने के लिए आचार संहिता के रूप में समझाया जा सकता है। दूसरी ओर, दर्शन आशावाद के साथ जीने और प्रतिकूल भावनाओं से चेतना और आत्म-प्रबंधन के साथ गुजरने के लिए दुनिया के बारे में पूछताछ करने के स्तंभों का निर्माण करता है। दार्शनिक मन का उपयोग धर्म के अस्तित्व की अधिक सराहना प्राप्त करने के लिए किया जा सकता है; यह धर्म और ईश्वर के सिद्धांतों और अवधारणाओं के विकास और समझ को पूरक करता है।

इस प्रकार, यह सभी के लिए समझने योग्य तरीके से अकल्पनीय अवधारणाओं को समझाता है। यह सृष्टिकर्ता में विश्वास को मजबूत करता है ताकि वे उस सत्य की खोज कर सकें जिसे नग्न आंखों से नहीं देखा जा सकता। दार्शनिक अवधारणाएं धर्म के आधार को पूरक करती हैं ताकि लोगों को अपने परिवेश का पता लगाने और लोगों तथा दुनिया के बारे में आशावादी बने रहने में मदद मिल सके।

धर्म और दर्शन सैद्धांतिक ढाँचों और प्रथाओं का समाहार हैं जिनका उद्देश्य लोगों के जीवन में आशा लाना है। ये दोनों विशाल क्षेत्र नैतिकता के सिद्धांतों और दूसरों की भावनाओं को महत्व देने की आवश्यकता को स्थापित करके सामाजिक स्तर पर दुनिया और व्यक्तियों की भलाई पर ध्यान केंद्रित करते हैं। इसके अलावा, धर्म और दर्शन ने जीवन के उद्देश्य की पहचान करने को बहुत महत्व दिया है।

दर्शन और धर्म एक ही मेज पर बैठे प्रतीत हो सकते हैं, लेकिन उनके सामने बहुत अलग-अलग व्यंजन हैं। धर्म का भारी काम ईश्वर की इच्छा, लोगों और नैतिकता को समझना है। यह बड़ा भाई है जो सभी को अनुशासित रखने की कोशिश के लिए जिम्मेदार है। दूसरी ओर, दर्शनशास्त्र एक जिज्ञासु छोटे भाई की तरह है जो "क्यों" और "कैसे" पूछता रहता है, दुनिया की प्रकृति, धर्म के सार और मानव मन के रहस्यों को समझने की कोशिश करता है। विश्वास की शक्ति को अपनी भरोसेमंद टॉर्च के रूप में लेकर, दर्शनशास्त्र इन अवधारणाओं का पता लगाता है और उन्हें एक साथ जोड़ने का प्रयास करता है।

अपने अनोखे अंदाज़ में, दर्शन आपके विश्वास प्रणाली में चुपके से प्रवेश कर सकता है और यह ठीक कर सकता है कि यह आपके तर्क से कैसे जुड़ता है। इसे एक टूलबॉक्स के रूप में सोचें, जो आपको जीवन के सवालों का विश्लेषण करने और उस लगातार जिज्ञासा को

संतुष्ट करने के लिए जवाब खोजने में मदद करता है। एक बार जब आप समझ जाते हैं कि दुनिया कैसे काम करती है, या कम से कम खुद को यह यकीन दिला देते हैं कि आप समझ गए हैं, तो आपको स्पष्टता मिलती है। वह स्पष्टता तार्किक विश्वास बनाती है, उस तरह के विश्वास पर आप भरोसा कर सकते हैं जो दबाव में डगमगाए बिना टिके रहें।

सबसे अच्छी बात यह है कि वे तार्किक मान्यताएँ इतनी गहरी जड़ें जमा सकती हैं कि वे आस्था में बदल जाती हैं। यह एक संशयवादी बीज लगाने और उसे जीवन की आँधियों का सामना करने के लिए पर्याप्त मजबूत कुछ में खिलते देखने जैसा है। हो सकता है कि दर्शन के पास सभी सवालों के जवाब न हों, लेकिन वह निश्चित रूप से सही सवाल पूछना जानता है और आपकी मान्यताओं को वह आधार देता है जिसकी उन्हें मजबूत खड़े होने के लिए आवश्यकता है।

इसलिए, सत्य को समझा जा सकता है क्योंकि प्राचीन सभ्यताओं के लोगों द्वारा बनाए गए विश्वासों ने उन्हें अपने जीवन में संतुष्टि और उद्देश्य के उच्च स्तर को प्राप्त करने में सहायता की। यह विश्वास श्रद्धा की अवधारणा को जन्म देता है - जो हर धर्म का पहला स्तंभ है। आशा और निरंतरता के साथ अपने संबंध के कारण, श्रद्धा सफलता के बीज बोने में मदद कर सकती है। इसलिए, सभी को यह सलाह दी जाती है कि वे अपने गुणों के प्रति विश्वासपात्र बनने के लिए खुद पर दृढ़ता से विश्वास करें।

आइंस्टीन जैसा दिमाग होने पर भी सफलता की गारंटी नहीं मिल सकती, लेकिन आत्म-विश्वास व्यक्ति को तब भी लंबे समय तक और कड़ी मेहनत करने के लिए प्रेरित करता है, भले ही चीजें उसकी इच्छानुसार न चल रही हों। आत्म-विश्वास व्यक्ति को जल्द ही परिणाम मिलने की उम्मीद के साथ लगातार बने रहने के लिए प्रोत्साहित करता है, और इसीलिए यह उसके लिए सफलता लाता है। यह व्यक्ति को समाधान खोजने और मन में बनी छवि को वास्तविकता में बदलने के लिए अधिकतम स्तर पर प्रयास करने के लिए प्रेरित करता है।

कुछ लोग ऐसे काम करते हैं जो सभी को आश्चर्यचकित कर देते हैं। मेरा दोस्त उन्हीं लोगों में से एक था। उसकी कहानी दिखाती है कि आत्मविश्वास कितना शक्तिशाली हो सकता है, जब वह स्वयं में गहरे, व्यक्तिगत विश्वास से आता है।

उनके पास बड़ी-बड़ी डिग्रियाँ या कोई विशेष पृष्ठभूमि नहीं थी, लेकिन उन्हें उनकी ज़रूरत भी नहीं थी। उनका आत्मविश्वास घमंडी होने या यह दिखावा करने के बारे में नहीं था

कि उसके पास सभी सवालों के जवाब हैं। यह इस बात पर एक शांत, दृढ़ विश्वास था कि वह क्या कर सकता है। उनके लिए जीवन हमेशा आसान नहीं था, और हर किसी की तरह चुनौतियाँ और संदेह के पल बहुत थे। लेकिन उनके आत्मविश्वास ने उन्हें आगे बढ़ते रहने में मदद की, और यह एक ढाल की तरह था जिसने उन्हें ध्यान केंद्रित रखने और आगे बढ़ने में मदद की, चाहे हालात कितने भी कठिन क्यों न हो गए हों।

अपने आप में विश्वास से लैस, उन्होंने निंदकों, निराशावादियों और हर उस बाधा को अनदेखा करते हुए निडर होकर अपने लक्ष्यों का पीछा किया, जो उन्हें रास्ते से भटकाने की कोशिश कर रही थीं। उनका आत्मविश्वास सिर्फ गहरा ही नहीं था, बल्कि वह अटूट प्रतीत होता था। इसने उन्हें ऐसी चीजें हासिल करने के लिए सशक्त बनाया, जिन्हें दूसरे पूरी तरह से असंभव समझते थे।

उनकी कहानी इस बात का एक बेहतरीन उदाहरण है कि विश्वास और आत्मविश्वास कैसे जुड़े होते हैं। उनका आत्मविश्वास इसलिए पनपा क्योंकि वह विश्वास में ही बँधा था। यह उनकी क्षमताओं, निर्णयों और दृष्टिकोण में विश्वास था। सक्रिय आत्मविश्वास और दृढ़ विश्वास की यह दुर्लभ जोड़ी ही उनकी प्रेरक शक्ति बनी, जिसने उन्हें उनके सपनों के और करीब और करीब ले गई। इतिहास भर में, हमने विश्वास और आत्मविश्वास के बीच इस शक्तिशाली साझेदारी को बार-बार देखा है। एक साथ, ये दोनों शक्तियाँ लोगों को चुनौतियों पर काबू पाने, अपने रास्ते खुद बनाने, और ऐसी विरासतें छोड़ने में सक्षम बनाती हैं जो उनके चले जाने के बाद भी लंबे समय तक दूसरों को प्रेरित करती हैं।

दर्शन और आवश्यकता

यह जीवन के सबसे बड़े संघर्षों में से एक है। यह पता लगाना कि आपको वास्तव में क्या चाहिए बनाम आप वास्तव में क्या चाहते हैं। ऐसे समय होंगे जब दोनों के बीच अंतर करना हमेशा आसान नहीं होता है। हो सकता है कि आपको लगे कि आपको उस महंगी एस्प्रेसो मशीन की ज़रूरत है जो आपके रसोई के काउंटर का आधा हिस्सा घेर लेती है। वास्तव में आपको जो चाहिए वह कैफीन है और, पूरी संभावना है, अपनी प्राथमिकताओं की बेहतर समझ।

हर व्यक्ति की अपनी ज़रूरतें होती हैं, हालांकि उन ज़रूरतों का मेल उस तरह की ज़रूरतों से होना ज़रूरी नहीं है जिनके बारे में विपणक (मार्केटर्स) आप पर चिल्लाते हैं, जैसे, "आपको बेहतर नींद के लिए इस अल्ट्रा-प्रीमियम, ऑर्गेनिक, ग्लूटेन-फ्री तकिये के कवर की ज़रूरत है।" नहीं, हम वास्तविक ज़रूरतों की बात कर रहे हैं। उन ज़रूरतों की जो वास्तव में मायने रखती हैं। उन ज़रूरतों की, जिन्हें हटा देने पर आप जीवन में ऐसे लड़खड़ाते हैं जैसे कोई व्यक्ति अपने चश्मे को सिर पर बैठे हुए ढूंढ रहा हो।

यह परिभाषित करना कि वास्तव में क्या आवश्यक है, उतना आसान नहीं है जितना लगता है। लोग सोचते हैं कि वे जानते हैं। वे नहीं जानते। वे आराम को जीवित रहने के साथ मिला देते हैं। वे क्षणिक विचलन को संतुष्टि के साथ भ्रमित करते हैं। वे लालसाओं को आवश्यकताओं की तरह मानते हैं। परिणाम? कई लोग अस्तित्वगत चक्रों में घूम रहे हैं, यह सोचते हुए कि वे खाली क्यों महसूस करते हैं, भले ही उनके पास वह सब कुछ है जिसकी अमेज़ॅन ने उन्हें कभी सिफारिश की है।

दर्शनशास्त्र बड़े सवाल पूछने के बारे में है। वास्तविक क्या है? अच्छा क्या है? आवश्यक क्या है? ज़्यादातर लोग इन बातों को पूछने के लिए कभी नहीं रुकते। वे बस यह मान लेते हैं कि अगर कुछ ज़रूरी लग रहा है, तो वह महत्वपूर्ण ही होगा। यह जीने का एक खतरनाक तरीका है।

हवा के बारे में सोचें। आपको इसकी ज़रूरत है। इसके बिना, आपका रंग नीला पड़ जाएगा और आप गिर पड़ेंगे। अब, अपने फोन के बारे में सोचें। आपको लगता है कि आपको इसकी ज़रूरत है, और इसे खोने का विचार आपको भयभीत कर देता है। फिर भी, किसी तरह, लोग हर 12 सेकंड में सूचनाएं (नोटिफिकेशन) चेक किए बिना हज़ारों साल तक जीवित रहे। सच्ची ज़रूरत और महसूस की गई ज़रूरत के बीच का अंतर बहुत बड़ा है, लेकिन लोग शायद ही कभी इसे महसूस करने के लिए रुकते हैं।

नींद पर विचार करें। हर किसी को इसकी ज़रूरत होती है, और किसी ने भी इस बहुत महत्वपूर्ण ज़रूरत पर बहस नहीं की है। इस अस्वीकार्य सत्य के बावजूद, लोग जानबूझकर सबसे बेतुके कारणों से खुद को इससे वंचित करते हैं। "एक और एपिसोड" छह में बदल जाता है। "मैं बस जल्दी से अपना ईमेल चेक कर लेता हूँ" चम्मचों के इतिहास के बारे में विकिपीडिया का पूरा पेज पढ़ने तक ले जाता है। फिर, वही लोग अगले दिन थके हुए ज़ॉम्बी

की तरह खुद को घसीटते हुए घूमते हैं, यह सोचते हुए कि जीवन असहनीय क्यों लग रहा है। दर्शनशास्त्र कुछ कट्टरपंथी सलाह देगा, शायद नींद जैसी, जो सिर्फ एक सुझाव नहीं बल्कि एक इंसान के रूप में कामकाज करने के लिए एक वास्तविक आवश्यकता है।

इंसानों के रूप में, हम जुड़ाव की चाहत रखते हैं और उस पर निर्भर रहते हैं। "हजारों ऑनलाइन फॉलोअर्स इकट्ठा करें" वाले तरीके से नहीं, बल्कि "कम से कम एक ऐसा व्यक्ति हो जो आपके गायब होने पर ध्यान दे" वाले तरीके से। समस्या यह है कि लोगों ने इस सरल सत्य को लेकर इसे बेतुका जटिल बना दिया है। रिश्ते आवश्यक होने चाहिए, फिर भी लोग अक्सर उन्हें एक्सेसरीज़ की तरह, वैकल्पिक अपग्रेड की तरह मानते हैं जिन्हें अन्य चीजों के पीछे भागते समय अनदेखा किया जा सकता है।

दर्शन यह मांग करता है कि हम 'क्यों' पूछें। लोग अपने आस-पास के लोगों के साथ वास्तव में मौजूद रहने की तुलना में एक ऑनलाइन व्यक्तित्व को संवारने में अधिक प्रयास क्यों करते हैं? कुछ लोग छोटी-मोटी बातों से नफरत करने का दावा क्यों करते हैं, लेकिन सार्थक बातचीत बनाए रखने में भी संघर्ष करते हैं? यदि रिश्ते मानव अस्तित्व का इतना मूलभूत हिस्सा हैं, तो इतने सारे लोग उनसे सीधे तौर पर निपटने से क्यों बचते हैं? इन सवालों के जवाब शायद एक पूरी लाइब्रेरी भर सकते हैं, लेकिन मूल में, यह एक ही बात पर आता है। लोगों को जुड़ाव की ज़रूरत होती है, लेकिन उन्हें सुरक्षित, सम्मानित और समझा हुआ महसूस करना भी ज़रूरी है। इसीलिए रिश्ते ज़रूरी भी हैं और, कभी-कभी, बेहद थका देने वाले भी।

फालतू की बातों को हटा दें, तो क्या बचता है? स्वास्थ्य, आराम, उद्देश्य और सार्थक रिश्ते। बस इतना ही। बाकी सब सजावट है। दर्शनशास्त्र हमें बताता है कि जीवन का अधिकांश तनाव इसे समझने में असफल होने से आता है। लोग उन चीजों के पीछे भागते हैं जिनकी उन्हें ज़रूरत नहीं है, उन चीजों को नज़रअंदाज़ करते हैं जो वास्तव में उन्हें बनाए रखती हैं, और फिर सोचते हैं कि वे असंतुष्ट क्यों महसूस करते हैं।

तो, ध्यान देना शुरू करें और खुद से पूछें, "क्या मुझे वास्तव में इसकी ज़रूरत है, या यह सिर्फ़ एक ध्यान भटकाने वाली चीज़ है?" अगर जवाब है कि यह ध्यान भटकाने वाली चीज़ है, तो शायद इसे जाने दें। अगर जवाब है कि यह एक ज़रूरत है, तो इसे वह सम्मान दें जिसके यह हक़दार है। तुच्छ इच्छाओं में डूबते हुए खुद को वास्तविक ज़रूरतों से वंचित न

करें। यह गहरी बुद्धिमत्ता नहीं है। यह तो एक शानदार दार्शनिक चोगा पहने हुए बुनियादी सामान्य ज्ञान है।

दर्शन और वित्त

इन दोनों को एक साथ देखकर पहले तो आप आँखें मत घुमाएँ, यह जान लें कि यह आपको रसीदें बचाने या चक्रवृद्धि ब्याज की गणना करने के लिए दी जाने वाली एक और सलाह नहीं है। यह इससे कहीं बड़ी बात है। पैसा सिर्फ स्प्रेडशीट पर मौजूद नंबरों के बारे में नहीं है। यह इस बात के बारे में है कि लोग कैसे सोचते हैं, वे किस चीज़ को महत्व देते हैं, और वे कौन सा चुनाव करते हैं। दूसरे शब्दों में, पैसा सिर्फ़ एक भेष बदले हुए दर्शनशास्त्र है।

पहली नज़र में, दर्शन और वित्त अलग-अलग दुनियाओं में रहते प्रतीत होते हैं। एक अस्तित्व की प्रकृति पर बहस करता है। दूसरा यह निर्धारित करता है कि क्या आप दूसरी कॉफ़ी का कप खरीद सकते हैं। एक पूछता है, "जीवन का क्या अर्थ है?" दूसरा पूछता है, "आप डिलीवरी शुल्क पर कितना खर्च करने को तैयार हैं, यह महसूस करने से पहले कि आप वही भोजन आधी कीमत पर बना सकते थे?" ये प्रश्न असंबंधित लग सकते हैं, लेकिन वे गहराई से जुड़े हुए हैं।

पैसा सिर्फ विचारों का प्रतिबिंब है।

हर वित्तीय निर्णय एक व्यक्तिगत दर्शन को दर्शाता है। लोग यह मानना पसंद करते हैं कि वे तर्क के आधार पर धन संबंधी निर्णय लेते हैं। ऐसा शायद ही कभी होता है। खर्च करना, बचाना और निवेश करना, ये सभी विश्वास प्रणालियों पर निर्भर करते हैं। कुछ लोग मध्ययुगीन राजाओं की तरह धन का भंडारण करते हैं, इस बात पर दृढ़ विश्वास रखते हुए कि वित्तीय सुरक्षा ही खुशी की कुंजी है। अन्य लोग इसे आते ही खर्च कर देते हैं, इस दर्शन पर जीते हुए कि बैंक खाते में मौजूद आंकड़ों से अनुभव अधिक मायने रखते हैं। दोनों में से कोई भी तरीका पूरी तरह से सही या गलत नहीं है। असली सवाल यह है कि क्या वे निर्णय गहरे मूल्यों के अनुरूप हैं या बस रास्ते में अपनाई गई आदतें हैं।

दर्शन लोगों से अपनी मान्यताओं की जांच करने के लिए कहता है। वित्त भी इसी स्तर के चिंतन की मांग करता है। धन का वास्तव में क्या अर्थ है? क्या वित्तीय सफलता पूरी तरह से सुरक्षा, स्वतंत्रता, शक्ति के बारे में है, या कुछ और? इसका जवाब हर किसी के लिए अलग

है, लेकिन बहुत कम लोग यह सवाल पूछने की जहमत उठाते हैं। वे बिना यह तय किए कि वे इसे पहली जगह पर क्यों चाहते हैं, पैसे का पीछा करते हैं।

खर्च करना एक नैतिक बयान है।

पैसा तटस्थ नहीं है। हर खरीदारी इस बात का एक निर्णय है कि क्या महत्वपूर्ण है। जब लोग खर्च करते हैं, तो वे अपनी प्राथमिकताओं को प्रकट करते हैं। जो कोई शिक्षा में निवेश करता है, वह आत्म-सुधार में विश्वास करता है। जो कोई दूसरों को प्रभावित करने के लिए महंगी चीजें खरीदता है, वह सामाजिक मान्यता में विश्वास करता है। उनके पास चाहे जितना भी हो, जो कोई कुछ भी खर्च करने से इनकार करता है, वह मानता है कि पैसा स्वयं उस चीज़ से अधिक मूल्यवान है जो वह प्रदान कर सकता है।

दार्शनिकों ने मूल्य की प्रकृति पर सदियों तक बहस की है। अर्थशास्त्रियों ने भी ऐसा ही किया है। दोनों एक बात पर सहमत हैं। लोग चीजों को अर्थ देते हैं, और वह अर्थ उनके व्यवहार को आकार देता है। एक व्यक्ति जो पैसे को प्रतिष्ठा प्राप्त करने के एक तरीके के रूप में देखता है, उसके पास कभी भी पर्याप्त नहीं होगा क्योंकि हमेशा कोई न कोई उससे ज़्यादा के साथ होगा। एक व्यक्ति जो पैसे को स्थिरता के एक साधन के रूप में देखता है, वह अलग विकल्प चुनेगा क्योंकि उसका लक्ष्य संचय नहीं बल्कि सुरक्षा है। ये विचार सिर्फ़ संख्याओं के बारे में नहीं हैं। वे इस बारे में हैं कि लोग सफलता, खुशी और यहाँ तक कि नैतिकता को कैसे परिभाषित करते हैं।

इस किताब के मूल में जाने से पहले, मैं अपने पाठकों को यह स्पष्ट करना चाहता हूँ कि मैं कोई प्रमाणित वित्तीय पेशेवर नहीं हूँ।

इन पन्नों में साझा की गई अंतर्दृष्टि, सलाह और विचार केवल मेरे व्यक्तिगत अनुभवों, अवलोकनों और जीवन की समझ पर आधारित हैं। उनका उद्देश्य औपचारिक वित्तीय मार्गदर्शन या विशेषज्ञ परामर्श का विकल्प प्रदान करना नहीं है। हालाँकि मेरा मानना है कि यहाँ चर्चा किए गए सिद्धांत व्यावहारिक और सामान्य ज्ञान पर आधारित हैं, लेकिन वे हर व्यक्ति की अनूठी परिस्थितियों के अनुरूप नहीं हो सकते।

यह आपकी ज़िम्मेदारी है कि आप मूल्यांकन करें और तय करें कि आपके लिए सबसे अच्छा क्या है, आदर्श रूप से ज़रूरत पड़ने पर योग्य पेशेवरों की मदद से। मेरा लक्ष्य केवल

उन विचारों को साझा करना है जिन्होंने मुझे एक सार्थक और संतोषजनक जीवन जीने पर विचार करने में मदद की है, बस इतना ही, इससे ज़्यादा कुछ नहीं, इससे कम भी नहीं।

अध्याय 2

दर्शन

दर्शन केवल चोगा पहने बूढ़े लोगों के लिए कोई बौद्धिक व्यायाम नहीं है। यह कोई विशेष क्लब नहीं है जहाँ केवल गहरे विचारकों को ही सीट मिलती है। यह इस बात की नींव है कि मनुष्य कैसे सोचते हैं, निर्णय लेते हैं, और दुनिया को समझने का प्रयास करते हैं। आप पहले से ही हर एक दिन दर्शन से जुड़ते हैं, चाहे आपको इसका एहसास हो या न हो।

हम पहले भी दर्शनशास्त्र के बारे में बात कर चुके हैं। हम इसके विचारों पर चर्चा कर चुके हैं, इसकी बुद्धिमत्ता से सहमत हो चुके हैं, और शायद डिनर पार्टियों में शानदार दिखने के लिए कुछ उद्धरण भी दिए हैं। अब, दिखावा बंद करने और वास्तव में इसके मूल तक जाने का समय आ गया है। दर्शनशास्त्र क्या है? इसका अस्तित्व क्यों है? प्राचीन ग्रीस के किसी व्यक्ति ने ऐसा क्या तय किया कि यह इतना महत्वपूर्ण हो गया कि हम आज भी इसके हजारों साल बाद भी इसकी बात कर रहे हैं? इससे भी महत्वपूर्ण बात यह है कि आपको इसकी परवाह क्यों करनी चाहिए?

हर बार जब आप किसी नियम की निष्पक्षता पर सवाल उठाते हैं, खुशी के अर्थ पर बहस करते हैं, या सोचते हैं कि जीवन इतना अराजक क्यों लगता है, तो आप दर्शनशास्त्र की दुनिया में कदम रख रहे होते हैं। यह महान परंपरा कहाँ से शुरू हुई? यदि हम दर्शन के उद्भव का श्रेय, या शायद दोष, किसी को देना चाहें, तो हमें पाइथागोरस की ओर देखना होगा। यह रहस्यमयी व्यक्ति वह है जिसने सबसे पहले "दर्शन" शब्द की रचना की, जो ग्रीक शब्दों "फिलो" (philo), जिसका अर्थ है प्रेम, और "सोफिया" (sophia), जिसका अर्थ है ज्ञान, से लिया गया है। मिलकर, वे एक ऐसा वाक्यांश बनाते हैं जिसका अनुवाद "ज्ञान से प्रेम" होता है। हालांकि यह सतह पर महान लगता है, यह ध्यान देने योग्य है कि पाइथागोरस के कुछ अजीब विश्वास भी थे, जैसे कि उनका यह दृढ़ विश्वास कि सेम स्वभाव से ही बुरे थे, और उन्होंने एक ऐसा अनुयायी वर्ग बनाया जो लगभग एक संप्रदाय जैसा था। ऐसा लगता है कि दार्शनिक हमेशा से एक दिलचस्प और विविध समूह रहे हैं।

कथा अक्सर एथेंस के आलोचक, सॉक्रेटीस पर केंद्रित होती है, जिसने सब कुछ और हर किसी से सवाल करना अपना मिशन बना लिया था, जिससे सत्ता में बैठे लोगों को काफी परेशानी होती थी। उसकी इन लगातार पूछताछों के कारण अंततः उसे मौत की सजा दी गई, जिससे वह न केवल स्वतंत्र सोच के लिए एक शहीद बने, बल्कि बौद्धिक साहस का प्रतीक भी बन गए। उनके छात्र, प्लेटो ने, इन विचारों को लिया और उनका विस्तार किया, तथा इनकी खोज के लिए समर्पित एक पूरी अकादमी बनाई। फिर अरिस्टोटल आए, जो प्लेटो के शिष्य थे, और उनका मानना था कि दर्शनशास्त्र में नैतिकता और राजनीति से लेकर विज्ञान और तत्त्वमीमांसा तक, मानव जिज्ञासा के सभी पहलुओं को शामिल किया जाना चाहिए।

इन तीनों हस्तियों, अर्थात् सुकरात, प्लेटो और अरस्तू को अक्सर पश्चिमी दार्शनिक विचारों के स्वर्ण मानक के रूप में माना जाता है। हालाँकि, यह पहचानना महत्वपूर्ण है कि उनका योगदान, भले ही विशाल हो, निर्वात में नहीं बना था। यूनानी, जितने भी प्रतिभाशाली थे, उन्होंने पिछली सभ्यताओं से, विशेष रूप से अफ्रीकी महाद्वीप से, बहुत कुछ सीखा, जो एथेंस के उदय से बहुत पहले ज्ञान और बुद्धिमत्ता का एक स्रोत रहा था।

यहाँ तक कि यूनानियों द्वारा अपनी दार्शनिक प्रणालियों को व्यवस्थित करने से पहले ही, प्राचीन अफ्रीकी सभ्यताओं ने विचारों की गहन प्रणालियाँ विकसित कर ली थीं। उदाहरण के लिए, मिस्रवासियों ने 'पटाहहोटेप की शिक्षा' और 'मृतकों की पुस्तक' जैसे ग्रंथों के माध्यम से नैतिकता, शासन और अस्तित्व की प्रकृति पर अंतर्दृष्टि प्रदान की। इन कृत्यों ने न्याय, संतुलन और परलोक के प्रश्नों का अन्वेषण एक ऐसी परिष्कृतता के साथ किया जिसने बाद के विचारकों को प्रभावित किया। इसी तरह, नुबियनों और अन्य अफ्रीकी संस्कृतियों ने समुदाय, आध्यात्मिकता और सभी जीवन के आपसी जुड़ाव पर समृद्ध दृष्टिकोण दिए। जब यूनानी मिस्र और उत्तरी अफ्रीका की यात्रा पर गए, तो उन्होंने इन विचारों को आत्मसात किया और उन्हें अपने ढांचे में शामिल किया। इस प्रकार, हालांकि सुकरात, प्लेटो और अरिस्टोटल को सही मायने में सराहा जाता है, यह स्वीकार करना आवश्यक है कि वे पुरानी परंपराओं के प्रति बौद्धिक रूप से ऋणी थे।

रोमनों ने भी दर्शन के विकास में अपनी भूमिका निभाई, हालांकि उन्होंने काफी हद तक यूनानी नींव पर ही निर्माण किया। सिसरो और सेनेका जैसे विचारकों ने रोमन संवेदनशीलता के अनुकूल स्टोइकवाद को अपनाया, जिसमें कर्तव्य, लचीलापन और आत्म-अनुशासन जैसे

सद्गुणों पर जोर दिया गया। फिर भी, यहां भी यह याद रखना चाहिए कि रोम स्वयं निकट पूर्व और उत्तरी अफ्रीका सहित विभिन्न संस्कृतियों के साथ अपने संपर्क से आकार लिया था। इसलिए, दर्शन केवल ग्रीस और रोम का उत्पाद नहीं है; यह अनगिनत धागों से बुनी गई एक कशीदाकारी है, जिनमें से प्रत्येक एक अनूठे सांस्कृतिक दृष्टिकोण का प्रतिनिधित्व करता है।

यह हमें इस बिंदु पर लाता है कि दर्शन स्वयं दुनिया के हर कोने के योगदानों से समृद्ध विचारों का एक भंडार है। चीन में, कन्फ्यूशियस ने सामंजस्य और नैतिक आचरण की एक दृष्टि को व्यक्त किया जो पूर्वी एशियाई विचारों को आकार देना जारी रखती है। भारत में, उपनिषदों और बुद्ध की शिक्षाओं ने अस्तित्व, दुःख और मोक्ष के प्रश्नों में गहराई से उतरकर उनका अध्ययन किया। इस्लामी स्वर्ण युग के दौरान, अल-फराबी, इब्न सिना और अवेरोस जैसे विद्वानों ने यूनानी दर्शन को संरक्षित और विस्तारित किया और साथ ही अपनी खुद की नवाचार भी जोड़े, यह सुनिश्चित करते हुए कि ये विचार मध्ययुगीन यूरोप और उससे भी आगे तक पहुंचे। अमेरिका, अफ्रीका और ओशिनिया की स्वदेशी दार्शनिकताएं प्रकृति के साथ मानवता के संबंधों का समग्र दृष्टिकोण प्रस्तुत करती हैं, जो पश्चिमी विचारधारा की द्वैतवादी प्रवृत्तियों को चुनौती देती हैं।

दर्शन क्यों मायने रखता है? कुछ लोग इसे अव्यावहारिक मानकर खारिज कर देते हैं, यह तर्क देते हुए कि इसमें वास्तविक दुनिया के अनुप्रयोग नहीं हैं। ऐसे दावे गहराई से भ्रामक हैं। मानव जीवन का हर पहलू दार्शनिक पूछताछ से आकार लेता है। समाज को नियंत्रित करने वाले कानून, व्यवहार का मार्गदर्शन करने वाले नैतिक संहिताएँ, और व्यक्तिगत विश्वासों के पीछे का तर्क, सभी दार्शनिक जड़ों से उत्पन्न होते हैं।

यहाँ तक कि विज्ञान, जिसे अक्सर अमूर्त सोच का विरोधी माना जाता है, भी दर्शनशास्त्र पर बहुत अधिक निर्भर करता है। वैज्ञानिक पद्धति स्वयं इस दार्शनिक बहस से उभरी कि ज्ञान प्राप्त करने का सबसे अच्छा तरीका क्या है। दर्शनशास्त्र व्यक्तियों को आलोचनात्मक रूप से सोचने, तर्कों का विश्लेषण करने और दोषपूर्ण तर्क को पहचानने का तरीका सिखाता है। इसके बिना, लोग हेरफेर के प्रति संवेदनशील हो जाते हैं, और वे इसकी वैधता पर सवाल उठाए बिना जानकारी को सतही तौर पर स्वीकार कर लेते हैं। दर्शनशास्त्र रहित दुनिया एक ऐसी दुनिया होगी जहाँ आलोचनात्मक सोच समाप्त हो जाएगी, अधिकारों को चुनौती नहीं दी

जाएगी, और गहरी समझ दुर्लभ रहेगी, यह एक ऐसा परिदृश्य है जो चिंताजनक और अस्वीकार्य दोनों है।

दर्शन केवल धूल भरे अकादमिक कोनों तक सीमित नहीं है; यह मानवीय अनुभव के हर पहलू में व्याप्त है। यह ज्ञान, वित्त, आस्था, रिश्तों और व्यक्तिगत पहचान के साथ जुड़ता है। नैतिकता पर चर्चाओं में अनिवार्य रूप से दार्शनिक विचार शामिल होते हैं, ठीक उसी तरह जैसे वित्तीय नैतिकता पर बहसों के लिए दार्शनिक चिंतन की आवश्यकता होती है। आस्था की परंपराएँ भी, चाहे वे कितनी भी अंतरंग या व्यक्तिगत क्यों न लगें, सिद्धांतों और प्रथाओं को व्यक्त करने के लिए दार्शनिक तर्क पर निर्भर करती हैं। दर्शन इन विभिन्न क्षेत्रों को एक साथ जोड़ने वाले बंधन के रूप में कार्य करता है, जो अर्थ गढ़ने, स्वयं को समझने, और यह निर्धारित करने के लिए एक रूपरेखा प्रदान करता है कि वास्तव में क्या महत्वपूर्ण है।

समावेशिता के विषय पर लौटते हुए, आइए हम दर्शन को केवल एक पश्चिमी प्रयास के रूप में नहीं बल्कि एक वैश्विक घटना के रूप में मनाएं। इसकी समृद्धि इसकी विविधता में निहित है, जो प्राचीन अफ्रीकी ज्ञान, पूर्वी दर्शनों, इस्लामी विद्वता और स्वदेशी परंपराओं से प्रेरणा लेती है। प्रत्येक संस्कृति अस्तित्व के शाश्वत प्रश्नों पर अपना दृष्टिकोण लाती है, जो समझ की सामूहिक मानवीय खोज को समृद्ध करती है। इस बहुलता को अपनाकर, हम दर्शन की सच्ची भावना का सम्मान करते हैं—एक ऐसा अनुशासन जो संवाद, जिज्ञासा और सत्य की अथक खोज पर फलता-फूलता है।

दर्शन का मनोवैज्ञानिक महत्व

आपका मस्तिष्क दर्शन पर फलता-फूलता है, चाहे आपको इसका एहसास हो या न हो। दार्शनिक सोच में संलग्न होने से आलोचनात्मक तर्क कौशल मजबूत होता है, भावनात्मक बुद्धिमत्ता में सुधार होता है, और समस्या-समाधान में मदद मिलती है। तंत्रिका विज्ञान ने यह भी दिखाया है कि गहरे चिंतन में संलग्न होने से जटिल सोच से जुड़े तंत्रिका पथ मजबूत होते हैं। दूसरे शब्दों में, हर चीज़ पर सवाल उठाना आपके मस्तिष्क को और मज़बूत बनाता है।

मनोवैज्ञानिकों का तर्क है कि जीवन का एक व्यक्तिगत दर्शन होने से अधिक भावनात्मक स्थिरता मिलती है। जिन लोगों ने अपने विश्वासों और मूल्यों की जांच की है, उनके खोया हुआ या दिशाहीन महसूस करने की संभावना कम होती है। उन्होंने निर्णय लेने के लिए एक

ढांचा बनाया है, जो तनाव को कम करता है और लचीलापन बढ़ाता है। दर्शनशास्त्र आपको सिर्फ एक बेहतर विचारक नहीं बनाता है। यह आपको एक अधिक स्थिर व्यक्ति बनाता है।

दर्शन के अनुप्रयोग

यह शब्द सिर्फ़ चॉकबोर्ड पर लिखने वाले बूढ़े प्रोफेसरों या पेड़ों के नीचे बैठकर जीवन के अर्थ के बारे में सोचने वाले गहरे विचारकों के लिए नहीं है। यह हर जगह है, चाहे लोगों को यह पसंद हो या न हो। यह चिकित्सा, राजनीति, प्रौद्योगिकी, व्यवसाय और यहाँ तक कि लोगों द्वारा किराने का सामान चुनने के तरीके में भी है।

हाँ, आपने सही सुना। दर्शनशास्त्र सबसे छोटे-छोटे फैसलों में भी शामिल हो जाता है। क्या आप कभी सुपरमार्केट में जैविक सेब और मोम से ढके सस्ते सेब के बीच बहस करते खड़े हुए हैं? यह दर्शनशास्त्र है। आप स्वास्थ्य, लागत और नैतिकता को तौल रहे होते हैं, और शायद खुद को यह यकीन दिला रहे होते हैं कि आप एक जिम्मेदार चुनाव कर रहे हैं, भले ही आपकी योजना पांच मिनट बाद चिप्स का एक पैकेट उठाने की हो। यह इतना गहरा है।

लोग सोचते हैं कि चिकित्सा सिर्फ विज्ञान के बारे में है, लेकिन मैं आपको बता दूँ, डॉक्टर सिर्फ टेस्ट ट्यूब के साथ खेलने और पर्चे लिखने का काम नहीं करते। वे जीवन और मृत्यु के फैसले लेते हैं, और जब वे ऐसा करते हैं, तो दर्शनशास्त्र ठीक वहीं कमरे में मौजूद होता है। उदाहरण के लिए, जैव-नैतिकता (बायोएथिक्स) बस यह कहने का एक शानदार तरीका है, "हम यह कैसे तय करें कि क्या सही है?"

एक डॉक्टर उस मरीज़ का इलाज क्या करेगा जो धार्मिक मान्यताओं के कारण जीवन रक्षक उपचार लेने से इनकार कर देता है? डॉक्टर जानता है कि वह मरीज़ को बचा सकता है, लेकिन क्या उसे उस व्यक्ति की इच्छाओं को दरकिनार कर देना चाहिए? यह सिर्फ़ चिकित्सा नहीं है। यह एक नैतिक खतरों का क्षेत्र है। दर्शनशास्त्र डॉक्टरों को यह तय करने में मदद करता है कि सुनना है, हस्तक्षेप करना है, या सम्मान और ज़िम्मेदारी के बीच अंतर करना है।

जहाँ तक प्रौद्योगिकी और इस अवधारणा के मिश्रण का सवाल है, इसकी प्रगति की भयावह गति के कारण इसे यहाँ लाना पड़ा। सेल्फ-ड्राइविंग कारें और एआई (AI) का मूल रूप से सब कुछ संभाल लेना एक अच्छी बात है, लेकिन यह सुनिश्चित कौन कर रहा है कि ये

मशीनें मानव नौकरियों की जगह न लें, गोपनीयता में दखल न दें, या ऐसे निर्णय न लें जिन्हें कोई नियंत्रित न कर सके?

उदाहरण के लिए, सोशल मीडिया को ही लें। इसका उद्देश्य लोगों को जोड़ना था, लेकिन अब यह गलत सूचना, तुलना की चिंता और डिजिटल बहसों का ऐसा गढ़ बन गया है कि इसके सामने असल ज़िंदगी में होने वाली थैंक्सगिविंग की लड़ाइयाँ भी शांतिपूर्ण लगती हैं। दर्शनशास्त्र कठिन सवाल पूछता है। सिर्फ इसलिए कि कोई चीज़ संभव है, क्या उसे कर देना चाहिए? क्या लोग दीर्घकालिक परिणामों के बारे में सोच रहे हैं या सिर्फ उस चीज़ के पीछे भाग रहे हैं जो लाभदायक और सुविधाजनक है?

व्यवसाय यह कहना पसंद करते हैं कि वे सत्यनिष्ठा को महत्व देते हैं, लेकिन जब मुनाफे की बात आती है तो नैतिकता अक्सर पीछे रह जाती है। इसीलिए व्यवसाय में दर्शनशास्त्र आवश्यक है। नैतिक विचारों के बिना, कंपनियाँ कामचलाऊ तरीके अपनाती हैं, कर्मचारियों का शोषण करती हैं, और लोगों को उन चीजों को बेचती हैं जिनकी उन्हें ज़रूरत नहीं है, यह सब सिर्फ़ त्वरित लाभ कमाने के नाम पर।

क्या आपने कभी सोचा है कि कुछ कंपनियाँ कर्मचारियों को नौकरी छोड़ने से रोकने के लिए बस इतना ही भुगतान करती हैं कि वे काम करते रहें, जबकि उनके कार्यकारी इतनी बड़ी तनख्वाह लेते हैं कि उससे छोटे शहरों का पेट भर सकता है? यह सिर्फ अर्थशास्त्र नहीं है। यह एक नैतिक प्रश्न है। क्या व्यवसायों को केवल लाभ पर ध्यान केंद्रित करना चाहिए, या उनका लोगों के साथ निष्पक्ष व्यवहार करने का कर्तव्य है? इसीलिए जो कंपनियाँ नैतिक निर्णय लेने का अभ्यास करती हैं, वे अधिक समय तक टिकती हैं। ग्राहक और कर्मचारी उन व्यवसायों का सम्मान करते हैं जो केवल मुनाफे से परे कुछ सिद्धांतों के लिए खड़े होते हैं।

विज्ञान में दर्शनशास्त्र: खोजों के पीछे के प्रश्न

विज्ञान और दर्शनशास्त्र पुराने दोस्तों की तरह हैं जो बहुत बहस करते हैं लेकिन गुप्त रूप से एक-दूसरे की जरूरत होती है। विज्ञान पूछता है, "यह कैसे काम करता है?" जबकि दर्शनशास्त्र पूछता है, "क्या हमें यह करना भी चाहिए?"

आनुवंशिक इंजीनियरिंग का उदाहरण लें। वैज्ञानिक अब डीएनए को बदल सकते हैं, जिससे संभावित रूप से बीमारियों को रोका जा सकता है और जीवन बढ़ाया जा सकता है। यह अविश्वसनीय लगता है, लेकिन किस कीमत पर? अगर लोग अपने बच्चों को डिजाइन करना शुरू कर दें, तो इसका अंत कहाँ होगा? क्या हम ऐसी दुनिया बना रहे हैं जहाँ केवल अमीर ही "आनुवंशिक रूप से उत्तम" बच्चे पैदा कर सकते हैं? ये विज्ञान के प्रश्न नहीं हैं। ये दार्शनिक प्रश्न हैं।

वैज्ञानिक अक्सर इस बात में उलझ जाते हैं कि वे क्या कर *सकते हैं* दर्शनशास्त्र उन्हें याद दिलाता है कि उन्हें क्या करना *चाहिए*, इस बारे में सोचें। दर्शनशास्त्र के बिना, विज्ञान समस्याओं को हल करते हुए उससे भी बड़ी समस्याएं पैदा करने का जोखिम उठाता है।

राजनीति में दर्शन: विचारों का संघर्ष

राजनीति सिर्फ कानूनों के बारे में नहीं है। यह शक्ति, न्याय और निष्पक्षता के बारे में है। अधिकारों, स्वतंत्रता और समानता पर हर बहस दर्शन पर आधारित होती है। लोग इस पर बहस करते हैं कि सरकार के पास कितना नियंत्रण होना चाहिए, किसके हक में क्या है, और क्या कानूनों को निष्पक्षता पर या दक्षता पर ध्यान केंद्रित करना चाहिए। ये बहसें हजारों वर्षों से हो रही हैं और जल्द ही खत्म होने वाली नहीं हैं।

लोकतंत्र के बारे में सोचें। यह विचार कि सरकार में हर व्यक्ति की राय होनी चाहिए, समानता और मानवाधिकारों में एक दार्शनिक विश्वास से आता है। यह अचानक से नहीं आया। इसके लिए संघर्ष किया गया, इस पर बहस हुई, और सदियों के विचारकों ने इसे आकार दिया। दर्शन सरकारों को आकार देता है, और चाहे लोग इसे महसूस करें या न करें, यह उनके दैनिक जीवन को निर्धारित करने वाले हर कानून और नीति को प्रभावित करता है।

दर्शन और व्यक्तिगत जीवन: अदृश्य मार्गदर्शक

लोग सुबह उठकर यह नहीं कहते, "अब अपनी रोज़मर्रा की ज़िंदगी में कुछ गहरे दार्शनिक सिद्धांतों को लागू करने का समय है।" वे बस जीते हैं। फिर भी, जीवन का हर बड़ा निर्णय दर्शन से आकार लेता है।

उदाहरण के लिए, रिश्तों को ही लें। प्यार सिर्फ एक भावना नहीं है। यह व्यक्तिगत मूल्यों, अपेक्षाओं और विश्वासों पर आधारित विकल्पों का एक समूह है। कुछ लोग मानते हैं कि प्यार निःशर्त होना चाहिए। दूसरे सोचते हैं कि इसे व्यावहारिक होना चाहिए। ये दृष्टिकोण संस्कृति, अनुभव और आत्मनिरीक्षण से आकार पाए दार्शनिक विचारों से आते हैं।

खुशी एक और बड़ा विषय है। कुछ लोगों का मानना है कि खुशी उपलब्धियों से आती है। दूसरे सोचते हैं कि यह आंतरिक शांति के बारे में है। कुछ लोग पैसे का पीछा करते हैं, जबकि दूसरे जीवन के अर्थ का। ये सभी मान्यताएँ दर्शन में निहित हैं, भले ही लोगों को इसका एहसास न हो।

अंतिम विचार: दर्शनशास्त्र सिर्फ़ किसी बूढ़े आदमी का खेल क्यों नहीं है

दर्शन कोई पुरानी बात नहीं है। यह हर निर्णय, हर बहस और हर उस सवाल में जीवित है जो लोग सही और गलत के बारे में पूछते हैं। यह चिकित्सा से लेकर व्यवसाय और व्यक्तिगत विकल्पों तक, हर चीज़ को प्रभावित करता है।

वास्तविक समस्या यह है कि अधिकांश लोग इसे पहचानते नहीं हैं जब वे इसे देखते हैं। वे सोचते हैं कि वे बस विकल्प बना रहे हैं, जबकि वे बिना यह जाने भी सदियों के दार्शनिक विचारों को लागू कर रहे होते हैं।

तो अगली बार जब कोई आपसे कहे कि दर्शनशास्त्र बेकार है, तो उनसे पूछें कि वे निष्पक्षता, न्याय या स्वतंत्रता में क्यों विश्वास करते हैं। जब वे जवाब दें, तो बस मुस्कुराएं और कहें, "बधाई हो, अब आप एक दार्शनिक की तरह सोचते हैं।"

राजनीति में दर्शन का संश्लेषण

राजनीतिक विचारधारा में सुधार लाने में दर्शन का एक बहुत बड़ा योगदान है; वास्तविकता को समझना और दुनिया कैसे काम करती है, यह जानना दार्शनिकों को शक्ति, न्याय और अधिकार की प्रकृति को समझने में सक्षम बनाता है। लोग यह सोचना पसंद करते हैं कि सरकार और कानून किसी जादू से एक दिन अचानक प्रकट हो गए, जैसे कि कोई राजा जाग गया हो और बाकी हम सबके लिए एक नियम-पुस्तिका लिखने का फैसला कर लिया हो। ऐसा हुआ नहीं है। सच तो यह है कि कुछ दार्शनिक इकट्ठा होकर इस पर बहस कर रहे थे

कि समाज का संचालन कैसे किया जाना चाहिए, और किसी तरह उनके विचार मान लिए गए।

प्लेटो और अरस्तू का उदाहरण लें। उन दोनों के पास इस बारे में कहने के लिए बहुत कुछ था कि लोगों पर शासन कैसे किया जाना चाहिए। प्लेटो का एक बड़ा विचार था कि सबसे बुद्धिमान और सबसे सदाचारी लोगों को प्रभारी होना चाहिए, जो सुनने में अच्छा लगता है जब तक कि आप यह न समझें कि मनुष्यों को शक्ति सौंपना एक भूखे कुत्ते को स्टेक की रखवाली के लिए सौंपने जैसा है। दूसरी ओर, अरस्तू संतुलन में विश्वास करते थे। उनका मानना था कि सरकारों को चीजों को मिलाना चाहिए। बुद्धिमानों को शासन करने दें, लेकिन उन्हें सारी शक्ति न दें। चीजों को नियंत्रण में रखें। इस सोच ने सभ्यताओं को अपने सरकारों की संरचना बनाने में मदद की।

फिर थॉमस हॉब्स और जॉन लॉक आए। हॉब्स ने मानव स्वभाव पर एक नज़र डाली और कहा, "अगर लोगों को अपनी मर्जी से छोड़ दिया जाए तो वे सब कुछ अराजकता में बदल देंगे।" उनका मानना था कि लोगों को एक-दूसरे को नुकसान पहुँचाने से रोकने के लिए एक मजबूत केंद्र सरकार होनी चाहिए। लॉक, थोड़े अधिक आशावादी होने के नाते, ने तर्क दिया कि लोगों के प्राकृतिक अधिकार हैं और एक सरकार का अस्तित्व उनकी रक्षा के लिए होना चाहिए, न कि उन्हें नियंत्रित करने के लिए। इन दोनों ने मिलकर आधुनिक राजनीतिक प्रणालियों की नींव रखी।

अब, अगर आप सोचते हैं कि दर्शनशास्त्र राजनीति पर ही खत्म हो गया, तो आप गलत हैं। इसने कानून में भी अपनी गहरी पैठ बना ली। सिसेरो और उल्पियन ने दार्शनिक विचारों को न्याय जैसी शक्ल दी। उन्होंने प्राकृतिक कानून पर ध्यान केंद्रित किया, जो कहने का एक शानदार तरीका है, "कुछ बुनियादी नियम होने चाहिए जो निष्पक्ष और न्यायपूर्ण हों, चाहे सत्ता में कोई भी हो।" उनके काम ने ऐसी कानूनी प्रणालियाँ बनाने में मदद की जिन्होंने लोगों को अधिकार दिए, बजाय इसके कि सिर्फ सबसे बड़ी सेना वाले के आगे झुक जाएँ।

कुछ सदियों बाद, जॉन ऑस्टिन और एच.एल.ए. हार्ट जैसे लोगों ने महसूस किया कि कानून केवल पुराने विचारों पर आधारित नहीं हो सकते। समाज बदलता है, और कानूनों को भी उसके साथ बदलने की ज़रूरत है। उन्होंने कानून का अध्ययन नियमों के एक सेट और एक जीवित चीज़ के रूप में किया जिसे अनुकूलन करने की आवश्यकता थी। उन्होंने पुराने कानूनी

विचारों को चुनौती दी और ऐसी प्रणालियों के लिए push किया जो आधुनिक दुनिया में वास्तव में काम करती थीं।

आज हम उन दार्शनिकों द्वारा आकार दी गई सरकारों और कानूनी प्रणालियों के तहत जी रहे हैं, जिन्होंने समाज को कैसे काम करना चाहिए, इस पर बहस करके अपने दिन बिताए। जब आप इसके बारे में सोचते हैं तो यह मजेदार होता है। वही बहसें जिन्होंने प्राचीन सभ्यताओं को आकार दिया, वे आज भी होती हैं। लोग आज भी सरकारी शक्ति, व्यक्तिगत अधिकारों और कानूनों की निष्पक्षता पर बहस करते हैं। एकमात्र अंतर यह है कि अब, शहर के चौराहों पर बहस करने के बजाय, वे इसे टेलीविजन और सोशल मीडिया पर करते हैं, अक्सर कम तर्क और अधिक चिल्लाहट के साथ।

जिस सबसे बड़े क्षेत्र में दर्शन ने अपनी छाप छोड़ी है, वह है आस्था। समय की शुरुआत से ही, लोग एक सर्वोच्च सत्ता के अस्तित्व, जीवन के उद्देश्य, और सब कुछ खत्म होने के बाद क्या होता है, इस बारे में सोचते रहे हैं। अरस्तू और प्लेटो ने, तर्क और नैतिकता पर अपने सभी सिद्धांतों के साथ, गहरे धार्मिक विचार के लिए आधार तैयार किया। उनके विचारों ने लोगों को सवाल पूछने, विभिन्न दृष्टिकोणों का पता लगाने, और आस्था को केवल अनुष्ठान और परंपरा से कहीं अधिक कुछ बनाने के लिए प्रोत्साहित किया।

जैसे-जैसे विभिन्न धर्म विकसित हुए, दर्शन भी उनके ठीक पीछे विकसित हुआ, जिसने दिव्यता, नैतिकता और अस्तित्व की प्रकृति के बारे में सोचने के तरीके पेश किए। बाद के विचारकों जैसे जॉन ड्यूई और विलियम जेम्स ने धर्म की जांच एक विश्वास और लोगों के लिए दुनिया के साथ बातचीत करने के एक तरीके के रूप में की। उन्होंने इस बात पर सवाल उठाया कि क्या आस्था कठोर बनी रहनी चाहिए या समय के साथ विकसित होनी चाहिए। कुछ लोग निश्चितता पर अड़े रहते हैं, जबकि अन्य का मानना है कि आस्था को तर्क और चिंतन के माध्यम से बढ़ते रहना चाहिए।

दर्शन लोगों को जीवन को समझने में मदद करता है। यह उन्हें आलोचनात्मक रूप से सोचने और आदत के बजाय समझ के आधार पर निर्णय लेने की अनुमति देता है। यही विचारशील चिंतन को अंधाधुंध आज्ञाकारिता से अलग करता है।

दर्शन लोगों को बदलाव के साथ तालमेल बिठाने में भी मदद करता है। जीवन अप्रत्याशित, उलझा हुआ और अक्सर अन्यायपूर्ण होता है। दुनिया बदलती रहती है, रिश्ते

बदलते हैं, और कुछ भी हमेशा के लिए वैसा नहीं रहता। यह समझना कि कुछ भी स्थायी नहीं है, अजीब तरह से सांत्वना दे सकता है। दर्शन सिखाता है कि सभी चीजें जुड़ी हुई हैं और हर निर्णय और घटना किसी बड़ी चीज़ का हिस्सा है।

यह दृष्टिकोण इस बात को आकार देता है कि लोग कैसे जीते हैं, वे दूसरों के साथ कैसा व्यवहार करते हैं, और वे खुद को कैसे देखते हैं। यह जागरूकता बढ़ाता है, रिश्तों को मजबूत करता है, और यदि इसे गंभीरता से लिया जाए, तो यह एक ऐसे जीवन की ओर ले जाता है जो सिर्फ़ हर दिन को गुज़ारने के बारे में नहीं है, बल्कि इस प्रक्रिया में अर्थ खोजने के बारे में है। यही बात दर्शन को सिर्फ़ सिद्धांत से अधिक बनाती है। यह एक सुखी जीवन की नींव है।

विभिन्न संस्कृतियों में दर्शनशास्त्र

"एक अपरीक्षित जीवन जीने योग्य नहीं है।"

-सुकरात

सुकरात की बात में दम था। लोग अपना जीवन चीज़ों—पैसा, पद, आराम—के पीछे भागते हुए बिता देते हैं, बिना यह पूछे कि क्यों। वे मान लेते हैं कि खुशी काम करने, बिलों का भुगतान करने और छोटी-मोटी बातों का आनंद लेने का दिखावा करने से आती है। दर्शनशास्त्र उस धारणा को चुनौती देने के लिए मौजूद है। यह लोगों को याद दिलाता है कि जीवन में दिनचर्या से बढ़कर भी बहुत कुछ है। यह उन्हें यह पूछने पर मजबूर करता है कि क्या वे वास्तव में जी रहे हैं या सिर्फ मौजूद हैं।

दर्शन केवल व्यक्तियों के लिए नहीं है। इसने सरकारों, कानूनों और संपूर्ण सभ्यताओं को आकार दिया है। यह समाज को एक नैतिक दिशा-सूचक देता है, जो नेताओं को पूर्ण तानाशाह बनने से रोकता है—या कम से कम उन्हें धीमा कर देता है। संस्कृति चाहे कोई भी हो, दर्शन अपनी छाप छोड़ता है, और यह प्रभावित करता है कि लोग खुद को और अपने आस-पास की दुनिया को कैसे देखते हैं।

संस्कृतियों में दर्शनशास्त्र

पश्चिम में, दर्शनशास्त्र लंबे समय से अर्थ की खोज रहा है। यूनानी विचारकों ने इसकी नींव रखी, जिन्होंने न्याय, नैतिकता और अस्तित्व जैसे विचारों पर बहस की। उनके प्रभाव ने कानूनी प्रणालियों से लेकर व्यक्तिगत पहचान तक, हर चीज़ को आकार दिया। लोग अपने मूल्यों को परिभाषित करने, उद्देश्य खोजने और जब सब कुछ गड़बड़ लगने लगे तो जीवन को समझने के लिए दर्शन की ओर रुख करते हैं। यह सभी उत्तरों के होने के बारे में नहीं है। यह इस बारे में है कि कौन से प्रश्न महत्वपूर्ण हैं, यह जानना।

कई एशियाई संस्कृतियों में, दर्शन और धर्म अविभाज्य हैं। तर्क और विश्वास को विरोधी शक्तियों के रूप में देखने के बजाय, उन्हें एक संपूर्ण के हिस्सों के रूप में देखा जाता है। दर्शन केवल एक मानसिक व्यायाम नहीं है। यह जीने का एक तरीका है, रिश्तों को संभालने, नैतिक विकल्प बनाने और सामंजस्य बनाए रखने के लिए एक मार्गदर्शक है। ध्यान गहरी सोच और ऐसे कार्यों पर होता है जो बुद्धिमानी और सत्यनिष्ठा को दर्शाते हैं।

आदिवासी समुदाय एक अलग दृष्टिकोण अपनाते हैं। उनके लिए, दर्शन प्रकृति में बुना हुआ है। जीवन दुनिया पर विजय प्राप्त करने के बारे में नहीं है। यह इसके साथ सह-अस्तित्व में रहने के बारे में है। प्रकृति को नियंत्रित करने की कोई चीज़ नहीं है। यह सम्मान करने योग्य है। उनका दर्शन यह पूछने में समय बर्बाद नहीं करता कि क्या मनुष्य पृथ्वी से अलग हैं। यह पहले से ही उत्तर जानता है।

दर्शनशास्त्र अभी भी क्यों मायने रखता है?

आप चाहे कहीं भी देखें, दर्शन का उद्देश्य एक ही होता है। यह लोगों को अस्तित्व को समझने में मदद करता है। यह उन्हें स्पष्ट रूप से सोचने, बुद्धिमानी से काम करने और जब जीवन उनकी राह में समस्याएँ लाता है तो टूट न पड़ने की शिक्षा देता है। कुछ संस्कृतियाँ इसे नैतिक व्यवस्था बनाने के लिए उपयोग करती हैं। अन्य इसका उपयोग अर्थ खोजने, रिश्तों को मजबूत करने या दिव्यता को समझने के लिए करती हैं।

दर्शन नियमों का एक समूह नहीं है। यह एक उपकरण है। यह आसान उत्तरों का वादा नहीं करता, लेकिन यह लोगों को कार्य करने से पहले सोचने के लिए मजबूर करता है। केवल यही इसे बनाए रखने लायक बनाता है।

दर्शन की सांस्कृतिक तुलनाएँ

लोकप्रियता के मामले में सबसे प्रभावशाली दर्शन से शुरुआत करते हुए, रोम और ग्रीस की सभ्यताओं ने पूरे इतिहास में बौद्धिक और दार्शनिक प्रगति के उदाहरण के रूप में काम किया है। इन प्राचीन भूमध्यसागरीय महाशक्तियों ने अपनी असाधारण राजनीतिक और सांस्कृतिक उपलब्धियों के माध्यम से दुनिया को प्रभावित किया और दर्शन को महत्वपूर्ण रूप से प्रभावित किया। रोम की सीमाओं के भीतर, एपिक्यूरियनवाद और स्टोइकवाद की बौद्धिक आंदोलनों ने प्रमुखता हासिल की।

दूसरी ओर, सॉक्रैटिक और प्लेटोनिक दर्शन की मजबूत परंपराएं ग्रीस में दृढ़ता से स्थापित हुई और फलती-फूलती रहीं। एपिक्यूरियनवाद, जिसकी स्थापना ग्रीक दार्शनिक एपिक्यूरस ने की थी और जिसे रोम में कई लोगों ने अपनाया था, ने एक संतुष्ट जीवन प्राप्त करने के लिए एक अलग दृष्टिकोण अपनाया।

आज लोग मानते हैं कि वे ही बड़े सवालों से जूझने वाले पहले लोग हैं। खुशी, न्याय और सत्य कोई नई चिंताएँ नहीं हैं। प्राचीन काल के लोग अपनी समस्याओं को हल करने के लिए आधुनिक सुविधाओं का इंतजार करते नहीं बैठे थे। वे भी उतने ही भटकते थे जितना कि आज के लोग, और उनके पास एक अच्छा जीवन जीने के बारे में कहने के लिए बहुत कुछ था। उनके कुछ विचार शानदार थे। कुछ संदिग्ध थे। दोनों ही सूरतों में, उन्होंने उस नींव का निर्माण किया जिस पर आज भी बहुत ज़्यादा सोचने वाले लोग विचार करते हैं।

एपिक्यूरियन लोगों का उदाहरण लें। इन विचारकों की ख्याति सुख की तलाश करने वालों के रूप में थी, लेकिन उस लापरवाह तरीके से नहीं जैसा ज़्यादातर लोग मानते हैं। वे भव्य पार्टियों या अत्यधिक भोग-विलास में लिप्त नहीं थे। उनके लिए सुख का अर्थ दर्द का अभाव था। उनका मानना था कि इच्छाओं को सरल रखना, अनावश्यक नाटकों से बचना, और अच्छे भोजन, सार्थक दोस्ती और एक शांत मन जैसी बुनियादी खुशियों पर ध्यान केंद्रित करना ही सच्ची खुशी की ओर ले जाता है। वे समझते थे कि धन या स्वीकृति का पीछा करना केवल तनाव को जन्म देता है। उनका तरीका था शांत जीवन जीना, गहराई से सोचना, और ऐसे लोगों के साथ रहना जो जीवन को दुखद न बनाएं। यह सलाह आज भी लागू होती है।

सुकराती लोगों ने पूरी तरह से एक अलग दृष्टिकोण अपनाया। वह इस तरह के व्यक्ति थे जो एक सवाल पूछते और फिर हर जवाब का एक और सवाल से जवाब देते थे। वह तब तक ऐसा करते रहते जब तक कि दूसरा व्यक्ति या तो हार नहीं मान लेता या उसे यह एहसास नहीं हो जाता कि वह उतना नहीं जानते जितना वह सोचते थे। इसने उन्हें एथेंस में सबसे निराशाजनक और सबसे प्रतिभाशाली व्यक्ति बना दिया। उनका मानना था कि हर चीज़ पर सवाल उठाने से सत्य और आत्म-जागरूकता मिलती है। उनकी विधि प्रभावी थी, लेकिन यह लोगों को असहज भी कर देती थी। आखिरकार, एथेंस शहर ने तंग आकर उसे मौत की सज़ा सुना दी। इसी से आपको पता चलता है कि आप सही सवाल पूछ रहे हैं—जब लोग उनका जवाब देने के बजाय आपको खत्म करना पसंद करें।

फिर **प्लेटो** आए, जो एक छात्र थे जिन्होंने सुकरात के विचारों को लिया और उन पर आगे काम किया। यदि सुकरात वे व्यक्ति थे जो सभी कठिन प्रश्न पूछते थे, तो प्लेटो वे व्यक्ति थे जिन्होंने इतने बड़े सिद्धांत बनाए कि लोगों के सिर दर्द करने लगते थे। उनका मानना था कि जो कुछ भी लोग देखते हैं, वह एक बड़ी वास्तविकता की केवल एक छाया है। उनके अनुसार, भौतिक दुनिया उतनी वास्तविक नहीं है जितना लोग मानते हैं। उनका तर्क था कि सच्चा ज्ञान केवल तर्क और चिंतन के माध्यम से ही प्राप्त किया जा सकता है। उनकी **'गुफा का रूपक' (Allegory of the Cave)** इसे अच्छी तरह से समझाता है। ऐसे लोगों की कल्पना कीजिए जिन्हें अपने पूरे जीवन में एक गुफा में जंजीरों से बांधा गया हो, और वे केवल दीवार पर पड़ने वाली परछाइयों को ही देख पाते हों। उनके लिए, वे परछाइयाँ ही वास्तविकता हैं। फिर, एक व्यक्ति भाग निकलता है, बाहर कदम रखता है, और उसे एहसास होता है कि जो कुछ वे जानते थे, उसके परे एक पूरी दुनिया है।

जब वे दूसरों को बताने के लिए लौटते हैं तो कोई भी उन पर विश्वास नहीं करता क्योंकि उन्होंने इसे खुद कभी नहीं देखा है। प्लेटो ने इस कहानी का उपयोग यह तर्क देने के लिए किया कि अधिकांश लोग अज्ञानता में रहते हैं, और जो वे देखते हैं उसे ही संपूर्ण सत्य समझ बैठते हैं।

प्लेटो ने **'रिपब्लिक'** में अपने विचारों का विस्तार किया, जहाँ उन्होंने तर्क दिया कि समाज का संचालन दार्शनिकों द्वारा किया जाना चाहिए। उनका मानना था कि अधिकांश लोग प्रभावी ढंग से नेतृत्व करने के लिए बहुत अधिक विचलित, बहुत अधिक स्वार्थी, या बहुत अधिक अनजान थे। उनके दृष्टिकोण में, शासक वे नहीं होने चाहिए जिनके पास सबसे अधिक

धन या शक्ति हो, बल्कि वे होने चाहिए जिनके पास सबसे अधिक ज्ञान हो। आज यह विचार बहुत लोकप्रिय नहीं होगा।

दर्शन केवल पुराने सिद्धांतों का संग्रह नहीं है। वही प्रश्न जिनके बारे में प्राचीन काल में लोग चिंतित थे—अच्छे से कैसे जिएं, क्या सत्य है, क्या न्यायसंगत है—वे आज भी वे ही प्रश्न हैं जिनसे लोग जूझते हैं। कुछ ने सादगी के माध्यम से खुशी की तलाश की। दूसरों ने हर चीज़ पर सवाल उठाकर सच्चाई का पता लगाने की कोशिश की। कुछ स्वयं वास्तविकता को समझना चाहते थे। दर्शन केवल जीवन को समझने की मानव प्रयासों का इतिहास है। एकमात्र अंतर यह है कि उस समय वे सोशल मीडिया या ऑनलाइन कमेंट सेक्शन में बहस से विचलित नहीं थे। वे वास्तव में सोचने के लिए समय निकालते थे। शायद इसीलिए उनके विचार आज भी मौजूद हैं।

अफ्रीका और एशिया से दार्शनिक अवधारणाएँ

दुनिया के हर कोने में विचारक मानव अस्तित्व के रहस्य को सुलझाने की कोशिश करते रहे हैं। वे सभी संगमरमर के आंगनों में बहस नहीं करते थे, लेकिन वे वही बड़े सवाल पूछते थे—जीवन कैसे जिएं, दूसरों के साथ कैसा व्यवहार करें, और जीवन ज्यादातर समय समझ से बाहर क्यों रहता है।

उदाहरण के लिए, एशिया में दर्शनशास्त्र का अभ्यास अधिकांश सभ्यताओं के पास बहता पानी होने से भी पहले से हो रहा है। कन्फ्यूशियस की शिक्षाएं आज भी लोगों के एक-दूसरे के साथ व्यवहार को आकार देती हैं, भले ही उन्होंने उनके कार्यों का एक शब्द भी न पढ़ा हो। वे नैतिकता, सामाजिक सद्भाव और इस विचार के पक्षधर थे कि अगर लोग मूर्खों की तरह व्यवहार करना बंद कर दें, तो समाज वास्तव में काम कर सकता है। यह एक ऐसा सबक है जिसे कई आधुनिक नेता फिर से देख सकते हैं। फिर ताओवाद है, जो एक अलग दृष्टिकोण अपनाता है। संरचना और नियमों पर तनाव लेने के बजाय, ताओवाद लोगों को बहाव के साथ चलने और प्रकृति के साथ खुद को संरेखित करने के लिए कहता है। यदि कन्फ्यूशियसवाद जीवन को व्यवस्थित करने के बारे में है, तो ताओवाद एक कदम पीछे हटने और यह महसूस करने के बारे में है कि हर चीज़ पर नियंत्रण थोपना एक मूर्खतापूर्ण खेल है। ये दोनों एक-दूसरे को इस तरह से संतुलित करते हैं जिसका अर्थ केवल तभी समझ में आता है जब लोग हर चीज़ को ज़्यादा जटिल बनाना बंद कर दें।

फिर बौद्ध धर्म है, जो जीवन को देखता है और कहता है, "हाँ, दुख अपरिहार्य है, लेकिन इससे निपटने का एक तरीका है।" यह लोगों को अपने आसक्तियों को छोड़ने की शिक्षा देता है, जो एक अच्छा विचार है जब तक कि उन्हें इसे वास्तविक जीवन में लागू नहीं करना पड़ता। किसी को अपनी पसंदीदा खेल टीम या अपने फोन की बैटरी की प्रतिशतता में अपने भावनात्मक निवेश को छोड़ने के लिए कहकर देखें, और आप देखेंगे कि मनुष्य कितना जुड़ाव रख सकते हैं। फिर भी, बौद्ध धर्म एक ऐसा दृष्टिकोण प्रदान करता है जो लोगों को अपने आप पर काबू खोए बिना जीवन के बदलावों से निपटने में मदद करता है।

अब, आइए अफ्रीका चलते हैं, जहाँ दर्शन ने समाजों को ऐसे तरीकों से आकार दिया है जिनका उल्लेख पश्चिमी इतिहास की किताबें सुविधापूर्वक करना भूल जाती हैं। उबुन्तु अफ्रीकी विचारधारा से निकले सबसे गहरे विचारों में से एक था। अगर आपने इसके बारे में कभी नहीं सुना है, तो मैं इसे समझाता हूँ। यह वह दर्शन है जो कहता है, "मैं हूँ क्योंकि हम हैं।" यह समुदाय, साझा जिम्मेदारी, और इस विचार के बारे में है कि जब मनुष्य वास्तव में एक-दूसरे पर विचार करते हैं तो वे अपने सर्वश्रेष्ठ रूप में होते हैं। दूसरे शब्दों में, यह आत्म-मुग्ध, 'हर कोई अपने लिए' वाले रवैये के विपरीत है जो आज की दुनिया में हावी होने की प्रवृत्ति रखता है।

यह सिखाता है कि लोग एक-दूसरे से जुड़े हुए हैं, कि दयालुता कोई कमजोरी नहीं है, और समुदाय तब फलते-फूलते हैं जब लोग जीवन को एक प्रतियोगिता की तरह मानने के बजाय एक-दूसरे का ध्यान रखते हैं।

इन सभी दर्शनों की सुंदरता—चाहे वे एशिया, अफ्रीका, या कहीं और से हों—यह है कि वे इतिहास की किताबों में सीमित नहीं हैं। वे अभी भी इस बात को प्रभावित कर रहे हैं कि लोग कैसे सोचते, जीते और एक-दूसरे से संबंधित होते हैं। पश्चिमी दुनिया अपने व्यक्तिवाद से प्यार करती है, लेकिन कन्फ्यूशियसवाद और उबुन्तु जैसे दर्शन लोगों को याद दिलाते हैं कि जीवन अकेले निभाया जाने वाला कार्य नहीं है। ताओवाद उन्हें सब कुछ छोटे-छोटे साफ-सुथरे बक्सों में फिट करने की कोशिश बंद करने के लिए कहता है। बौद्ध धर्म उन्हें याद दिलाता है कि दुख इस पैकेज का एक हिस्सा है, लेकिन यह ज़रूरी नहीं है कि यही उनकी परिभाषा बने।

लोग सोचते हैं कि दर्शनशास्त्र केवल अमूर्त सिद्धांतों के बारे में है, लेकिन यह वास्तव में जीवन नामक इस भ्रमित करने वाली, अप्रत्याशित, और अक्सर हास्यास्पद चीज़ से जूझने के बारे में है। दुनिया के महानतम विचारक सिर्फ बातें करने के लिए बातें नहीं कर रहे थे। वे उन्हीं समस्याओं का अर्थ समझने की कोशिश कर रहे थे जिनका सामना आज के लोग करते हैं। बस इतना अंतर है कि उनके पास चीजों को समझने से ध्यान भटकाने के लिए सोशल मीडिया नहीं था। शायद इसीलिए उनके विचार इतने लंबे समय तक चले हैं।

मात की प्रवाहित धारा

अपने भव्य फिरौन और चिंतनशील दार्शनिकों के साथ, मिस्र की प्राचीन भूमि मानव इतिहास और ज्ञान की हमारी खोज में एक अपरिहार्य स्थान रखती है। इस असाधारण सभ्यता में, मा'त के नाम से जाना जाने वाला एक दार्शनिक प्रवाह लोगों की सामूहिक चेतना में बहता था। मात, जो व्यवस्था, सत्य और न्याय पर केंद्रित थी, ने मिस्रवासियों को न केवल पृथ्वी पर बल्कि उससे परे भी संतुलन और सामंजस्य की खोज में निर्देशित किया। इसने ब्रह्मांड की अंतर्निहित परस्पर-संयोजकता पर जोर दिया, जो देवताओं द्वारा बनाई गई ब्रह्मांडीय जाल को प्रदर्शित करती थी।

प्राचीन मिस्रवासी मूर्ख नहीं थे। उन्होंने वे पिरामिड सिर्फ़ हज़ारों साल बाद पर्यटकों को प्रभावित करने के लिए नहीं बनाए थे। उनके पास इस बारे में एक पूरा दर्शन था कि दुनिया को कैसे काम करना चाहिए, और वे इसे **मा'त** कहते थे। यह सिर्फ़ एक शब्द नहीं था; यह जीवन जीने का एक तरीका था। इसका मतलब संतुलन, सत्य और न्याय था, और उनका मानना था कि पूरा ब्रह्मांड लोगों के इन सिद्धांतों का पालन करने पर निर्भर करता है। यदि आप मा'त को नज़रअंदाज़ करते थे, तो चीज़ें बिगड़ने लगती थीं।

सबसे पहले, **व्यवस्था।** मिस्रवासी हर चीज़ को संतुलित रखने के प्रति जुनूनी थे। उनका मानना था कि ब्रह्मांड में एक प्राकृतिक लय होती है, और सभी का काम था कि वे उससे तालमेल बनाए रखें। अव्यवस्था सिर्फ एक मामूली असुविधा नहीं थी; यह परम शत्रु थी। लोगों से अपेक्षा की जाती थी कि वे अपने रिश्तों, काम और देवताओं के साथ अपने व्यवहार में सामंजस्य बनाए रखें। दूसरे शब्दों में, वे कुछ ऐसा समझते थे जिसे आधुनिक समाज लगातार भूल जाता है—अगर आप अनावश्यक समस्याएं पैदा करते हैं, तो आप अपने सहित सभी के लिए जीवन को कठिन बना रहे हैं।

फिर **सच्चाई** थी। मिस्रवासी सिर्फ झूठ से बचने की बात नहीं कर रहे थे। उनका मतलब ब्रह्मांड के मौलिक क्रम के अनुरूप जीने से था। एक बात कहना और दूसरी करना? यह चीजों को असंतुलित करने का एक पक्का तरीका था। उनका मानना था कि सच बोलना और सच पर चलना सिर्फ अच्छा व्यवहार नहीं था। यह दुनिया को अराजकता में गिरने से बचाने के लिए आवश्यक था। कल्पना कीजिए कि जीवन कितना सहज हो जाएगा अगर आज के लोग खुद को कुछ और दिखाना बंद कर दें और वास्तव में अपने शब्दों पर अमल करें।

मिस्रवासियों को पता था कि निष्पक्षता और नैतिक आचरण के बिना एक समाज तूफानी हवा में रेत के महल की तरह तेजी से ढह जाएगा। उनके लिए, न्याय केवल गलत काम करने वालों को दंडित करने के बारे में नहीं था, बल्कि सामंजस्य बनाए रखने के बारे में भी था। यदि लोग एक-दूसरे के साथ निष्पक्ष व्यवहार करते थे, तो पूरी व्यवस्था बेहतर काम करती थी। यदि वे स्वार्थी और अनुचित व्यवहार करते थे, तो चीजें बिगड़ने लगती थीं। वे बदला लेने या व्यक्तिगत लाभ में रुचि नहीं रखते थे। वे संतुलन चाहते थे, और उन्होंने न्याय को चीजों को अराजकता में जाने से रोकने का एक तरीका माना।

वे यह भी मानते थे कि देवता मा'त के अंतिम रक्षक थे। यदि मनुष्यों ने अपना हिस्सा निभाया—सभ्य, निष्पक्ष और सत्यवादी बनकर—तो देवता सब कुछ व्यवस्थित रखेंगे। मिस्रवासियों ने इसे गंभीरता से लिया। उनके समारोह, अनुष्ठान और नैतिक संहिताएँ सभी इस ब्रह्मांडीय संतुलन के साथ उन्हें संरेखित रखने के लिए डिज़ाइन की गई थीं। वे यह नहीं मानते थे कि वे बस अपने स्वयं के नियम बना सकते हैं और ब्रह्मांड से साथ देने की उम्मीद कर सकते हैं।

सच्चाई यह है कि, मा'त यह सुनिश्चित करने का उनका तरीका था कि समाज अराजकता में न बदल जाए। वे समझते थे कि ब्रह्मांड के नियम हैं, और उनकी अनदेखी करने से तबाही आती है। उन्होंने इन सिद्धांतों पर एक ऐसी सभ्यता का निर्माण किया जो हजारों साल तक चली। वहीं, आधुनिक समाज बिना कोई नई तबाही मचाए एक दशक भी नहीं बिता पाता। शायद मिस्रवासियों ने कुछ तो सही समझा था।

मा'त पर जोर देने वाला मिस्र का दर्शन, ब्रह्मांड और मानव अस्तित्व की प्राचीन समझ की एक आकर्षक झलक प्रदान करता है। यह एक समग्र दृष्टिकोण प्रस्तुत करता है जो नैतिक, सामाजिक और ब्रह्मांडीय आयामों को एकीकृत करता है, और प्राकृतिक दुनिया पर

मिस्रवासियों के तीक्ष्ण अवलोकन तथा उसे नियंत्रित करने वाले अंतर्निहित सिद्धांतों में उनकी अंतर्दृष्टि को उजागर करता है।

स्टोइकिज़्म का सत्य

ग्रीक दार्शनिक, सिटियम के ज़ेनो ने, पहली बार स्टोइकिज़्म को लोकप्रिय बनाया, जिसे अंततः रोमनों ने अपना लिया। धैर्य ने जीवन के अव्यवस्थित जाल के बीच आंतरिक शांति खोजने का एक तरीका प्रदान किया। स्टोइकिज़्म का केंद्रीय संदेश यह था कि सद्गुण और तर्क को मानवीय आचरण को नियंत्रित करना चाहिए और बाहरी घटनाओं को शांति से स्वीकार किया जाना चाहिए और उनसे निपटा जाना चाहिए। स्टोइकों का मानना था कि यदि किसी के कार्य और विचार ब्रह्मांड की प्राकृतिक व्यवस्था, जिसे कभी-कभी "लोगोस" भी कहा जाता है, के अनुरूप हों, तो वह आनंद और संतोष प्राप्त कर सकता है। उनका दृढ़ विश्वास था कि ज्ञान, साहस, न्याय और संयम जैसे गुणों को विकसित करना एक पूर्ण और सार्थक अस्तित्व का मार्ग है, और उन्होंने अपनी इच्छाओं और भावनाओं के प्रबंधन के महत्व पर भी काफी जोर दिया।

"मनुष्य वस्तुओं से विचलित नहीं होता, बल्कि उनसे देखने के अपने दृष्टिकोण से होता है।" – एपिक्टेटस।

जीवन अप्रत्याशित है। लोग आपको निराश करेंगे, योजनाएँ विफल होंगी, और कभी-कभी, ऐसा लगेगा जैसे ब्रह्मांड व्यक्तिगत रूप से आपके धैर्य की परीक्षा ले रहा है। स्टोइकिज़्म का मतलब यह दिखावा करना नहीं है कि ये चीजें होती नहीं हैं या एक रोबोट की तरह भावनाओं को दबाना। यह समझने के बारे में है कि हालांकि लोग हमेशा यह नियंत्रित नहीं कर सकते कि क्या होता है, वे यह नियंत्रित कर सकते हैं कि वे कैसे प्रतिक्रिया देते हैं।

स्टोइक का मानना था कि वास्तविक खुशी, जिसे वे यूडैमोनिया कहते थे, बाहरी सफलता का पीछा करने या असुविधा से बचने के बजाय मन पर काबू पाने से आती है। एक व्यक्ति के पास दुनिया का सारा पैसा, शक्ति और प्रशंसा हो सकती है, लेकिन अगर वह हर असुविधा को अपने दिन को बर्बाद करने देता है, तो वह अभी भी अपनी परिस्थितियों का कैदी है। दूसरी ओर, जिसके पास बहुत कम है लेकिन वह यह समझता है कि अपनी भावनाओं और अपेक्षाओं को कैसे प्रबंधित किया जाए, वह एक ऐसे शांति के भाव के साथ जी सकता है जिसे हिलाया नहीं जा सकता।

स्टोइकिज़्म जीवन से पीछे हटने के बारे में नहीं है। यह भावनाओं को नियंत्रण करने से रोकने के लिए जीवन में शामिल होने के बारे में है। यह ट्रैफ़िक पर गुस्सा होने और यह महसूस करने के बीच का अंतर है कि कोई भी निराशा कारों को तेज़ी से नहीं चलाएगी। यह उस पर ऊर्जा बर्बाद करने के बजाय, जो बदला नहीं जा सकता, उन चीज़ों पर ध्यान केंद्रित करने का विकल्प है जिन्हें नियंत्रित किया जा सकता है, जैसे धैर्य और दृष्टिकोण।

यह दर्शन एक आसान जीवन का वादा नहीं करता है। यह लोगों से यह दिखावा करने के लिए नहीं कहता कि कठिनाइयाँ मौजूद नहीं हैं। इसके बजाय, यह सिखाता है कि व्यक्तियों के पास यह तय करने की शक्ति है कि उन कठिनाइयों का उनकी भलाई पर कितना प्रभाव पड़ेगा। स्टोइक भावनाओं को खत्म करने की कोशिश नहीं कर रहे थे। वे भावनाओं को अपने जीवन पर हावी होने से रोकने की कोशिश कर रहे थे। यही कारण है कि स्टोइकिज़्म फुसफुसाता नहीं है, बल्कि पूर्ण निश्चितता के साथ बोलता है, लोगों को यह बताता है कि उनमें इससे ऊपर उठने की शक्ति है।

बुद्ध की सचेतनता

अब, एशिया के मनमोहक क्षेत्रों की ओर पूर्व की यात्रा करें, जहाँ पूर्वी दर्शन सचेतता और आंतरिक संतुलन की कुंजियाँ रखते हैं। जैसे ही आप हरे-भरे परिदृश्यों में घूमते हैं, बौद्ध धर्म और ताओवाद की शिक्षाएँ आपको संध्या के समय चमकती लालटेनों की तरह बुलाती हैं, जो आपको मानवीय अनुभव से जुड़ने की ओर मार्गदर्शन करती हैं।

बौद्ध सचेतता की गोद में, आपको वर्तमान क्षण में पूरी तरह से जीने के लिए आमंत्रित किया जाता है, प्रत्येक क्षणिक साँस में बुनी गई सुंदरता और सादगी को संजोते हुए। इस अभ्यास के माध्यम से, आप संवेदनाओं, विचारों और भावनाओं के जीवंत संबंध से जागृत होते हैं जो आपके अस्तित्व की कैनवास को रंगते हैं। एक कोमल जागरूकता के साथ, आप अपने आप को गहराई से समझते हैं, और भीतर निवास करने वाली स्थिरता में शांति और सुकून पाते हैं।

समय की शुरुआत से ही लोग शांत रहने का तरीका खोजने की कोशिश करते रहे हैं। कुछ लोग महंगी छुट्टियों पर जाते हैं, तो कुछ तकियों में चिल्लाकर देखते हैं, लेकिन बौद्ध धर्म कुछ बहुत सरल सुझाव देता है। शांत बैठें, ध्यान दें, और हर गुज़रते विचार को अपनी समस्या बनाना बंद कर दें। यही माइंडफुलनेस है। इसका मतलब दुनिया से भागना या यह दिखावा

करना नहीं है कि समस्याएं मौजूद ही नहीं हैं। इसका मतलब है वर्तमान क्षण में जो हो रहा है, उसे बिना किसी तुरंत प्रतिक्रिया के देखना, जैसे कि किसी का पैर दब जाए।

कल्पना कीजिए कि आप आसमान में बादलों को तैरते हुए देख रहे हैं। विचार भी इसी तरह काम करते हैं। वे आते-जाते रहते हैं, और जब तक आप हमेशा एक ही विचार को घूरने पर जोर नहीं देते, वे अंततः चले जाते हैं। हालाँकि, ज़्यादातर लोग हर विचार को पकड़ लेते हैं और महसूस करते हैं कि यह अब तक की सबसे महत्वपूर्ण चीज़ है। वे उसी में उलझे रहते हैं, तनाव लेते हैं, और समस्याओं को ज़रूरत से ज़्यादा बड़ा बना देते हैं। माइंडफुलनेस कुछ बहुत ही अलग सुझाव देती है। हर छोटी-मोटी तुफान में फँसने के बजाय, एक कदम पीछे हटें और मौसम को देखें।

बौद्ध धर्म सिर्फ लोगों को शांत रहने में मदद करने तक ही सीमित नहीं है। यह इससे भी गहरा है। बुद्ध मानव दुख के स्रोत को समझने वाले पहले महान विचारकों में से एक थे। उन्होंने समझाया कि समस्या स्वयं जीवन नहीं है, बल्कि यह लोगों का उस पर प्रतिक्रिया करने का तरीका है। वे चाहते हैं कि खुशी हमेशा बनी रहे, जो कि संभव नहीं है। वे असुविधा से बचना चाहते हैं, जो कि असंभव है। वे चाहते हैं कि जीवन पूर्वानुमेय हो, लेकिन वास्तविकता को उनकी इच्छाओं की कोई परवाह नहीं है। असली समस्या आसक्ति है। लोग लगातार बदलती चीज़ों से चिपके रहते हैं, और फिर वे सोचते हैं कि जब जीवन वही करता है जो वह हमेशा करता है—आगे बढ़ता रहता है—तो वे दुखी क्यों महसूस करते हैं।

यह सिर्फ दर्शनशास्त्र नहीं है। तंत्रिका विज्ञान इसका समर्थन करता है। अध्ययनों से पता चलता है कि माइंडफुलनेस सचमुच मस्तिष्क की तारों को फिर से जोड़ता है। प्रीफ्रंटल कॉर्टेक्स, जो तर्कसंगत सोच के लिए जिम्मेदार है, मजबूत होता है। एमिग्डाला, जो डर और घबराहट को नियंत्रित करता है, कम प्रतिक्रियाशील हो जाता है। यही कारण है कि बौद्ध भिक्षु घंटों तक बिना अपना आपा खोए चुपचाप बैठ सकते हैं। उनका मस्तिष्क हर क्षणभंगुर भावना से इधर-उधर खींचे जाने के बजाय वर्तमान में बने रहने के लिए प्रशिक्षित होता है।

सचेतनता कोई जादू की चाल नहीं है, और इसका मतलब यह नहीं है कि लोग फिर कभी तनाव महसूस नहीं करेंगे। इसका मतलब बस यह है कि वे इससे बेहतर तरीके से निपटेंगे। यह तूफान के बीच में फंसने और उसे सुरक्षित दूरी से देखने के बीच का अंतर है। यह

लोगों को वास्तविकता को वैसा ही देखने की अनुमति देता है जैसा वह है, बजाय इसके कि वे लगातार यह इच्छा करें कि काश यह कुछ और होता।

अंत में, सचेतनता जीवन से पलायन का रास्ता नहीं दिखाती। यह उससे कहीं बेहतर कुछ प्रदान करती है। यह लोगों को सिखाती है कि जीवन में डूबे बिना उसमें कैसे जिया जाए। अधिकांश लोग अपना जीवन अतीत में खोए हुए या भविष्य की चिंता में बिताते हैं। जब वे शांत बैठना, सांस लेना और ध्यान देना सीखते हैं, तो उन्हें एक शक्तिशाली एहसास होता है। वे वास्तव में कभी जीवन पर नियंत्रण में नहीं थे, लेकिन वे हमेशा इस बात पर नियंत्रण में थे कि वे इसका अनुभव कैसे करते हैं। यही, वास्तव में, शांति का असली रहस्य है।

उबुंतू की सामंजस्य

अफ्रीका के विशाल सवाना और प्राचीन सभ्यताओं में, उबुन्तु नामक एक परस्पर जुड़ाव का दर्शन सामुदायिक सद्भाव की असाधारण शक्ति को प्रकट करता है। उबुंतू आपके कान में फुसफुसाता है, आपको हर आत्मा के अंतर्निहित मूल्य और गरिमा को पहचानने के लिए प्रेरित करता है। यह सिखाता है कि आपकी भलाई दूसरों की भलाई से अटूट रूप से जुड़ी हुई है और इस आपसी जुड़ाव को अपनाकर, आप मानवता के सच्चे सार को उजागर करते हैं। उबुंतू की गर्मजोशी भरी गोद में, आपको मतभेदों को पाटने, करुणा को बढ़ावा देने और एक ऐसी दुनिया बनाने की ताकत मिलती है जहाँ हम सभी एक साथ आगे बढ़ते हैं।

दर्शन, नैतिकता, और पहचान

जब हम दार्शनिक दृष्टिकोणों की विविधता की समीक्षा करते हैं, तो हमें इतिहास भर में नैतिकता और व्यक्तिगत दृष्टिकोण को आकार देने में उनका प्रभाव दिखाई देता है। प्राचीन दार्शनिकों ने दर्शन की परिवर्तनकारी शक्ति को समझा, जो व्यक्तियों को सद्गुण की ओर मार्गदर्शन करती है और एक सार्थक अस्तित्व का मार्ग प्रकाशित करती है।

अगर इतिहास ने हमें कुछ सिखाया है, तो वह यह है कि किसी भी सभ्यता के पास प्रतिभा पर एकाधिकार नहीं रहा है। कुछ लोगों के मानने के बावजूद, प्रगति इसलिए नहीं हुई क्योंकि किसी एक समूह ने एक सुबह उठकर बाकी दुनिया को आधुनिकता में खींच लाने का

फैसला किया। मानवता की महानतम उपलब्धियाँ एक सामूहिक प्रयास रही हैं, जिसमें विभिन्न संस्कृतियों ने अपनी-अपनी नवाचारों का योगदान दिया है।

प्राचीन मिस्रवासियों ने ऐसे वास्तुकला के अजूबे बनाए जो आज भी इंजीनियरों को हैरान कर देते हैं। भारत ने दुनिया को शून्य दिया, जो एक विडंबना है क्योंकि आधुनिक सभ्यता अपने कामकाज के लिए इस संख्या पर कितनी निर्भर करती है। इस्लामी स्वर्ण युग ने विद्वानों को मानव विश्वकोश बना दिया, जिसने चिकित्सा, खगोल विज्ञान और दर्शन को आगे बढ़ाया, जबकि यूरोप अभी भी अंधकार युग में भटक रहा था।

इस बीच, स्वदेशी संस्कृतियाँ नैतिक प्रणालियों, जीवन के टिकाऊ तरीकों और परस्पर जुड़ाव के दर्शन को विकसित करने में व्यस्त थीं, जिनकी आधुनिक पर्यावरणविदों द्वारा अभी-अभी सराहना की जा रही है।

प्लेटो और सुकरात अक्सर वे पहले नाम होते हैं जिनके बारे में लोग सोचते हैं, लेकिन वे अलग-थलग काम नहीं करते थे। प्लेटो के संवाद ज्ञान की खोज के बारे में थे, तथ्यों के संग्रह के रूप में नहीं बल्कि अच्छी तरह से जीने के एक तरीके के रूप में। उनके गुरु, सुकरात, अपने दिन लोगों से कठिन प्रश्न पूछने में बिताते थे, जब तक कि उन्हें कोई नई बात न सूझ जाए या वे निराश होकर चले न जाएं। वे केवल बुद्धिमान दिखने के लिए ज्ञान में रुचि नहीं रखते थे। वे चरित्र विकसित करना, नैतिक तर्क को बेहतर बनाना, और यह पता लगाना चाहते थे कि अच्छा होने का वास्तविक अर्थ क्या है।

यहीं पर आधुनिक दुनिया अक्सर बात को समझ नहीं पाती है। लोग मानते हैं कि बुद्धिमत्ता जानकारी जमा करने में है, लेकिन महान विचारक इससे बेहतर जानते थे। यह तथ्यों को याद करने के बारे में नहीं है। यह इस बारे में है कि उनके साथ क्या करना है। सच्ची बुद्धिमत्ता धारणाओं पर सवाल उठाने, आलोचनात्मक रूप से सोचने और, सबसे महत्वपूर्ण, उस ज्ञान का उपयोग ईमानदारी से जीने के लिए करने में पाई जाती है।

जो लोग अपने दिमाग को थोड़ा झुकाना पसंद करते हैं, वे इस पर विचार करें। नैतिकता की अवधारणा ही—क्या सही है, क्या गलत है, और हम परवाह क्यों करते हैं—सदियों के दार्शनिक और सांस्कृतिक आदान-प्रदान से आकार मिली है। नैतिकता कोई स्थिर विचार नहीं है। यह एक विकसित होती बातचीत है जिसे समय के साथ विभिन्न समाजों ने आकार दिया है।

न्यूरोसाइंस अब यह बताता है कि नैतिकता केवल एक सामाजिक रचना नहीं है। यह मस्तिष्क में अंतर्निहित है। प्रीफ्रंटल कॉर्टेक्स आवेग नियंत्रण और निर्णय लेने के लिए जिम्मेदार है, जबकि एमिग्डाला भावनात्मक प्रतिक्रियाओं को संसाधित करता है। इसका मतलब है कि मनुष्य जैविक रूप से नैतिक विकल्पों पर विचार करने के लिए प्रोग्राम किए गए हैं, लेकिन उन विकल्पों पर उन दार्शनिकताओं और सांस्कृतिक ढाँचों का प्रभाव पड़ता है जो उन्हें विरासत में मिलते हैं। दूसरे शब्दों में, नैतिकता केवल नियमों का एक सेट नहीं है—यह जीव विज्ञान, अनुभव और पीढ़ियों से चली आ रही बौद्धिक परंपराओं के बीच एक नृत्य है।

तो, अगली बार जब कोई यह सुझाव दे कि किसी एक संस्कृति, एक समूह, या एक युग के पास सभी जवाब थे, तो उन्हें याद दिलाएं कि इतिहास एक अलग कहानी बताता है। जैसा कि हम जानते हैं, यह दुनिया महाद्वीपों और सदियों तक फैली सामूहिक प्रतिभा का परिणाम है। हर सभ्यता ने इस पहेली का एक टुकड़ा जोड़ा है, और जो लोग यह नहीं देख पाते हैं, वे वे लोग हैं जिन्होंने ध्यान नहीं दिया है।

व्यक्तिगत नैतिकता और दर्शनशास्त्र से इसका संबंध

उन दार्शनिक विचारों के मोज़ेक पर विचार करें जो हमारे व्यक्तिगत नैतिक ढाँचों को जटिलता से आकार देते हैं। नैतिक तर्क के माहिर कारीगरों की तरह, हम अरस्तू की सद्गुण नैतिकता की ब्रश स्ट्रोक, कांट के कर्तव्यवाद सिद्धांतों की साहसिक रेखाओं, मिल के उपयोगितावादी गणित के गणना किए गए पैटर्न, और रॉल्स के न्याय सिद्धांत के जटिल पैटर्न की जांच करते हैं। इस विद्वतापूर्ण दृष्टिकोण से, हम यह समझते हैं कि ये दार्शनिक आधार हमारे अपने नैतिक विश्वासों में कैसे गहराई और सूक्ष्मता भरते हैं।

व्यक्तिगत नैतिकता में दर्शन के व्यावहारिक अनुप्रयोग को दर्शाने के लिए, आइए हम ट्रॉली दुविधा (Trolley Dilemma) के दिलचस्प केस स्टडी पर विचार करें। यह विचार प्रयोग हमें एक ऐसे परिदृश्य का सामना कराता है जहाँ एक बेकाबू ट्रॉली एक निर्माणाधीन चौराहे की ओर तेज़ी से बढ़ रही है, जहाँ यह लगभग निश्चित है कि टक्कर में कम से कम पाँच जानें जाएँगी। कंडक्टर के पास एक बटन दबाने का विकल्प है जो पटरियों को बदलकर मार्ग मोड़ देगा, लेकिन ऐसा करने से घटनाओं की एक श्रृंखला शुरू हो जाएगी जिससे एक जान जाएगी। परिणामवाद (consequentialism) के सिद्धांतों का सहारा

लेते हुए, हम इस नैतिक दुविधा से जूझते हैं कि कई लोगों की जान से होने वाले कुल नुकसान को कम करना चुनें या एक अकेली जान के मूल्य को पहचानें।

जीवन और मृत्यु के परिदृश्यों में शामिल जटिल नैतिक निर्णय लेने की प्रक्रिया पर गहन विश्लेषण और चिंतन करके, हमें इस बात की गहरी समझ मिलती है कि दर्शन हमारे नैतिक विकल्पों को कैसे सूचित और मार्गदर्शन करता है।

दर्शन, मूल्य और नैतिकता

समकालीन काल में, दर्शन व्यक्तिगत मूल्यों को बनाने और नैतिक निर्णय को निर्देशित करने में एक महत्वपूर्ण भूमिका निभाता है। दार्शनिक विचार नैतिक दुविधाओं का विश्लेषण करने के लिए रूपरेखा प्रदान करते हैं, जो लोगों को एक अच्छा और ईमानदार अस्तित्व प्राप्त करने में सहायता करते हैं।

ये दार्शनिक रूपरेखा लोगों को जटिल नैतिक दुविधाओं का तर्कसंगत मूल्यांकन करने और नैतिक रूप से जिम्मेदार निर्णय लेने में सक्षम बनाती हैं। दर्शन लोगों को अपने कार्यों के प्रभावों पर चिंतन करने, अपने संजोए हुए मूल्यों के बारे में सोचने, और नैतिक दुविधाओं से विचारशील और नैतिक रूप से सही तरीके से निपटने के लिए आवश्यक कौशल प्रदान करता है। जैसा कि दर्शनशास्त्र प्रोत्साहित करता है, सांस्कृतिक पूर्वाग्रहों और सामाजिक मानकों को चुनौती देकर एक अधिक समावेशी और सहानुभूतिपूर्ण विश्वदृष्टि विकसित की जा सकती है। यह कई दृष्टिकोणों की बेहतर समझ को प्रोत्साहित करता है और लोगों को अपने पूर्वाग्रहों, पूर्वधारणाओं और धारणाओं पर विचार करने के लिए चुनौती देकर सहानुभूति को बढ़ावा देता है।

नैतिक सिद्धांतों को विभिन्न लेंस के रूप में सोचें जिनके माध्यम से हम नैतिक निर्णय लेने को देख और अपना सकते हैं। उदाहरण के लिए, कर्तव्यवाद हमारे नैतिक दायित्वों और नैतिक सिद्धांतों का पालन करने के महत्व पर जोर देता है। दूसरी ओर, उपयोगितावाद समग्र खुशी या कल्याण को अधिकतम करने पर केंद्रित है। सद्गुण नैतिकता, नैतिक व्यवहार की नींव के रूप में सद्गुणों वाले चरित्र लक्षणों के विकास पर प्रकाश डालती है। इन दार्शनिक दृष्टिकोणों के साथ जुड़ना हमें मूल्यवान अंतर्दृष्टि प्रदान करता है जो हमें नैतिक दुविधाओं का मूल्यांकन करने और विचारपूर्वक जिम्मेदार निर्णय लेने की अनुमति देती है। दर्शन हमें अपने कार्यों के

परिणामों पर चिंतन करने, हमारे प्रिय मूल्यों पर मनन करने, और बुद्धिमानी तथा नैतिक अखंडता के साथ नैतिक चुनौतियों का सामना करने की क्षमता प्रदान करता है।

इसके अतिरिक्त, दर्शन हमें सामाजिक मानदंडों और पूर्वाग्रहों को चुनौती देने के लिए प्रोत्साहित करता है, जिससे एक अधिक समावेशी और करुणामय विश्वदृष्टि को बढ़ावा मिलता है। विविध दार्शनिक विचारों की खोज हमें विभिन्न दृष्टिकोणों के प्रति अधिक खुला बनाती है और हमें अपने पूर्वाग्रहों और धारणाओं का सामना करना सिखाती है। यह प्रक्रिया सहानुभूति को बढ़ावा देती है और नैतिक निर्णय लेने की जटिल प्रकृति की हमारी समझ को गहरा करती है।

आत्म-चिंतन और विकास के लिए दर्शन का उपयोग

लोग यह सोचना पसंद करते हैं कि वे तर्कशील प्राणी हैं। उनका मानना है कि वे तर्क, विवेक और अच्छी तरह से सोचे-समझे निष्कर्षों के आधार पर निर्णय लेते हैं। वास्तव में, अधिकांश लोग ऑटोपायलट पर चल रहे हैं, वे अपनी सहज प्रवृत्ति, आदत, या उस तर्क के आधार पर चुनाव कर रहे हैं जो उन्होंने उस सुबह किसी टिप्पणी अनुभाग में देखा हो। यहीं पर दर्शनशास्त्र की भूमिका आती है। यह सिर्फ़ पुरानी किताबों और ट्वीड जैकेट के लिए आरक्षित कोई प्राचीन विषय नहीं है। यह एक संपूर्ण मानसिक व्यायाम है जिसे दिमाग को तेज करने, मान्यताओं को चुनौती देने, और लोगों को सिर्फ़ उस बात से सहमत होने के बजाय कि जो अच्छा लगता है, उसके लिए खुद सोचने पर मजबूर करने के लिए डिज़ाइन किया गया है।

मूल रूप से, दर्शनशास्त्र तीव्र आलोचनात्मक सोच है। यह लोगों को विचारों का विश्लेषण करना, मान्यताओं पर सवाल उठाना, और एक सर्जन की सटीकता के साथ तर्कों को तोड़ना सिखाता है। यही कारण है कि कुछ लोग बकवास को पहचान लेते हैं जबकि अन्य हर चमकदार सुर्खी या साजिश के सिद्धांत के झांसे में आ जाते हैं। दर्शनशास्त्र लोगों को तथ्य को कल्पना से अलग करना, तार्किक जालों को पहचानना, और सबसे महत्वपूर्ण, भावना के बजाय तर्क के आधार पर अपनी राय बनाना सिखाता है।

अब, इससे पहले कि कोई यह सोचे कि यह सिर्फ़ डिनर पार्टियों में होशियार दिखने के बारे में है, दर्शनशास्त्र एक मानसिक व्यायाम से कहीं ज़्यादा है। यह लोगों को अपने अंदर झाँकने और अपने पूर्वाग्रहों, मूल्यों और विश्वासों पर सवाल उठाने के लिए मजबूर करता है।

ज़्यादातर लोग जीवन में यह पूछे बिना ही गुज़र जाते हैं कि वे जो मानते हैं, उस पर उनका विश्वास क्यों है। दर्शन उन्हें इतनी आसानी से जाने नहीं देता। यह एक आईना दिखाता है और कहता है, "क्या आप इस बारे में निश्चित हैं?" यह लोगों को अपने कार्यों को अपने मूल्यों के अनुरूप बनाने और एक ऐसे इरादे के साथ जीने के लिए प्रेरित करता है, जिसके बारे में ज़्यादातर लोग कभी सोचते भी नहीं हैं। यह आसान जवाब नहीं देता, लेकिन यह लोगों को बेहतर सवाल पूछने में मदद करता है—अपने बारे में, दुनिया के बारे में, और इन दोनों के बीच की हर चीज़ के बारे में।

इसमें बौद्धिक जिज्ञासा को किसी और चीज़ की तरह पोषित करने की क्षमता है। यह लोगों को सिर्फ सोचने के एक ही तरीके से परिचित नहीं कराता है। यह उन्हें विचारों की सदियों से गुज़रता है, प्राचीन ग्रीस से लेकर आधुनिक अस्तित्ववाद तक, पूर्वी परंपराओं से लेकर नैतिकता और विज्ञान में नवीनतम बहसों तक। यह उन्हें अपने दृष्टिकोण से परे देखने और यह पता लगाने के लिए मजबूर करता है कि कैसे विभिन्न संस्कृतियों और समय-अवधियों ने उन्हीं गहरे सवालों से जूझा है—सत्य क्या है? एक अच्छा जीवन क्या बनाता है? अच्छे लोगों के साथ बुरी चीजें क्यों होती हैं?

सबसे अच्छी बात? यह एक आजीवन खोज है। इसका कोई अंतिम उत्तर नहीं है, कोई ऐसा बिंदु नहीं है जहाँ कोई कह सके, "खैर, मैंने सब कुछ समझ लिया है।" दर्शन का मतलब रास्ते के अंत तक पहुँचना नहीं है। यह रास्ते पर बने रहने, लगातार सीखने, सोचने के तरीके को लगातार सुधारने, और हर दिन बस थोड़ा और बुद्धिमान बनने के बारे में है। जीवन भ्रमित करने वाला है। दर्शन इसे हल नहीं करता है, लेकिन यह लोगों को इससे निपटने में बेहतर बनाता है।

सामाजिक नैतिकता और दर्शनशास्त्र

कुछ नैतिक सिद्धांत ऐसे अनूठे दृष्टिकोण प्रदान करते हैं जिनके माध्यम से हम ज्वलंत सामाजिक मुद्दों की जांच और समझ कर सकते हैं। परिणामवाद के परिणामों पर ध्यान केंद्रित करने से लेकर कर्तव्यपरक नैतिकता के नैतिक कर्तव्यों और अधिकारों पर जोर तक, और सद्गुण नैतिकता के सद्गुण चरित्र के विकास से लेकर नारीवादी नैतिकता के लैंगिक समानता की खोज तक, प्रत्येक सिद्धांत समाज में हमारे सामने आने वाली नैतिक चुनौतियों के विभिन्न आयामों को उजागर करता है। गहन विश्लेषण के माध्यम से, हम सामाजिक विमर्श और

निर्णय लेने पर इन सिद्धांतों के प्रभाव को उजागर करते हैं। लोग नैतिकता पर बहस करना पसंद करते हैं, लेकिन सच्चाई यह है कि कोई भी इस बात पर सहमत नहीं है कि किसी चीज़ को सही या गलत क्या बनाता है। कुछ कहते हैं कि यह सब परिणाम के बारे में है।

परिणामवादी मानते हैं कि जब तक परिणाम अच्छे हैं, तब तक कार्रवाई उचित है। अन्य तर्क देते हैं कि कर्तव्यपरक नैतिकता ही सही रास्ता है, जबकि नैतिकता नियमों और कर्तव्यों का पालन करने के बारे में है, परिणाम चाहे जो भी हों। फिर सद्गुण नैतिकतावादी हैं, जो मानते हैं कि यह नियमों और परिणामों के बारे में कम और एक सच्चे अच्छे इंसान बनने के लिए अपने चरित्र को आकार देने के बारे में अधिक है। और, निश्चित रूप से, नारीवादी नैतिकता भी इस चर्चा में शामिल हो जाती है, यह पूछते हुए कि नैतिक दर्शन ने इतिहास के अधिकांश समय में आधी आबादी के दृष्टिकोण को अनदेखा क्यों किया है।

इनमें से प्रत्येक सिद्धांत नैतिक दुविधाओं को देखने का एक अलग तरीका प्रदान करता है, जिसका सीधा सा मतलब है कि कोई एक-आकार-सभी-पर-फिट-होने वाला उत्तर नहीं है। लोग निश्चितता पसंद करते हैं, लेकिन दर्शन का काम लोगों को वह देना नहीं है जो वे चाहते हैं। इसका काम उन्हें सोचने पर मजबूर करना है, भले ही वे ऐसा न करना चाहें।

जब एक निष्पक्ष समाज बनाने की बात आती है, तो नैतिक सिद्धांत केवल पाठ्यपुस्तकों में धूल जमाने तक सीमित नहीं रहते। वे कानूनों, नीतियों और सामाजिक आंदोलनों को प्रभावित करते हैं। उदाहरण के लिए, जॉन रॉल्स का एक अनोखा विचार था कि एक न्यायपूर्ण समाज को इस तरह से बनाया जाना चाहिए जैसे कोई न जाने कि वह किस स्थिति में पैदा होगा। उनके 'न्याय के रूप में निष्पक्षता' के सिद्धांत का सुझाव है कि यदि लोगों को यह जाने बिना एक समाज बनाना पड़े कि वे अमीर या गरीब, शक्तिशाली या शक्तिहीन बनेंगे, तो वे शायद चीजों को थोड़ा अधिक समान बनाएंगे। यह एक तार्किक विचार है जिसे सुविधापूर्वक वे लोग अनदेखा कर देते हैं जिनके पास पहले से ही सारी शक्ति है।

फिर मार्था नूसबॉम और उनकी 'क्षमताएं' दृष्टिकोण है, जो एक सरल लेकिन महत्वपूर्ण प्रश्न पूछता है: किसी समाज की सफलता को इस बात से मापने के बजाय कि वह कितना पैसा पैदा करता है, क्या होगा यदि लोग इसे इस बात से मापें कि वह अपने नागरिकों को कितना फलने-फूलने देता है? क्या लोग शिक्षा, स्वास्थ्य सेवा और व्यक्तिगत विकास के अवसरों तक पहुँच सकते हैं? क्या वे अपने जीवन को आकार देने वाले चुनाव करने के लिए

स्वतंत्र हैं? यदि नहीं, तो उस समाज को "सफल" कहना उतना ही ईमानदार है जितना कि कोई पुरानी कार बेचने वाला यह कसम खाए कि इंजन "बमुश्किल इस्तेमाल किया गया है।"

नैतिक सिद्धांत केवल बौद्धिक अभ्यास नहीं हैं। वे इस बात को आकार देते हैं कि लोग न्याय, निष्पक्षता और नैतिक जिम्मेदारी के बारे में कैसे सोचते हैं। वे शायद ही कभी स्पष्ट नैतिक दुविधाओं की दुनिया में रास्ता खोजने के लिए उपकरण प्रदान करते हैं। अगली बार जब कोई इस बात पर जोर दे कि किसी नैतिक प्रश्न का कोई आसान उत्तर है, तो उन्हें याद दिलाएं कि इतिहास के कुछ महानतम विचारकों ने इन विचारों पर बहस करते हुए अपना पूरा जीवन बिताया—और उनमें से कोई भी एक-दूसरे से पूरी तरह सहमत नहीं था।

दर्शन और विश्वदृष्टि

अगर एक ऐसी चीज़ है जिसे इंसान करना पसंद करते हैं, तो वह है जीवन के अर्थ पर मंथन करना। लोग तारों को घूरते हैं, अपने अस्तित्व के बारे में कविताएँ लिखते हैं, और किराने की दुकान की गलियारे में यह सोचकर अस्तित्वगत संकट में पड़ जाते हैं कि कौन सा ब्रांड का सीरियल खरीदना है। यह कोई नई समस्या नहीं है। दार्शनिक सदियों से इस पर बहस करते रहे हैं, और अंदाज़ा लगाइए क्या? उनके पास अभी भी इसका कोई अंतिम उत्तर नहीं है।

कुछ, जैसे अस्तित्ववादी, कहते हैं कि जीवन का कोई अंतर्निहित अर्थ नहीं है, इसलिए लोगों को अपना खुद का अर्थ बनाना पड़ता है। उनका मानना है कि मनुष्यों को बिना किसी स्क्रिप्ट के दुनिया में फेंक दिया जाता है और उन्हें चलते-चलते ही सब कुछ समझना पड़ता है। नुकसान? यह बहुत भारी महसूस हो सकता है। फायदा? जीवन को अपनी मर्जी से कुछ भी बनाने की पूरी स्वतंत्रता।

फिर टेलीओलॉजिस्ट हैं, जो इस बात पर आश्वस्त हैं कि हर चीज़ के पीछे एक बड़ा डिज़ाइन है। उनका मानना है कि उद्देश्य स्वयं ब्रह्मांड में ही अंतर्निहित है। यदि अस्तित्ववादी जीवन को एक खाली नोटबुक के रूप में देखते हैं जो लिखे जाने का इंतज़ार कर रही है, तो टेलीओलॉजिस्ट इसे एक ऐसी किताब के रूप में देखते हैं जिसमें कथानक पहले से ही चल रहा है, चाहे लोग इसे महसूस करें या न करें।

मज़ेदार बात यह है कि, दोनों में से कोई भी पक्ष यह साबित नहीं कर सकता कि वह सही है। इंसानों को बस अपनी अंतर्ज्ञान, उधार की गई बुद्धिमत्ता, और कभी-कभार कॉफ़ी मग पर मिले प्रेरक उद्धरण के मिश्रण के साथ अस्तित्व में रास्ता तलाशते रहना ही बचता है। लोग इतना ज़रूर जानते हैं कि वे जीवन की व्याख्या जिस तरह से करते हैं, उसी से यह तय होता है कि वे उसे कैसे जिएंगे। अगर वे मानते हैं कि कोई मतलब नहीं है, तो वे या तो निराशा में डूब सकते हैं, या फिर वे अपनी स्वतंत्रता को अपना सकते हैं। अगर वे किसी बड़े उद्देश्य में विश्वास करते हैं, तो वे या तो सांत्वना पा सकते हैं या सिर्फ जीने के बजाय किसी बड़ी योजना की तलाश में बहुत अधिक समय बिता सकते हैं।

यह एक आकर्षक पड़ताल की शुरुआत है कि कैसे दार्शनिक विचार व्यक्तिगत और सामूहिक दृष्टिकोणों के भीतर गूंजते हैं, और इस बात को प्रभावित करते हैं कि हम दुनिया, परम सत्य और मानवीय स्वभाव को कैसे समझते हैं। बुनियादी विश्लेषण से पता चलता है कि हमारे विश्वासों, मूल्यों और सामाजिक कथाओं को आकार देने में दार्शनिक दृष्टिकोणों का काफी प्रभाव होता है। हम विश्वास की उस जटिल बुनावट में उतरते हैं जो हमारे दृष्टिकोणों को घेरे हुए है, प्लेटो और अरिस्टोटल की प्राचीन सोच से लेकर डेकार्ट और कांट के तर्क के अत्याधुनिक तरीकों तक।

यह उदाहरण इस बात पर आधारित है कि शोध पूर्वी और पश्चिमी दर्शनों के बीच संबंधों की जांच कैसे करता है और विभिन्न दृष्टिकोण इस बात को कैसे प्रभावित करते हैं कि हम दुनिया और मानवीय स्थिति को कैसे देखते हैं। यदि हम कन्फ्यूशियसवाद, हार्मनी बौद्ध धर्म, भावनाहीनता और अस्तित्ववाद जैसी दार्शनिक परंपराओं की तुलना करके उन विभिन्न दृष्टिकोणों को बेहतर ढंग से समझ सकें, जो ब्रह्मांड की बनावट को आकार देने वाले दृष्टिकोणों को तैयार करते हैं, तो यह हमारी चर्चा में मूल्य जोड़ देगा।

अध्याय 3

प्रज्ञा

"स्वयं को जानना ही सभी ज्ञान की शुरुआत है।"

-अरिस्टोटल

प्रज्ञा उन गुणों में से एक है जिसकी हर कोई प्रशंसा करता है, फिर भी बहुत कम लोग इसका सटीक परिभाषित कर सकते हैं। यह ठीक-ठीक बुद्धिमत्ता नहीं है, न ही यह केवल अनुभव मात्र है। कुछ मायनों में, यह ज्ञान का संचय है, लेकिन यह विभिन्न परिस्थितियों में उस ज्ञान को प्रभावी ढंग से लागू करने की क्षमता भी है। यह किसी तथ्य को जानने और उसे सार्थक तरीके से उपयोग करने के तरीके को समझने में अंतर है। ज्ञान यह जानना है कि तकनीकी रूप से टमाटर एक फल है। बुद्धिमानी यह जानना है कि उसे फ्रूट सलाद में न डालें। यह सामान्य ज्ञान है, लेकिन यह बड़ी तस्वीर देखने और अपने ज्ञान को लागू करने के बारे में भी है।

मैं अक्सर बुद्धिमत्ता को ज्ञान, अंतर्दृष्टि और अच्छे निर्णय का एक ऐसा मिश्रण मानता हूँ, जिसे इस तरह से लागू किया जाता है कि वह प्रभावी निर्णय लेने और सार्थक जीवन जीने की ओर ले जाता है।

प्रज्ञा को समझने के लिए, हमें इसके कई पहलुओं की जांच करनी होगी। यह सूझबूझ, गहरे चिंतन की क्षमता, और अर्जित ज्ञान के आधार पर सोची-समझी कार्रवाई करने की क्षमता के रूप में प्रकट होती है। यह व्यक्तिगत अनुभव से उत्पन्न होती है, जो अक्सर आज़माइश और गलती से प्राप्त होता है, और यह लोगों, परिस्थितियों और स्वयं जीवन की सूक्ष्म समझ के माध्यम से परिष्कृत होती है। दूसरे शब्दों में, अपने मूल में, बुद्धिमत्ता ज्ञान, अनुभव, अंतर्दृष्टि और सही निर्णय का एक संश्लेषण है। बुद्धिमत्ता के विपरीत, जो अक्सर शैक्षणिक उपलब्धि और समस्या-समाधान क्षमता से जुड़ी होती है, बुद्धिमत्ता विवेक, आत्म-जागरूकता और अपने कार्यों के दीर्घकालिक परिणामों का अनुमान लगाने की क्षमता से चिह्नित होती है। यह बौद्धिक क्षमता से परे व्यावहारिक निर्णय लेने और भावनात्मक बुद्धिमत्ता के क्षेत्र में फैली हुई है।

जहाँ कच्ची बुद्धिमत्ता एक निर्वात में मौजूद हो सकती है, वहीं ज्ञान व्यावहारिक और अनुकूलनीय है। ज्ञान जीवन के सभी पहलुओं में मौजूद है, जो पेशेवर प्रयासों, रिश्तों और यहाँ तक कि दिन-प्रतिदिन की बातचीत को भी प्रभावित करता है। इसका वर्णन अक्सर विवेक, दूरदर्शिता और प्रज्ञा जैसे शब्दों का उपयोग करके किया जाता है। शब्दावली चाहे जो भी हो, ज्ञान अंततः एक मार्गदर्शक शक्ति के रूप में कार्य करता है जो व्यक्तियों को अस्तित्व की जटिलताओं से निपटने में मदद करता है। यह अदृश्य हाथ व्यक्तियों को जटिल सामाजिक परिदृश्यों, पेशेवर चुनौतियों और व्यक्तिगत दुविधाओं से गुज़रने में मार्गदर्शन करता है।

अगर हम थोड़ा पीछे हटकर ज्ञान को ऐतिहासिक और सांस्कृतिक दृष्टिकोण से देखें, तो यह स्पष्ट है कि मनुष्य हमेशा से ही इसके प्रति आसक्त रहा है। प्राचीन सभ्यताओं ने ज्ञान का उतना ही सम्मान किया जितना आज का कोई नवीनतम टिकटॉक ट्रेंड। चीन में, कन्फ्यूशियस ने नैतिक ज्ञान और आत्म-संस्कार के महत्व पर उपदेश दिया। मिस्र में, *'द इंस्ट्रक्शंस ऑफ प्टाहहोटेप'* जैसे ज्ञान साहित्य ने एक अच्छा जीवन जीने के लिए व्यावहारिक सलाह दी।

ग्रीस में, सुकरात और अरिस्टोटल जैसे दार्शनिकों ने ज्ञान को कला में बदल दिया, और उन्होंने नैतिकता से लेकर अस्तित्व के अर्थ तक हर चीज़ पर बहस की।

रोचक बात यह है कि ज्ञान की यह खोज कितनी सार्वभौमिक रही है। चाहे रोम के स्टोइक हों, भारत के बौद्ध भिक्षु हों, या अमेरिका के स्वदेशी बुजुर्ग हों, हर संस्कृति का ज्ञान का अपना संस्करण है, और फिर भी, वे सभी एक ही सत्य की ओर इशारा करते प्रतीत होते हैं: ज्ञान का अर्थ है दुनिया और उसमें अपनी जगह को समझना। यह संतुलन खोजने, अच्छे चुनाव करने, और, कभी-कभी, यह महसूस करने के बारे में है कि आपको पता ही नहीं है कि आप क्या कर रहे हैं, और यह ठीक है।

कुछ समाज, जैसे स्वदेशी संस्कृतियाँ, बुद्धिमत्ता को अलग दृष्टिकोण से देखते हैं। वे अनुभव का सम्मान करते हैं; प्रकृति के साथ गहरा जुड़ाव मूल्यवान ज्ञान प्रदान करता है। दूसरी ओर, आधुनिक समाज अक्सर बुद्धिमत्ता को शैक्षणिक शिक्षा और विशेषज्ञता के रूप में देखते हैं, जो शिक्षा और विशेष कौशल पर केंद्रित होती है। विभिन्न सांस्कृतिक और ऐतिहासिक दृष्टिकोणों से बुद्धिमत्ता को देखने पर हमें यह समझने में मदद मिलती है कि इतिहास भर में लोगों ने इसे अनोखे तरीकों से कैसे महत्व दिया और प्राप्त किया। यह हमें

व्यक्तिगत विकास और समग्र समाज दोनों में बुद्धिमत्ता के महत्व की एक बड़ी तस्वीर भी देता है।

प्रत्येक जीवन के हर हिस्से में बुद्धिमत्ता की भूमिका होती है। यह करियर, रिश्तों, निर्णयों और लोगों के एक-दूसरे के साथ बातचीत करने के तरीके को प्रभावित करती है। बुद्धिमान होना सावधानी से सोचना, विचारशील विकल्प बनाना, और अपने कार्यों का मार्गदर्शन करने के लिए ज्ञान और अनुभव दोनों का उपयोग करना है। यह सामान्य ज्ञान और गहरी समझ का मिश्रण है, जो पिछले अनुभवों से सीखने से आकार पाता है।

प्रज्ञा के संबंध में दर्शनशास्त्र

प्रसिद्ध सॉक्रेटीस ने एक बार कहा था, "एकमात्र सच्ची बुद्धिमत्ता यह जानना है कि आप कुछ नहीं जानते।" यह उन व्यक्ति के लिए साहसिक शब्द हैं जिनकी पूरी विरासत हर चीज़ पर सवाल उठाने पर आधारित है। लेकिन वह वास्तव में क्या कहना चाहते थे?

सुकरात के शब्द एक ऐसे मानसिक खेल की तरह लग सकते हैं जिसे आपके विचारों को उलझाने के लिए बनाया गया हो, जब तक कि आप हार न मान लें। लेकिन अगर आप करीब से देखें, तो आप पाएंगे कि उनका संदेश बहुत ही सरल है: वास्तविक बुद्धिमत्ता तब शुरू होती है जब आप यह स्वीकार करते हैं कि आप सब कुछ नहीं जानते। इसके बारे में सोचें। जो लोग यह मान लेते हैं कि वे जीवन को पूरी तरह से समझ चुके हैं, वे आगे बढ़ना बंद कर देते हैं। वे उसी से चिपके रहते हैं जो वे जानते हैं, और अपनी विश्वदृष्टि को चुनौती देने वाली किसी भी चीज़ को बाहर कर देते हैं।

दूसरी ओर, जो लोग अपनी अज्ञानता को पहचानते हैं, वे भूखे रहते हैं। वे सवाल करते हैं, खोजते हैं, और ज्ञान को ऐसे निगलते हैं जैसे यह उनके सामने परोसी गई दावत हो। सुकरात सिर्फ यह नहीं कह रहे थे, "हम सभी मूर्ख हैं।" वह सच्ची समझ की कुंजी—नम्रता—बांट रहे थे। जिस क्षण आप कमरे में सबसे होशियार व्यक्ति बनने की कोशिश करना बंद कर देते हैं, वही क्षण है जब आप वास्तव में एक बनने लगते हैं।

हर किसी के पास किसी न किसी प्रकार की बुद्धिमत्ता होती है। कुछ लोग जटिल सिद्धांतों को समझा सकते हैं, जबकि अन्य ने एक व्यस्त सड़क पर तंग जगह में समानांतर पार्किंग करने जैसे असंभव कौशल में महारत हासिल कर ली है। व्यावहारिक हो या बौद्धिक,

बुद्धिमत्ता कभी स्थिर नहीं रहती। यह बदलती, अनुकूलित होती और विस्तार करती है। यह आपके दिमाग में सॉफ्टवेयर को अपग्रेड करने जैसा है। आप जो सीखते हैं, उसे अपने अनुभवों के साथ मिलाते हैं, और अगर आप ध्यान दे रहे हैं, तो आप अपनी सोच को अपडेट करते रहते हैं ताकि जब भी जीवन आपके सामने कुछ अप्रत्याशित लाता है, तो आप हर बार टकराते न रहें।

सुकरात का पाठ विनम्र और सशक्त बनाने वाला दोनों है। चाहे आप खुद को कितना भी जानकार समझें, हमेशा और जानने के लिए कुछ न कुछ बचा रहता है। आप जो सबसे बुद्धिमानी भरा कदम उठा सकते हैं, वह है सवाल पूछते रहना, खोजते रहना, और कभी यह न मान लेना कि आप मंजिल पर पहुँच गए हैं। असली बुद्धिमानी सभी जवाबों को जानने में नहीं है—बल्कि उन्हें खोजने की कोशिश को कभी न रोकने में है।

दर्शन और ज्ञान का सह-अस्तित्व

दर्शन और बुद्धिमत्ता की जोड़ी वैसे ही है जैसे पीनट बटर और जेली की। इनकी बनावट अलग-अलग है, लेकिन फिर भी, वे एक आदर्श जोड़ी हैं। अगर बुद्धिमत्ता का कोई सबसे अच्छा दोस्त होता, तो वह दर्शनशास्त्र होता। खुद शब्द "दार्शनिक" ("philosopher") "ज्ञान का मित्र" होने के विचार से आया है, और दर्शनशास्त्र का अर्थ ही "ज्ञान से प्रेम" है। यह अवधारणा किसी आलीशान विश्वविद्यालय में या किसी व्याख्यान हॉल की रोशनी में शुरू नहीं हुई। यह जीवन की सभी उलझनों, जटिलताओं और अप्रत्याशित मोड़ों के प्रत्यक्ष जवाब के रूप में जन्मी थी।

एक ऐसी स्थिति की कल्पना करें जहाँ बुद्धिमानी और दर्शनशास्त्र एक डिनर पार्टी में हैं। बुद्धिमानी एक सहज मेहमान है, जो वाइन पी रही है, चुटकुले सुना रही है, और वर्षों के प्रयास और त्रुटि से प्राप्त जीवन के सबक साझा कर रही है। दूसरी ओर, दर्शनशास्त्र वह गंभीर व्यक्ति है जो एक व्हाइटबोर्ड निकालता है, आरेख बनाना शुरू कर देता है, और हर सामान्य सवाल को अस्तित्व के अर्थ में पांच घंटे की गहन पड़ताल में बदल देता है। वे *दोनों* जवाब चाहते हैं, लेकिन वहां तक पहुंचने के लिए वे पूरी तरह से अलग-अलग रास्ते अपनाते हैं। बुद्धिमत्ता व्यावहारिक, यथार्थवादी और जीवन की समझ से भरपूर होती है। दर्शनशास्त्र वास्तविकता को यह देखने के लिए ही तोड़ना चाहता है कि यह कैसे काम करती है।

ज्ञान गलतियों, असफलताओं, और इतनी बार-बार कोशिशों और गलतियों से कड़ी मेहनत करके कमाया जाता है कि एक इंजीनियर भी पसीना बहा दे। यह एक ऐसे पुराने मैकेनिक की तरह है जिसे मैनुअल की जरूरत नहीं पड़ती क्योंकि वह सिर्फ इंजन की आवाज़ सुनकर बता सकता है कि कार में क्या खराबी है। यह तथ्यों से अपने दिमाग को भरने पर निर्भर नहीं करता है। यह जानने के बारे में है कि कब बोलना है, कब चुप रहना है, और कब किसी ऐसी बहस से दूर चले जाना है जो कहीं नहीं जा रही है। यह बुद्धिमत्ता, अनुभव, भावनात्मक जागरूकता और सहज ज्ञान को मिलकर ज्ञान से कहीं अधिक शक्तिशाली चीज़ बनाता है। यह नियम जानने और यह जानने में अंतर है कि उन्हें कब तोड़ना है।

अब, एक दार्शनिक का दृष्टिकोण अलग होता है। कार ठीक करने के बजाय, वे यह सोचते रहते हैं कि क्या कारें वास्तव में मौजूद भी हैं। शायद कार सिर्फ मानव धारणा की एक रचना है। शायद गति एक भ्रम है। शायद हम सभी एक विशाल विचार प्रयोग में फंसे हुए हैं, और कुछ भी वास्तविक नहीं है। दर्शन जीवन के सबसे बड़े सवालों की एक संरचित और तार्किक खोज है। ये अस्तित्व, ज्ञान, नैतिकता और स्वयं वास्तविकता के बारे में पूछताछ हैं। यह क्षेत्र यह पूछने की हिम्मत करता है, "क्या हो अगर हम जो कुछ भी जानते हैं वह गलत हो?" जबकि बुद्धिमानी वहाँ यह कह रही है, "यह एक बहुत अच्छा सवाल है, लेकिन क्या हम यह भी पता लगा सकते हैं कि किराया कैसे चुकाया जाए?"

एक दार्शनिक मन इसे श्रेणियों में विभाजित करेगा: अस्तित्व के लिए तत्वमीमांसा, ज्ञान के लिए ज्ञानमीमांसा, नैतिकता के लिए नीतिशास्त्र, सौंदर्य के लिए सौंदर्यशास्त्र, और सब कुछ समझने के लिए तर्क। जबकि बुद्धिमत्ता व्यावहारिकता में निहित है, दर्शन सिद्धांत के क्षेत्र में फलता-फूलता है। यह आकर्षक, विचारोत्तेजक, और कभी-कभी बेहद अव्यावहारिक होता है।

अंत में, दोनों अवधारणाएँ एक-दूसरे को संतुलित करती हैं। बुद्धिमत्ता दर्शन को अमूर्त सोच में बहुत दूर तक जाने से रोकती है, जबकि दर्शन बुद्धिमत्ता को कठोर और बिना सवाल के होने से बचाता है। एक हमें अच्छी तरह से जीना सिखाती है, जबकि दूसरी हमें यह सोचने के लिए चुनौती देती है कि जीवन का महत्व है भी या नहीं।

जब हम अपनी जांच शुरू करते हैं, तो प्राचीन यूनानी दार्शनिक सुकरात, प्लेटो और अरिस्टोटल हमें ज्ञान की अवधारणा में अपने महत्वपूर्ण योगदानों से आकर्षित करते हैं।

सुकरात, जिन्हें कभी-कभी पश्चिमी दर्शन का संस्थापक माना जाता है, ने लोगों से निरंतर अध्ययन और आत्मनिरीक्षण के एक विनम्र दृष्टिकोण को अपनाने का आग्रह किया। उनका प्रसिद्ध कथन, "एकमात्र सच्ची बुद्धिमत्ता यह जानने में है कि आप कुछ नहीं जानते," हमें हमारी आत्मसंतुष्टि से जगाता है और हमें पूछताछ और चिंतन की एक गतिशील प्रक्रिया में आगे बढ़ाता है।

प्लेटो, सॉक्रेटिस के विचारों पर आगे बढ़ते हुए, अपने दार्शनिक संवादों में हमें ज्ञान की प्रकृति की एक आकर्षक यात्रा पर ले जाते हैं। अपनी 'गुफा का रूपक' में, प्लेटो यह विचार प्रस्तुत करते हैं कि इंद्रियात्मक अनुभव की सीमाओं को पार करके और *रूपों* या *विचारों* की दुनिया में प्रवेश करके वास्तविक ज्ञान प्राप्त किया जा सकता है। उनके अनुसार, ज्ञान लगातार बदलती आकृतियों की दुनिया के नीचे छिपी हुई कालातीत और सार्वभौमिक सच्चाइयों में गहराई से उतरना है।

निकोमेखियन एथिक्स में, प्लेटो के एक समर्पित छात्र, अरस्तू, ज्ञान पर अपनी अनूठी दृष्टि प्रस्तुत करते हैं। उनके अनुसार, ज्ञान बौद्धिक सद्गुणों का सर्वोच्च प्रकार है और इसमें अंतिम लक्ष्यों और उन्हें प्राप्त करने की रणनीतियों को पहचानने की क्षमता शामिल है। इसमें सैद्धांतिक ज्ञान, जिसका अर्थ है ब्रह्मांड के नियमों को समझना, और व्यावहारिक ज्ञान, जिसमें नैतिक निर्णय लेने और अच्छे कर्म करने के लिए उस ज्ञान का उपयोग करना शामिल है, दोनों शामिल हैं।

हमारी जांच का दायरा शास्त्रीय ग्रीस से आगे बढ़कर विभिन्न दार्शनिक स्कूलों तक फैला हुआ है, जिन्होंने इतिहास भर में ज्ञान के अर्थ पर बहस की है। पूर्वी दर्शन, जैसे कि कन्फ्यूशियसवाद और बौद्ध धर्म, मानव समृद्धि और नैतिक व्यवहार के एक महत्वपूर्ण घटक के रूप में ज्ञान पर विविध दृष्टिकोण प्रस्तुत करते हैं।

प्राचीन चीन में उभरा कन्फ्यूशियसवाद, ज्ञान को समाज को एक साथ जोड़ने वाले गोंद के रूप में मानता है। यह मूल आत्म-सहायता मैनुअल की तरह है, सिवाय इसके कि अस्पष्ट प्रेरक उद्धरणों के बजाय, कन्फ्यूशियस ने वास्तविक, व्यावहारिक सलाह दी। उनका मानना था कि बुद्धिमत्ता निरंतर आत्म-सुधार, नैतिक ईमानदारी और सीखने की अतृप्त प्यास से आती है। कन्फ्यूशियस का *'जुनज़ी' (Junzi)* का आदर्श, जिसका अनुवाद अक्सर 'उदार व्यक्ति' या 'सज्जन' के रूप में किया जाता है, बुद्धिमत्ता का परम उदाहरण है। यह किसी ऐसे व्यक्ति का

वर्णन करता है जो बुद्धिमान, नैतिक और इतना संयमित हो कि वह ग्राहक सेवा प्रतिनिधि पर चिल्लाए बिना निराशाजनक स्थितियों से निपट सके।

बौद्ध धर्म ज्ञान पर एक अलग दृष्टिकोण प्रस्तुत करता है। भारत में उत्पन्न, यह सामाजिक सद्भाव पर केंद्रित है। अधिकांश लोग यह मानकर जीवन जीते हैं कि वे मुख्य पात्र हैं, इस बात से अनजान कि उनका अहंकार उनके हर प्रतिक्रिया को निर्देशित करता है। बौद्ध धर्म के अनुसार, सच्चा ज्ञान इन भ्रमों से मुक्त होकर और यह पहचानने से आता है कि सब कुछ परस्पर जुड़ा हुआ है और हमेशा बदल रहा है। यही कारण है कि ध्यान और सचेतनता बौद्ध शिक्षाओं का केंद्र हैं। वे मानसिक डिटॉक्स कार्यक्रमों की तरह काम करते हैं, जो लोगों को अपने भ्रमों से चिपके रहने से रोकने में मदद करते हैं।

जब किसी ड्राइवर का ट्रैफ़िक में रास्ता कट जाता है, तो एक आम इंसान घंटों तक गुस्से में जलता रहता है, और उस पल को बार-बार दोहराता रहता है। एक बुद्धिमान बौद्ध गहरी साँस लेता है, यह स्वीकार करता है कि सब कुछ अस्थायी है, और अपने जीवन में आगे बढ़ जाता है।

इन दार्शनिक परंपराओं का अन्वेषण ज्ञान और दर्शन के बीच गहरे संबंध को उजागर करता है। दोनों ज्ञान, समझ और सत्य की खोज करते हैं, भले ही वे उन्हें अलग-अलग तरीकों से प्राप्त करते हों। दर्शन वह मित्र है जो अस्तित्व के अर्थ के बारे में गहरी, अमूर्त चर्चाओं से प्यार करता है। ज्ञान वह मित्र है जो सुनता है, सिर हिलाता है, और फिर उन विचारों को वास्तविक जीवन में लागू करता है।

दर्शनशास्त्र बड़े, उलझे हुए प्रश्नों से निपटता है: वास्तविकता क्या है? ज्ञान क्या है? सही और गलत क्या है? यह इन विचारों का विश्लेषण तत्वमीमांसा, ज्ञानमीमांसा, नीतिशास्त्र, सौंदर्यशास्त्र और तर्कशास्त्र के माध्यम से करता है। दूसरी ओर, बुद्धिमानी उस ज्ञान को दैनिक जीवन में लागू करने के बारे में है। नीतिशास्त्र के सिद्धांत को समझना एक बात है; एक अभद्र ईमेल का उतनी ही अभद्र प्रतिक्रिया देने की इच्छा का विरोध करना दूसरी बात है। जहाँ दर्शनशास्त्र भव्य विचारों का निर्माण करता है, वहीं बुद्धिमानी यह सुनिश्चित करती है कि वे विचार पाठ्यपुस्तक में बंद न रहें।

फर्क तो हैं, लेकिन दर्शन और बुद्धिमत्ता का एक साझा मिशन भी है। वे मानव समझ को विस्तार देने और दुनिया के साथ हमारे संबंध को गहरा करने की दिशा में काम करते हैं। वे हमें

सवाल करने, सीखने और आगे बढ़ने के लिए प्रेरित करते हैं। यदि आपने कभी सुबह 2 बजे जीवन के अर्थ पर विचार किया है या बर्तन धोते समय अपने ही व्यवहार के बारे में अचानक कोई एहसास हुआ है, तो बधाई हो! आपने दर्शन और बुद्धिमत्ता दोनों के साथ जुड़ाव महसूस किया है।

प्रज्ञा और दर्शनशास्त्र में क्या अंतर है?

ज्ञान और दर्शन एक ही सिक्के के दो पहलू लग सकते हैं, लेकिन वे बहुत अलग-अलग कार्य करते हैं। जहाँ दर्शन सत्य की एक संरचित खोज है, वहीं ज्ञान उस सत्य को वास्तविक जीवन में लागू करने के बारे में है। दर्शन बड़े, जटिल प्रश्नों का अन्वेषण करना पसंद करता है, और लगातार वास्तविकता, नैतिकता और ज्ञान का विश्लेषण करता रहता है। दूसरी ओर, ज्ञान इस बारे में है कि एक बार वह ज्ञान प्राप्त हो जाने के बाद उससे क्या करना है, यह जानना। एक सिद्धांत बनाता है। दूसरा उन्हें कार्रवाई में बदलता है।

दर्शन प्रश्न पूछने पर फलता-फूलता है, और अक्सर अमूर्त, वैचारिक क्षेत्रों में उतरता है। यह पूछता है, "एक अच्छा जीवन जीने का क्या मतलब है?" या "क्या होगा अगर वास्तविकता एक भ्रम है?" बुद्धिमत्ता इन महान विचारों को लेती है और उन्हें व्यावहारिक रूप से लागू करती है। यह सिर्फ यह नहीं पूछती कि एक अच्छा जीवन क्या है, बल्कि यह दिखाती है कि उसे कैसे जिया जाए। एक दार्शनिक निर्णय लेने की नैतिकता पर बहस कर सकता है, लेकिन एक बुद्धिमान व्यक्ति जानता है कि सिद्धांतों का पालन कब करना है और वास्तविक दुनिया की परिस्थितियों के आधार पर कब अनुकूलन करना है।

यह अंतर रोजमर्रा की स्थितियों में देखने को मिलता है। दर्शनशास्त्र मूल्यवान है क्योंकि यह मान्यताओं को चुनौती देता है, जिससे लोग अपनी मान्यताओं पर पुनर्विचार करते हैं। यह कानूनों, नैतिकता और समाज को आकार देने वाली प्रणालियों के लिए नींव प्रदान करता है। हालाँकि, बुद्धिमत्ता इन प्रणालियों को प्रभावी ढंग से चलाने का कौशल है। यह लोगों को सही निर्णय लेने, परिणामों का अनुमान लगाने और अनावश्यक नुकसान से बचने में सक्षम बनाता है। दर्शनशास्त्र न्याय की प्रकृति का पता लगाता है, जबकि बुद्धिमत्ता यह सुनिश्चित करती है कि पल भर की गर्मी में भी एक निष्पक्ष निर्णय लिया जाए।

दर्शन वास्तविकता का नक्शा बनाने जैसा है। यह हर संभव मार्ग की जांच करता है, यह सवाल करता है कि क्या सड़कें मौजूद भी हैं, और यात्रा के गहरे अर्थ पर चर्चा करता है। बुद्धिमत्ता उस नक्शे का उपयोग करके वास्तव में कहीं पहुँचने की क्षमता है, बिना किसी खाई में गिरने के। दोनों ही आवश्यक हैं, लेकिन वे पूरी तरह से अलग-अलग उद्देश्यों की पूर्ति करते हैं।

प्रज्ञा का संश्लेषण और पोषण

सच्ची बुद्धिमत्ता एक मजबूत नैतिक बोध से अविभाज्य है। इसमें व्यावहारिकता और नैतिक जागरूकता दोनों के साथ किसी स्थिति को देखना शामिल है। बुद्धिमान व्यक्ति न केवल अपने हितों पर विचार करते हैं, बल्कि दूसरों, समाज और यहां तक कि इतिहास के लंबे दौर पर अपने कार्यों के व्यापक परिणामों पर भी विचार करते हैं।

इसका सार केवल ज्ञान संचित करने के बारे में नहीं है, बल्कि यह समझने के बारे में है कि इसका उपयोग कैसे किया जाए। इतिहास ऐसे व्यक्तियों से भरा है जो अपने क्षेत्रों में प्रतिभाशाली थे, फिर भी उनमें अपने ज्ञान को प्रभावी ढंग से लागू करने की बुद्धिमत्ता की कमी थी। वहीं, कम औपचारिक शिक्षा वाले लोगों ने ऐसे निर्णय लिए जिन्होंने इतिहास का रुख ही बदल दिया।

नेल्सन मंडेला कर्म में बुद्धिमानी का एक स्पष्ट उदाहरण हैं। इतिहास में कई राजनीतिक नेताओं ने शक्ति को नियंत्रण और प्रभुत्व के चश्मे से देखा है, यह मानते हुए कि स्थायी अधिकार प्राप्त करने का एकमात्र तरीका बल है। मंडेला ने चीजों को अलग तरह से देखा। उन्होंने समझा कि सच्ची नेतृत्व क्षमता किसी प्रतिद्वंद्वी पर हावी होने में नहीं, बल्कि मेल-मिलाप और दीर्घकालिक दृष्टिकोण के माध्यम से एक विभाजित राष्ट्र को एकजुट करने में है।

अपनी 27 साल की जेल की सजा के दौरान, मंडेला कड़वाहट में डूब सकते थे। उनकी स्थिति में कई लोग अन्याय की प्रतिक्रिया के रूप में आक्रामकता को सही ठहराते हुए, बदला लेने की भावना से आगे आते। उन्होंने एक गहरी सच्चाई को पहचाना। *बदले पर आधारित राष्ट्र कभी शांति नहीं पा सकता।* संघर्ष के चक्र को जारी रखने के बजाय, उन्होंने बातचीत, धैर्य और नैतिक दृढ़ विश्वास का उपयोग करते हुए, बुद्धिमानी का मार्ग चुना। रंगभेद को खत्म करने के प्रति उनका दृष्टिकोण केवल कानूनों को बदलने के बारे में नहीं था। यह एक राष्ट्र के

हृदय और मन को बदलने के बारे में था, यह सुनिश्चित करते हुए कि दक्षिण अफ्रीका अपने अतीत में फंसे बिना आगे बढ़ सके।

यह बुद्धिमानी का काम था। मंडेला ने सिर्फ राजनीतिक इतिहास का अध्ययन नहीं किया। वह मानव स्वभाव को समझते थे। उन्होंने पहचाना कि वास्तविक परिवर्तन के लिए सहनशक्ति, नैतिक स्थिरता और तत्काल संघर्ष से परे सोचने की आवश्यकता होती है। उनकी बुद्धिमानी ने सिर्फ रंगभेद को समाप्त नहीं किया। इसने एक राष्ट्र के उपचार की नींव रखी, यह साबित करते हुए कि बुद्धिमानी इस बात में नहीं है कि कोई कितना जानता है, बल्कि इस बात में है कि ज्ञान को उद्देश्य और दूरदर्शिता के साथ कैसे लागू किया जाता है।

एक बुद्धिमान व्यक्ति केवल होशियार नहीं होता। वे परिणामों का अनुमान लगाते हैं, चुनौतियों के अनुकूल ढलते हैं, और अत्यधिक दबाव वाली परिस्थितियों में भी स्पष्टता बनाए रखते हैं। वे केवल प्रतिक्रिया नहीं करते। वे आकलन करते हैं, रणनीति बनाते हैं, और सटीकता के साथ कार्य करते हैं। बुद्धि और विवेक के बीच का अंतर क्रियान्वयन में निहित है। एक अत्यधिक बुद्धिमान व्यक्ति किसी समस्या के हर संभव समाधान को जान सकता है, लेकिन फिर भी आवेगपूर्ण, दूरदर्शिता रहित निर्णय ले सकता है। एक बुद्धिमान व्यक्ति बड़ी तस्वीर देखता है और उस रास्ते को चुनता है जो दीर्घकालिक सफलता की ओर ले जाता है।

प्रज्ञा को विकसित किया जा सकता है, लेकिन इसके लिए प्रयास की आवश्यकता होती है। इसकी शुरुआत आजीवन सीखने की प्रतिबद्धता से होती है। केवल तथ्यों को याद करने के बजाय बौद्धिक जिज्ञासा विकसित करना, विविध दृष्टिकोणों के साथ जुड़ना, और व्यक्तिगत अनुभवों से परे अंतर्दृष्टि की तलाश करना। जो लोग निरंतर सीखने को अपनाते हैं, वे अपनी समझ का विस्तार करते हैं और एक व्यापक, अधिक सूचित विश्वदृष्टिकोण के आधार पर निर्णय लेते हैं।

आत्म-चिंतन एक और महत्वपूर्ण घटक है जिसमें बुद्धिमान व्यक्ति अपने स्वयं के विश्वासों, पूर्वाग्रहों और अतीत की गलतियों का विश्लेषण करने के लिए समय निकालते हैं। वे अपनी ताकत और कमजोरियों को समझते हैं, जिससे वे अपने मूल्यों और व्यक्तिगत विकास के अनुरूप निर्णय ले पाते हैं। यह कोई निष्क्रिय प्रक्रिया नहीं है। इसके लिए जानबूझकर आत्मनिरीक्षण, अपनी ही सोच को चुनौती देने की इच्छा, और विकसित होने की क्षमता की आवश्यकता होती है।

सच्चे बुद्धिमान व्यक्ति सत्यनिष्ठा की कीमत पर सफलता का पीछा नहीं करते हैं। ऐसा इसलिए है क्योंकि नैतिकता और आचार-विचार बुद्धिमत्ता के मूल में होते हैं। वे यह पहचानते हैं कि वास्तविक उपलब्धि नैतिक विकल्पों की नींव पर बनती है। सत्यनिष्ठा, सहानुभूति और सामाजिक जिम्मेदारी उनके निर्णयों को आकार देती हैं, यह सुनिश्चित करते हुए कि उनके कार्यों का सकारात्मक प्रभाव पड़े, न कि दीर्घकालिक परिणामों वाले अल्पकालिक लाभ।

ज्ञान के छिपे हुए उपकरण तैयारी और पूर्वानुमान हैं। ऐसा इसलिए नहीं है कि बुद्धिमान लोग स्प्रेडशीट के ड्रोन बनकर काम करने में आनंद लेते हैं। वे जानते हैं कि बुरी तरह असफल होने का सबसे तेज़ तरीका है, बिना सोचे-समझे जल्दबाज़ी में काम करना। भाग्य या आखिरी मिनट में तात्कालिक उपाय करना उनके खेल का हिस्सा नहीं है। वे अपने आस-पास की स्थिति का जायजा लेते हैं, संभावित बाधाओं पर विचार करते हैं, और उचित तैयारी करते हैं। समझदार लोग अपनी आगे की योजना बनाने, विकल्पों पर विचार करने, और लंबी समय-सीमा वाले परिणामों की पहचान करने की क्षमता से भोले-भाले लोगों से अलग होते हैं।

अनुकूलनशीलता बुद्धिमत्ता का अंतिम और शायद सबसे कम आँका जाने वाला गुण है। जीवन अप्रत्याशित मोड़ों की एक श्रृंखला है। बुद्धिमान व्यक्ति चीजों के अपने तरीके से न होने पर शिकायत करने में समय बर्बाद नहीं करते हैं। वे खुद को ढालते हैं, रणनीति बदलते हैं, और आगे बढ़ते हैं। पुरानी योजनाओं से जिद्दी तौर पर चिपके रहना जहाज के साथ डूबने का एक निश्चित तरीका है। बदलाव का विरोध करने के बजाय, बुद्धिमान व्यक्ति बाधाओं को अवसरों के रूप में देखते हैं। जहाँ बाकी दुनिया अनिश्चितता के पहले संकेत पर घबरा जाती है, वहीं वे शांत रहते हैं, और लगातार बदलते माहौल में सफल होने के नए तरीके खोजते हैं।

यही कारण है कि बुद्धिमानी दुर्लभ है। हर कोई यह मानना पसंद करता है कि उसके पास यह है, फिर भी अधिकांश लोग बार-बार वही गलतियाँ करते हैं। इस बीच, दार्शनिक इस बात पर बहस करते हैं कि क्या वास्तविकता वास्तव में वास्तविक है, जो आकर्षक है, लेकिन उन्होंने लोगों को भयानक वित्तीय निर्णय लेने या अनावश्यक बहसों में पड़ने से रोकने के लिए कुछ नहीं किया है। बुद्धि आपको होशियार दिखा सकती है। बुद्धिमानी आपको सबसे पहले खुद को मूर्ख बनाने से रोकती है।

प्रज्ञा की जवाबदेही और नैतिकता

प्रज्ञा अपने साथ जवाबदेही की एक गहरी भावना लाती है। हर निर्णय के परिणाम होते हैं, और बुद्धिमान व्यक्ति उन परिणामों को आकार देने में अपनी जिम्मेदारी को पहचानते हैं। यह सिर्फ अपने लाभ के लिए चुनाव करने के बारे में नहीं है। यह समझने के बारे में है कि वे चुनाव कैसे दूसरों और व्यापक दुनिया को प्रभावित करते हुए, बाहर तक फैलते हैं। सच्ची प्रज्ञा निष्क्रिय नहीं है। यह नैतिक जागरूकता, आत्म-चिंतन, और ईमानदारी से काम करने की प्रतिबद्धता की मांग करती है, भले ही आसान रास्ता लुभावना क्यों न हो।

प्रज्ञा का एक महत्वपूर्ण हिस्सा समस्या को उसके आपके सामने आने से पहले ही देख लेने की क्षमता है। बुद्धिमान व्यक्ति उन निर्णयों में सिर झोंक नहीं देते, जैसे कोई व्यक्ति आवेग में आकर 500 डॉलर का जूसर खरीद ले जिसे वह कभी इस्तेमाल नहीं करेगा। वे रुकते हैं, सोचते हैं, और पूछते हैं, "क्या यह बाद में मुझे परेशान करेगा?" वे जानते हैं कि नैतिक निर्णय लेना कोई सिक्का उछालना नहीं है जहाँ आप बस अच्छे परिणाम की उम्मीद करते हैं। इसके लिए रणनीति, मानव स्वभाव की समझ, और आसान चीज़ों की तुलना में सही चीज़ों को प्राथमिकता देने की क्षमता की आवश्यकता होती है। जहाँ कुछ लोग ऐसे चुनाव करते हैं जो केवल उसी क्षण उनके काम आते हैं, वहीं बुद्धिमान व्यक्ति बड़ी तस्वीर को देखते हैं।

वे अपने समुदायों, अपने उद्योगों, और यहां तक कि भविष्य की उन बेचारी आत्माओं के बारे में भी सोचते हैं जिन्हें इसके परिणामों का सामना करना पड़ेगा। आखिरकार, नैतिकता सिर्फ आज अच्छा दिखने के बारे में नहीं है। यह किसी और के इतिहास के पाठ में खलनायक न बनने के बारे में है।

दार्शनिक लंबे समय से नैतिक बुद्धिमत्ता की नींव पर बहस करते रहे हैं। कुछ का तर्क है कि सही निर्णय वह है जो सर्वोत्तम परिणाम देता है। अन्य का मानना है कि नैतिकता परिणाम की परवाह किए बिना कर्तव्य के बारे में है। हालांकि सिद्धांत बहुमूल्य अंतर्दृष्टि प्रदान करते हैं, बुद्धिमान व्यक्ति केवल अमूर्त सिद्धांतों पर निर्भर नहीं करते हैं। वे वास्तविक जीवन में ईमानदारी, विनम्रता और करुणा जैसे सद्गुणों को जीते हैं। वे सिर्फ नैतिकता की बात नहीं करते हैं। वे इसे जीते हैं, ऐसे निर्णय लेते हैं जो व्यक्तिगत सत्यनिष्ठा और व्यापक भलाई, दोनों के अनुरूप हों।

व्यावहारिक बुद्धिमत्ता किसी नियम-पुस्तिका को इस तरह याद करने के बारे में नहीं है जैसे वह IKEA फर्नीचर इकट्ठा करने के लिए एक निर्देश पुस्तिका हो। यह एक नैतिक दिशा-सूचक विकसित करने के बारे में है जिसे लगातार समायोजित करने की आवश्यकता नहीं होती। एक बुद्धिमान व्यावसायिक नेता को यह जानने के लिए कॉर्पोरेट नैतिकता गाइड देखने की ज़रूरत नहीं है कि रिकॉर्ड मुनाफा कमाते हुए कर्मचारियों को कम वेतन देना एक बुरी बात है। वे सही काम इसलिए करते हैं क्योंकि वे वास्तव में निष्पक्षता में विश्वास करते हैं, न कि इसलिए कि मानव संसाधन (HR) उन्हें एक सख्त ईमेल भेज सकता है। दूसरी ओर, एक नेता जो केवल इसलिए नैतिक दिशानिर्देशों का पालन करता है क्योंकि वह पकड़े जाने से डरता है, वह बुद्धिमान नहीं है। वे सिर्फ नियमों का पालन करने का दिखावा कर रहे होते हैं और उम्मीद करते हैं कि कोई उनकी आत्मा की कमी पर ध्यान न दे।

नैतिक दुविधाएँ कभी भी उतनी सीधी-सादी नहीं होतीं जितनी होनी चाहिए। जीवन में 'सही' और 'गलत' के साफ-सुथरे लेबल वाले विकल्प नहीं होते, बल्कि यह 'शायद यह एक अच्छा विचार है' से लेकर 'यह मुझे हमेशा के लिए सताएगा' तक के विकल्पों की एक श्रृंखला होती है। बुद्धिमान व्यक्ति जानते हैं कि हर फैसले के परिणाम होते हैं, यहाँ तक कि उन फैसलों के भी जो उस समय छोटे लगते हैं। वे चिंतन करते हैं, अपने उद्देश्यों पर सवाल उठाते हैं, और समझते हैं कि एक त्वरित जीत के बजाय सत्यनिष्ठा को चुनने से उन्हें तत्काल संतुष्टि नहीं मिल सकती, लेकिन यह उन्हें दस साल बाद किसी कॉर्पोरेट घोटाले की डॉक्यूमेंट्री में मुख्य पात्र बनने से बचाता है।

सच्ची बुद्धिमानी सिर्फ दुनिया को समझने के बारे में नहीं है। यह उसे आकार देने के बारे में है। बुद्धिमान व्यक्ति बिना कार्रवाई के दर्शनशास्त्र में समय बर्बाद नहीं करते हैं। वे आगे बढ़ते हैं, जिम्मेदारी लेते हैं, और यह सुनिश्चित करते हैं कि जो आज सही है वह कल पछतावा न बन जाए।

निर्णय लेने में भावनाओं को संभालना

भावनाएँ जीवन को दिलचस्प बनाने का एक तरीका हैं। वे जुनून को बढ़ावा दे सकती हैं, संबंधों को गहरा कर सकती हैं, और साहसिक निर्णय लेने के लिए प्रेरित कर सकती हैं। वे तर्क को पूरी तरह से पटरी से उतार सकती हैं, तर्कसंगत सोच पर कब्जा कर सकती हैं, और

लोगों को यह सोचने पर मजबूर कर सकती हैं कि उन्होंने अभी-अभी ऐसा ईमेल क्यों भेजा है जिसका उन्हें अगले दशक तक पछतावा रहेगा। समझदारी से निर्णय लेने की कुंजी भावनाओं को खत्म करना नहीं, बल्कि उन्हें प्रभावी ढंग से प्रबंधित करना सीखना है। जो लोग समझदारी से भावनाओं को संभालते हैं, वे क्षणिक भावनाओं को अपने कार्यों को निर्देशित नहीं करने देते। वे रुकते हैं, मूल्यांकन करते हैं, और यह सुनिश्चित करते हैं कि उनके विकल्प तर्क और दीर्घकालिक लक्ष्यों, दोनों के अनुरूप हों।

इस बात को देखते हुए कि माइंडफुलनेस का अभ्यास पहले भिक्षुओं और उन लोगों से जुड़ा था जिनमें लंबे समय तक शांत रहने की असामान्य क्षमता होती थी, भावनाओं को नियंत्रित करने के लिए आदर्श के दर्जे तक इसकी तीव्र वृद्धि और भी आश्चर्यजनक है। निष्कर्ष पर छलांग लगाए बिना, वर्तमान में पूरी तरह से उपस्थित रहना ही माइंडफुलनेस का सार है। निरंतर प्रयास के परिणामस्वरूप, कोई भी व्यक्ति अपनी भावनाओं को खुद पर हावी होने दिए बिना उन्हें नियंत्रित करना सीख सकता है। वे शांत हो जाते हैं, गहरी सांस लेते हैं, और इस तरह प्रतिक्रिया करते हैं कि जब चीजें उनकी इच्छानुसार न हों तो उन्हें तुरंत अपने बारे में बुरा महसूस न हो।

न्यूरोसाइंस उस बात की पुष्टि करता है जो प्राचीन ज्ञान सदियों से कह रहा है। अध्ययनों से पता चलता है कि माइंडफुलनेस शारीरिक रूप से मस्तिष्क को बदलता है, जो भावनात्मक विनियमन और निर्णय लेने के लिए जिम्मेदार क्षेत्रों को मजबूत करता है। यह सिर्फ एक वेलनेस ट्रेंड नहीं है। यह मस्तिष्क को कम प्रतिक्रियाशील और स्पष्ट सोचने में अधिक सक्षम बनाने का एक वैज्ञानिक रूप से सिद्ध तरीका है। जाहिर है, बिना सोचे-समझे उन पर कार्रवाई करने के बजाय चुपचाप बैठकर विचारों को स्वीकार करना, तकिये में चिल्लाने से कहीं अधिक प्रभावी है। किसने सोचा था?

बेशक, भावनात्मक बुद्धिमत्ता सिर्फ शांत रहने के बारे में नहीं है। यह पैटर्न को पहचानने, ट्रिगर को समझने, और यह पता लगाने के बारे में है कि वही स्थितियाँ बार-बार एक जैसे बुरे फैसले क्यों ले आती हैं। जर्नलिंग, निर्देशित कल्पना, और अभिव्यक्तिपूर्ण कला जैसी चिंतनशील प्रथाएँ सतह के नीचे छिपे अवचेतन पक्षपात और आत्म-विनाशकारी प्रवृत्तियों को उजागर करने में मदद करती हैं।

यह एहसास करने जैसा कुछ भी नहीं है कि कुछ स्थितियाँ आपको लगातार निराश करने का कारण दुनिया नहीं, बल्कि खराब प्रतिक्रिया देने की एक अनियंत्रित आदत है।

संज्ञानात्मक पुनर्संरचना मूल रूप से अपनी ही बकवास की तथ्य-जाँच करने का मानसिक संस्करण है। मानव मस्तिष्क, अगर अनियंत्रित छोड़ दिया जाए, तो एक नाटक-प्रेमी दोस्त की तरह है जो तुरंत सबसे बुरा मान लेता है। चाबियाँ खो गईं? जाहिर है, आपसे चोरी हो गई है। क्या बॉस एक अस्पष्ट विषय-वस्तु वाली ईमेल भेजता है? अपने बायोडाटा को अपडेट करने का समय आ गया है। बुद्धिमान व्यक्ति रुकना, एक कदम पीछे हटना, और पूछना सीखते हैं, "क्या मेरा दिमाग मुझसे झूठ बोल रहा है?" अक्सर, जवाब हाँ ही होता है। कैफीन-युक्त घबराहट में डूबने के बजाय, वे अपनी ही धारणाओं को चुनौती देते हैं, अतिशयोक्ति को तर्क से बदलते हैं, और किसी मानसिक सोप ओपेरा के बजाय वास्तविकता के आधार पर निर्णय लेते हैं।

अगर भावनात्मक बुद्धिमत्ता कुछ ऐसी लगती है जिसके बारे में केवल संन्यासी और चिकित्सक ही बात करते हैं, तो उन लोगों को देखें जो उच्च-दबाव वाली स्थितियों में फलते-फूलते हैं। शांत दिमाग वाले नेता, वे वार्ताकार जो पसीना तक नहीं बहाते, वे लोग जो हर पांच मिनट में जोर से आह भरने के बिना अराजकता को संभालते हैं। वे जादुई रूप से तनाव-रोधी नहीं हैं। उन्होंने किसी बेतुकी टिप्पणी या खराब मूड के आधार पर जीवन-परिवर्तनकारी निर्णय लेने से पहले अपनी भावनाओं को काबू में रखने की कला में महारत हासिल कर ली है।

बुद्धिमानी का मतलब कुछ भी महसूस न करना नहीं है। यह भावनाओं को पूरी कंपनी चलाने देने के बजाय, उन्हें अच्छी तरह प्रशिक्षित कर्मचारियों की तरह उपयोग करने के बारे में है। जो लोग सबसे अच्छे निर्णय लेते हैं, वे वे नहीं हैं जो कभी निराश, चिंतित या अभिभूत महसूस नहीं करते। वे बस वे लोग हैं जो उन भावनाओं को बागडोर संभालने और उन्हें सीधे पछतावे की ओर ले जाने नहीं देते।

भावनात्मक भावनाएँ उफान पर

भावनाओं को नियंत्रित करना कहना आसान है, करना मुश्किल। यह तो स्पष्ट है। मनुष्य समय की शुरुआत से ही भावनाओं पर चल रहे हैं, और दुर्भाग्य से, इसे बंद करने का कोई

सुविधाजनक स्विच नहीं है। कभी-कभी, भावनाओं को नियंत्रण करने देना, पूरी ताकत से गैस पेडल दबाना, और सीधे एक भयानक निर्णय में टकराना आसान लगता है। धीमा होना और सांस लेना? इसके लिए धैर्य की आवश्यकता होती है। तुरंत प्रतिक्रिया देते समय धैर्य के लिए समय ही किसके पास है? क्या यह इतना अधिक संतोषजनक है?

अगर कोई एक सेकंड—बस एक सेकंड—के लिए रुककर थोड़ी सी भी तर्कसंगत सोच लागू करे, तो भावनाओं की कुछ शक्ति कम हो जाएगी। मान लीजिए आप अपनी मेज पर खड़े हैं, एक गुस्से भरे ईमेल के 'सेंड' बटन पर हाथ रखे हुए हैं, जो पूर्ण विनाश की एक श्रृंखला शुरू कर सकता है। भावनात्मक आवेग के आगे झुकने के बजाय, एक पल के लिए उन भावनाओं को अपने मन में रखने की कल्पना करें। हमेशा के लिए नहीं, बस इतना समय कि यह एहसास हो जाए कि 'सेंड' करना आतिशबाज़ी की फैक्ट्री में माचिस जलाने के बराबर हो सकता है। वह छोटा सा विराम, वह जागरूकता का संक्षिप्त क्षण, वहीं बुद्धिमानी निहित है।

बुद्धिमत्ता रोबोट की तरह भावनाओं को दबाने के बारे में नहीं है। यह जानने के बारे में है कि कब उन्हें सुनना है और कब उन्हें एक कोने में चुपचाप बैठने के लिए कहना है। कुंजी किसी कदम को उठाने से पहले संभावित परिणामों की कल्पना करने की मानसिक क्षमता विकसित करने में है। बुद्धिमान व्यक्ति सिर्फ निर्णय नहीं लेते - नहीं। वे मानसिक शतरंज की चालें चलते हैं, विभिन्न परिदृश्यों को आजमाते हैं, संभावित परिणामों पर विचार करते हैं, और यह सुनिश्चित करते हैं कि इस प्रक्रिया में वे गलती से अपने ही राजा को न गिरा दें।

प्रज्ञा का असली जादू बड़ी तस्वीर देखने की क्षमता में है। जहाँ अधिकांश लोग पल के उतावलेपन में फँस जाते हैं, वहीं बुद्धिमान व्यक्ति एक कदम पीछे हटकर बड़ी तस्वीर को देखते हैं। वे अपनी तत्काल भावनाओं से परे सोचते हैं, दीर्घकालिक परिणामों, नैतिक निहितार्थों, और यह विचार करते हैं कि क्या उनके विकल्प उनके मूल्यों के अनुरूप हैं। सोचिए कि कितनी व्यक्तिगत और ऐतिहासिक आपदाओं को टाला जा सकता था, अगर किसी ने बस चीजों को समझने के लिए पाँच मिनट और निकाले होते। राजनीतिक उथल-पुथल, आर्थिक संकट, और बेवकूफ़ाना ट्वीट, समय और दूरी को ध्यान में रखते हुए, सभी से बचा जा सकता है।

यहीं पर बुद्धिमानी अपनी ताकत दिखाती है। सच्चे बुद्धिमान व्यक्ति भावनाओं को अपने फैसलों पर हावी नहीं होने देते, लेकिन वे यह दिखावा भी नहीं करते कि भावनाएँ मौजूद ही

नहीं हैं। वे 'कंपार्टमेंटलाइज़ेशन' (विभाजन) की कला में महारत हासिल करते हैं। यह दमन नहीं है, जहाँ भावनाओं को एक मानसिक अलमारी में धकेल दिया जाता है और बाद में वे एक नाटकीय ढहने के रूप में फट जाती हैं। यह भावनाओं को संसाधित करने का समय और स्थान जानने की कला है, बिना उन्हें महत्वपूर्ण निर्णयों में हस्तक्षेप करने दिए।

एक उच्च-दबाव वाले सर्जन को लें। यदि वे किसी प्रक्रिया के दौरान चिंता को हावी होने दें, तो परिणाम आदर्श नहीं होंगे। इसके बजाय, वे भावनाओं को रोक कर रखते हैं, काम पूरा करते हैं, और बाद में तनाव को संभालते हैं—उम्मीद है कि एक मजबूत पेय या थेरेपी सत्र के साथ।

माइंडफुलनेस, एक शब्द जो अब हर सेल्फ-हेल्प किताब और योग रिट्रीट में इस्तेमाल किया जाता है, वास्तव में भावनात्मक विनियमन के लिए सबसे प्रभावी उपकरणों में से एक है। चाहे वह ध्यान करना हो, पेंटिंग करना हो, कोई वाद्ययंत्र बजाना हो, या किसी वृत्तचित्र में मुख्य पात्र बनने का नाटक करते हुए लंबी सैर करना हो, माइंडफुलनेस मस्तिष्क को भावनाओं में खोए बिना उन्हें देखने का प्रशिक्षण देने में मदद करती है। नियमित अभ्यास से, भावनात्मक प्रतिक्रियाओं को तर्कसंगत सोच से अलग करना स्वाभाविक हो जाता है।

हालांकि, बुद्धिमानों का असली गुप्त हथियार आत्म-चिंतन है। यह भावनाओं की अंधाधुंध आज्ञा मानने के बजाय, वास्तव में बैठकर उनका विश्लेषण करने की प्रक्रिया है। उस टिप्पणी से आपको इतना गुस्सा क्यों आया? क्या आपकी निराशा सामने मौजूद समस्या को लेकर है, या यह कोई पुरानी चोट है जो उभर रही है? क्या आप कोई चुनाव इसलिए कर रहे हैं क्योंकि वह सही है, या इसलिए क्योंकि इस समय अच्छा लग रहा है? इस तरह के सवाल ही लापरवाही से निर्णय लेने वालों को बुद्धिमानी से काम करने वालों से अलग करते हैं।

रिश्तों की समझदारी

लोगों के मूल्य को पहचानना और सार्थक संबंधों को विकसित करना, बुद्धिमत्ता की खोज का एक अभिन्न अंग है। बुद्धिमत्ता के लिए भावनाओं और तर्कसंगत सोच के बीच संतुलन आवश्यक है। अब हम व्यक्तियों में मूल्य देखने और सार्थक संबंधों को बढ़ावा देने के महत्व पर और गहराई से विचार करेंगे, और यह दर्शाएंगे कि भावनात्मक बुद्धिमत्ता और सहानुभूतिपूर्ण जुड़ाव के माध्यम से बुद्धिमत्ता के विकास से इसका क्या संबंध है।

भावनात्मक बुद्धिमत्ता बुद्धिमत्ता विकसित करने के लिए केंद्रीय है। अपनी भावनाओं को पहचानकर और समझकर, हम अन्य व्यक्तियों को बेहतर ढंग से समझ सकते हैं और उनके प्रति सहानुभूति रख सकते हैं, साथ ही वास्तविक संबंधों के साथ एक अधिक खुला वातावरण विकसित कर सकते हैं। यह सहानुभूति की शक्ति की ओर भी ले जाता है, जो शायद एक बुद्धिमान व्यक्ति के लिए सबसे शक्तिशाली हथियारों में से एक है।

अपनी भावनाओं और प्रक्रियाओं को समझने की क्षमता को बुद्धिमत्ता कहा जाता है, लेकिन कल्पना कीजिए कि किसी दूसरे व्यक्ति को भी उसी तरह समझना; यह परम बुद्धिमत्ता की आधारशिला होगी। सहानुभूति के माध्यम से, व्यक्ति सच्चे संबंध बना सकते हैं और पारस्परिक समझ को बढ़ावा दे सकते हैं। उदाहरण के लिए, एक बुद्धिमान नेता जो सहानुभूति का प्रदर्शन करता है, वह अपने आस-पास के लोगों की ताकत और चुनौतियों को पहचानता है, उनकी क्षमता का उपयोग करता है, उनकी ताकत के अनुसार काम करता है, और एक ऐसा वातावरण बनाता है जो विकास और सहयोग को बढ़ावा देता है। व्यक्तियों और रिश्तों को महत्व देना निरंतर सीखने और व्यक्तिगत विकास में योगदान देता है, जो बुद्धिमत्ता का आदर्श वाक्य है। बुद्धिमान व्यक्ति यह पहचानते हैं कि हर किसी के पास देने के लिए अद्वितीय ज्ञान, अनुभव और अंतर्दृष्टि होती है।

ज्ञान प्राप्त करने का सबसे निश्चित तरीका दूसरों के अनुभवों का अध्ययन करना है। समझदार लोग ध्यान से सुनते हैं, जानकारी ग्रहण करते हैं, और कभी-कभी "असल में, मुझे यह पहले से पता था," कहना बंद कर देते हैं, क्योंकि वे जानते हैं कि उनके पास सभी जवाब नहीं हैं। वे विपरीत दृष्टिकोणों को सिर्फ शोर नहीं मानते, बल्कि उन्हें सूझबूझ भरी टिप्पणी के स्रोत के रूप में देखते हैं। ज्ञान एक द्विपक्षीय मार्ग है; एक महान गुरु जानता है कि उसके शिष्यों के पास भी उसे सिखाने के लिए कुछ है।

लोगों के साथ गरिमा से पेश आना कोई नई बात नहीं होनी चाहिए, फिर भी यह किसी तरह एक नई बात ही है। किसी दूसरे व्यक्ति के मूल्य को पहचानना सिर्फ सभ्य होना नहीं है; यह उन रिश्तों को बनाए रखने के लिए आवश्यक है जो लेन-देन जैसी दुःस्वप्न जैसी भावना नहीं देते। जो लोग दूसरों का सम्मान करते हैं, उन्हें बदले में भी वैसा ही सम्मान मिलता है, जबकि जो लोग मुख्य पात्र की तरह जीवन में सब कुछ रौंदते हुए आगे बढ़ते हैं, वे अक्सर सोचते हैं कि उनके संबंध रहस्यमय तरीके से क्यों टूट जाते हैं।

बुद्धिमानी सिर्फ समझदारी भरे चुनाव करने के बारे में नहीं है। यह समझने के बारे में है कि हर बातचीत एक छाप छोड़ती है, जो प्रतिष्ठा और रिश्तों को आकार देती है। दिन के अंत में, एक बुद्धिमान व्यक्ति और एक चेतावनी की कहानी के बीच का अंतर अक्सर एक बात पर आता है—कि वे लोगों के साथ असली इंसानों की तरह व्यवहार करते हैं या नहीं।

किसी व्यक्ति के साथ उपरोक्त गरिमा से व्यवहार किया जा सकता है यदि उसका सम्मान किया जाए और उसकी कीमत को पहचाना जाए। इसके लिए उनके व्यक्तिगत गुणों, दृष्टिकोणों और उपलब्धियों पर ध्यान देने और उनकी सराहना करने की आवश्यकता होती है। जो लोग बुद्धिमान होते हैं वे दूसरों के अंतर्निहित मूल्य को पहचानने और उसका सम्मान करने का प्रयास करते हैं क्योंकि वे जानते हैं कि हर किसी के पास योगदान देने के लिए कुछ महत्वपूर्ण होता है।

ऐसा करने से लोगों को खुद जैसा रहने की स्वतंत्रता देकर व्यक्तिगत विकास को बढ़ावा मिलता है। बुद्धिमान लोग दूसरों के लिए मौजूद रहकर, उन्हें प्रोत्साहित करने वाली बातें कहकर और अवसरों के द्वार खोलकर उनकी अधिकतम क्षमता तक पहुँचने में मदद करते हैं। ध्यान से सुनना और किसी दूसरे व्यक्ति के प्रति सहानुभूति रखना रिश्तों में सम्मान बनाए रखने में मदद करता है। एक बुद्धिमान व्यक्ति की पहचान यह क्षमता है कि वह किसी दूसरे व्यक्ति की भावनाओं, विचारों और परिस्थितियों को समझने के इरादे से सुने। सहानुभूति का अभ्यास करके, वे दूसरे लोगों के अनुभवों को उनके दृष्टिकोण से समझने में सक्षम होते हैं।

रिश्तों को बनाए रखना कोई क्वांटम भौतिकी नहीं है, फिर भी लोग किसी तरह इसे एक अनसुलझी समीकरण की तरह दिखाने में कामयाब हो जाते हैं। इसका राज़? सुनना, और सिर्फ अपनी बारी का इंतज़ार करने के बजाय वास्तव में ध्यान देना। जब लोगों को लगता है कि उन्हें सुना गया है, उनकी बात को महत्व दिया गया है, और उन्हें समझा गया है, तो वे बातचीत के बीच में ही निकलने की रणनीति बनाने के बजाय वहीं बने रहते हैं।

अब, लोगों के साथ गरिमा से पेश आना एक कौशल है, और हर किसी ने अभी तक उस स्तर को हासिल नहीं किया है। किसी भी रिश्ते में संघर्ष अपरिहार्य है, लेकिन बुद्धिमान व्यक्ति इसे जीतने के लिए एक लड़ाई की तरह नहीं मानते हैं। खाई खोदने और भावनात्मक युद्ध की तैयारी करने के बजाय, वे असहमति को सहानुभूति, धैर्य और आम जमीन खोजने के वास्तविक प्रयास के साथ लेते हैं—क्योंकि समस्याओं को एक नाटकीय मुकाबले में बदलने के बिना उनका समाधान करना ही एक 'कार्यशील वयस्क' होने का परिचायक है।

वे यह भी समझते हैं कि संचार खुला और सम्मानजनक होना चाहिए, जिसका अर्थ है कि कोई संक्षिप्त एक-शब्दीय जवाब न दें या अलमारियों के दरवाज़े ज़ोर से बंद करते हुए यह दिखावा न करें कि सब कुछ ठीक है। बुद्धिमान व्यक्ति वास्तव में ऐसे समाधान खोजते हैं जो दोनों पक्षों को अपनी गरिमा बरकरार रखते हुए जाने दें, न कि उन्हें ऐसा महसूस हो कि वे भावनात्मक शतरंज का खेल हार गए हों।

यहाँ क्षमा का कारक आता है, जो स्थायी रिश्तों का अनसुना नायक है। बुद्धिमान जानते हैं कि रंजिश पालना ईंटों से भरे बैकपैक को ले जाने जैसा है: यह थका देने वाला और अंततः निरर्थक है। क्षमा का मतलब लोगों को बख्श देना नहीं है, बल्कि अतीत की गलतियों को स्थायी बाधाओं में बदलने से इनकार करना है। यह एक रणनीतिक कदम है जो उपचार, विकास और सबसे महत्वपूर्ण रूप से, एक ओवरपैक किए गए सूटकेस की तरह भावनात्मक सामान को साथ खींचे बिना आगे बढ़ने की क्षमता की अनुमति देता है।

सहानुभूति एक भयानक इंसान न बनने की रेसिपी में एक गुप्त सामग्री की तरह है। यह पाँच मिनट के लिए अपने ही ख्यालों से बाहर निकलने और वास्तव में यह सोचने की क्षमता है कि कोई और क्या झेल रहा है। समझदार लोग इसमें महारत हासिल कर लेते हैं, इसलिए नहीं कि उन्हें भावनात्मक बोझ उठाना पसंद है, बल्कि इसलिए क्योंकि वे समझते हैं कि इसके बिना रिश्ते टूट जाते हैं। सहानुभूति सिर्फ ड्रामाई अंदाज में सिर हिलाने और यह कहने के बारे में नहीं है, "मैं पूरी तरह समझ गया।" यह वास्तव में सुनने, भावनाओं को मान्य करने, और "खैर, मेरे साथ भी एक बार ऐसा हुआ था, और मैं आपको बता दूँ, वह तो इससे भी बदतर था।" से जवाब देने की इच्छा को रोकने के बारे में है।

सक्रिय सुनने का अभ्यास इसे एक कदम और आगे ले जाता है। यह सिर्फ शब्द सुनने के बारे में नहीं है। यह वास्तव में ध्यान देने के बारे में है, न कि जब कोई अपना दिल खोलकर रख रहा हो, तब आप मानसिक रूप से अपनी किराने की सूची बना रहे हों। समझदार लोग सिर्फ अपनी बारी का इंतजार नहीं करते कि वे बोलें। वे बातचीत में शामिल होते हैं, अवलोकन करते हैं, और सभी छोटे-छोटे संकेतों को पकड़ते हैं—शारीरिक भाषा, स्वर में बदलाव, वह सूक्ष्म "मैं ठीक हूँ" जो बिल्कुल भी यह मतलब नहीं रखता कि वे ठीक हैं। वे निर्णय लेना टाल देते हैं, वास्तविक बातचीत के लिए जगह बनाते हैं, और, सबसे महत्वपूर्ण

बात, वे अपनी नाटकीय कहानी से किसी और की दुखद स्थिति से बेहतर होने की कोशिश नहीं करते।

जो लोग सहानुभूति और सक्रिय सुनने में महारत हासिल करते हैं, वे ऐसे वातावरण बनाते हैं जहाँ वास्तविक बातचीत होती है, विश्वास बढ़ता है, और कोई भी चर्चा से इस भावना के साथ नहीं जाता कि वह अभी-अभी एक ईंट की दीवार से बात कर रहा है। सच तो यह है कि बुद्धिमान होना सिर्फ चीजों को जानने के बारे में नहीं है। यह जानने के बारे में है कि कब चुप रहना है और वास्तव में सुनना है। यह मनोरंजन के लिए पुल जलाने के बजाय सही समय पर पुल बनाने के बारे में है।

रिश्तों में प्रभावी संचार एक बिल्कुल सही समय पर गाए गए द्वंद्व गीत की तरह है। दोनों पक्षों को अपने-अपने सुर लगाने होते हैं, वरना पूरी बात एक सुर-चूक वाली आपदा बन जाती है। बुद्धिमान व्यक्ति समझते हैं कि संचार सिर्फ शब्दों को हवा में उछालकर अच्छे परिणाम की उम्मीद करना नहीं है। यह एक दो-तरफ़ा रास्ता है, जिसमें स्पष्ट अभिव्यक्ति और वास्तविक सुनने, दोनों की आवश्यकता होती है—न कि सिर्फ सिर हिलाना और मन ही मन अपने अगले बिंदु का अभ्यास करना।

उदाहरण के लिए, एक क्लासिक जोड़े की बहस लें: "आप कहाँ खाना खाना चाहते हैं?" अब, हम में से अकलमंद लोग कहेंगे, "मुझे कोई फर्क नहीं पड़ता," जबकि गुप्त रूप से यह उम्मीद करते हैं कि उनका साथी टेलीपैथिक रूप से उनकी सुशी की इच्छा का अनुमान लगा लेगा। हालाँकि, बुद्धिमान व्यक्ति वास्तव में संवाद करेंगे: "मैं सुशी खा सकता हूँ, लेकिन मैं अन्य विचारों के लिए भी तैयार हूँ। आपको क्या खाने का मन है?" देखा? स्पष्टता। सटीकता। एक दुर्लभ लेकिन खूबसूरत चीज़।

जब सुनने की बात आती है, तो सच्चे बुद्धिमान व्यक्ति जानते हैं कि सुनना सिर्फ बोलने की अपनी बारी का इंतजार करना नहीं है, बल्कि वास्तव में दूसरे व्यक्ति की बात को आत्मसात करना है। वे एक साथ कई काम करने में नहीं लगते, उनकी सुनने की क्षमता चयनात्मक नहीं होती, और बातचीत को जारी रखने के लिए वे निश्चित रूप से "वाह, यह तो पागलपन है" जैसे जवाब नहीं देते। वे समान आधार खोजते हैं, यह समझते हुए कि रिश्ते बहस जीतने से नहीं बल्कि साझा समझ (और, कभी-कभी, रिमोट कंट्रोल का विनम्र समर्पण) से फलते-फूलते हैं।

बेशक, जब कोई अनचाहा मेहमान यानी टकराव आ जाता है, तो संचार की असली परीक्षा होती है। जहाँ कुछ लोग असहमति को एक मध्ययुगीन युद्ध योजना की तरह बड़ी सूझबूझ से अपनाते हैं, वहीं बुद्धिमान जानते हैं कि अहंकार से भरी बहसें शायद ही कभी कुछ उत्पादक होती हैं। शब्दों की बौछार करने के बजाय, वे वास्तविक संवाद में शामिल होते हैं, जिसमें अंक बटोरने से ज़्यादा सुनने, सहानुभूति और समस्या-समाधान को प्राथमिकता दी जाती है। वे खुद से पूछते हैं, "क्या मैं सही होना चाहता हूँ, या मैं एक सुचारू रिश्ता चाहता हूँ?"

(और हाँ, कभी-कभी इसका जवाब अनिच्छा से ही सही, तुच्छ बहसों में अंतिम विजेता बनने के बजाय शांति को चुनना होता है।)

संघर्ष समाधान से परे, बुद्धिमानी ऐसे वातावरण बनाने में भी झलकती है जहाँ लोग वास्तव में रहना चाहते हैं। बुद्धिमान व्यक्ति केवल कभी-कभार 'बहुत बढ़िया!' कहकर भागीदारी ट्रॉफी की तरह नहीं देते; वे वास्तव में दूसरों का उत्थान करते हैं, जिससे वे बिना किसी निर्णय के डर के खुद को व्यक्त करने में सुरक्षित महसूस करते हैं। वे जानते हैं कि लोग तब फलते-फूलते हैं जब उन्हें प्रोत्साहित किया जाता है, उनकी बात को माना जाता है, और कभी-कभार यह याद दिलाया जाता है कि उनके विचार वास्तव में, बिना नमक वाली फ्राइज़ के बाद हुई सबसे बुरी चीज़ नहीं हैं।

अंततः, बुद्धिमान व्यक्ति ऐसे माहौल का निर्माण करते हैं जहाँ व्यक्तिगत विकास और संबंध फलते-फूलते हैं, और इसके लिए वे ज़्यादातर वैसा व्यक्ति बनते हैं जिसके आस-पास आप वास्तव में रहना चाहेंगे।

लोगों के साथ गरिमा से पेश आना

लोगों के साथ गरिमा से व्यवहार करने में संबंधों में सम्मान, मान्यता और सशक्तिकरण के सिद्धांत शामिल हैं, जो एक ऐसा वातावरण बनाते हैं जहाँ टिकाऊ और संतोषजनक संबंध पनप सकते हैं। दैनिक बातचीत में गरिमा दिखाने पर व्यावहारिक सलाह पर विचार करके और शक्ति, समानता और समावेशिता की गतिशीलता का पता लगाकर, हम इस बात पर प्रकाश डाल सकते हैं कि कैसे बुद्धिमानी हमारे संबंधों को आकार देती है और उनकी दीर्घायु और पूर्ति में योगदान करती है। सम्मान लोगों के साथ गरिमा से व्यवहार करने में एक आधारभूत स्तंभ के रूप में कार्य करता है। इसमें किसी के भी पृष्ठभूमि, स्थिति या विश्वासों की परवाह

किए बिना, प्रत्येक व्यक्ति के अंतर्निहित मूल्य और महत्व को पहचानना और सम्मानित करना शामिल है। बुद्धिमान व्यक्ति समझते हैं कि सम्मान एक निष्क्रिय स्वीकृति नहीं है, बल्कि एक सक्रिय अभ्यास है जो उनके व्यवहार में व्याप्त होता है। वे उत्साही प्रशंसा करते हैं, और प्रत्येक व्यक्ति के अनूठे योगदानों और दृष्टिकोणों को महत्व देते हैं। अपने शब्दों, कार्यों और रवैये के माध्यम से सम्मान का प्रदर्शन एक ऐसा वातावरण बनाता है जहाँ हर कोई देखा, सुना और महत्व का अनुभव करता है।

लोगों के साथ गरिमा से व्यवहार करने का एक और महत्वपूर्ण पहलू मान्यता है। बुद्धिमान व्यक्ति केवल स्वीकृति से आगे बढ़कर दूसरों के कौशल, गुणों और उपलब्धियों की सक्रिय रूप से पुष्टि करते हैं। वे व्यक्तियों को चमकने, उनकी उपलब्धियों का जश्न मनाने और उनके विकास को पोषित करने के लिए अवसर पैदा करते हैं।

सत्यापन और प्रोत्साहन के माध्यम से, वे सकारात्मकता और समर्थन का माहौल विकसित करते हैं, जिससे दूसरों को अपनी क्षमता को अपनाने और अपने लक्ष्यों का पीछा करने के लिए सशक्त बनाया जाता है। मान्यता की संस्कृति को बढ़ावा देकर, बुद्धिमान व्यक्ति पारस्परिक सम्मान और व्यक्तिगत विकास पर आधारित टिकाऊ संबंध बनाते हैं।

अगर कोई ऐतिहासिक हस्ती थी जिसे सशक्तिकरण के बारे में कुछ बातें पता थीं, तो वह नेल्सन मंडेला थे। वह व्यक्ति 27 साल बाद जेल से बाहर आया, और जीवन भर का रंजिश रखने के बजाय (जो, ईमानदारी से कहें तो, समझ में आता), उसने एक पूरे राष्ट्र को एकजुट करने पर ध्यान केंद्रित किया। यही बुद्धिमानी है, जब कोई व्यक्ति जानता है कि सच्ची शक्ति बदला लेने से नहीं बल्कि दूसरों को ऊपर उठाने और खुद से बड़ी कोई चीज़ बनाने से आती है।

मंडेला जैसे बुद्धिमान व्यक्ति समझते हैं कि मानवीय गरिमा बनाए रखने का सबसे अच्छा तरीका लोगों को वे उपकरण, अवसर और सम्मान देना है जिनकी उन्हें फलने-फूलने के लिए आवश्यकता होती है। आप सोने के ढेर पर बैठे ड्रैगन की तरह शक्ति जमाकर लोगों को सशक्त नहीं बनाते। आप ऐसा ऐसे स्थान बनाकर करते हैं जहाँ हर किसी की आवाज़ सुनी जाए। मंडेला सिर्फ सत्ता में आकर हुकुम नहीं चलाते थे; उन्होंने सहयोग, मेल-मिलाप और समावेशिता को प्रोत्साहित किया। और जानिए क्या हुआ? यह काम कर गया। दक्षिण अफ्रीका अनंत अराजकता में नहीं टूटा। यह फिर से खड़ा होने लगा क्योंकि जब लोग महसूस

करते हैं कि उन्हें देखा, सुना और महत्व दिया जाता है, तो वे वास्तव में अपने से बड़ी किसी चीज़ में योगदान देना चाहते हैं।

शक्ति की गतिशीलता को पूरी तरह से समझने के लिए, हमें यह समझने की ज़रूरत है कि किसी भी रिश्ते में, चाहे वह राष्ट्रों के बीच हो, सहकर्मियों के बीच हो, या एक ऐसा दोस्त जो हमेशा रेस्तरां चुनता हो, शक्ति की एक भूमिका होती है। बुद्धिमान व्यक्ति उस असंतुलन को पहचानते हैं और माहौल को संतुलित करने के लिए काम करते हैं। मंडेला आसानी से शक्ति संरचना को पलट सकते थे, और उत्पीड़ितों को उत्पीड़क बना सकते थे। इसके बजाय, उन्होंने समानता पर ध्यान केंद्रित किया, यह मानते हुए कि गरिमा का कोई मतलब नहीं है अगर इसे सभी को न दिया जाए—यहाँ तक कि उन लोगों को भी जिन्होंने कभी सारी शक्ति अपने हाथ में रखी थी। इस तरह का नेतृत्व ही इतिहास की किताबों को बेस्टसेलर बनाता है।

हम समावेशिता को न भूलें, वह चीज़ जो दुनिया को सिर्फ़ पुरानी रायों के एक कभी न खत्म होने वाले प्रतिध्वनि कक्ष के बजाय दिलचस्प बनाती है। मंडेला ने विविधता को सिर्फ इसलिए बर्दाश्त नहीं किया जैसे कोई पारिवारिक मिलन समारोह में विनम्र मुस्कान जबरदस्ती करता है। उन्होंने इसका समर्थन किया। वह समझते थे कि रोष और बहिष्कार पर किसी राष्ट्र का पुनर्निर्माण करना उतना ही प्रभावी है जितना कि एक टूटी हुई खिड़की को डक्ट टेप से ठीक करना। इसलिए, उन्होंने ऐसे स्थानों को बढ़ावा दिया जहाँ सभी दृष्टिकोणों का महत्व था क्योंकि वास्तविक प्रगति अपने जैसे सोचने वालों से घिरने से नहीं आती। यह अलग-अलग आवाज़ों को अपनाने से आती है, यहाँ तक कि उन आवाज़ों से भी जो आपको चुनौती देती हैं।

अगर आप कभी खुद को सत्ता की स्थिति में पाएं, तो एक पल के लिए सोचें। क्या आप इसे मंडेला की तरह संभाल रहे हैं, या आप 15वीं सदी के एक तानाशाह की ऊर्जा का संचार कर रहे हैं जो संसाधनों का भंडारण करता है और परिणामों को पार्टी की मिठाइयों की तरह बांटता है? इतिहास ने एक बात बहुत स्पष्ट कर दी है।

दूसरों को सशक्त बनाना, लोगों के साथ गरिमा से पेश आना, और समावेशिता को अपनाना सिर्फ बेहतर संबंध ही नहीं बनाते। वे आपके नाम को भविष्य की इतिहास की किताबों में "क्या नहीं करना चाहिए" वाले खंड से भी बचाते हैं।

अध्याय 4

विश्वास

प्रज्ञा में विश्वास की सच्ची भूमिका क्या है? यह मान लेना आसान है कि विश्वास केवल धर्म से संबंधित है, जो विश्वास प्रणालियों और आध्यात्मिक परंपराओं से जुड़ा है। सच्चाई कहीं अधिक गहरी है। आस्था केवल धर्म के बारे में नहीं है। यह विश्वास, दृढ़ विश्वास, और आगे बढ़ने की क्षमता के बारे में है, भले ही हर तार्किक संकेत कहता हो, "आगे कोई स्पष्ट जवाब नहीं है।" यह व्यक्तियों को सफलता की गारंटी के बिना निर्णय लेने, उन आदर्शों के प्रति प्रतिबद्ध होने की अनुमति देता है जो कभी पूरी तरह से सिद्ध नहीं हो सकते, और एक ऐसी दुनिया को अपनाने की अनुमति देता है जो जितनी रहस्यमयी है उतनी ही अनिश्चित भी है।

आस्था तर्क का विरोध नहीं करती। यह हमेशा इसका एक हिस्सा रही है। इसके बारे में सोचें। जीवन के कितने बड़े निर्णय पूर्ण निश्चितता के साथ आते हैं? कोई नहीं। रिश्तों से लेकर करियर के चुनाव तक, वैज्ञानिक खोजों से लेकर दार्शनिक पूछताछ तक, लोग जितना समझते हैं उससे कहीं ज़्यादा आस्था पर निर्भर करते हैं। यहां तक कि सबसे तर्कशील विचारकों को भी उसी पर भरोसा करना पड़ता है जब केवल तर्क पर्याप्त आधार प्रदान नहीं करता है। आस्था के बिना, मनुष्य अनिर्णय की स्थिति में फंस जाएगा, एक भी कदम आगे बढ़ाने से पहले पूर्ण प्रमाण की प्रतीक्षा करेगा।

यहीं पर दर्शनशास्त्र की भूमिका आती है। इतिहास के कुछ महानतम दिमागों ने आस्था पर बहस की है। उन्होंने इसे अंधाधुंध स्वीकृति के रूप में नहीं, बल्कि वास्तविकता को समझने का एक आवश्यक हिस्सा माना। ब्लेज़ पास्कल, एक गणितज्ञ और दार्शनिक, ने अपने ग्रंथ 'पेंसे' में इस मुद्दे को संबोधित किया। उन्होंने तर्क दिया कि भले ही तर्क ईश्वर के अस्तित्व की पुष्टि न कर सके, आस्था फिर भी सबसे तार्किक विकल्प था। इसे पास्कल का दांव के नाम से जाना गया, यह विचार कि मूर्त दुनिया से परे किसी चीज़ में विश्वास रखना सबसे समझदारी भरा दांव था। यदि ईश्वर मौजूद था, तो विश्वास अनंत लाभ लाएगा। यदि ईश्वर मौजूद नहीं था, तो सबसे बुरा परिणाम कुछ सांसारिक सुखों को खोना होगा। पास्कल को

कुछ भी साबित करने में दिलचस्पी नहीं थी। वह यह बता रहे थे कि अनिश्चितता के प्रति विश्वास सबसे तर्कसंगत प्रतिक्रिया थी।

विश्वास और तर्क के बीच यह संतुलन केवल पास्कल के लिए ही विशिष्ट नहीं था। मध्ययुगीन दार्शनिक और धर्मशास्त्री थॉमस एक्विनास ने इसे और आगे बढ़ाया। उन्होंने तर्क दिया कि तर्क और विश्वास शत्रु नहीं बल्कि सहयोगी हैं। उनके कार्य, सुम्मा थियोलॉजिका, ने दोनों का विलय किया, यह दिखाते हुए कि तर्क विश्वास के कुछ हिस्सों की व्याख्या कर सकता है जबकि विश्वास तर्क की पहुंच से परे उत्तर प्रदान कर सकता है। एक्विनास ने कुछ ऐसा समझा जो आज भी सच है। विश्वास तर्क को खारिज नहीं करता है। यह उन अंतरालों को भरता है जहां तर्क अपनी सीमाओं तक पहुंचता है।

कोई वैज्ञानिक प्रक्रिया में विश्वास के बिना शोध शुरू नहीं करता। कोई कलाकार अपने काम की अदृश्य क्षमता में विश्वास के बिना सृजन नहीं करता। कोई नेता इस विश्वास के बिना साहसिक निर्णय नहीं लेता कि परिणाम जोखिम को सही ठहराएगा। विश्वास, अपने व्यापक अर्थ में, ज्ञान की अनुपस्थिति नहीं है, बल्कि अनिश्चितता के बावजूद कार्य करने का आत्मविश्वास है।

यदि बुद्धिमत्ता का अर्थ गहरी सच्चाइयों को समझना, अच्छे निर्णय लेना, और तत्काल परिस्थितियों से परे देखना है, तो विश्वास इसका शांत, अक्सर अनकहा साथी है। बुद्धिमान लोग यह पहचानते हैं कि निश्चितता एक दुर्लभ विलासिता है, और कोई विकल्प लेने से पहले पूर्ण प्रमाण की प्रतीक्षा करना अक्सर कुछ भी हासिल न करने का सबसे अच्छा तरीका है। विश्वास, अपने शुद्धतम रूप में, तत्काल सबूतों के योग से कहीं बड़ी किसी चीज़ पर भरोसा करने की इच्छा है। यह ज्ञान और कार्रवाई के बीच, संदेह और समझ के बीच का पुल है।

अगर पास्कल और एक्विनास सही थे, तो आस्था सिर्फ वह चीज़ नहीं है जिसके पास लोग तब पहुँचते हैं जब तर्क विफल हो जाता है। यह मानव सोच का एक मौलिक हिस्सा है। सवाल यह नहीं है कि क्या आस्था का ज्ञान में स्थान है। सवाल यह है कि क्या ज्ञान इसके बिना मौजूद रह सकता है।

यदि हम इतिहास के बौद्धिक परिदृश्य में झाँकें, तो हमें अल-फराबी का दिलचस्प मामला मिलता है, जो एक इस्लामी दार्शनिक थे जिन्होंने न केवल दर्शन बल्कि राजनीति विज्ञान और संगीत सिद्धांत में भी हाथ आजमाया। जाहिर है, उनके लिए एक क्षेत्र में महारत हासिल करना

पर्याप्त नहीं था। उन्होंने आस्था और तर्क के बीच संबंध पर, विशेष रूप से इस्लामी विचारधारा के ढांचे के भीतर, विस्तार से लिखा।

अल-फराबी ने तर्क दिया कि आस्था और तर्क अनंत लड़ाई में उलझे प्रतिद्वंद्वी नहीं थे। इसके बजाय, उन्होंने उन्हें एक ही सिक्के के दो पहलू के रूप में देखा। उनका मानना था कि दर्शन और धर्म, जब ठीक से समझा जाए, तो एक-दूसरे के पूरक होते हैं। उनके अनुसार, आस्था दार्शनिक जांच के लिए एक लॉन्चपैड के रूप में काम करती है, जबकि तर्क उस समझ को विस्तारित करने और परिष्कृत करने के लिए एक उपकरण के रूप में कार्य करता है। यह एक साहसिक दृष्टिकोण था, खासकर ऐसे युग में जहाँ धार्मिक कट्टरपंथ अक्सर बौद्धिक अन्वेषण की सीमाओं को निर्धारित करता था।

आस्था का प्रभाव किसी एक संस्कृति या विश्वास प्रणाली तक ही सीमित नहीं है। यह यूरोप, अफ्रीका और एशिया में फैला हुआ है, जो सभ्यताओं को आकार देता है और ज्ञानोदय तथा अराजकता दोनों को ईंधन प्रदान करता है। आस्था, चाहे वह धर्म, दर्शन, या निराले जिद्दी आशावाद से जुड़ी हो, हमेशा से मानवता की सबसे बड़ी उपलब्धियों और, कभी-कभी, उसकी सबसे बड़ी गलतियों के पीछे की प्रेरक शक्ति रही है। अपने मूल में, यह स्वयं से बड़ी किसी चीज़ में विश्वास है, चाहे वह कोई दिव्य शक्ति हो, एक दार्शनिक आदर्श हो, या इसके विपरीत भारी सबूतों के बावजूद यह दृढ़ विश्वास हो कि चीजें ठीक हो जाएँगी।

विश्वास कई लोगों के लिए एक मार्गदर्शक प्रकाश, प्रेरणा, और एक भावनात्मक सहारा का काम करता है जब चीजें योजना के अनुसार नहीं होती हैं। यह लोगों को मजबूत बने रहने में मदद करता है, उन्हें दिशा देता है, और उन्हें आगे बढ़ते रहने के लिए प्रेरित करता है, भले ही तर्क उन्हें पीछे मुड़ने के लिए कहता हो। अब जब हमने बुनियादी बातों को कवर कर लिया है, तो आइए विश्वास और बुद्धि के एक साथ काम करने के तरीकों पर करीब से नज़र डालें। आस्था हमारे निर्णयों को प्रभावित करती है, हमें अधिक लचीला बनाती है, और केवल इसलिए हमें असंभव को भी हासिल करने में मदद कर सकती है क्योंकि हम इसकी शक्ति में विश्वास करते हैं।

आशावाद की शक्ति:

मानवों में आशा को पोषित करने की एक उल्लेखनीय क्षमता होती है, जो इस बात को देखते हुए आकर्षक है कि हम कितनी बार ऐसी परिस्थितियों में खुद को पाते हैं जो कहती हैं, "अब तो हार मान लो।" आशा हमारी प्रकृति का एक रहस्यमय, लगभग तर्कहीन हिस्सा है, जो हमारे विश्वासों से गहराई से जुड़ा हुआ है। जीवन, जैसा कि इसकी आदत है, वित्तीय आपदाओं, अस्तित्वगत संकटों, या बस इस एहसास के भय जैसी अप्रत्याशित बाधाएँ डालता है कि आपने किसी गलत व्यक्ति को शर्मनाक संदेश भेज दिया है। ऐसे क्षणों में, मन भावनाओं का युद्धक्षेत्र बन जाता है, और अचानक, आशा एक ऐसी विलासिता की वस्तु लगने लगती है जो केवल उन लोगों के लिए उपलब्ध है जिन्होंने कभी सच्ची निराशा का सामना नहीं किया है।

फिर भी, जब सब कुछ अराजकता की ओर बढ़ रहा होता है, तो आस्था एक बिना बुलाए मोटिवेशनल स्पीकर की तरह हस्तक्षेप करने की हिम्मत करती है, और यह ज़िद करती है कि हालात बेहतर होंगे। यह तर्क, सबूत या संभावित परिणामों से भरी स्प्रेडशीट से नहीं निपटती है। इसके बजाय, यह अंधेरे में एक ज़िद्दी रोशनी की तरह काम करती है, जो फुसफुसाती है, "तुम इससे भी बुरे हालात से गुज़र चुके हो।" यहीं पर विश्वास मानव सहनशीलता का अनसुना नायक बन जाता है, जो लोगों को केवल दृढ़ विश्वास के सहारे सबसे बुरे समय से बाहर खींचता है। यह उन्हें आगे बढ़ते रहने के लिए प्रेरित करता है, जबकि उनका हर तार्किक हिस्सा बस बैठ जाने और हार मान लेने के लिए चिल्ला रहा होता है।

आस्था, एक मनोवैज्ञानिक तंत्र के रूप में, धोखे से शक्तिशाली है। यह लोगों को तब भी आगे बढ़ते रहने के लिए मनाती है, जब हर बाहरी संकेत यह बताता है कि उन्हें ऐसा नहीं करना चाहिए। यह संकट के क्षणों में आराम देती है और वहां उद्देश्य देती है जहां तर्क विफल हो जाता है। चाहे वह अंधा आशावाद हो, धार्मिक आस्था हो, या असफलता को स्वीकार करने से इनकार करना हो, आस्था आशा को बढ़ावा देती है। अब, जैसे ही हम इस खोज को जारी रखते हैं, आइए इस बात का विश्लेषण करें कि विश्वास केवल एक सांत्वना देने वाला भ्रम ही नहीं, बल्कि एक वास्तविक शक्ति है जिसने व्यक्तियों, समाजों और, संभवतः, मानव प्रगति के पूरे इतिहास को आकार दिया है।

एक बहुआयामी संरचना के रूप में, इसमें एक उच्च शक्ति, एक ब्रह्मांडीय व्यवस्था, या मानवीय सीमाओं से परे एक आध्यात्मिक शक्ति में विश्वास शामिल है। यह विश्वास प्रणाली व्यक्तियों को यह जानकर आश्वासन देती है कि वे जीवन की चुनौतियों का सामना अकेले नहीं कर रहे हैं। इसके बजाय, वे इस धारणा से सांत्वना प्राप्त करते हैं कि उन्हें एक अदृश्य दयालुता द्वारा समर्थित और निर्देशित किया जाता है, जो एक बेहतर परिणाम की आशा पैदा करती है। विश्वास के ढांचे के भीतर, शांति एक शक्तिशाली और परिवर्तनकारी अनुभव बन जाती है। जीवन के तूफानों के बीच, व्यक्ति अपने विश्वासों में शरण पाते हैं, जो एक लंगर के रूप में कार्य करते हैं और भावनात्मक उथल-पुथल के क्षणों को स्थिर कर सकते हैं।

यह शांति धार्मिक संदर्भों के पूरक के रूप में काम कर सकती है, जो मानव अस्तित्व के विभिन्न पहलुओं में व्याप्त है। अध्ययनों से पता चला है कि जो लोग खुद को गैर-धार्मिक मानते हैं, वे भी ध्यान और सचेतता जैसी आध्यात्मिक प्रथाओं के माध्यम से आराम का अनुभव कर सकते हैं, जो आशा को पोषित करने में विश्वास की सार्वभौमिक अपील को रेखांकित करता है।

आस्था लोगों को एक उद्देश्य की भावना देती है। यह एक मानसिक वाई-फाई सिग्नल की तरह है जो उन्हें तब जुड़े रखता है जब केवल तर्क से काम नहीं चलता। आस्था वाले लोग सिर्फ कठिन समय को सहन नहीं करते। वे एक कमज़ोर टीम वाली खेल फिल्म के नायकों की तरह उन पर काबू पाते हैं। वे असफलताओं को अंत नहीं मानते। वे उन्हें प्रशिक्षण के चरणों के रूप में देखते हैं। नौकरी खोना, दिल टूटना, या किसी संकट का सामना करना अंत नहीं हैं, बल्कि कहानी में ऐसे मोड़ हैं जो आपके विकास को आकार देते हैं।

यह विश्वास वास्तविकता को अनदेखा करने के बारे में नहीं है। यह वास्तविकता का सामना करने और यह कहने की हिम्मत रखने के बारे में है, "अच्छा प्रयास, लेकिन मैं हार नहीं मान रहा हूँ।" विश्वास लोगों को आगे बढ़ते रहने के लिए एक अटूट प्रेरणा देता है, भले ही सामान्य ज्ञान उन्हें लेट जाने और हार मान लेने के लिए चिल्लाए। यह किसी के पुराने लैपटॉप से चिपके रहने के मनोवैज्ञानिक समकक्ष है, जो इस बात पर आश्वस्त है कि अगर वह बस एक और बार उसके बगल में थप्पड़ मार दे, तो सब कुछ फिर से काम करना शुरू कर देगा।

यहाँ दिलचस्प बात यह है कि यह पूरी तरह से काम करता है। आस्था ने क्रांतियों को शक्ति दी है, वैज्ञानिक सफलताओं को प्रेरित किया है, और लोगों को बिस्तर से उठे रहने के लिए प्रेरित किया है, जब उनके अंदर का हर हिस्सा जीवन में स्नूज़ बटन दबाना चाहता था। यह लोगों को खुद पर दांव लगाने, जोखिम उठाने और सीमाओं को लांघने के लिए प्रेरित करता है। इसलिए नहीं कि उनके पास सफलता का प्रमाण है, बल्कि इसलिए कि वे इसकी संभावना में विश्वास करते हैं। यह हर उस व्यक्ति का रहस्यमयी हथियार है जिसने कभी कुछ असंभव किया है।

विश्वास का एक आकर्षक पहलू लचीलेपन के लिए उत्प्रेरक के रूप में इसकी भूमिका में निहित है। धर्म और आशा के बीच का संबंध व्यक्तियों को एक अनूठी मुकाबला करने की क्षमता प्रदान करता है। अध्ययनों से पता चला है कि मजबूत धार्मिक या आध्यात्मिक विश्वास वाले व्यक्ति दर्दनाक घटनाओं का सामना करते समय अधिक लचीलापन और अनुकूलनशीलता प्रदर्शित करते हैं। आस्था शक्ति का एक ऐसा स्रोत बन जाती है जो व्यक्तियों को सबसे अंधकारमय क्षणों से पार पाने और संभावनाओं से परिपूर्ण भविष्य को अपनाने में सक्षम बनाती है। आस्था व्यक्तियों में अपेक्षा की भावना भरती है, एक ऐसा पूर्वानुमानित दृष्टिकोण जो तत्काल चुनौतियों से परे है। यह गहरी चाह आशावाद को बढ़ावा देती है, और यह विश्वास देकर मानवीय आत्मा को जीवंत करती है कि एक उज्जवल भविष्य आगे है। आशावाद की यह भावना व्यक्तियों को दृढ़ रहने, अपनी आकांक्षाओं की दिशा में साहसिक कदम उठाने और आशा से प्रकाशित एक मार्ग बनाने के लिए प्रेरित करती है।

सत्य और असत्य

भले और बुरे की ब्रह्मांडीय पहेली को सुलझाने की हमारी अथक खोज में, हम खुद को विचारों के एक भूलभुलैया में पाते हैं, जो ईश्वर और अस्तित्व के रहस्यों में हमारे विश्वास से प्रेरित है। हम जितना गहराई में जाते हैं, सवाल उतने ही जटिल होते जाते हैं। ऐसा लगता है मानो ब्रह्मांड हमें एक लेजर पॉइंटर से खेलने वाली बिल्ली की तरह जवाबों का पीछा करते हुए देखना पसंद करता हो।

बुराई के अस्तित्व ने दार्शनिकों, धर्मशास्त्रियों और हर उस व्यक्ति को सताया है जिसने कभी कॉफ़ी टेबल से पैर टकराया हो। अच्छाई और बुराई, गुरुत्वाकर्षण और जड़त्व के बलों की तरह, एक परस्पर जुड़ी प्रणाली का हिस्सा हैं। ठीक उसी तरह जैसे पृथ्वी कक्षा में बनी

रहती है क्योंकि विपरीत बल इसे सूर्य से टकराने या शून्य में जाने से रोकते हैं, वैसे ही अच्छाई और बुराई एक नाजुक संतुलन बनाती हैं जो नैतिक और अस्तित्वगत अनुभव को परिभाषित करती हैं।

जीवन एक पारिस्थितिकी तंत्र की तरह काम करता है जहाँ सबसे निराशाजनक तत्व भी एक उद्देश्य की पूर्ति करते हैं। शिकारी और शिकार एक साथ रहते हैं, और प्रत्येक प्रकृति के संतुलन को बनाए रखने में एक भूमिका निभाता है। विपरीत परिस्थितियाँ तुलनात्मक रूप से अच्छाई को परिभाषित करती हैं। संघर्ष के बिना, दया, साहस या न्याय को पहचानने का कोई कारण नहीं होता। कठिनाई लचीलेपन को अर्थ देती है, और मानवीय चरित्र की गहराई को आकार देती है।

यह अवधारणा सूक्ष्म स्तर पर भी काम करती है। परमाणु, जो अस्तित्व की नींव है, समान माप में खींचने और धकेलने वाली शक्तियों द्वारा शासित होता है। इलेक्ट्रॉन एक नाभिक के चारों ओर परिक्रमा करते हैं, जो खगोलीय पिंडों में देखे जाने वाले संतुलन का प्रतिबिंब है। प्रकृति आकाशगंगाओं के विशाल पैमाने से लेकर सबसे छोटे कणों तक सामंजस्य बनाए रखती है। द्वैत, चाहे वह भौतिकी, नैतिकता या मानव स्वभाव में हो—एक दोष नहीं बल्कि वास्तविकता की एक मौलिक विशेषता है।

भलाई और बुराई की उपस्थिति स्वतंत्र इच्छा, विकास और स्वयं अस्तित्व की संरचना की अनुमति देती है। अंधकार के बिना, प्रकाश अपरिचित रह जाता है। संघर्ष के बिना, बुद्धिमत्ता कभी उभरकर सामने नहीं आती।

कोई भी व्यक्ति पूरी तरह से अच्छा या पूरी तरह से बुरा नहीं होता है। कोई भी व्यक्ति पूर्ण सद्गुण के प्रतीक के रूप में पृथ्वी पर नहीं चलता, और न ही कोई पूर्ण दुष्टता में मौजूद है (शायद उस एक व्यक्ति को छोड़कर जो सार्वजनिक रूप से स्पीकरफोन पर ज़ोर से बात करता है)। हर व्यक्ति में दोनों की क्षमता होती है, जो उनके विकल्पों, कार्यों और दृष्टिकोणों से आकार लेती है।

जो ताकतें संतुलन बिगाड़ती हैं, वे स्पष्ट हैं। लालच, ईर्ष्या, भय और अहंकार विनाश की ओर ले जाते हैं। करुणा, प्रेम और आत्म-जागरूकता आत्मा को ऊँचा उठाती हैं। यह आंतरिक लड़ाई हर दिन होती है, जो हर फैसले को प्रभावित करती है।

यह एहसास डर का कारण नहीं है। यह सशक्तिकरण का कारण है। बुराई का अस्तित्व होना ज़रूरी नहीं कि असफलता का संकेत हो। यह बुद्धिमानी से चुनने, कहानी को बेहतर दिशा देने और आत्मा को पॉलिश करने का अवसर प्रस्तुत करता है।

स्पष्ट रूप से कहें तो, इस संतुलन को पहचानना बुराई को अपनाने का औचित्य नहीं देता है। यह एक ऐसी गलती है जो लोगों को कभी नहीं करनी चाहिए। बुराई मौजूद है, लेकिन मनुष्यों को हमेशा अच्छा करने का प्रयास करना चाहिए। यह दृष्टिकोण संतुलन का एक सैद्धांतिक दृष्टिकोण है, न कि गलत काम करने का व्यावहारिक समर्थन। सिर्फ इसलिए कि प्रकृति में तूफान एक भूमिका निभाते हैं, इसका मतलब यह नहीं है कि लोगों को टॉर्नेडो के दौरान बाहर निकलना चाहिए और अच्छे की उम्मीद करनी चाहिए। रोजमर्रा की जिंदगी में, नैतिकता एक विकल्प है। बुराई का मौजूद होना ही इसे रोकने के लिए और भी महत्वपूर्ण बनाता है।

बुराई स्वयं एक स्वतंत्र शक्ति नहीं है जो बिना कारण के पनपती हो। यह मानवीय कार्यों, विकल्पों और परिणामों के माध्यम से उभरती है। कठिनाइयाँ और प्रतिकूलताएँ, भले ही दर्दनाक हों, अक्सर विकास के लिए उत्प्रेरक के रूप में काम करती हैं। एक तूफ़ान पेड़ को उखाड़ सकता है, लेकिन यह परिदृश्य को भी नया आकार देता है और नए जीवन के लिए जगह बनाता है। संघर्ष लोगों को विकसित होने, लचीलापन बनाने और बुद्धिमानी विकसित करने के लिए मजबूर करता है।

हर घटना, यहाँ तक कि अव्यवस्था भी, इस विशाल योजना में एक स्थान रखती है। इस सत्य को स्वीकार करना बुराई के सामने आत्मसमर्पण करना नहीं है। इसका अर्थ है यह समझना कि सब कुछ एक बड़े, दिव्य योजना के भीतर घटित होता है। बुद्धिमानी भाग्य को निष्क्रिय रूप से स्वीकार करने में नहीं, बल्कि कठिनाइयों के बावजूद सक्रिय रूप से संतुलन बनाए रखने और अच्छाई का चयन करने में है।

प्रियजन को खोने का दर्द अक्सर बुराई के मूर्त रूप जैसा महसूस होता है। यह पीड़ा और दुःख लाता है। हालाँकि, मृत्यु अस्तित्व का अंत नहीं बल्कि एक रूपांतरण है। जीवन एक रूप से दूसरे रूप में बदल जाता है, जिससे सृष्टि का शाश्वत चक्र बना रहता है। यह दृष्टिकोण सतही दुःख से परे जाकर, अस्तित्व के महत्व के बारे में गहरी अंतर्दृष्टि प्रदान करता है।

भले और बुरे का संतुलन अलगाव के बारे में नहीं है, बल्कि एक बड़े डिज़ाइन में एकीकरण के बारे में है। ये शक्तियाँ मानवीय अनुभवों को आकार देती हैं, ऐसे सबक और चुनौतियाँ प्रस्तुत करती हैं जो विकास और समझ को बढ़ावा देती हैं। हर मुठभेड़ अस्तित्व की बड़ी संरचना में योगदान करती है, जो व्यक्तिगत आत्माओं को ब्रह्मांड की विशाल लय से जोड़ती है।

जीवन की भूल-भुलैया में विश्वास ही मार्गदर्शक प्रकाश बना रहता है। ज्ञान की खोज गहरी बुद्धिमत्ता और अच्छाई और बुराई के बीच ब्रह्मांडीय नृत्य के एक स्पष्ट दृष्टिकोण की ओर ले जाती है। यह यात्रा भाग्य के आगे समर्पण करने के बारे में नहीं, बल्कि सचेत रूप से अच्छाई के साथ जुड़ने के बारे में है।

ब्रह्मांड ने स्वतंत्र इच्छा, बुद्धि और अंतरात्मा प्रदान की है। उनका बुद्धिमानी से उपयोग करने की जिम्मेदारी मानवता की है।

आस्था जो उद्देश्य को प्रेरित करती है

मानव इतिहास भर में, विश्वास और उद्देश्य के बीच का अंतर्संबंध अध्ययन का एक आकर्षक विषय रहा है, जो विद्वानों और शोधकर्ताओं दोनों को आकर्षित करता है। मानव अनुभव के एक मौलिक पहलू के रूप में, विश्वास ने लगातार व्यक्तियों को प्रेरित किया है, और उन्हें उनके जीवन में दृढ़ विश्वास और दिशा की भावना प्रदान की है। यह आकर्षक घटना, जो विभिन्न संस्कृतियों, धर्मों और विश्वास प्रणालियों में गहराई से निहित है, अध्ययन को आकर्षित करती है क्योंकि यह आध्यात्मिकता, नैतिकता और मानव प्रेरणा के बीच जटिल संबंधों को उजागर करती है।

आस्था जीवन को आकार देने का एक तरीका है, चाहे वह नैतिक स्पष्टता प्रदान करना हो, उद्देश्य की भावना जगाना हो, या बस लोगों को सुबह की कॉफी से पहले अस्तित्वगत पतन से बचाना हो। विभिन्न परंपराओं में, पवित्र ग्रंथ जीवन के निर्देश पुस्तिकाओं के रूप में काम करते हैं, जो धार्मिकता, सद्गुण और कभी-कभी, दैवीय प्रकोप से बचने के दिशानिर्देशों से भरे होते हैं। धार्मिक अध्ययन के विद्वानों ने सदियों से इन नैतिक रूपरेखों का विश्लेषण किया है, इस उम्मीद में कि वे समझ सकें कि ये मानव व्यवहार को कैसे आकार देते हैं।

लक्ष्य? यह पता लगाना कि विश्वास की प्रणालियाँ नैतिकता, चरित्र और एक सार्थक जीवन की हमेशा दूर रहने वाली खोज के लिए एक ढांचा कैसे बनाती हैं।

मनोवैज्ञानिक दृष्टिकोण से, आस्था निस्संदेह करुणा, क्षमा और न्याय जैसे मूल्यों को पोषित करने में योगदान करती है। शोधकर्ताओं ने यह समझने में वर्षों बिताए हैं कि विश्वास की प्रणालियाँ मानव व्यवहार में कैसे गहराई से जुड़ जाती हैं, जो लोगों के एक-दूसरे के साथ बातचीत करने और समाज में आगे बढ़ने के तरीके को आकार देती हैं। उदाहरण के लिए, करुणा को ही लें। यह सिर्फ़ किसी के सैंडविच के फ़र्श पर गिरने पर बुरा महसूस करने के बारे में नहीं है। यह व्यक्तिगत असुविधा से परे जाकर एक गहरी, सहानुभूतिपूर्ण प्रतिक्रिया विकसित करने के बारे में है। आस्था-प्रेरित व्यक्ति अक्सर दूसरों के प्रति दया और सहायता का हाथ बढ़ाते हैं क्योंकि उनकी आस्था की प्रणाली इसे अस्तित्व के एक मौलिक हिस्से के रूप में देखती है।

इसी तरह, क्षमा की अवधारणा—शायद ही मास्टर करने के लिए सबसे कठिन चीजों में से एक—कई धार्मिक परंपराओं में गहराई से निहित है। हालांकि कुछ लोग यह तर्क दे सकते हैं कि किसी को माफ करना उन्हें फिर से बुरा व्यवहार करने का मुफ्त पास देना है, लेकिन शोध से पता चलता है कि रंजिश छोड़ने से वास्तव में तनाव कम होता है, समग्र खुशी बढ़ती है, और लोगों को विस्तृत प्रतिशोध की योजना बनाने से रोकता है।

फिर दर्शनशास्त्र है, जो सदियों से आस्था के साथ एक बौद्धिक टकराव में उलझा हुआ है। दार्शनिक लंबे समय से विश्वास, उद्देश्य और पूर्ति के बीच के संबंध पर विचार करते रहे हैं, यह जांचते हुए कि क्या एक सार्थक अस्तित्व के लिए आस्था आवश्यक है या यह सिर्फ एक सांत्वना देने वाला भ्रम है जो लोगों को अस्तित्वगत भय में डूबने से बचाता है। उदाहरण के लिए, थॉमस एक्विनास ने आस्था और तर्क को सबसे अच्छे दोस्तों के रूप में देखा जो ब्रह्मांड के रहस्यों को खोलने के लिए मिलकर काम करते हैं। इस बीच, संशयवादी तर्क देते हैं कि आस्था कभी-कभी लोगों को कट्टरता, विशिष्टता और हमेशा परेशान करने वाले 'मुझसे पवित्र' सिंड्रोम के खरगोश के बिल में ले जाती है।

समाजशास्त्री और मानवविज्ञानी एक अलग दृष्टिकोण अपना रहे हैं, जो मानव व्यवहार पर आस्था के ठोस प्रभाव को मापने के लिए वास्तविक-विश्व अध्ययन कर रहे हैं। उन्होंने पाया है कि धार्मिक समुदाय अक्सर अपनी आस्था को परोपकार, सामाजिक न्याय पहलों और

मानवीय प्रयासों में लगाते हैं। विश्वास, अपने सर्वश्रेष्ठ रूप में, सकारात्मक बदलाव के लिए एक उत्प्रेरक के रूप में काम करता है, जो दुनिया को कम आपदाग्रस्त बनाने के एक साझा मिशन के तहत लोगों को एकजुट करता है। हालाँकि, अपने सबसे बुरे रूप में, यह बहिष्कार, विभाजन और अनावश्यक ट्विटर बहसों को सही ठहराने के लिए इस्तेमाल किया जाने वाला एक हथियार हो सकता है। यह विरोधाभास विश्वास को मानव इतिहास की सबसे आकर्षक, निराशाजनक और अंततः आवश्यक शक्तियों में से एक बनाता है।

आस्था हमेशा से एक दोधारी तलवार रही है। एक ओर, इसने दया, लचीलेपन और नवाचार के कुछ सबसे उल्लेखनीय कार्यों को बढ़ावा दिया है। दूसरी ओर, यह संघर्षों, धर्मयुद्धों और कभी-कभार ऐसे संप्रदायों के पीछे की प्रेरक शक्ति रही है, जिनका अंत संदिग्ध वेशभूषा पहने लोगों के साथ होता है। यह द्वैत विद्वानों को आस्था की आलोचनात्मक जांच करने के लिए मजबूर करता है, जिसमें वे इसके प्रेरणादायक तत्वों को इसके निर्विवाद नुकसान के साथ संतुलित करते हैं।

आस्था से लचीलापन निर्माण

हमारी दुनिया के उथल-पुथल भरे परिदृश्य में, जहाँ परीक्षाएँ और परेशानियाँ अक्सर किसी व्यक्ति की मानसिक दृढ़ता को कमजोर कर देती हैं, वहाँ आस्था एक जोड़ने वाली कड़ी और एक शक्तिशाली हथियार के रूप में उभरती है, जो व्यक्ति की स्थिरता की भावना को मजबूत करती है और उन्हें आगे बढ़ने के लिए प्रेरित करती है। विपत्ति, जीवन की यात्रा में एक अपरिहार्य साथी, अक्सर दृढ़ता की मांग करती है। चुनौतियों के इस कड़ाके में आस्था एक स्थिर साथी है, जो व्यक्तियों को सबसे अंधकारमय घड़ियों से गुजरने के लिए आवश्यक आंतरिक शक्ति से लैस करती है। यह धार्मिक या आध्यात्मिक संबद्धताओं से परे है, आशा के सभी खोजकर्ताओं को अपनाती है और कठिन परिस्थितियों को समझने और स्वीकार करने के लिए एक ठोस ढांचा प्रदान करती है।

आस्था मानवीय अनुभव में एक अपरिहार्य भूमिका निभाती है, जो आराम प्रदान करती है, व्यक्तियों में शक्ति का संचार करती है, उद्देश्य की प्रेरणा देती है, और जीवन की बाधाओं को विकास की सीढ़ी में बदल देती है। मूल रूप से, आस्था मानव स्थिति के एक सार्वभौमिक पहलू को दर्शाती है, जो धार्मिक सिद्धांतों की सीमाओं से कहीं आगे तक जाती है। यह एक

जन्मजात प्रवृत्ति है, यह विश्वास है कि कुछ बड़ा है, कुछ सार्थक है जो मूर्त दुनिया से परे है। चाहे वह किसी उच्च शक्ति, किसी महान उद्देश्य, या स्वयं में एक अटूट विश्वास की ओर निर्देशित हो, यह विश्वास आशा को पोषित करता है - एक प्रकाश की किरण जो सबसे अंधेरे समय में भी झिलमिलाती है।

यह आशा एक जीवन रेखा बन जाती है, जो व्यक्तियों को निराशा की खाई से बाहर निकालती है और अनिश्चितता की छाया के बीच आशावाद की एक किरण प्रदान करती है।

इसके अलावा, आस्था प्रेरणा का एक शक्तिशाली स्रोत है, जो उद्देश्य को प्रज्वलित करती है और एक भ्रामक रूप से अव्यवस्थित अस्तित्व को निर्देशित करती है। यह जीवन को अर्थ प्रदान करती है, व्यक्तियों को उच्च आदर्शों की तलाश करने और जीवित रहने से परे एक महान उद्देश्य के लिए प्रयास करने के लिए प्रेरित करती है। जो लोग धार्मिक आस्थाओं में शांति पाते हैं, उनके लिए पवित्र ग्रंथ और शिक्षाएँ मार्गदर्शन प्रदान करती हैं, जो एक नैतिक दिशा-सूचक को उजागर करती हैं जो कर्मों और निर्णयों को धर्म और सद्गुण के मार्ग की ओर ले जाती है। उद्देश्य की यह भावना एक लंगर बन जाती है, जो व्यक्तियों को जीवन के उथल-पुथल भरे पानी में बेमतलब भटकने से रोकती है और इसके बजाय उन्हें संतुष्टि और व्यक्तिगत विकास की ओर एक मार्ग निर्धारित करने में मदद करती है।

विपरीत परिस्थितियों में, आस्था एक मजबूत कवच के रूप में काम करती है, जो व्यक्तियों को निराशा में डूबने से बचाती है। यह ज्ञान कि कोई अकेला नहीं है और एक दिव्य शक्ति या मार्गदर्शक सिद्धांत उनके सबसे कठिन क्षणों में उनका समर्थन करता है, व्यक्तियों को जीवन की कठिनाइयों को सहन करने और उनसे मजबूत होकर उभरने का सामर्थ्य देता है। प्रार्थना, ध्यान, या धार्मिक अनुष्ठानों में संलग्न होकर, व्यक्ति इस अराजकता के बीच सांत्वना और अर्थ खोजने के लिए अपनी आस्था का सहारा लेते हैं, जिससे वे अपनी टूटी हुई भावनाओं को फिर से संवार पाते हैं और आगे बढ़ने का साहस जुटा पाते हैं।

आस्था की परिवर्तनकारी शक्ति की अवधारणा केवल व्यक्तिगत जीवन तक सीमित नहीं है, बल्कि पूरे समाज में व्याप्त है, जो उथल-पुथल के समय सामूहिक शक्ति प्रदान करती है। इतिहास गवाह है कि साझा आस्था से बँधे धार्मिक समुदाय विपत्ति के तूफानों का सामना कर चुके हैं, और उन परीक्षाओं के सामने दृढ़ता का उदाहरण पेश करते हैं जो अन्यथा उन्हें बिखेर देतीं। आस्था-प्रेरित समुदायों की अडिग भावना एक एकजुट करने वाली शक्ति के रूप में काम

करती है, जो पारस्परिक सहायता, सहानुभूति और तबाही के मलबे से टूटे-फूटे समाजों के पुनर्निर्माण के सामूहिक संकल्प को बढ़ावा देती है।

अपनी अंतर्निहित शक्ति और दृढ़ विश्वास के साथ, आस्था में किसी व्यक्ति के जीवन में परिवर्तनकारी बदलाव लाने की असाधारण क्षमता होती है। चूंकि आस्था हमारी प्रजाति पर सूर्य उगने के समय से ही मानव इतिहास का हिस्सा रही है, यह कहना सुरक्षित है कि यह बहुत सारे बदलावों को प्रेरित करती है और हमारे निर्णय लेने के तरीके पर इसका गहरा प्रभाव पड़ता है।

आस्था और मूल्यों का निर्माण

आस्था, अपने सभी रूपों में, लोगों को आकार देने का एक अजीब तरीका रखती है। यह केवल पृष्ठभूमि में लिफ्ट संगीत की तरह चुपचाप नहीं बैठी रहती। यह निर्णयों को प्रभावित करती है, नैतिक दृष्टिकोण को आकार देती है, और कभी-कभी लोगों को यह सवाल करने पर मजबूर कर देती है कि क्या उन्हें वास्तव में केक का दूसरा टुकड़ा खाना चाहिए। चाहे वह धार्मिक शिक्षाओं, व्यक्तिगत दर्शनों, या इस अस्पष्ट आशा में निहित हो कि चीजें अंततः समझ में आ जाएँगी, आस्था एक नैतिक कम्पास के रूप में काम करती है। यह व्यक्तियों को जीवन के उलझे हुए रास्तों पर चलने में मदद करती है, और सत्यनिष्ठा, करुणा, और कभी-कभी भावनात्मक रूप से भरा संदेश भेजने से बचने की क्षमता जैसे सिद्धांतों को स्थापित करती है।

इस मूल्य-निर्माण प्रक्रिया में धार्मिक ग्रंथ अक्सर केंद्र में रहते हैं, जो निर्णय लेने के लिए एक संदर्भ मैनुअल के रूप में काम करने वाले नैतिक दिशानिर्देश प्रदान करते हैं। धर्मशास्त्रियों ने सदियों से इन ग्रंथों का विश्लेषण किया है, ऐतिहासिक कथाओं और दैवीय घोषणाओं के बीच छिपे नैतिक संदेशों को समझने की कोशिश की है। परिणाम? विश्वासों का एक जटिल ढांचा जो व्यवहार का मार्गदर्शन करता है, यह परिभाषित करता है कि क्या स्वीकार्य है, क्या प्रशंसनीय है, या क्या बस संदिग्ध है। हालाँकि, आस्था केवल धर्म से जुड़ी नहीं है। कई व्यक्ति व्यक्तिगत दर्शन के माध्यम से अपने स्वयं के मार्गदर्शक सिद्धांत बनाते हैं, अपने नैतिक संहिता में अस्तित्ववाद, मानवतावाद और "मैं चलते-चलते सब समझ जाऊँगा" की थोड़ी सी भावना को मिलाते हैं।

समाजशास्त्री और मनोवैज्ञानिक यह पता लगाना पसंद करते हैं कि आस्था-संचालित मान्यताएँ समाजों को कैसे आकार देती हैं। आस्था केवल एक व्यक्तिगत मामला नहीं है; यह सांस्कृतिक मानदंडों, कानूनी प्रणालियों, और इस बात को भी प्रभावित करती है कि लोग किसी के छींकने के बाद "भगवान आपका भला करे" कहते हैं या नहीं। यह दान, सामाजिक न्याय और सामुदायिक निर्माण की दिशा में सामूहिक प्रयासों को प्रेरित करती है। साथ ही, इतिहास ने यह साबित किया है कि जब आलोचनात्मक सोच के बिना आस्था का इस्तेमाल किया जाता है, तो यह बहिष्कार, विभाजन या, चरम मामलों में, बहुत दुर्भाग्यपूर्ण फैशन के विकल्पों (संप्रदाय के नेताओं, हम आपकी ही बात कर रहे हैं) को सही ठहरा सकती है। चुनौती यह है कि आस्था की शक्ति को पहचाना जाए, साथ ही यह भी सुनिश्चित किया जाए कि यह एक ऐसे निर्विवाद अधिकार में न बदल जाए जो तर्क और व्यक्तिगत सोच को दरकिनार कर दे।

आस्था केवल मूल्यों को आकार देने से कहीं बढ़कर है। यह प्रेरणा में भी महत्वपूर्ण भूमिका निभाती है। जहाँ कुछ लोग हर सुबह कैफीन और दृढ़ संकल्प से प्रेरित होकर उठते हैं, वहीं अन्य लोग इस बात की याद दिलाने के लिए आस्था पर निर्भर करते हैं कि वे अपने से कहीं बड़ी किसी चीज़ के लिए काम कर रहे हैं। आस्था, चाहे वह आध्यात्मिक हो या दार्शनिक, दिशा का एहसास कराती है। यह लोगों को बताती है कि उनके लक्ष्य एक बड़ी योजना का हिस्सा हैं, और उन्हें हार मानकर बैठने के बजाय बाधाओं को पार करने के लिए प्रोत्साहित करती है।

मनोवैज्ञानिकों ने यह अध्ययन किया है कि आस्था लचीलेपन को कैसे बढ़ावा देती है, और पाया है कि जो लोग किसी उच्च उद्देश्य में विश्वास करते हैं, वे असफलताओं से बेहतर तरीके से निपटते हैं। चुनौतियों का सामना करते समय उनके अस्तित्वगत निराशा में डूबने की संभावना कम होती है। इसके बजाय, वे संघर्षों को एक बड़ी यात्रा का हिस्सा, सहनशक्ति की एक ब्रह्मांडीय परीक्षा, या कम से कम, सड़क में एक हल्की-सी परेशान करने वाली अड़चन के रूप में देखते हैं। आस्था बाधाओं को दूर नहीं करती है। यह बस उन्हें ईंट की दीवारों की तरह कम और असुविधाजनक स्पीड बंप की तरह अधिक महसूस कराती है।

इतिहास ऐसे लोगों से भरा है जिनके विश्वास ने उन्हें असंभव को हासिल करने के लिए प्रेरित किया। महान नेताओं, आविष्कारकों और कार्यकर्ताओं ने अक्सर अपनी उपलब्धियों

का श्रेय किसी बड़ी शक्ति में अटूट विश्वास को दिया है। चाहे वह एक दैवीय पुकार हो, कर्तव्य की गहरी भावना हो, या सिर्फ जिद्दी आशावाद हो, विश्वास व्यक्तिगत महत्वाकांक्षा को प्रकृति की एक शक्ति में बदल सकता है। हालाँकि, विश्वास-प्रेरित प्रेरणा और अंधादर्शवाद के बीच एक महीन रेखा होती है। अंतर? बुद्धिमान व्यक्ति विश्वास को ईंधन के रूप में उपयोग करते हैं लेकिन तर्क, रणनीति और पर्याप्त सामान्य ज्ञान का भी प्रयोग करते हैं।

आस्था-प्रेरित आकांक्षाएँ व्यक्तिगत लक्ष्यों से परे जाती हैं। इतिहास भर में, सामाजिक परिवर्तन के आंदोलनों को सामूहिक विश्वास से शक्ति मिली है। आस्था ने क्रांतियों, नागरिक अधिकार आंदोलनों और वैज्ञानिक प्रगति को प्रेरित किया है, जिन्होंने समाज को नया आकार दिया। इसने लोगों को अन्याय के खिलाफ लड़ने, हाशिए पर पड़े लोगों के लिए आवाज उठाने और समानता का लक्ष्य रखने वाली प्रणालियाँ बनाने के लिए प्रेरित किया है। बेशक, आस्था ने कई संदिग्ध प्रयासों को भी हवा दी है, लेकिन जब इसे तर्क और प्रगति की सच्ची इच्छा के साथ लागू किया जाता है, तो यह सार्थक बदलाव के लिए एक उत्प्रेरक बन जाती है।

आस्था, किसी भी बड़ी शक्ति की तरह, अपने विरोधाभासों के साथ आती है। यह एक प्रेरक और एक सांत्वना, एक मार्गदर्शक और, कभी-कभी, जिद का स्रोत है। जहाँ यह लोगों को जोखिम उठाने और बड़े सपने देखने के लिए सशक्त बनाती है, वहीं अगर इसे अनियंत्रित छोड़ दिया जाए तो यह उन्हें गुमराह रास्तों पर भी ले जा सकती है। इसने सभ्यताओं का निर्माण किया है और उन्हें धूल चटा दी है। इसने मानवता में सर्वश्रेष्ठ और, कभी-कभी, सबसे बुरा भी बाहर लाया है।

आस्था को बुद्धिमानी से उपयोग करने का रहस्य संतुलन में निहित है। इसे कट्टरतावादी हुए बिना प्रेरित करना चाहिए, आलोचनात्मक सोच को सीमित किए बिना मार्गदर्शन करना चाहिए, और भ्रम पैदा किए बिना महत्वाकांक्षा को प्रोत्साहित करना चाहिए। जो लोग इस संतुलन में महारत हासिल कर लेते हैं, वे पाते हैं कि आस्था केवल एक विश्वास प्रणाली के रूप में काम नहीं करती है। यह प्रगति, लचीलेपन और जीवन के हर संभव चुनौती के रास्ते में आने की कोशिश करने पर भी आगे बढ़ते रहने की क्षमता के लिए एक उपकरण बन जाती है।

अंततः, आस्था का मतलब हर बात को निश्चित रूप से जानना नहीं है। यह अनिश्चितता के बावजूद आगे बढ़ना है। चाहे वह किसी उच्च शक्ति में आस्था हो, मानवता में आस्था हो,

या बस यह विश्वास हो कि चीजें अंततः ठीक हो जाएँगी, यह मानव महत्वाकांक्षा, नैतिकता और स्वयं समाज को आकार देने वाली सबसे शक्तिशाली शक्तियों में से एक बनी हुई है।

रवैये और मानसिकता को बदलना

यह एक आध्यात्मिक प्लासिबो प्रभाव की अवधारणा है जो लोगों को इस बात के लिए मनाती है कि वे विपरीत भारी अनुभवजन्य साक्ष्यों के बावजूद असंभव को हासिल कर सकते हैं। आइए इसे क्वार्क की परस्पर क्रियाओं की जांच करने वाले एक कण भौतिकीविद् की सटीकता के साथ विखंडित करें, हालांकि, यह स्वीकार करना होगा कि थोड़ी कम वैज्ञानिक कठोरता और काफी अधिक मानवीय अतार्किकता के साथ।

जैसा कि पता चलता है, विश्वास सिर्फ वह चीज़ नहीं है जो लोगों को यह विश्वास दिलाती है कि उनकी फुटबॉल टीम हारने का रिकॉर्ड होने के बावजूद जीत जाएगी। यह एक दिलचस्प मनोवैज्ञानिक घटना के लिए भी जिम्मेदार है जिसमें लोग निराशा को फ़िल्टर करने और उसकी जगह कुछ अतार्किक रूप से महत्वाकांक्षी चीज़ रखने के लिए अपने संज्ञानात्मक पूर्वाग्रहों को फिर से प्रोग्राम करते हैं। जब विश्वास एक औसत, निराशाजनक रूप से त्रुटिपूर्ण इंसान में एक पूरी तरह से नया ऑपरेटिंग सिस्टम स्थापित करता है, तो आशावाद हावी हो जाता है। असफलताएं सीखने के अवसर बन जाती हैं, और व्यक्तिगत विकास की बड़ी कहानी में विफलता एक अप्रत्याशित मोड़ बन जाती है। यह आकर्षक है। अगर मेरे साथी वैज्ञानिक इस भ्रांतिपूर्ण लचीलेपन का उपयोग कर पाते, तो अब तक मनुष्यों ने मंगल पर उपनिवेश बना लिया होता।

मानसिकता परिवर्तन का विचार इस पर एक और परत जोड़ता है। विश्वास मूल रूप से लोगों को यह मानने के लिए धोखा देता है कि वे अपने अतीत के अनुभवों से कहीं अधिक करने में सक्षम हैं। वे एक सुबह उठते हैं और यह तय कर लेते हैं कि सीमाएँ काल्पनिक हैं, इस स्पष्ट प्रमाण के बावजूद कि उनकी एथलेटिक क्षमताओं, उदाहरण के लिए, एक बहुत ही वास्तविक और दिखाई देने वाली सीमा है। यह उन्हें मैराथन दौड़ने से नहीं रोकता है। यह बार-बार आर्थिक मंदी के बावजूद लोगों को व्यावसायिक उद्यमों को आगे बढ़ाने से नहीं रोकता है। विश्वास लोगों को यह यकीन दिलाता है कि संभाव्यता महज एक सुझाव है।

आस्था की सबसे उल्लेखनीय विशेषता आत्म-संदेह को मिटा देने की उसकी क्षमता है, जो एक अत्यधिक उत्साहित भौतिक विज्ञानी द्वारा व्हाइटबोर्ड पर एक गलत समीकरण पर

हमला करने की तीव्रता के बराबर है। यह व्यक्तियों को आत्म-सीमित करने वाले विश्वासों को त्यागने और अपनी क्षमताओं में एक चिंताजनक रूप से उच्च स्तर का आत्मविश्वास अपनाने के लिए प्रेरित करती है। इससे मानव व्यवहार में हास्यास्पदता आती है, जैसे कि एक भीड़ भरे सभागार के सामने खड़े होकर यह घोषणा करना, "मैं कुछ भी कर सकता हूँ जिस पर मैं अपना मन लगा दूँ।" यह कथन वस्तुनिष्ठ रूप से गलत है। उदाहरण के लिए, वायुगतिकी के अपने व्यापक ज्ञान के बावजूद मैं अपनी बाहों को फड़फड़ाकर उड़ नहीं सकता।

यह आगे अनुकूलनशीलता, दृढ़ता और अनिश्चितता को अपनाने की एक असामान्य इच्छा की ओर ले जाता है। आस्था वाले लोग इस तरह व्यवहार करते हैं जैसे जीवन एक वैज्ञानिक प्रयोग हो जहाँ हर परिकल्पना एक अपरिहार्य सफलता की ओर ले जाती है। वे असफल होते हैं और तुरंत तय कर लेते हैं कि वे सफलता के एक कदम और करीब हैं। यह वैज्ञानिक पद्धति है जिसमें काफी अधिक प्रेरक पोस्टर हैं।

आस्था का विचार एक तंत्रिका-संबंधी चीट कोड की तरह है। यह सांख्यिकीय निराशावाद को खारिज करने और उसकी जगह व्यक्तिगत सफलता में एक अत्यधिक असंतुलित विश्वास को स्थापित करने के लिए मानव विचार प्रक्रियाओं को पुनर्व्यवस्थित करता है। सबसे हैरान करने वाली बात यह है कि यह वास्तव में काम करता है। यह तो मुझे पहले से ही पता था। अब, अगर आप अनुमति दें, तो मुझे असली विज्ञान करना है।

आस्था जीवन में आशा और सकारात्मकता भरकर दृष्टिकोण और मानसिकता को आकार देती है। मनोवैज्ञानिक अध्ययन बताते हैं कि किसी उच्च शक्ति या ब्रह्मांडीय व्यवस्था में विश्वास स्थायी आशावाद को बढ़ावा देता है, जो व्यक्तियों को कठिनाइयों के दौरान शक्ति, कृतज्ञता और शांति खोजने में मदद करता है। निराशावाद से आशावाद की यह बदलाव एक मार्गदर्शक प्रकाश के रूप में कार्य करता है, जो प्रतिकूलता के सामने लचीलापन पैदा करता है।

विश्वास और मानसिकता परिवर्तन के बीच का संबंध स्पष्ट हो जाता है जब व्यक्ति चुनौतियों को अतिक्रमण करने योग्य बाधाओं के बजाय विकास के अवसरों के रूप में देखना शुरू करते हैं। विश्वास आरामदायक क्षेत्रों से बाहर कदम रखने, जोखिम उठाने और उत्साह के साथ आकांक्षाओं का पीछा करने के लिए प्रोत्साहित करता है। यह एक प्रेरक शक्ति बन जाता है जो व्यक्तियों को नई संभावनाओं और आत्म-सुधार की ओर प्रेरित करती है।

आत्म-सीमित करने वाले विचार ही एकमात्र चीज़ नहीं हैं जिन्हें विश्वास दूर करता है। उन्हें लिया जाता है, उन पर हँसा जाता है, और फिर उन्हें विस्मृति में छोड़ दिया जाता है। ये विचार, जिन्हें सामाजिक conditioning और अतीत की विफलताओं द्वारा सावधानीपूर्वक पोषित किया गया है, संभावित क्षमता के लिए बाधा के रूप में काम करना पसंद करते हैं। दूसरी ओर, विश्वास एक अति आत्मविश्वासी जीवन प्रशिक्षक की तरह आगे आता है और घोषणा करता है, "हम अब ऐसा नहीं करेंगे।" यह संदेह और असुरक्षा को दृढ़ आश्वासन की भावना से बदल देता है, मानो जीवन हाथ में सफलता की योजना लेकर आया हो।

यह परिवर्तन आत्म-विश्वास पर ही नहीं रुकता। यह लोगों को अनुकूलनशीलता के चैंपियन बना देता है, जिससे वे जीवन के उतार-चढ़ाव को असाधारण शालीनता से संभालते हैं। विश्वास लचीलापन पैदा करता है, वह लचीलापन जो लोगों को पूर्ण अराजकता के बीच भी मुस्कुराने देता है, जबकि वे फुसफुसाते हैं, "यह ठीक है।" अध्ययनों से यह भी पता चलता है कि आस्थावान समुदाय परिवर्तन को अधिक स्वीकार करते हैं, शायद इसलिए क्योंकि उन्होंने अप्रत्याशित चीजों से समझौता करने की कला में महारत हासिल कर ली है। चाहे वह गहरी बुद्धिमत्ता हो या बस एक ब्रह्मांडीय मुकाबला करने की प्रणाली, यह काम करती है।

व्यक्तिगत संबंधों को बढ़ावा देना

मानव संबंधों पर आस्था का प्रभाव एक व्यापक जांच का विषय रहा है, जिसने विभिन्न विषयों के विद्वानों को आकर्षित किया है। धर्म, जो दुनिया भर के समाजों में एक सर्वव्यापी शक्ति है, व्यक्तियों के बीच सार्थक और करुणामय संबंधों को बढ़ावा देने में उत्प्रेरक का काम करता है। इस रोचक अन्वेषण में, हम यह समझने की यात्रा पर निकलते हैं कि आस्था कैसे व्यक्तियों को दूसरों के प्रति प्रेम, क्षमा और समझ दिखाने के लिए प्रोत्साहित करती है, जिससे सामंजस्यपूर्ण बंधन बनते हैं और परस्पर जुड़ाव की भावना को बढ़ावा मिलता है।

ये समुदाय अक्सर उन अजीब तरह से समर्पित फैनडम की तरह काम करते हैं, जहाँ समर्थन प्रणाली और साझा मूल्य व्यक्तिगत विकास, संदेहजनक रूप से सफल समूह परियोजनाओं, और कभी-कभार होने वाले शानदार पोटलक मुकाबले के लिए सबसे उपयुक्त जमीन बन जाते

हैं। आस्था की बारीक निगाह के नीचे, लोग जादुई रूप से सहानुभूति विकसित करना, क्षमा करना, और इतने मजबूत संबंध बनाना सीख जाते हैं कि वे एक साथ ज़ॉम्बी प्रलय से भी बच सकते हैं। परिणाम रिश्तों का एक ऐसा संग्रह होता है जो अजीब तरह से संतोषजनक और एकजुट होता है, जो विश्वास की बाधाओं को पार कर जाता है, और चिली की रेसिपी और इस साझा उम्मीद पर बंधन बनाता है कि किसी ने मिठाई लाना याद रखा होगा।

व्यक्तिगत संबंधों पर आस्था के प्रभाव के मूल में करुणा को प्रेरित करने की इसकी क्षमता निहित है। धार्मिक या आध्यात्मिक संबद्धता की परवाह किए बिना, धर्म व्यक्तियों में दूसरों के प्रति सहानुभूति और समझ की भावना पैदा करता है।

आस्था और करुणा के बीच के संबंध की पड़ताल करने वाले मनोवैज्ञानिक अध्ययन यह प्रकट करते हैं कि कैसे एक उच्च शक्ति या सार्वभौमिक अंतर-संबंध में विश्वास व्यक्तियों को दया और परोपकार के कार्य करने के लिए प्रेरित करता है। सहानुभूति, दूसरों के अनुभवों के साथ भावनात्मक रूप से जुड़ने की क्षमता, साथी मनुष्यों के साथ सार्थक संबंधों को पोषित करने में एक महत्वपूर्ण घटक के रूप में उभरती है। आस्था अनुयायियों को दूसरों की जगह खुद को रखने के लिए प्रोत्साहित करती है, जिससे उनकी भलाई के लिए एक सच्ची चिंता और देखभाल व करुणा का एक संस्कृति को बढ़ावा मिलता है।

क्षमा, रिश्तों पर विश्वास के प्रभाव का एक और अभिन्न पहलू, मानवीय मेल-मिलाप की गतिशीलता को समझने की कोशिश करने वाले विद्वानों का ध्यान आकर्षित करता है। धार्मिक शिक्षाएं अक्सर क्षमा पर जोर देती हैं, और विश्वास करने वालों को अतीत की गलतियों को भुला देने और मेल-मिलाप की परिवर्तनकारी शक्ति को अपनाने के लिए प्रोत्साहित करती हैं।

आस्था के संदर्भ में क्षमा के अध्ययन से क्षमा करने के कार्य से उत्पन्न होने वाले मनोवैज्ञानिक और भावनात्मक लाभों का पता चलता है। जब व्यक्ति क्षमा करना सीखते हैं, तो वे मुक्ति और भावनात्मक उपचार की अनुभूति करते हैं और स्वस्थ और अधिक टिकाऊ संबंधों को बढ़ावा देने की नींव रखते हैं। उन तंत्रों पर विभिन्न जांचों से, जिनके माध्यम से आस्था क्षमा को सुगम बनाती है, यह पता चलता है कि धार्मिक मान्यताएं कड़वाहट और घृणा के खिलाफ एक बफर के रूप में कैसे काम कर सकती हैं, जिससे पारस्परिक संबंधों का ताना-बाना मजबूत होता है।

धार्मिक समुदाय आकर्षक और सहायक पारिस्थितिकी तंत्र के रूप में कार्य करते हैं, जो व्यक्तिगत संबंधों पर आस्था के प्रभाव की खोज में महत्वपूर्ण ध्यान के पात्र हैं। समाजशास्त्र के क्षेत्र ने आस्था-आधारित समूहों की जटिल गतिशीलता की जांच शुरू की है, जिससे यह पता चलता है कि कैसे ये समुदाय अपने सदस्यों के बीच अपनत्व, भाईचारे और साझा मूल्यों की भावना को बढ़ावा देते हैं। सामूहिक पूजा, अनुष्ठानों और सामाजिक गतिविधियों के माध्यम से, इन धर्म-आधारित समूहों के भीतर व्यक्ति समान विचारधारा वाले साथियों के साथ बंधन बनाते हैं, जो सामाजिक, सांस्कृतिक और जातीय मतभेदों की सीमाओं को पार करते हैं। इन धर्म-आधारित समूहों के भीतर पोषक सामुदायिक वातावरण पारस्परिक विश्वास और समझ पर बने मजबूत संबंधों की नींव रखता है। आस्था में निहित, ये संबंध भावनात्मक समर्थन के अमूल्य स्रोत बन जाते हैं, जो चुनौतीपूर्ण समय के दौरान व्यक्तियों की लचीलापन और मुकाबला करने की क्षमताओं को मजबूत करते हैं।

धार्मिक समुदाय अक्सर व्यक्तिगत विकास के लिए अनुकूल वातावरण बन जाते हैं, जो व्यक्तियों को अपनी क्षमता का पता लगाने के लिए प्रोत्साहित करते हैं। विनम्रता, दृढ़ता और सेवा पर उपदेश आत्म-सुधार को प्रेरित करते हैं और साथ ही समुदाय के प्रति जिम्मेदारी की भावना को बढ़ावा देते हैं। चाहे वह प्रार्थना और ध्यान जैसी धार्मिक प्रथाओं के माध्यम से हो या चिंतन के क्षणों के माध्यम से, आस्था व्यक्तियों को आत्म-जागरूकता विकसित करने में मदद करती है, और सहानुभूति तथा समझ को बढ़ावा देकर उनके रिश्तों को मजबूत करती है।

व्यक्तिगत बातचीत से परे, सामूहिक प्रयासों के लिए लोगों को एकजुट करने में भी आस्था की भूमिका होती है। साझा विश्वासों और मूल्यों से प्रेरित सामाजिक सक्रियता ने प्रमुख सामाजिक मुद्दों से निपटने के लिए धार्मिक समुदायों को संगठित किया है। आस्था समूह अक्सर समान आधार खोज लेते हैं, और न्याय, समानता तथा मानवीय सहायता के लिए काम करने हेतु मतभेदों को अलग रख देते हैं। यह एकता इस बात पर प्रकाश डालती है कि कैसे आस्था एक साझा लक्ष्य की प्राप्ति के लिए लोगों को एक साथ ला सकती है, जिससे मजबूत, परस्पर जुड़े समुदाय बनते हैं।

हालांकि, रिश्तों पर आस्था का प्रभाव जटिलताओं से रहित नहीं है। धार्मिक मान्यताओं में मतभेद कभी-कभी एकता के बजाय विभाजन को जन्म दे सकते हैं। आस्था-आधारित अंतःक्रियाओं की जटिलताओं की खोज करने वाले शोधकर्ता स्वीकार करते हैं कि विशिष्टता

और कठोर विश्वदृष्टिकोण संघर्ष को बढ़ावा दे सकते हैं। यह एक तेजी से विविध होती दुनिया में पारस्परिक समझ को बढ़ावा देने के लिए आस्था समुदायों के भीतर और उनके बीच संवाद और समावेशिता को आवश्यक बनाता है। यह उद्देश्य की खोज में एक महत्वपूर्ण भूमिका निभाता है, जो व्यक्तियों को भौतिक सफलता से परे गहरी संतुष्टि की ओर मार्गदर्शन करता है। धर्म को अपनाने वाले कई लोग ऐसे पारलौकिक अनुभवों की तलाश करते हैं जो उन्हें किसी बड़ी शक्ति से जोड़ें, चाहे वह दिव्य उपस्थिति हो, कोई सार्वभौमिक सत्य हो, या आध्यात्मिकता की कोई व्यक्तिगत अनुभूति हो। धर्म अस्तित्व की एक समृद्ध समझ का द्वार खोलता है, और जीवन के सबसे बड़े प्रश्नों के उत्तर प्रदान करता है।

अर्थ की खोज एक सार्वभौमिक मानवीय अनुभव है। आस्था की परंपराएं व्यक्तियों को ब्रह्मांड में अपनी जगह को परिभाषित करने में मदद करती हैं, उनके मूल्यों को आकार देती हैं और उनके कार्यों का मार्गदर्शन करती हैं। धार्मिक अध्ययन के भीतर, पारलौकिक अनुभवों की खोज से पता चलता है कि आस्था प्रकट होने और आध्यात्मिक जागरण के क्षणों तक पहुंचने का एक माध्यम कैसे बनती है। ये अनुभव, चाहे वे गहराई से व्यक्तिगत हों या किसी सामुदायिक प्रथा का हिस्सा हों, एक उद्देश्यपूर्ण और संतुष्ट जीवन की ओर ले जाने वाले रास्ते को रोशन करते हैं।

आस्था आपसी जुड़ाव की एक गहरी भावना को भी बढ़ावा देती है। यह स्वयं और व्यापक समग्र के बीच की सीमाओं को समाप्त कर देती है, जिससे अस्तित्व के बड़े ताने-बाने के भीतर एक जुड़ाव की भावना पैदा होती है। मनोवैज्ञानिक अध्ययनों से पता चला है कि आस्था संकट के समय में आराम, आश्वासन और लचीलापन प्रदान करके भावनात्मक कल्याण को बढ़ाती है। जो लोग अपने कार्यों को अपने विश्वासों के अनुरूप ढालते हैं, वे अक्सर दूसरों की सेवा करने, परोपकार का अभ्यास करने और अपने मूल्यों के अनुसार जीने में सामंजस्य, पूर्णता और आनंद की भावना पाते हैं।

धर्म ने, ईश्वर की कृपा से, जाहिर तौर पर अनगिनत व्यक्तियों के जीवन को आकार दिया है, ज्यादातर हर चीज़ के लिए दोष देने/धन्यवाद देने के लिए उन्हें कुछ देकर। उन लोगों द्वारा किए गए शोध से पता चलता है जो निश्चित रूप से पक्षपातपूर्ण नहीं हैं कि जो लोग अपने विश्वासों में 'गहरा अर्थ' पाते हैं, वे 'अधिक जीवन संतुष्टि' और 'कम चिंता' का अनुभव करते हैं। मेरा मतलब है, अगर आप यह मान लें कि एक ब्रह्मांडीय वेंडिंग मशीन आपकी किस्मत बाँट रही है, तो ज़रूर, क्यों नहीं? आस्था कठिनाइयों को मिटाती नहीं है, और यह बस उन्हें

'दिव्य परीक्षाओं' या 'चरित्र-निर्माण के अवसरों' के रूप में पुनः ब्रांड करती है, जो कहने का एक बहुत ही बेहतर तरीका है, 'आप एक बहुत बुरे दौर से गुजर रहे हैं, लेकिन कम से कम आप अपनी इस पीड़ा में अकेले नहीं हैं।'

हम सेलिब्रिटी के धार्मिक परिवर्तन की रोमांचक दुनिया में उतर रहे हैं! ऐसी कहानियों के लिए तैयार हो जाइए कि कैसे जाने-माने व्यक्तियों ने यह पाया कि विश्वास और ज्ञान मूल रूप से उनके जीवन के लिए एक जादुई 'दोबारा करने' वाले बटन की तरह हैं। ये कहानियाँ, जिन्हें निश्चित रूप से अधिकतम प्रेरणादायक प्रभाव के लिए नहीं चुना गया है, इस बात की शक्तिशाली याद दिलाती हैं कि आस्था एक अमूर्त अवधारणा से कहीं बढ़कर है। यह समझाने के लिए एक सुविधाजनक कथानक है कि कोई व्यक्ति 'बड़े पैमाने पर असफलता' से 'प्रेरणादायक गुरु' कैसे बन गया। हाँ, आस्था ने जीवन, समुदायों और स्वयं इतिहास को नया आकार दिया है—ज्यादातर लोगों को पारिवारिक समारोहों में बहस करने के लिए कुछ न कुछ देकर।

ऑगस्टीन ऑफ़ हिप्पो (354-430 ईस्वी)

ऑगस्टीन का जन्म आज के अल्जीरिया में हुआ था और वह एक प्रमुख प्रारंभिक ईसाई धर्मशास्त्री और दार्शनिक थे। जीवन के शुरुआती दौर में, ऑगस्टीन ने उद्देश्य की तलाश करते हुए कई सुखों में आनंद लेते हुए एक सुखवादी जीवन जिया। एक जबरदस्त आध्यात्मिक परिवर्तन के बाद, उन्होंने अपना धर्म बदल लिया और ईसाइयों के बीच प्रमुख हो गए।[1]

ज्ञान की खोज में एक महत्वपूर्ण मोड़ तब आया जब वह ईसाई बने। उन्होंने ज्ञान के अलावा, अपने धर्म के माध्यम से ईश्वर के चरित्र, उनके अस्तित्व और मानवीय स्थिति की बेहतर समझ की तलाश की। उनके लेखन में ज्ञान की उनकी खोज झलकती है, जिसमें उन्होंने सैद्धांतिक मुद्दों, मानवीय आकांक्षाओं की जटिलता और दैवीय सत्य के चरित्र पर बहस की।

---

1 1 [1]*सेंट ऑगस्टीन (स्टैनफोर्ड एन्साइक्लोपीडिया ऑफ फिलॉसफी)। (2019, 25 सितंबर)। https://plato.stanford.edu/entries/augustine/*

ऑगस्टीन का मार्ग इस बात का एक उदाहरण है कि कैसे सच्चे ज्ञान में बौद्धिक प्रयासों के साथ-साथ आध्यात्मिक अंतर्दृष्टि भी शामिल हो सकती है।

मैल्कम एक्स (1925-1965)

अमेरिकी नागरिक अधिकार आंदोलन के एक प्रतीकात्मक व्यक्ति और नेशन ऑफ इस्लाम में एक प्रमुख आवाज, मैल्कम एक्स का जन्म मूल रूप से 19 मई, 1925 को ओमाहा, नेब्रास्का में मैल्कम लिटिल के रूप में हुआ था। अपने शुरुआती वर्षों में, मैल्कम का जीवन गहरे रूप से विभाजित अमेरिका में व्याप्त विपरीत परिस्थितियों और नस्लीय पूर्वाग्रह में डूबा हुआ था। श्वेत वर्चस्ववाद की प्रेतछाया ने उसके बचपन पर एक लंबा साया डाल दिया, क्योंकि उसके परिवार को श्वेत वर्चस्ववादी समूहों से अक्सर धमकियों और हिंसा का सामना क़रना पड़ता था, जिसने उसके विश्वदृष्टिकोण को गहराई से आकार दिया।

युवावस्था में, कानून से मालकम के टकराव का परिणाम उनकी कैद के रूप में हुआ, जो उनके जीवन की दिशा को पूरी तरह से बदल देने वाला एक महत्वपूर्ण अध्याय था। जेल में ही मालकम का सामना इस्लाम की शिक्षाओं से हुआ, जैसा कि एलिया मुहम्मद और नेशन ऑफ इस्लाम द्वारा प्रस्तुत किया गया था, जो एक अफ्रीकी-अमेरिकी राजनीतिक और धार्मिक आंदोलन था। आत्मनिर्भरता, काले लोगों के स्वाभिमान और आस्था की परिवर्तनकारी शक्ति के सिद्धांत मैल्कम के दिल में गहराई से उतर गए, जिसके कारण उन्होंने इस्लाम धर्म अपना लिया और बाद में मैल्कम एक्स नाम अपना लिया, जो 'लिटिल' उपनाम को अस्वीकार करने का प्रतीक था, जिसे वह गुलामी की एक निशानी मानते थे।

जेल से रिहा होने पर, मैल्कम एक्स ने छोटे-मोटे अपराधों का जीवन त्याग दिया और खुद को अश्वेत सशक्तिकरण के उद्देश्य के लिए समर्पित कर दिया। नेशन ऑफ इस्लाम के एक मंत्री और राष्ट्रीय प्रवक्ता के रूप में, उन्होंने अफ्रीकी-अमेरिकी आत्मनिर्भरता, नस्लीय गर्व और श्वेत उत्पीड़न के प्रति अडिग प्रतिरोध की वकालत की। उनकी तीक्ष्ण वाक्पटुता और

नस्लीय न्याय की अथक खोज ने उन्हें नस्लीय असमानता के खिलाफ लड़ाई में एक प्रभावशाली और, कुछ लोगों के लिए, एक विवादास्पद व्यक्ति बना दिया।

ज्ञान की अपनी अथक खोज में, मैल्कम एक्स ने खुद को गहन अध्ययन में डुबो दिया, ताकि वह नस्लवाद की ऐतिहासिक जड़ों और अफ्रीकी अमेरिकियों के सामने आने वाले प्रणालीगत अन्याय को समझ सकें। उन्होंने यात्रा के माध्यम से अपने दृष्टिकोण का विस्तार किया, जिसमें मक्का की एक परिवर्तनकारी तीर्थयात्रा भी शामिल थी, जिसके कारण उनके दृष्टिकोण में एक महत्वपूर्ण बदलाव आया। सभी जातियों के मुसलमानों को एकता में रहते हुए देखना, जाति और आध्यात्मिकता की उनकी समझ को प्रभावित करने वाला एक महत्वपूर्ण अनुभव था। इस अनुभव के कारण उन्होंने सुन्नी इस्लाम अपनाया और अपना नाम बदलकर एल-हज मलिक एल-शबाज़ रख लिया, और वे संयुक्त राज्य अमेरिका और विश्व स्तर पर जातीय सद्भाव और मानवाधिकारों की वकालत करने लगे।

मैल्कम एक्स के जीवन के अंतिम भाग में एक दार्शनिक विकास हुआ, जिसने नागरिक अधिकारों के एक अधिक समावेशी दृष्टिकोण को अपनाया, जो उनके द्वारा पहले अपनाई गई अलगाववादी विचारधारा से परे था। 21 फरवरी, 1965 को उनकी हत्या कर दी गई, लेकिन उनकी विरासत परिवर्तन की शक्ति और सामाजिक न्याय के लिए अटूट संघर्ष के प्रमाण के रूप में बनी हुई है।

उनका जीवन और कार्य इस विचार को रेखांकित करते हैं कि सच्ची बुद्धिमत्ता स्थिर नहीं है, बल्कि यह न्याय की अथक खोज, समझ के विस्तार, मानवता के प्रति सच्ची करुणा, और व्यक्तिगत व सामुदायिक ज्ञान की अनवरत खोज से चिह्नित एक सतत यात्रा है।[2]

आंग सान सू की (1945-वर्तमान)

म्यांमार, जिसे बर्मा भी कहा जाता है, में शांतिपूर्ण प्रतिरोध और लोकतांत्रिक आकांक्षाओं की प्रतीक आंग सान सू की का जन्म 19 जून, 1945 को एक ऐसे परिवार में हुआ था जो देश की राजनीति में गहराई से जड़ें जमाए हुए था।

[2] Biography.com संपादक। (2023, 12 सितंबर)। मैल्कम एक्स। *जीवनी* https://www.biography.com/activists/malcolm-x

उनके पिता, जनरल आंग सान, ब्रिटिश औपनिवेशिक शासन से बर्मा की स्वतंत्रता के एक सम्मानित वास्तुकार थे, और उनकी माँ, डॉ खिन किई, एक प्रमुख सार्वजनिक हस्ती थीं। जब वह केवल दो साल की थीं, तब उनके पिता की हत्या के बाद के अशांत राजनीतिक माहौल में पली-बढ़ी, सू की राजनीतिक उथल-पुथल और म्यांमार में लगातार सैन्य शासनों द्वारा किए गए दमन से अच्छी तरह वाकिफ थीं। उनके प्रारंभिक वर्ष, जहाँ एक ओर उनके देश के संघर्षों से प्रभावित थे, वहीं दूसरी ओर बौद्ध धर्म की उन परंपराओं से भी ओत-प्रोत थे जो बर्मा की संस्कृति में व्याप्त हैं। इन शिक्षाओं ने उनके सक्रियता के दृष्टिकोण को गहराई से प्रभावित किया। मेत्ता (प्रेम-दया) और अहिंसा (गैर-हिंसा) जैसी बौद्ध अवधारणाएँ उनके दर्शन की आधारशिला बन गईं, जो उनके कार्यों और लोकतंत्र के लिए उनके अभियानों का मार्गदर्शन करती थीं।

सु की का शांतिपूर्ण विरोध के प्रतीक के रूप में उभरना लगभग संयोगवश था। अपनी वयस्कता का अधिकांश समय विदेश में बिताने के बाद, 1988 में अपनी बीमार माँ की देखभाल के लिए म्यांमार लौटना सैन्य तानाशाही के खिलाफ एक बड़े जन-आंदोलन के साथ हुआ। राजनीति में उनका प्रवेश सत्ता की आकांक्षा के बजाय कर्तव्य की तीव्र भावना से प्रेरित था। उन्होंने खुद को लोकतंत्र समर्थक आंदोलन के केंद्र में पाया, और अपने नैतिक आक्रोश को शांतिपूर्ण लोकतांत्रिक सुधारों के लिए एक संयमित लेकिन भावुक आह्वान में बदल दिया।

बौद्ध सिद्धांतों के प्रति उनकी निष्ठा उनके व्यवहार और भाषणों में स्पष्ट थी, जिसमें उन्होंने उत्पीड़न के खिलाफ शक्तिशाली उपकरणों के रूप में अहिंसक प्रतिरोध और सविनय अवज्ञा पर जोर दिया। आंग सान सू की के आध्यात्मिक अभ्यास, विशेष रूप से ध्यान और आत्म-चिंतन पर जोर, ने उन्हें अपने राजनीतिक संघर्ष के साथ आने वाले व्यक्तिगत बलिदानों को सहन करने के लिए आंतरिक शक्ति प्रदान की, जिसमें 15 साल की कुल अवधि के लिए लंबी घर में नजरबंदी भी शामिल थी।

अहिंसा के प्रति उनकी अटूट प्रतिबद्धता और राजनीतिक परिवर्तन की नैतिक खोज को अंतरराष्ट्रीय मान्यता मिली, जिसका चरमोत्कर्ष 1991 में उन्हें नोबेल शांति पुरस्कार प्रदान किया जाना था। नोबेल समिति ने लोकतंत्र और मानवाधिकारों के लिए उनके अहिंसक संघर्ष को स्वीकार किया, और वह तानाशाही के सामने प्रतिरोध का एक वैश्विक प्रतीक बन गई।

दुनिया से लंबे समय तक अलग-थलग रहने और अपने परिवार से दूर रहने के बावजूद, सू की का संकल्प नहीं डगमगाया। उनका राजनीतिक जीवन इस विश्वास का प्रमाण रहा है कि स्थायी बुद्धिमत्ता और सच्चे नेतृत्व के लिए राजनीतिक अंतर्दृष्टि, नैतिक स्पष्टता और दूसरों के दुख के प्रति गहरी सहानुभूति का संगम आवश्यक है। उन्होंने लगातार इस बात पर ज़ोर दिया है कि ज्ञान की खोज कोई एकाकी बौद्धिक प्रयास नहीं, बल्कि साझा मानवता और सामान्य भलाई की मौलिक समझ में निहित एक न्यायपूर्ण और समतामूलक समाज की ओर एक सामूहिक यात्रा है।

आंग सान सू की का सफर इस बात पर ज़ोर देता है कि बुद्धिमत्ता का सार न केवल व्यक्तिगत ज्ञान की खोज में, बल्कि दूसरों की गरिमा और अधिकारों की अथक वकालत में भी निहित है, यह एक ऐसा रास्ता है जिसे उन्होंने अपने और अपने देश की लोकतांत्रिक यात्रा को घेरने वाली कई चुनौतियों के बीच शालीनता और दृढ़ता के साथ तय किया है।[3]

मैरियन क्रोक (1955-वर्तमान)

मैरियन क्रोक प्रौद्योगिकी और दूरसंचार की दुनिया में नवाचार और उपलब्धि की एक प्रतीक के रूप में खड़ी हैं। 1955 में जन्मी एक अफ्रीकी-अमेरिकी महिला होने के नाते, उन्होंने अपने क्षेत्र की सीमाओं को आगे बढ़ाने के प्रति एक चट्टान जैसी दृढ़ता का लगातार प्रदर्शन किया है। एक अमेरिकी इंजीनियर के रूप में, क्रोक ने अग्रणी योगदान दिए हैं जिन्होंने दुनिया के संवाद करने के तरीके को पूरी तरह से आकार दिया है।

अपने प्रारंभिक वर्षों में इंजीनियरिंग में महिलाओं के लिए सीमित अवसरों के बावजूद, क्रोक ने कभी भी सामाजिक मानदंडों को अपनी क्षमताएँ परिभाषित करने नहीं दीं। प्रौद्योगिकी में गहरी रुचि और उद्देश्य की तीव्र भावना से प्रेरित होकर, उन्होंने उन्नत अध्ययन किया और दक्षिणी कैलिफोर्निया विश्वविद्यालय से सामाजिक मनोविज्ञान एवं मात्रात्मक विश्लेषण में

---

3 3 Pletcher, K. (2023, अक्टूबर 15). Aung San Suu Kyi | Biography, Nobel Prize, & Facts. Encyclopedia Britannica. https://www.britannica.com/biography/Aung-San-Suu-Kyi

पीएच.डी. की उपाधि प्राप्त की। क्रोक का प्रतिष्ठित करियर कई अभूतपूर्व नवाचारों की श्रृंखला से चिह्नित है, जिनमें सबसे उल्लेखनीय वॉयस ओवर इंटरनेट प्रोटोकॉल (VoIP) तकनीक के क्षेत्र में है। यह केवल एक तकनीकी सफलता ही नहीं थी, बल्कि इसने दुनिया के जुड़ने के तरीके में एक महान परिवर्तन ला दिया। उनकी दूरदर्शिता और तकनीकी समझ ने VoIP के लोकप्रियकरण और सुलभता में एक महत्वपूर्ण भूमिका निभाई। उनकी अनगिनत उपलब्धियों में से, एक अपने महत्वपूर्ण सामाजिक प्रभाव के लिए सबसे अलग है: VoIP के लिए आपातकालीन 911 सेवाओं का विकास। इस नवाचार ने क्रोक की दूरदर्शिता और लोक कल्याण के प्रति समर्पण को दर्शाया। डिजिटल संचार की ओर बदलाव को पहचानते हुए, उन्होंने यह सुनिश्चित किया कि आपात स्थिति में, संचार का तरीका महत्वपूर्ण सहायता प्राप्त करने में बाधा न बने।

अपने क्षेत्र की कुछ ही अफ्रीकी-अमेरिकी महिलाओं में से एक के रूप में, क्रोक नस्लीय और लैंगिक पूर्वाग्रहों के खिलाफ विजय के प्रतीक के रूप में भी उभरीं। उनकी यात्रा इस बात का प्रमाण है कि दृढ़ता, दूरदर्शिता और यथास्थिति को चुनौती देने के साहस से क्या हासिल किया जा सकता है। अपने पूरे करियर के दौरान, मैरियन क्रोक को कई सम्मान प्राप्त हुए हैं, जो उनके योगदान की मान्यता और प्रौद्योगिकी की दुनिया में अपनी छाप छोड़ने के इच्छुक लोगों के लिए प्रेरणा का काम करते हैं।

उनकी विरासत केवल उनके आविष्कारों से कहीं बढ़कर है—यह भविष्य की पीढ़ियों के लिए उनके द्वारा बनाए गए मार्ग और उन लोगों के लिए उनका निरंतर प्रेरणा स्रोत है जो अपने-अपने क्षेत्रों में सीमाओं को आगे बढ़ाना चाहते हैं। दूरसंचार के क्षेत्र में एक सच्ची दिग्गज, मैरियन क्रोक की कहानी आने वाले दशकों तक गूंजती और प्रेरित करती रहेगी।[4] इन उदाहरणों के आधार पर, एक बहुत ही विशिष्ट पैटर्न उभरता है। चुनौतीपूर्ण समय के दौरान, इन प्रेरक व्यक्तियों ने अपनी समझ और बुद्धिमत्ता की खोज को विकसित किया, जिसमें विद्वतापूर्ण, नैतिक और अलौकिक पहलू शामिल थे। वे इस बात की याद दिलाते हैं कि ज्ञान एक समग्र प्रयास है जो जीवन की विभिन्न परिस्थितियों में ज्ञान, मूल्यों और सत्य की खोज

[4] [4] Jbkatz. (2023, जनवरी 5)। *क्रोक, डॉ. मैरियन रोजर्स – वीओआईपी की आविष्कारक अद्भुत ब्लैक हिस्ट्री* https://amazingblackhistory.com/2023/01/05/croak-dr-marian-rogers-inventor-of-voip/

को एकीकृत करता है। उनके परिवर्तनकारी अनुभव दिखाते हैं कि आस्था और ज्ञान, दर्शन और बुद्धिमत्ता की तरह, एक दूसरे के मित्र हैं।

आस्था आपको आपके मूल्यों के प्रति सच्चा रख सकती है:

आस्था, जिसे अक्सर अदृश्य में एक दृढ़ विश्वास के रूप में संदर्भित किया जाता है, में व्यक्तियों को उनके मूल्यों से जोड़ने की एक अंतर्निहित शक्ति होती है, जो जीवन के उथल-पुथल भरे समुद्र में एक अचल कम्पास के रूप में काम करती है। जैसे एक प्रकाशस्तंभ अंधकार में जहाजों का मार्गदर्शन करता है, वैसे ही आस्था किसी के सिद्धांतों की ओर पथ प्रदर्शित करती है, जिससे नैतिक ईमानदारी का संरक्षण और सद्गुणों की खोज संभव होती है।

इंसानियत के कई महान व्यक्तियों द्वारा झेले गए संघर्षों को देखकर इसे आत्मसात किया जा सकता है। लेकिन सवाल यह है कि वे इन असंभव प्रतीत होने वाले मुद्दों पर कैसे काबू पाते हैं। उनके पास आस्था थी। हिप्पो के ऑगस्टीन से लेकर आंग सान सू की तक, इसके कई उदाहरण हैं।

जटिल व्यक्तियों को जटिल समस्याओं से गुजरना पड़ता है, फिर भी वे इन सबके बीच विश्वास की शक्ति की खोज करते हैं और परिस्थितियों को अपने पक्ष में मोड़ लेते हैं।

अपने सार में, आस्था एक व्यक्ति और उसके मूल मूल्यों के बीच एक संबंध को बढ़ावा देती है। एक उच्च्च उद्देश्य या दैवीय शक्ति में विश्वास करके, लोग बाहरी दबावों के बावजूद अपने विश्वासों के प्रति सच्चे रहने के लिए सशक्त होते हैं। यह अटूट प्रतिबद्धता इस विश्वास से उत्पन्न होती है कि उनके मूल्य व्यक्तिगत रचनाएँ नहीं हैं, बल्कि किसी बड़ी और कालातीत चीज़ में निहित हैं। यह आत्मविश्वास एक ठोस नींव के रूप में काम करता है, जो व्यक्तियों को जीवन द्वारा प्रस्तुत अनगिनत चुनौतियों और प्रलोभनों से निपटने में सक्षम बनाता है। आस्था व्यक्तियों को लचीलापन प्रदान करती है, और उन्हें अपने मूल्यों से समझौता किए बिना प्रतिकूलता का सामना करने का साहस देती है। जब नैतिक दुविधाओं या सामाजिक मानदंडों का सामना करना पड़ता है जो उनके विश्वासों के विपरीत हों, तो आस्था एक नैतिक लंगर के रूप में काम करती है। यह भीड़ के साथ चलने का विरोध करने की शक्ति प्रदान करती है, जिससे व्यक्ति नैतिक अस्पष्टता के सामने डटे रह सकते हैं।

आस्था एक ऐसे अत्यधिक उत्साही व्यक्तिगत प्रशिक्षक की तरह है जो तब भी चिल्लाता रहता है, **"तुम यह कर सकते हो!"** जब आप बेहोश होने वाले हों। यह लोगों को आगे बढ़ते

रहने के लिए प्रेरित करती है, भले ही जीवन में ऐसी कई बाधाएँ आएं जो हार मानने को सबसे अच्छा विकल्प बना दें। इस अटूट विश्वास से कि एक उच्च उद्देश्य है, व्यक्तियों को एक प्रकार की अलौकिक सहनशक्ति मिलती है—चाहे वह एक कठिन सोमवार की सुबह से गुज़रना हो, उन रिश्तेदारों से निपटना हो जो *अभी भी* खाने की मेज पर राजनीति पर बहस करते हैं, या जीवन के अस्तित्वगत संकटों से पूरी तरह से विचलित हुए बिना पार पाना हो।

आस्था आत्म-चिंतन के लिए एक अंतर्निहित अलार्म प्रणाली की तरह भी काम करती है। यह लोगों को याद दिलाती है कि उनके विकल्पों का मूल्यांकन सिर्फ समाज द्वारा ही नहीं, बल्कि संभवतः एक सर्व-ज्ञानी सत्ता द्वारा भी किया जा रहा है, जो, ईमानदारी से कहें तो, सब कुछ देखती है—उस अतिरिक्त मिठाई सहित जिसका आपने खा ही लिया था और कहा था कि आप नहीं खाएंगे। यह ब्रह्मांडीय जवाबदेही लोगों को संदिग्ध निर्णय लेने से पहले दो बार सोचने के लिए मजबूर करती है, और उन्हें अपने कार्यों को क्षणिक संतुष्टि से कहीं बड़ी किसी चीज़ के साथ संरेखित करने के लिए प्रोत्साहित करती है। आखिरकार, दिव्य तिरस्कार की संभावना से बेहतर कुछ भी नहीं है जो आपको यह सोचने पर मजबूर करे कि *"अपने जीवन के फैसलों पर फिर से विचार करो"*।

लोगों को उनके सर्वोत्तम व्यवहार पर बनाए रखने की क्षमता से परे, आस्था का एक छिपा हुआ तरीका है जो सबसे निराशावादी व्यक्तियों को भी दूसरों की सच्ची परवाह करने वाले लोगों में बदल देता है। यह एक अजीब घटना पैदा करता है जहाँ लोग अजनबियों के साथ दयालुता से पेश आना शुरू कर देते हैं, समर्थन की पेशकश करते हैं, और—कहने की हिम्मत करें **तो—सभ्य इंसान बन जाते हैं।** उद्देश्य की साझा भावना दुनिया में सकारात्मक योगदान देने की एक अकथनीय इच्छा को बढ़ावा देती है, भले ही इसका मतलब किसी ऐसे व्यक्ति के लिए दरवाज़ा खुला रखना हो जो अभी भी बीस फीट दूर हो।

आखिरकार, आस्था वह एक दोस्त है जो तब भी प्रेरक भाषण देने पर ज़ोर देती है, जब आप बस बिस्तर में पड़े रहना और अपनी ज़िम्मेदारियों को नज़रअंदाज़ करना चाहते हैं। यह लोगों को अराजकता में डूबने नहीं देती, और लगातार ईमानदारी, लचीलेपन और उद्देश्य के बारे में फुसफुसाती रहती है। क्या यह कभी-कभी परेशान करने वाली होती है? ज़रूर। क्या यह काम करती है? बिल्कुल। एक अच्छी तरह से संचालित ऑर्केस्ट्रा की तरह, आस्था सब कुछ

ताल में रखती है, यह सुनिश्चित करते हुए कि जीवन की अव्यवस्थित गड़बड़ी भी एक ठीक-ठाक सिम्फनी की तरह ही सुनाई दे।

अध्याय 5

वित्तीय सुरक्षा

वित्तीय बुद्धिमत्ता उन लोगों के लिए एक मूल सिद्धांत है जो आधुनिक जीवन में गलती से एक ठोस सोने का शौचालय खरीदने के बिना ही निकल जाने के लिए भाग्यशाली हैं। यह बुद्धिमत्ता और दर्शनशास्त्र पर पहले के अध्यायों से संबंधित है क्योंकि, स्पष्ट रूप से, एक संतुलित बजट से बेहतर 'ज्ञान' कुछ नहीं है।

सबसे पहले, आइए वित्त की गहन गहराइयों में उतरें। इसका अर्थ एक राज्य, संगठन या व्यक्ति के मौद्रिक संसाधन और मामले हैं। यह शब्द पुरानी फ्रेंच से आया है, जो "जिसमें बहुत अधिक फिरौती वसूलने वाले लोग" के लिए एक शानदार शब्द है। बाद में, इसका अर्थ कराधान और राजस्व हो गया क्योंकि कुछ भी नहीं बदला। इसके वर्तमान अर्थ 18वीं शताब्दी से हैं, जब लोगों को यह एहसास होने लगा कि वे चीजों के लिए और भी अधिक चार्ज कर सकते हैं।

यह अध्याय इस बात का पता लगाएगा कि वित्त में क्या शामिल है और यह ज्ञान से कैसे जुड़ा है, यदि हम गरीबी की कसम खाने वाले संतों के एक समूह को प्राचीन हेज फंड के समकक्ष में निवेश करते हुए देखें। वे मंत्रों का जाप कर रहे हैं और साथ ही दुर्लभ मसालों का व्यापार भी कर रहे हैं। उनकी वित्तीय रणनीति "वॉल स्ट्रीट" से कम और "मौन मनन की दीवार" से अधिक है। वे समझते हैं कि सच्ची संपत्ति सोना जमा करने में नहीं है। यह अगले ध्यान शिविर तक चलने के लिए पर्याप्त दालें रखने के बारे में है।

इस चर्चा की शुरुआत करने के लिए, हमें पहले यह समझना होगा कि वित्त क्या है। मूल रूप से, यह वह चीज़ है जिसे आपको प्रबंधित करना होता है ताकि आप अंततः एक कप चाय के लिए अपनी चप्पलें अदला-बदली न कर दें।

वित्त एक महत्वपूर्ण अवधारणा है जो धन और संसाधनों के प्रबंधन को शामिल करती है, जो व्यक्तियों और संगठनों दोनों के लिए मौलिक है। इसमें बजट बनाना, निवेश करना, बचत करना, उधार लेना और भविष्य के लिए योजना बनाना जैसे विभिन्न पहलू शामिल हैं।

हालांकि वित्त मुख्य रूप से मौद्रिक मामलों से जुड़ा है, बुद्धिमत्ता के साथ इसका संबंध जिम्मेदार और सूचित निर्णय लेने में निहित है। यह वित्तीय सफलता और सुरक्षा प्राप्त करने के लिए आवश्यक है।

चूँकि हमने पहले ही बुद्धिमत्ता पर विस्तार से चर्चा कर ली है, तो हम एक सरल पुनर्कथन करेंगे कि इसमें क्या शामिल है, ताकि जब हम यह पता लगाएँ कि ये दोनों कैसे एक-दूसरे से जुड़े हुए हैं, तो कोई भ्रम न हो। जैसा कि आप जानते हैं, मूल रूप से, बुद्धिमत्ता ज्ञान, अनुभव और विवेक को अच्छी तरह से सूचित निर्णय और सकारात्मक परिणाम प्राप्त करने के लिए लागू करने की क्षमता है। वित्त के संदर्भ में, बुद्धिमत्ता वित्तीय साक्षरता से परे है। इसमें वित्तीय निर्णयों के व्यापक प्रभावों को समझना, जोखिमों को पहचानना और दीर्घकालिक परिणामों पर विचार करना शामिल है।

वित्त में बुद्धिमत्ता का एक पहलू वित्तीय लक्ष्य और प्राथमिकताएँ निर्धारित करने की क्षमता है। अल्पकालिक जरूरतों और दीर्घकालिक आकांक्षाओं दोनों को पूरा करने के लिए संसाधनों को आवंटित करने के लिए व्यक्तिगत परिस्थितियों, बाजार की स्थितियों और संभावित अनिश्चितताओं के बारे में सावधानीपूर्वक विचार करने की आवश्यकता होती है। जरूरतों और चाहतों के बीच अंतर करने और आवेगपूर्ण खर्च का विरोध करने में विवेक, वित्तीय निर्णयों में बुद्धिमत्ता के प्रभाव का उदाहरण है। भविष्य के विकल्पों का मार्गदर्शन करने के लिए पिछले अनुभवों की जांच करके पहले से योजना बनाना बुद्धिमानी है।

एक और प्रमुख क्षेत्र निवेश है। समझदार निवेशक गहन शोध करते हैं, बाजार की गतिशीलता को समझते हैं, जोखिम सहनशीलता का आकलन करते हैं, और अपने लक्ष्यों के साथ निवेश को संरेखित करते हैं। एक संतुलित दृष्टिकोण जिसमें पोर्टफोलियो विविधीकरण शामिल है, जोखिम को कम करने और रिटर्न को अनुकूलित करने में मदद करता है।

वित्त में बुद्धिमानी का अर्थ है कर्ज का जिम्मेदारी से प्रबंधन करना भी। यह रणनीतिक है कि केवल उतना ही उधार लिया जाए जिसे उचित रूप से चुकाया जा सके और उच्च-ब्याज वाले कर्ज से बचा जाए जो वित्तीय संकट का कारण बनता है। उचित जोखिम मूल्यांकन के बिना कर्ज व्यक्तियों को बढ़ती ब्याज देनदारियों में फंसा सकता है।

सेवानिवृत्ति की तैयारी के लिए वित्तीय योजना आवश्यक है। मुद्रास्फीति, आर्थिक परिवर्तन और जीवनशैली की आकांक्षाओं जैसे कारक बचत, निवेश और सेवानिवृत्ति निधियों

के बारे में समझदारी भरे निर्णयों को प्रभावित करते हैं। विचारशील योजना बाद के वर्षों में आराम और सुरक्षा सुनिश्चित करती है और अप्रत्याशित घटनाओं के लिए एक सुरक्षा जाल प्रदान करती है।

बुद्धिमानी व्यवसायों और सरकारों को टिकाऊ वित्तीय विकल्प बनाने में मार्गदर्शन करती है। कंपनियाँ दीर्घकालिक विकास के लिए नकदी प्रवाह को अनुकूलित करती हैं और निवेश को सावधानीपूर्वक निर्देशित करती हैं, जबकि सरकारें बजट को संतुलित करने, संसाधनों को कुशलतापूर्वक आवंटित करने और आर्थिक स्थिरता बनाए रखने का प्रयास करती हैं।

समझदारी भरे वित्तीय निर्णय नैतिक और सामाजिक जिम्मेदारियों को दर्शाते हैं। सतत वित्त का विचार पर्यावरणीय, सामाजिक और शासन संबंधी विचारों पर जोर देता है, और ऐसी निवेशों को प्रोत्साहित करता है जो जिम्मेदार व्यावसायिक प्रथाओं का समर्थन करते हैं।

शिक्षा और निरंतर सीखने से वित्तीय बुद्धिमत्ता बढ़ती है, जिससे यह समझने के लिए ब्रह्मांडीय सिद्धांतों का उपयोग करने की संभावना कम हो जाती है कि आपका बैंक खाता खाली क्यों है। छोटी उम्र से ही, वित्तीय साक्षरता से ठोस निर्णय लेने का कौशल, आलोचनात्मक सोच और नैतिक जागरूकता विकसित होती है, जो सभी लोगों को पछतावाजनक देर रात की खरीदारी से बचने में मदद करते हैं।

ज्ञान, अनुभव और विवेकपूर्ण निर्णय के अनुप्रयोग के माध्यम से वित्त और बुद्धिमत्ता जुड़ते हैं। ठोस वित्तीय निर्णयों में दीर्घकालिक परिणामों, नैतिक विचारों, और व्यक्तियों, संगठनों और समाज पर व्यापक प्रभाव को ध्यान में रखा जाता है। वित्तीय साक्षरता का विस्तार, सतत प्रथाओं को बढ़ावा देना, और निरंतर सीखने की मानसिकता को अपनाना एक ऐसे भविष्य में योगदान देता है जो सुरक्षित और समृद्ध दोनों है।

वित्तीय सुरक्षा पर चर्चा

यह कहना काफी सुरक्षित है कि वित्तीय सुरक्षा बनाना एक बुद्धिमानी भरा और आवश्यक प्रयास है जो व्यक्तियों और परिवारों को कई लाभ और मानसिक शांति प्रदान करता है। यह हमेशा बैंक खाते में मौजूद धनराशि तक सीमित नहीं होता है। यह वह शांत आत्मविश्वास है कि जीवन के अप्रत्याशित तूफान आपको बहाकर नहीं ले जाएंगे। यह वित्तीय चिंता की निरंतर छाया के बिना सपनों का पीछा करने की स्वतंत्रता है। एक मजबूत वित्तीय नींव बनाना न केवल व्यावहारिक है, बल्कि एक बुद्धिमानी भरा और लगभग आध्यात्मिक प्रयास भी है।

आखिरकार, सच्ची संपत्ति सिर्फ पैसे के बारे में नहीं है। यह उस मन की शांति के बारे में है जो तब मिलती है जब आपको पता होता है कि जीवन के आश्चर्य आपको सोफे के गद्दों में छुट्टे पैसे खोजने के लिए परेशान नहीं करेंगे।

आर्थिक स्थिरता संकट और अप्रत्याशित परिस्थितियों के दौरान एक सुरक्षा जाल प्रदान करती है। जीवन में अनिश्चितताएं, जिनमें प्राकृतिक आपदाएं, नौकरी का नुकसान और चिकित्सा संबंधी समस्याएं शामिल हैं, प्रचुर मात्रा में होती हैं। बचत और वित्तीय भंडार के साथ, लोग इन तूफानों का सामना अत्यधिक वित्तीय कठिनाई का अनुभव किए बिना कर सकते हैं। यह उन्हें तत्काल जरूरतों को पूरा करने और उच्च-ब्याज वाले कर्ज लेने या अनुकूल नहीं शर्तों पर संपत्ति बेचने से बचने की अनुमति देता है।

इसके अतिरिक्त, वित्तीय सुरक्षा स्थिरता की भावना को बढ़ावा देती है और तनाव को कम करती है। वित्तीय चिंताएं चिंता और मानसिक स्वास्थ्य पर दबाव का एक महत्वपूर्ण स्रोत हो सकती हैं। यह जानना कि किसी के पास आवश्यक खर्चों को पूरा करने, कर्ज का प्रबंधन करने और भविष्य की योजना बनाने के लिए पर्याप्त संसाधन हैं, आत्मविश्वास और मन की शांति की भावना पैदा करता है। यह स्थिरता व्यक्तियों को जीवन के अन्य पहलुओं, जैसे व्यक्तिगत विकास, संबंधों और समग्र कल्याण पर ध्यान केंद्रित करने में सक्षम बनाती है।

कई मायनों में, वित्तीय सुरक्षा व्यक्तिगत और व्यावसायिक विकास के अवसर खोलती है। एक ठोस वित्तीय नींव व्यक्तियों को शिक्षा, प्रशिक्षण, या व्यवसाय शुरू करने में निवेश करने में सक्षम बनाती है। यह नए करियर मार्गों का पता लगाने या सोचे-समझे जोखिम उठाने की स्वतंत्रता प्रदान करती है जो अधिक वित्तीय समृद्धि और संतुष्टि की ओर ले जा सकते हैं। वित्तीय सुरक्षा लोगों को वित्तीय सीमाओं से बाधित हुए बिना अपने जुनून का पीछा करने और अपने लक्ष्यों को प्राप्त करने के लिए सशक्त बनाती है।

वित्तीय रूप से सुरक्षित होना सिर्फ ड्रैगन की तरह सोना इकट्ठा करने से कहीं बढ़कर है। यह एक संतुलित दृष्टिकोण है जो लोगों को यह सक्षम बनाता है कि वे जीवन की महत्वपूर्ण घटनाओं को बिना घबराए संभाल सकें, जब भी कोई बिल आता है। पैसों का सही प्रबंधन होने से घर खरीदना, स्कूल का भुगतान करना, या सेवानिवृत्ति की योजना बनाना बहुत कम तनावपूर्ण हो जाता है। तनाव कम हो जाता है, और उचित योजना के साथ जीवन की ये

घटनाएँ विश्वास के भयानक छलांगों से बदलकर जीवन के बड़े शतरंज के बोर्ड पर कुशलता से किए गए चालों में बदल जाती हैं।

दीर्घकालिक धन संचय वित्तीय सुरक्षा का एक अपरिहार्य उप-उत्पाद है। जो व्यक्ति स्थिरता को प्राथमिकता देते हैं, उनमें नियमित बचत, नासा के इंजीनियर की सटीकता के साथ बजट बनाने, और एक बुद्धिमान बूढ़े कछुए के धैर्य के साथ निवेश करने जैसी जिम्मेदार आदतें विकसित होती हैं। जब चक्रवृद्धि ब्याज की जादुई शक्ति के साथ मिलाया जाता है, तो ये आदतें बढ़ते-बढ़ते पर्याप्त धन में बदल सकती हैं। यह न केवल एक आरामदायक सेवानिवृत्ति सुनिश्चित करता है, बल्कि एक ऐसी वित्तीय विरासत भी छोड़ जाता है जिसे आने वाली पीढ़ियां या तो संजोकर रखेंगी या शानदार ढंग से बर्बाद कर देंगी।

वित्तीय सुरक्षा रिश्तों में भी एक महत्वपूर्ण भूमिका निभाती है। जो जोड़े वित्तीय रूप से स्थिर होते हैं, वे अपनी शामें क्रेडिट कार्ड के बिलों पर या इस बात पर बहस करके नहीं बिताते कि वे किसी रेस्तरां में ग्वाकामोले पर फिजूलखर्ची कर सकते हैं या नहीं। पैसे के बारे में खुला संचार, साझा वित्तीय लक्ष्य, और पारस्परिक समर्थन विश्वास की नींव बनाते हैं और अनावश्यक तनाव को रोकते हैं। एक संतुलित वित्तीय योजना मूल रूप से बिना छोटे अक्षरों और छिपी हुई फीस वाला रिश्तों का बीमा है।

धन का संरक्षण करना उतना ही महत्वपूर्ण है जितना कि उसका संचय करना। बीमा और संपत्ति योजना वित्तीय सीट बेल्ट के रूप में कार्य करते हैं, यह सुनिश्चित करते हुए कि अप्रत्याशित घटनाएं सब कुछ एक विनाशकारी दुष्चक्र में न भेज दें। सही बीमा कवरेज होने से जोखिम कम होते हैं, जबकि संपत्ति योजना भविष्य में होने वाले पारिवारिक झगड़ों को रोकती है जो दिन के धारावाहिकों को भी फीका कर देते हैं। एक अच्छी तरह से सोची-समझी योजना यह सुनिश्चित करती है कि संपत्ति इच्छानुसार हस्तांतरित हो, जिससे अनावश्यक कानूनी झंझट से बचा जा सके।

वित्तीय सुरक्षा का एक आकर्षक दुष्प्रभाव समाज में योगदान करने की स्वतंत्रता है। एक बार किराया चुकाने की चिंता दूर हो जाने पर, व्यक्ति परोपकार, सार्थक कारणों का समर्थन करने और दुनिया को थोड़ा बेहतर स्थान बनाने पर ध्यान केंद्रित कर सकते हैं। समाज को कुछ लौटाना सिर्फ दया का कार्य नहीं है। यह वित्तीय क्षमता का एक परिष्कृत प्रदर्शन है। यह साबित करता है कि व्यक्ति ने धन प्रबंधन की कला में इतनी महारत हासिल कर ली है कि वे अपनी स्थिरता को खतरे में डाले बिना उदार होने का जोखिम उठा सकते हैं।

वित्तीय सुरक्षा बनाना किसी व्यक्ति द्वारा उठाए जा सकने वाले सबसे समझदारी भरे कदमों में से एक है। यह दीर्घकालिक स्थिरता को बढ़ावा देता है, लोगों को अवसरों का लाभ उठाने का आत्मविश्वास देता है, और आपात स्थिति के दौरान एक सुरक्षा जाल के रूप में कार्य करता है। व्यक्तिगत कल्याण में सुधार के अलावा, एक स्थिर वित्तीय आधार दूसरों के साथ संबंधों को मजबूत करता है और पड़ोस पर एक स्थायी छाप छोड़ता है। संक्षेप में, वित्तीय चिंता के अत्याचार से मुक्त जीवन बनाना, वित्तीय सुरक्षा के लिए धन संचय करने से अधिक महत्वपूर्ण है।

वित्तीय निर्णय जल्दी लें

सफल व्यक्तियों में एक बात आम होती है। उन्होंने जल्दी ही यह समझ लिया कि पैसा सिर्फ खर्च करने के लिए नहीं है। यह बढ़ने के लिए है। कम उम्र में समझदारी भरे वित्तीय विकल्प चुनने की क्षमता सिर्फ बैंक खाते के आकार को ही निर्धारित नहीं करती है। यह किसी व्यक्ति के पूरे भविष्य को आकार देती है। पैसों से जुड़े फैसले सिर्फ़ बोरिंग वयस्क ज़िम्मेदारियाँ नहीं हैं। वे यह तय करते हैं कि कोई चालीस की उम्र में समुद्र तट पर मर्गरीटा पी रहा होगा या अभी भी यह समझने की कोशिश कर रहा होगा कि किराया तो बढ़ता जा रहा है, जबकि उसका वेतन नहीं बढ़ रहा है।

वित्त में समय एक जादू की चाल की तरह काम करता है। कोई जितनी जल्दी बचत और निवेश करना शुरू करता है, उतना ही उसका पैसा उसके लिए काम करता है। चक्रवृद्धि ब्याज एक छोटे से धन के पेड़ को लगाने जैसा है जो अंततः एक पूरा जंगल बन जाता है। आज निवेश किया गया एक डॉलर भी एक अनमने किशोर की तरह निष्क्रिय नहीं रहता। यह कमाता है, पुनर्निवेश करता है, और बढ़ता है, एक ऐसा भविष्य बनाता है जहाँ पैसा महँगी कॉफ़ी पर खर्च करने की मांग करने के बजाय और पैसा कमाता है। जो लोग जल्दी शुरू करते हैं, वे वही होते हैं जो बाद में आराम से बैठ पाते हैं, जबकि उनका पैसा कड़ी मेहनत करता है।

वित्तीय जिम्मेदारी को अनदेखा करना तब तक अच्छा लग सकता है जब तक कि यह बुरा न लगे। तनख्वाह से तनख्वाह गुज़ारा करना, कर्ज में डूबना, और यह सोचना कि "आपातकालीन निधि" एक मिथक क्यों लगती है, ये सिर्फ दुर्भाग्यपूर्ण दुर्घटनाएं नहीं हैं। ये अक्सर इस सोच का सीधा परिणाम होते हैं, "भविष्य का मैं इसका कोई समाधान निकाल

लेगा।" स्पॉइलर अलर्ट: भविष्य का आप बहुत चिढ़ेगा। वित्तीय बुद्धिमत्ता अमीर होने के बारे में नहीं है।

यह विकल्प रखने के बारे में है। जल्दी सेवानिवृत्त होने, स्वतंत्र रूप से यात्रा करने, या लगातार बिलों से बचने के तनाव से बचने का विकल्प। धन रातों-रात नहीं बनता और निश्चित रूप से यह दिखावा करके नहीं बनता कि धन की समस्याएं अपने आप हल हो जाएंगी। इसमें धैर्य, अनुशासन और सबसे महत्वपूर्ण, उन चीजों को 'ना' कहने की क्षमता लगती है जो अस्थायी खुशी लेकिन दीर्घकालिक पछतावा लाती हैं, जैसे वह $300 का डिज़ाइनर स्वेटशर्ट जो बिल्कुल $20 वाले जैसा दिखता है।

छोटी उम्र से ही अच्छी वित्तीय आदतें विकसित करने के महत्व को जितना कहा जाए उतना कम है। शुरुआत में ही बजट बनाना, बचत करना और जिम्मेदारी से निवेश करना सीखना, जीवन भर के समझदारी भरे धन प्रबंधन के लिए आधार तैयार करता है। ये कौशल व्यक्तियों को व्यक्तिगत वित्त की जटिलताओं को आत्मविश्वास और सूझबूझ के साथ समझने में सक्षम बनाते हैं।

जल्दी से जिम्मेदार ऋण प्रबंधन शुरू करना सिर्फ एक अच्छा विचार ही नहीं है। तीस की उम्र तक पहुँचने से पहले ही वित्तीय आपदा से बचने का यह एकमात्र तरीका है। छात्र ऋण, क्रेडिट कार्ड और उधार के अन्य रूपों को गलत तरीके से संभालना तनाव क्लब की आजीवन सदस्यता लेने जैसा है। असहज होने के अलावा, उच्च-ब्याज वाले ऋण को जमा होने देना एक वित्तीय जाल है।

आप जितनी गहरी खाई में जाते हैं, उससे बाहर निकलना उतना ही मुश्किल होता है। शुरुआत से ही कर्ज का बुद्धिमानी से प्रबंधन करना न केवल आपको मासिक किश्तों में डूबने से बचाता है, बल्कि एक ठोस क्रेडिट इतिहास भी बनाता है, जो चाहे आपको पसंद हो या न हो, यह तय करता है कि बैंक आपको गंभीरता से लेते हैं या एक मानवीय रूप में एक वित्तीय देनदारी मानते हैं।

आप अंतिम समय में दीर्घकालिक वित्तीय लक्ष्यों को आकस्मिक रूप से हासिल नहीं कर सकते। आप रातों-रात घर खरीदने, आराम से सेवानिवृत्त होने, या शिक्षा के लिए धन जुटाने का फैसला नहीं करते। इन चीजों के लिए योजना, धैर्य और थोड़ी अनुशासन की आवश्यकता होती है, जिसे, ईमानदारी से कहें तो, अधिकांश लोग टालना पसंद करते हैं। आप जितनी

जल्दी शुरुआत करेंगे, आपके पास अपने पैसे को बढ़ने देने, झटकों के लिए समायोजन करने, और वास्तव में प्रक्रिया का आनंद लेने का उतना ही अधिक समय होगा, बजाय इसके कि वास्तविकता का सामना करने पर घबरा जाएँ। शुरुआत में ही नींव रखना बिना किसी अनावश्यक तनाव के बड़ी उपलब्धियों की ओर बढ़ने का मतलब है, आखिरी समय में भाग-दौड़ करने और यह सोचने के बजाय कि आपका सारा पैसा कहाँ गया, कि आपका पैसा कहाँ गया।

वित्तीय रूप से मजबूत शुरुआत करना एक सुरक्षा जाल बनाता है, जो नौकरी छूटने या चिकित्सा आपात स्थिति के समय विशेष रूप से प्रासंगिक है, जहाँ वित्तीय सुरक्षा व्यक्तियों को अपनी समग्र प्रगति से समझौता किए बिना चुनौतियों का सामना करने में मदद करती है।

जल्दी वित्तीय समझ न केवल व्यक्तिगत वित्तीय विकास को बढ़ावा देती है, बल्कि व्यक्तियों को उद्यमिता और निवेश का पता लगाने के लिए भी सशक्त बनाती है। यदि व्यक्ति वित्त की ठोस समझ से लैस हों, तो वे सोचे-समझे जोखिम लेने, व्यावसायिक अवसरों का पीछा करने और उन संपत्तियों में निवेश करने के लिए अधिक इच्छुक होते हैं जो समय के साथ उनकी संपत्ति को बढ़ा सकती हैं।

जवानी में ही एक ठोस वित्तीय नींव रखी जानी चाहिए। एक आरामदायक जीवन और एक ऐसे जीवन के बीच का अंतर यही है, जिसमें आप अपनी ही वित्तीय तबाही की डॉक्यूमेंट्री के सितारे बन जाते हैं। वयस्कता में प्रवेश करने से पहले सूचित निर्णय लेना आपको बड़ी मुश्किलों से बचाता है, जिसका मतलब है कि आप कर्ज में डूबने या बहुत ही खराब निवेश विकल्प चुनने जैसे रोमांचक अनुभव से बच सकते हैं। इन निर्णयों को "अपने पैसे के साथ क्या नहीं करना चाहिए" नामक एक केस स्टडी के रूप में इस्तेमाल किया जा सकता है।

बेशक, गलतियों से सीखना चरित्र का निर्माण करता है, लेकिन कुछ गलतियाँ—जैसे डिज़ाइनर स्नीकर्स पर क्रेडिट कार्ड का पूरा बिल चुका देना या अपने चचेरे भाई के ग्लूटेन-फ्री पानी की कंपनी के शानदार विचार में अपनी जीवन भर की जमा-पूंजी लगा देना—इनसे पूरी तरह बचना ही बेहतर है।

वित्तीय तनाव एक सार्वभौमिक डरावनी कहानी है, और इसे अनदेखा करने से यह दूर नहीं होती। यह बस इसे एक पूर्ण-विकसित दुःस्वप्न में बदलने का समय देता है। जो लोग

जल्दी ही चीजों को समझ लेते हैं, वे रात में सोने जैसी विलासिताओं का आनंद लेते हैं, जबकि बाकी लोग अपने बैंक स्टेटमेंट के "न्यूनतम देय भुगतान" वाले हिस्से के साथ एक घनिष्ठ संबंध विकसित कर लेते हैं। पैसों की समस्याएँ जीवन के हर पहलू को और अधिक तनावपूर्ण बना देती हैं, तो क्यों न खुद से पैदा की गई इस अराजकता से बचा जाए? शुरुआत में ही कुछ समझदारी भरे फैसले लें, और अचानक, जीवन 'सरवाइवल: कैपिटलिज्म एडिशन' के किसी एपिसोड जैसा कम लगने लगेगा।

यह सिर्फ़ अपनी पूरी ज़िंदगी में रामेन नूडल्स खाने से बचने के बारे में नहीं है। नहीं, यह एक शानदार, बहु-पीढ़ीय धन-राशि बनाने के बारे में है। इसे एक पिरामिड योजना की तरह समझें, लेकिन कानूनी और इसमें अपनी दादी को भर्ती करने का दबाव थोड़ा कम हो।

यह समृद्धि की एक विरासत को बढ़ावा देने के बारे में है, जिसका मतलब है कि आने वाली पीढ़ियाँ इस बात पर बहस करेंगी कि किसे थोड़ा कम धब्बेदार चाँदी का चम्मच मिलता है। यह परिवार के सदस्यों और आने वाली पीढ़ियों को सकारात्मक रूप से प्रभावित करता है, क्योंकि यह उन्हें आपको दोष देने का एक कारण देता है, चाहे वे अमीर बनें या अभी भी आपके तहखाने में रह रहे हों।

जीवन के उत्तरार्ध में वित्तीय निर्णय

वित्तीय निर्णयों का समय किसी व्यक्ति की वित्तीय दिशा को महत्वपूर्ण रूप से प्रभावित करता है, और उनके दीर्घकालिक स्थिरता को आकार देता है। इन निर्णयों में देरी करने से जटिलताएँ उत्पन्न होती हैं जो वित्तीय कल्याण के विभिन्न पहलुओं को प्रभावित करती हैं। यह खोज टालमटोल के खतरों को उजागर करती है, और वित्तीय सुरक्षा पर समय के प्रभाव पर जोर देती है।

वित्तीय निर्णयों को टालने का एक बड़ा जोखिम बचत और निवेश के लिए उपलब्ध समय में कमी है। वित्तीय प्रतिबद्धताओं को टालने से धन संचय की अवधि कम हो जाती है, जिससे सेवानिवृत्ति जैसे दीर्घकालिक लक्ष्य खतरे में पड़ जाते हैं। धन वृद्धि के लिए आवश्यक चक्रवृद्धि की शक्ति समय पर निर्भर करती है। शुरुआती वित्तीय योजना घातीय संपत्ति संचय की अनुमति देती है, जबकि देरी संभावित सेवानिवृत्ति कोष को छोटा कर देती है, जिससे बाद के वर्षों में वित्तीय कठिनाई का खतरा बढ़ जाता है।

वित्तीय निर्णय लेना करियर के अवसरों को भी प्रभावित करता है। स्थगित योजना करियर परिवर्तन और कमाई की क्षमता को सीमित कर सकती है, जबकि समय पर लिए गए निर्णय अवसरों का लाभ उठाने और वित्तीय विकास को आगे बढ़ाने के लिए लचीलापन प्रदान करते हैं। बीमा कवरेज एक और क्षेत्र है जहाँ समय महत्वपूर्ण है। जीवन या दीर्घकालिक देखभाल बीमा में देरी करने से प्रीमियम अधिक हो जाते हैं और कवरेज अपर्याप्त हो जाता है, जिससे व्यक्ति अप्रत्याशित चिकित्सा खर्चों के प्रति वित्तीय रूप से कमजोर हो जाते हैं।

बढ़ता हुआ वित्तीय बोझ अक्सर टालमटोल का परिणाम होता है। समय के साथ उच्च-ब्याज वाला कर्ज बढ़ता है, जिससे वित्तीय स्वतंत्रता प्राप्त करना और भी मुश्किल हो जाता है। खराब ऋण प्रबंधन के कारण, विशेष रूप से सेवानिवृत्ति में, वित्तीय संकट उत्पन्न हो सकता है। योजना बनाने में देरी अनिवार्य रूप से बढ़े हुए वित्तीय तनाव को जन्म देती है, जो किसी के मानसिक और शारीरिक स्वास्थ्य को प्रभावित करता है।

केवल अति-धनी ही नहीं हैं जो अपनी विरासत को एक नाटकीय टेलीविजन शो के फिनाले की तरह डिजाइन करने के लिए संपत्ति नियोजन का उपयोग करते हैं। यह उन सभी के लिए है जो एक कोर्ट रूम ड्रामा के लायक पारिवारिक संघर्ष को जन्म नहीं देना चाहते या नौकरशाही की दलदल में अपनी मेहनत की कमाई को खोना नहीं चाहते। यदि आपका लक्ष्य अपने जीवन में थोड़ी अराजकता जोड़ना है तो वित्तीय नियोजन को टालना एक शानदार विचार है। जब वे चले जाएँगे तो उनका पैसा कहाँ जाएगा, इस बात को लेकर उत्सुक रहने के रोमांच को कौन पसंद नहीं करता?

कर लाभ या संपत्ति को सुरक्षित करने की बात तो छोड़ ही दें। वह उन लोगों के लिए है जो मानसिक शांति चाहते हैं। इसके बजाय, सरकार या किसी ऐसे दूर के रिश्तेदार को, जिससे आप कभी नहीं मिले, यह तय करने दें कि आपकी मेहनत की कमाई से क्या करना है। हो सकता है कि आपके बचपन का पिग्गी बैंक किसी और के मध्य-जीवन के संकट को फंड करे। संभावनाएं अनंत हैं।

जब आप वित्तीय तैयारी को टालते हैं तो केवल आपकी अपनी किस्मत ही खराब नहीं होती। यह समाज को कुछ वापस देने के बारे में आपके किसी भी बड़े विचार को बर्बाद करने का भी एक पक्का तरीका है। शायद आपने समुद्री कछुओं को बचाने या ज़रूरतमंद बच्चों के लिए छात्रवृत्ति देने की कल्पना की होगी। यह बहुत प्यारा है। एक ठोस योजना के बिना, वे महान लक्ष्य कल्पना की दुनिया में ही बंद रहेंगे जबकि आपका पैसा कहीं ज़्यादा कम

प्रेरणादायक चीज़ों में चला जाएगा। कुछ बदलाव लाने के बजाय, आपकी विरासत आपके तीसरे चचेरे भाई के उस वेंडिंग मशीन के अभूतपूर्व विचार को वित्तपोषित करने में लग सकती है जो केवल च्यूइंगम बेचती है।

वित्तीय तैयारी सिर्फ स्थिरता सुनिश्चित करने के बारे में नहीं है। यह यह सुनिश्चित करने के बारे में है कि आपका पैसा वही करे जो आप वास्तव में चाहते हैं। अन्यथा, कोई और आपके लिए निर्णय लेगा। अगर यह एक ऐसा जुआ लगता है जिसे लेना उचित है, तो बेशक, इसे टालते रहें। आपका भविष्य खुद परिणामों से निपटने के लिए उत्साहित होगा।

आपातकालीन कोष को छोड़ देना छाता लेकर चलने से इनकार करने जैसा है और फिर जब झमाझम बारिश में आप भीग जाते हैं तो हैरान होने जैसा है। जीवन में मेडिकल बिल से लेकर घर की अचानक मरम्मत और नौकरी जाने जैसी अप्रत्याशित घटनाएं होती रहती हैं। ये चीजें विनम्रता से तब तक इंतजार नहीं करतीं जब तक आप आर्थिक रूप से स्थिर नहीं हो जाते। सुरक्षा जाल के बिना, उच्च-ब्याज वाला कर्ज ही एकमात्र विकल्प बन जाता है, जो आपको वित्तीय पछतावे के ऐसे चक्र में खींच लेता है जिसमें छात्र ऋण भी उदार लगने लगता है।

जो लोग वित्तीय निर्णयों को टालते हैं, उन्हें जीवनशैली में बड़े बदलाव करने के लिए भी मजबूर होना पड़ता है। ये बदलाव अचानक, अप्रिय और दुःख से भरे होते हैं। अचानक और दर्दनाक बलिदानों की मांग करने के बजाय, एक अच्छी तरह से सोचा-समझा वित्तीय योजना क्रमिक, प्रबंधनीय सुधारों को सक्षम बनाती है। जीवन को सज़ा जैसा महसूस कराए बिना दीर्घकालिक उद्देश्यों का समर्थन करने वाले वित्तीय निर्णय लेना ही लक्ष्य है, न कि दुःख में जीना।

एक वित्तीय मानसिकता अपनाएँ

रणनीतिक निवेश के माध्यम से जीवन में जल्दी वित्तीय स्थिरता बनाना एक विचारशील दृष्टिकोण की मांग करता है जो जोखिम और संभावित रिटर्न के बीच संतुलन बनाता है। निवेश की कला एक ऐसी यात्रा है जिसमें विवेक, धैर्य और बाजार की गतिशीलता की गहरी समझ की आवश्यकता होती है। इस क्षेत्र में, कई रणनीतियाँ वित्तीय स्थिरता के वांछित लक्ष्य को प्राप्त करने में मदद करने के लिए स्तंभ के रूप में खड़ी हैं।

एक मजबूत निवेश रणनीति की नींव इस कहावत में निहित है: "समय ही धन है।" यथाशीघ्र अपने निवेश की यात्रा शुरू करना वित्तीय समृद्धि के बीज बोने के समान है।

जितनी जल्दी हो सके निवेश शुरू करके, आप चक्रवृद्धि नामक एक शक्तिशाली घटना के द्वार खोलते हैं। हाँ, आप, वही व्यक्ति जो अभी भी पिग्गी बैंक का उपयोग करता है। इस वित्तीय रसायन विज्ञान में आपकी कमाई का पुनर्निवेश शामिल है, जो, ईमानदारी से कहें तो, शायद सोफे के कुशन के नीचे मिली छुट्टे पैसे का मतलब है, जिससे वे समय के साथ अतिरिक्त कमाई उत्पन्न कर सकते हैं। चक्रवृद्धि का प्रभाव, एक बर्फ के गोले की तरह जो ढलान पर लुढ़कता है, निवेश में घातीय वृद्धि की ओर ले जाता है। इसे इस तरह समझें कि आपका पैसा आखिरकार बदलाव के लिए कुछ उपयोगी करने का फैसला कर रहा है। अपने निवेश में नियमित योगदान की निरंतरता इस विकास पथ को और भी मजबूत करती है।

तो, उन महंगी लाटे की खरीद बंद करें और कुछ, कुछ भी हो, उसमें कुछ पैसे लगाना शुरू करें। नियमित योगदान की आदत डालना एक सकारात्मक चक्र को गति देता है जो लगातार आपकी वित्तीय स्थिरता को बढ़ाता है। जिसकी, सच कहूँ तो, आपको सख्त जरूरत है। एक ही टोकरी में सारे अंडे न रखने का सिद्धांत निवेश की दुनिया में भी लागू होता है। आप जानते हैं, जैसे कि आपको अपनी सारी उम्मीदें और सपने लॉटरी जीतने में नहीं लगाना चाहिए।

तो, विविधीकरण बाजार के मनमाने उतार-चढ़ाव के खिलाफ एक सुरक्षा कवच के रूप में कार्य करता है। यह जोखिम प्रबंधन का आधार है और इसमें अपने निवेश को विभिन्न परिसंपत्ति वर्गों में फैलाना शामिल है। स्टॉक, बॉन्ड, रियल एस्टेट और नकद आपके निवेश कैनवास के अलग-अलग कोने हैं। यह आपको अपने सारे पैसे एक ऐसे चमकदार निवेश में लगाने के वित्तीय दिल टूटने से बचाता है जो नए साल के संकल्प के लिए आपके उत्साह से भी तेज़ी से ध्वस्त हो जाता है। कई परिसंपत्तियों में अपना दांव फैलाकर, आप निराश नहीं होते जब उनमें से कोई एक खराब प्रदर्शन करती है। यह रणनीति एक वित्तीय सुरक्षा जाल की तरह काम करती है, जो बाजार के उतार-चढ़ाव के झटकों को कम करती है और यह सुनिश्चित करती है कि आप रातों-रात "भविष्य के उद्योगपति" से "चेतावनी की कहानी" न बन जाएं।

निवेश के साधनों का परिदृश्य कई विकल्प प्रदान करता है, और उनमें से प्रमुख सितारों में कम लागत वाले इंडेक्स फंड और एक्सचेंज-ट्रेडेड फंड (ईटीएफ) शामिल हैं।

ये वित्तीय उपकरण किसी विशिष्ट बाजार सूचकांक के प्रदर्शन को दर्शाते हैं, और निवेशकों को व्यापक बाजार का एक हिस्सा प्रदान करते हैं। जो चीज़ उन्हें अलग करती है वह है उनकी लागत-प्रभावशीलता। इन निष्क्रिय निवेश साधनों से जुड़ी फीस आमतौर पर सक्रिय रूप से प्रबंधित फंडों की तुलना में कम होती है।

यह कारक आपके कड़ी मेहनत से कमाए गए अधिक पैसे को फंड प्रबंधन शुल्क के बजाय आपके निवेश के विकास में लगाए जाने के बराबर है। इंडेक्स फंड और ईटीएफ दीर्घकालिक निवेशक के लिए उपयुक्त हैं, जो विकास और स्थिरता की एक स्थिर गति प्रदान करते हैं। निवेश के माध्यम से वित्तीय स्थिरता की संगीतमय धुन में, आपका सूझबूझ भरा निर्णय ही कंडक्टर का बटन है। जल्दी शुरू करना, लगातार योगदान देना, अपने पोर्टफोलियो में विविधता लाना, और कम लागत वाले निवेश साधनों को अपनाना - इन सबका एक सामंजस्यपूर्ण मिश्रण वित्तीय सुरक्षा की एक धुन रचता है।

जैसे-जैसे आप निवेश के अव्यवस्थित जंगल से गुज़रते हैं, याद रखें कि आपका हर निर्णय एक भव्य वित्तीय ऑर्केस्ट्रा में वाद्ययंत्र बजाने जैसा है। इसे सही तरीके से बजाएँ, और आपके पास एक उत्कृष्ट कृति होगी। अगर इसे गलत तरीके से बजाया, तो यह तीसरे दर्जे के बच्चे द्वारा वायलिन बजाने जैसा लगेगा। निवेश की दुनिया एक खाली कैनवास है, लेकिन अगर आप बिना किसी योजना के बस यूँ ही रंग फेंकना शुरू कर दें, तो आप वित्तीय स्थिरता नहीं बना रहे हैं। आप एक महंगी गड़बड़ी कर रहे हैं। इसलिए, कुछ सोच-समझकर ही ब्रश उठाएँ, जब तक कि धन प्रबंधन के बारे में आपकी सोच दिवालियापन की ओर ले जाने वाली उंगली-चित्रकारी न हो।

नियोक्ता-प्रायोजित सेवानिवृत्ति खातों पर विचार करें

नियोक्ता-प्रायोजित सेवानिवृत्ति खातों, जैसे 401(k) या 403(b) योजनाओं का लाभ उठाएँ। 401(k) योजनाएँ लाभ-उन्मुख कंपनियों द्वारा पेश की जाने वाली योजनाएँ हैं। कोई कर्मचारी तब ही उक्त योजना के लिए पात्र बनता है जब उसे ऐसा कर्मचारी माना जाता है जो पेरोल कटौती के माध्यम से कर-पूर्व या कर-पश्चात धन का योगदान करता है। 403(b)

योजनाएं गैर-लाभकारी संगठनों और सरकारी संस्थाओं के कर्मचारियों को दी जाती हैं। नियोक्ता द्वारा किए जाने वाले मिलान योगदान के लिए पात्र बनने हेतु पर्याप्त योगदान करें, क्योंकि यह अनिवार्य रूप से आपकी सेवानिवृत्ति बचत के लिए "मुफ्त पैसा" प्रदान करता है।

रॉथ IRA खोलें

रॉथ IRA एक व्यक्तिगत सेवानिवृत्ति खाता है जो सेवानिवृत्ति में कर-मुक्त वृद्धि और कर-मुक्त निकासी की पेशकश करता है। रॉथ IRA के नियम यह निर्धारित करते हैं कि जब तक आपने अपना खाता पांच वर्षों तक रखा है और आपकी आयु 59½ या उससे अधिक है, आप जब चाहें अपना पैसा निकाल सकते हैं, और आपको कोई संघीय कर नहीं देना होगा। यदि पात्र हैं, तो रॉथ IRA खोलने पर विचार करें। रॉथ IRA आपको पहले से ही कर चुकाने देता है, ताकि भविष्य में, आपको अपनी सेवानिवृत्ति बचत का एक बड़ा हिस्सा सरकार को एक पछतावा करने वाले जुआरी की तरह बुरे कर्ज को चुकाने के लिए न देना पड़े। आप कर-पश्चात डॉलर से योगदान करते हैं, लेकिन जब इसे नकद निकालने का समय आता है, तो यह सब आपका है, कर-मुक्त। यह विशेष रूप से तब बहुत अच्छा है जब आपको संदेह है कि भविष्य में सरकार और भी लालची होगी। इसे ऐसे समझें जैसे आप अभी एक असीमित बुफे का भुगतान कर रहे हों, ताकि जब आप बूढ़े हों और बस दावत का आनंद लेना चाहें, तो आपको हर निवाले की कीमत की गणना करने में फँसना न पड़े।

सूचित और शिक्षित रहें

वित्तीय बाजारों, निवेश विकल्पों और आर्थिक रुझानों के बारे में सूचित रहें। अच्छी तरह से सूचित निर्णय लेने के लिए विभिन्न निवेश रणनीतियों और जोखिम प्रबंधन तकनीकों के बारे में खुद को शिक्षित करें।

याद रखें, बहुत अधिक जानना कभी बुरा नहीं होता, खासकर जब आपके कड़ी मेहनत से कमाए पैसे दांव पर हों। एक खराब निवेश करने से भी बदतर है, एक खराब निवेश आत्मविश्वास के साथ करना। जब तक आपको वित्तीय तबाही का रोमांच पसंद नहीं है, तब तक खुद को शिक्षित करें, और अपने भविष्य के आप को समझाएं कि आपको किसी दोस्त के "जीनियस" स्टार्टअप में निवेश करना एक अच्छा विचार क्यों लगा।

भावनात्मक निवेश से बचें

भय या लालच जैसी भावनाओं के आधार पर निवेश करने से आवेगपूर्ण निर्णय हो सकते हैं जो आपकी वित्तीय स्थिरता को नुकसान पहुंचा सकते हैं। अपनी दीर्घकालिक निवेश योजना पर टिके रहें और अल्पकालिक बाजार उतार-चढ़ाव पर तुरंत प्रतिक्रिया देने से बचें।

डॉलर-लागत औसतकरण पर विचार करें

डॉलर-लागत औसत में निवेश का मतलब है बाजार की स्थितियों की परवाह किए बिना नियमित अंतराल पर एक निश्चित राशि का निवेश करना। यह रणनीति बाजार की अस्थिरता के प्रभाव को कम करने में मदद करती है और आपको यह अनुमति देती है कि जब कीमतें कम हों तो अधिक शेयर खरीदें और जब कीमतें अधिक हों तो कम खरीदें।

एक आपातकालीन कोष बनाएँ

कुछ व्यक्ति रणनीतिक रूप से तीन से छह महीने के जीवन-यापन के खर्च के बराबर का आपातकालीन कोष बनाते हैं। यह कोष अप्रत्याशित घटनाओं के दौरान एक सुरक्षा जाल के रूप में काम करता है, यह सुनिश्चित करते हुए कि आपको आपात स्थिति के दौरान अपने निवेश में हाथ नहीं डालना पड़े।

समीक्षा और पुनर्संतुलन करें

यह सुनिश्चित करने के लिए कि आपका निवेश पोर्टफोलियो आपके वित्तीय लक्ष्यों और जोखिम सहनशीलता के अनुरूप बना रहे, समय-समय पर इसकी समीक्षा करें। यदि आवश्यक हो, तो वांछित परिसंपत्ति आवंटन बनाए रखने के लिए अपने पोर्टफोलियो को पुनर्संतुलित करें।

जीवन में जल्दी वित्तीय स्थिरता बनाना कोई ऐसी चीज़ नहीं है जिसे आप जल्दबाज़ी में कर सकते हैं। जब तक आप अचानक किसी बड़ी दौलत के मालिक बनने की योजना नहीं बना रहे हैं, धैर्य और अनुशासन आशावादी सोच से बेहतर काम आएंगे। बिना किसी रणनीति के निवेश में पैसा फेंकना कुछ भी मापे बिना केक बेक करने की कोशिश करने जैसा है। परिणाम एक महंगी आपदा होगा। आपकी निवेश रणनीति आपकी वित्तीय स्थिति, जोखिम

सहनशीलता और दीर्घकालिक लक्ष्यों से मेल खानी चाहिए। उस समय क्या रोमांचक लगता है, उस पर आधारित निर्णय लेना कंगाल हो जाने का एक शानदार तरीका है। पेशेवर सलाह लेना मूल्यवान है, खासकर जब आप शुरुआत कर रहे हों।

जब तक आप अपनी वित्तीय विशेषज्ञता पर उतना भरोसा नहीं करते जितना आपने उस आवेग में की गई खरीदारी पर किया था जो अब धूल खा रही है, तब तक मार्गदर्शन लेना बुद्धिमानी है।

धन संचय

धन संचय केवल अपने लिए नकदी जमा करने के बारे में नहीं है। यह एक वित्तीय किला बनाने के बारे में है जो आपको तब खड़ा रखता है जब जीवन अनिवार्य रूप से आपको गिराने की कोशिश करता है। जैसा कि *'बेबीलोन का सबसे अमीर आदमी'* बुद्धिमानी से कहता है, "आपकी कमाई का एक हिस्सा आपके पास रखने के लिए है।" वह सरल सत्य ही वित्तीय सुरक्षा की नींव है। जो लोग धन संचय की कला में महारत हासिल कर लेते हैं, वे सिर्फ अपने भविष्य को ही सुरक्षित नहीं करते हैं। वे एक सुरक्षा जाल बनाते हैं जो उन्हें आर्थिक मंदी, चिकित्सा आपात स्थितियों, और इस अचानक एहसास से बचाता है कि जीवन को उनके बजट की कोई परवाह नहीं है।

उच्च-ब्याज वाले कर्ज में सिर झुकाए बिना वित्तीय तूफानों का सामना करने की क्षमता सिर्फ एक विलासिता नहीं है। यह एक आवश्यकता है। धन समस्याओं को खत्म नहीं करता, लेकिन यह निश्चित रूप से उन्हें संभालना आसान बना देता है। इसे एक वित्तीय पैराशूट के रूप में सोचें। इसके बिना, हर असफलता अराजकता में मुक्त रूप से गिरने जैसा महसूस होती है। इसके साथ, आपको अभी भी चोट लग सकती है, लेकिन कम से कम आप कुछ गरिमा के साथ उतरते हैं।

व्यक्तिगत स्थिरता से परे, धन संचय अवसरों को बढ़ावा देता है। यह लोगों को हताशा के बजाय अपनी आकांक्षाओं के आधार पर चुनाव करने की अनुमति देता है। यह वित्तीय योजना को बस गुज़ारा चलाने की निरंतर जद्दोजहद से बदलकर कुछ सार्थक बनाने की एक रणनीति बना देता है। जैसा कि *'बैबिलोन का सबसे अमीर आदमी'* सिखाता है, पैसा एक उपकरण है, न कि मालिक। जो लोग इसे बुद्धिमानी से नियंत्रित करते हैं, वे अपनी नियति का निर्माण करते

हैं। जो लोग इसे अनदेखा करते हैं, वे अपना जीवन किसी ऐसे व्यक्ति के लिए काम करते हुए बिताते हैं जो ऐसा नहीं करता।

धन संचय की बड़ी पहेली में सेवानिवृत्ति योजना एक सर्वोपरि भूमिका निभाती है। जैसे-जैसे व्यक्ति सेवानिवृत्ति के पड़ाव पर पहुँचते हैं, संचित धन आरामदायक और वित्तीय रूप से सुरक्षित रोजगारोत्तर चरण के लिए एक माध्यम के रूप में कार्य करता है। यह अपनी वांछित जीवन शैली को बनाए रखने, समृद्ध करने वाली गतिविधियों में भाग लेने, और स्वर्ण वर्षों के दौरान एक संतोषजनक कहानी गढ़ने की क्षमता में बदल जाता है—जो एक समृद्ध और गरिमापूर्ण सेवानिवृत्ति का मार्ग प्रशस्त करने वाले विवेकपूर्ण धन संचय का एक मूर्त प्रकटीकरण है।

धन संचय केवल एक वित्तीय रूप से चतुर ड्रैगन की तरह पैसों के ढेर पर बैठने के बारे में नहीं है। यह शिक्षा और कौशल विकास की कुंजी है, जो वास्तव में क्षमता को उजागर करने और अवसरों का लाभ उठाने का एक पासपोर्ट है। जो लोग इसे समझते हैं, वे सिर्फ भाग्यशाली अवसर की उम्मीद में जीवन में इधर-उधर नहीं भटकते हैं। वे अपनी बौद्धिक वृद्धि में निवेश करते हैं, गुणवत्तापूर्ण शिक्षा तक पहुंचते हैं, और लगातार अपने कौशल को निखारते हैं।

यह दृष्टिकोण बेहतर करियर की संभावनाएं पैदा करता है, कमाई की क्षमता बढ़ाता है, और अंततः पेशेवर सफलता की ओर ले जाता है। विकल्प? बिना तैयारी के आगे बढ़ना और यह उम्मीद करना कि समाज विशेषज्ञता की तुलना में उत्साह को पुरस्कृत करेगा, जो कि, सच बता दें, वह नहीं करता है।

व्यवसाय शुरू करने या समझदारी से निवेश करने जैसे सोचे-समझे जोखिम लेने के लिए वित्तीय लचीलापन होना, धन निर्माण का एक और पहलू है। अपना खुद का व्यवसाय शुरू करने और प्रेरणादायक उद्धरण पढ़ते हुए केवल उसके बारे में दिन-रात सपने देखने में अंतर आपके पास सही उपकरणों का होना है। हर पैसा एक उपकरण नहीं होता है। यह आविष्कार के लिए उत्प्रेरक के रूप में काम करता है, जो लोगों को अपने कार्यों के तत्काल परिणामों की चिंता किए बिना जोखिम उठाने में सक्षम बनाता है। अवसर उन लोगों द्वारा बनाए जाते हैं जो इस सिद्धांत को समझते हैं। अधिकांश लोग जो इसे नज़रअंदाज़ करते हैं, वे अंततः उनके लिए काम करते हैं।

व्यक्तिगत लाभ से परे, धन संचय पीढ़ियों से चली आ रही गरीबी के चक्र को तोड़ने के लिए एक शक्तिशाली माध्यम है। यह सामाजिक उन्नति की एक सीधी सीढ़ी है, जो आने वाली पीढ़ियों को जीवन की बेहतर गुणवत्ता प्रदान करती है। जो लोग इस विचार को खारिज करते हैं, वे आमतौर पर यह तर्क देते हैं कि पैसा ही सब कुछ नहीं है। यह सच है, लेकिन गरीबी कोई संतोषजनक विकल्प भी नहीं देती है। धन संचय करने की क्षमता केवल व्यक्तिगत सफलता के बारे में नहीं है। यह यह सुनिश्चित करने के बारे में है कि अगली पीढ़ी संघर्ष न करे क्योंकि परिवार में किसी ने वित्तीय योजना को वैकल्पिक समझ लिया था।

धन संचय और समाज को लौटाने के नेक सिद्धांतों के बीच एक तालमेल बनता है। संसाधनों का संचय व्यक्तियों को जरूरतमंदों की मदद करने की क्षमता प्रदान करता है, जिससे ऐसे परोपकारी प्रयासों को बढ़ावा मिलता है जो समुदायों को ऊँचा उठाते हैं। संचित धन से सुदृढ़ परोपकार का माध्यम, शिक्षा, स्वास्थ्य सेवा और सामाजिक पहलों जैसे क्षेत्रों में सकारात्मक प्रभाव लाता है, जिससे सामाजिक समृद्धि की एक सामूहिक संरचना तैयार होती है।

पीढ़ियों की संपत्ति विरासत के एक प्रकाशस्तंभ के रूप में अपनी उचित जगह बनाती है। संचित संपत्ति, जिसे सोच-समझकर प्रबंधित और हस्तांतरित किया जाता है, पीढ़ियों तक चलने वाला एक तरंग प्रभाव पैदा करती है। धन संचय को विरासत का अंतिम हैक (उपाय) समझें। यह आपके वंशजों को एक बढ़त देता है, बजाय इसके कि उन्हें आपकी प्रसिद्ध वित्तीय परेशानियों के साथ छोड़ दे। तनाव और साधारण भोजन की विरासत देने के बजाय, आप उनके सपनों के लिए एक लॉन्चपैड प्रदान करते हैं और एक ऐसा भविष्य सुनिश्चित करते हैं जहाँ पिछले महीने के बिल चुकाने की बेताबी के बजाय आकांक्षाओं के आधार पर विकल्प बनाए जाते हैं।

वित्तीय स्वतंत्रता का मतलब है कि आपको अब एक चेतावनी की कहानी की तरह नहीं जीना पड़ता। हर अप्रत्याशित खर्च की चिंता करने के बजाय, एक सुसज्जित वित्तीय भंडार आपको शांति के एक कोकून में लपेट देता है। यदि आप चाहते हैं कि आपके वंशज इस बात पर आश्चर्य करें कि आपने सफलतापूर्वक वयस्कता कैसे निभाई, तो उन्हें आपके बजटीय संकटों को सुलझाने के लिए छोड़ने के बजाय अभी से उस धन का निर्माण शुरू करें।

बचत बनाम निवेश

संपत्ति संचय केवल धन इकट्ठा करने के बारे में नहीं है। यह वित्तीय सुरक्षा की नींव, अवसरों की कुंजी, और स्वायत्तता तथा उद्देश्य से भरे जीवन की रूपरेखा है। जो लोग इसके महत्व को समझते हैं, वे जानते हैं कि वित्तीय कल्याण रातों-रात नहीं बनता है। इसके लिए अनुशासन, रणनीति और काम करने वाली व्यापक आर्थिक ताकतों की समझ की आवश्यकता होती है। इससे भी महत्वपूर्ण बात यह है कि यह व्यक्तिगत लाभ से परे है, जो व्यक्तियों, परिवारों और पूरे समाज की दिशा को आकार देता है।

वित्तीय सुरक्षा धन संचय करने के सबसे प्रभावशाली कारणों में से एक है। एक सुव्यवस्थित वित्तीय सुरक्षा कवच व्यक्तियों को उच्च-ब्याज वाले कर्ज में डूबे बिना या अपनी स्थिरता को खोए बिना आर्थिक अस्थिरता, चिकित्सा आपात स्थितियों और अप्रत्याशित वित्तीय चुनौतियों से निपटने में सक्षम बनाता है। यह पैसे का भंडारण करने के बारे में नहीं है, बल्कि एक विश्वसनीय बफर बनाने के बारे में है जो संकटों को विनाशकारी झटकों के बजाय प्रबंधनीय असुविधाओं में बदल देता है।

संपत्ति संचय का एक प्रमुख स्तंभ सेवानिवृत्ति योजना है। जैसे-जैसे कोई सेवानिवृत्ति के करीब पहुँचता है, यह और भी स्पष्ट हो जाता है कि बाहरी सहायता प्रणालियों पर निर्भर रहना जोखिम भरा है। एक अच्छी तरह से संवर्धित वित्तीय पोर्टफोलियो यह सुनिश्चित करता है कि सेवानिवृत्ति वित्तीय चिंता का समय न हो, बल्कि स्थिरता और संतुष्टि का समय हो। एक चुनी हुई जीवनशैली को बनाए रखने, नई रुचियों को खोजने, और बाद के वर्षों को आत्मविश्वास के साथ अपनाने की क्षमता, प्रारंभिक वित्तीय योजना और अनुशासित परिसंपत्ति प्रबंधन का सीधा परिणाम है।

शिक्षा और कौशल विकास को सुगम बनाने में वित्तीय स्थिरता एक प्रमुख घटक है। जब किसी के पास बहुत पैसा होता है, तो वह स्कूल जा सकता है, अच्छी शिक्षा प्राप्त कर सकता है, और विशिष्ट कौशल हासिल कर सकता है जो उन्हें बेहतर नौकरी पाने में मदद करते हैं। जो लोग यह हासिल करते हैं वे अवसरों की उम्मीद में बैठे नहीं रहते; वे उन्हें साकार करते हैं। पेशेवर और बौद्धिक विकास का यह सकारात्मक चक्र अधिक पैसा कमाने और वित्तीय स्वतंत्रता प्राप्त करने की क्षमता को मजबूत करता है।

उद्यम और निवेश में धन-निर्माण का महत्व व्यक्तिगत विकास से कहीं बढ़कर है। जब लोगों के पास वित्तीय संसाधनों की पहुँच होती है, तो वे उद्यम स्थापित कर सकते हैं, सोचे-समझे जोखिम उठा सकते हैं, और आर्थिक नवाचार को बढ़ावा दे सकते हैं। जिन लोगों के पास वित्त की पहुँच होती है, वे कंपनी के विस्तार को आगे बढ़ाने, नौकरियाँ पैदा करने और अर्थव्यवस्था की समग्र समृद्धि में योगदान करने की सर्वोत्तम स्थिति में होते हैं। उद्यमिता और वित्तीय सफलता साथ-साथ चलती हैं। आर्थिक तूफानों से बह जाने के बजाय, जिनकी वित्तीय स्थिति मजबूत होती है, वे अवसर आने पर उनका लाभ उठाने और आवश्यकता पड़ने पर अपना रास्ता बदलने में सक्षम होते हैं।

पीढ़ियों से चली आ रही गरीबी को समाप्त करने के लिए धन का निर्माण सबसे शक्तिशाली साधनों में से एक है। एक सुरक्षित वित्तीय स्थिति किसी को सामाजिक-आर्थिक सीढ़ी पर ऊपर जाने की अनुमति देती है, जो केवल सुरक्षा की भावना से कहीं बढ़कर है। जो लोग धन संचय करते हैं, वे केवल अपनी व्यक्तिगत स्थिति को बेहतर करने से कहीं ज़्यादा करते हैं। वे आने वाली पीढ़ियों के लिए एक बेहतर दुनिया की नींव रखते हैं, जिससे उन लोगों को अवसर और सफलता के मामले में एक बढ़त मिलती है। वित्तीय स्थिरता का होना और उसे आने वाली पीढ़ियों को सौंप पाना, पैसे को सिर्फ एक व्यक्तिगत उपलब्धि से कहीं ज़्यादा बना देता है; यह एक स्थायी छाप छोड़ता है।

धन जमा करने का एक और तरीका परोपकार है। जब लोग आर्थिक रूप से अपने आपको संभाल लेते हैं, तो वे स्वास्थ्य सेवा, शिक्षा और अन्य सामाजिक कार्यक्रमों के माध्यम से समाज को वापस देने की बेहतर स्थिति में होते हैं। यह सिर्फ एक उदार इशारा नहीं है। समाज को आकार देने, विकास को गति देने और यह सुनिश्चित करने के लिए कि आय का उपयोग भलाई के लिए किया जाए, यह एक आवश्यक प्रक्रिया है। दूरदर्शी रणनीतिक दान मजबूत समुदाय बनाता है और एक स्थायी प्रभाव डालता है।

जब किसी की संपत्ति बढ़ती है, तो वे अपनी वित्तीय स्थिति से सीमित नहीं रहते हैं; इसके बजाय, जीवन के लक्ष्य और महत्वाकांक्षाएं उनके कार्यों का मार्ग निर्धारित करती हैं। जब लोगों के पास इतनी स्वतंत्रता होती है, तो वे अपने सपनों का पालन करने, अपने वित्तीय भविष्य की चिंता किए बिना अपने स्वयं के चुनाव करने, और जीवन में अर्थ खोजने में सक्षम

होते हैं। वित्तीय रूप से स्वतंत्र होना अत्यधिक धन रखने के बारे में नहीं है, बल्कि अपने सिद्धांतों और लक्ष्यों के अनुसार अपना जीवन जीने की स्वतंत्रता रखने के बारे में है।

संपत्ति का निर्माण किसी के मानसिक स्वास्थ्य पर सकारात्मक प्रभाव डालता है, जो एक और निर्विवाद लाभ है। पैसों को लेकर तनाव एक बड़ी समस्या है जो लोगों के जीवन के कई हिस्सों को प्रभावित करती है। यह जानकर मिलने वाली शांति, सुरक्षा और आत्मविश्वास कि आपकी वित्तीय स्थिति मजबूत है, अनमोल है। जब किसी को पता होता है कि बाधाओं से निपटने के लिए संसाधन उपलब्ध हैं, तो निरंतर वित्तीय चिंता के बिना आत्मविश्वास और अपने लक्ष्यों पर ध्यान केंद्रित करने की क्षमता को बढ़ावा मिलता है।

धन संचय सिर्फ अपने खजाने की रखवाली करने वाले ड्रैगन की तरह नकदी का ढेर लगाने के बारे में नहीं है। यह महत्वाकांक्षा, नैतिकता और सामाजिक जिम्मेदारी का एक जटिल नृत्य है, जहाँ, आदर्श रूप से, आप वित्तीय महिमा की अपनी खोज में दूसरों पर पाँव न रखें। कुछ लोगों की सोच के विपरीत, बिना किसी उद्देश्य के धन संचित करना आपको प्रतिभाशाली नहीं बनाता है। यह आपको बस उन रैकून के वित्तीय समकक्ष बना देता है जो चमकदार वस्तुओं का भंडार जमा करते हैं। असली शक्तिशाली कदम है धन का रणनीतिक रूप से उपयोग करना, यह सुनिश्चित करना कि वित्तीय समृद्धि का लाभ केवल आपके भविष्य के यॉट संग्रह तक ही सीमित न रहे।

दिन के अंत में, धन संचय सिर्फ पैसे के बारे में नहीं है। यह आपके भविष्य को सुरक्षित करने, अवसरों का विस्तार करने, और यह सुनिश्चित करने के बारे में है कि आप केवल किस्मत या लॉटरी जीतने पर निर्भर हुए बिना जीवन में आगे बढ़ सकें। इसके लिए धैर्य, ज्ञान, और हर नए तकनीकी गैजेट पर अपनी बचत उड़ाने की इच्छा का विरोध करने की क्षमता की आवश्यकता होती है जो "खेल बदलने" का वादा करता है। जो लोग इसे सही तरीके से करते हैं, वे सिर्फ धन संचित नहीं करते हैं। वे स्थिरता, शक्ति और एक ऐसा जीवन बनाते हैं जहाँ वित्तीय तनाव एक स्थायी साथी के बजाय एक दूर की याद बन जाता है।

वित्त की खोज के लाभ

वित्तीय बुद्धिमत्ता कई लाभ प्रदान करती है जो अल्पकालिक और दीर्घकालिक वित्तीय निर्णयों पर सकारात्मक प्रभाव डालते हैं। आइए वित्तीय बुद्धिमत्ता के लाभों और प्रभावों की गहन जांच करें:

वित्तीय बुद्धिमत्ता, वित्तीय विकल्पों के उथल-पुथल भरे सागर में एक अनिवार्य दिशा-सूचक है, जो व्यक्तियों को व्यक्तिगत वित्त की जटिल भूलभुलैया से गुजरने की समझ प्रदान करती है। ज्ञान और विवेक के विवेकी मिश्रण में निहित, यह क्षमता व्यक्तियों को दूरदर्शिता से परिपूर्ण निर्णय लेने के लिए मार्गदर्शन करती है। वित्तीय बुद्धिमत्ता का दायरा कई आयामों का एक विस्तृत परिदृश्य है, जिनमें से प्रत्येक वित्तीय स्थिरता, विकास और शांति के सिद्धांतों के अनुरूप लाभों की एक संगति में योगदान देता है। वित्तीय बुद्धिमत्ता के केंद्र में ठोस वित्तीय निर्णय लेने की क्षमता का कौशल निहित है।

इस बौद्धिक क्षमता में विविध कारकों का सावधानीपूर्वक मूल्यांकन, अंतर्निहित जोखिमों का कुशल विश्लेषण, और प्रत्येक वित्तीय विकल्प से उत्पन्न होने वाले दूरगामी प्रभावों का एक व्यापक आकलन शामिल है। यह दूरदर्शिता और सूझबूझ का संगम है जो आवेगपूर्ण वित्तीय विकल्पों की मनमानी के खिलाफ एक अग्रिम पंक्ति के रूप में सामने आता है।

वित्तीय बुद्धिमत्ता का एक केंद्रीय पहलू बेहतर धन प्रबंधन में महारत हासिल करना है। यह कला बजट के कुशल समन्वय, ज़रूरतों और चाहतों के बीच विवेकपूर्ण अंतर, और आवेगपूर्ण खर्चों से कुशलतापूर्वक बचने के इर्द-गिर्द घूमती है। मौद्रिक प्रबंधन में यह विवेक बेहतर वित्तीय नियंत्रण सुनिश्चित करता है और एक ऐसी अमिट सूझबूझ प्रदान करता है जो जीवन भर की वित्तीय प्रभावशीलता का आधार बनती है।

वित्तीय बुद्धिमत्ता के साथ-साथ ऋण को कम करने और उससे बचने का गुण भी जुड़ा हुआ है। इस दर्शन के अनुयायी ऋण को विवेकपूर्ण ढंग से प्रबंधित करने की कला में निपुण होते हैं, और व्यवस्थित चुकौती के लिए सावधानीपूर्वक रणनीतियाँ बनाते हैं। यह गाथा एक रणनीतिक नृत्य की तरह है, जहाँ ब्याज भुगतान का बोझ समाप्त हो जाता है, और वित्तीय अनुशासन के साथ सामंजस्यपूर्ण तालमेल में क्रेडिट स्कोर बढ़ते हैं।

कल्पना कीजिए कि अगर टाइटैनिक के पास एक आपातकालीन कोष होता। नहीं, सच में। अगर किसी ने सोचा होता, "अरे, शायद हमें यह मानने के बजाय कि सब कुछ ठीक हो जाएगा, सबसे बुरे के लिए योजना बनानी चाहिए," तो शायद चीजें अलग होतीं। वही सिद्धांत वित्तीय बुद्धिमत्ता पर भी लागू होता है। समझदारी से बचत और निवेश करना इस बात को सुनिश्चित करने जैसा है कि आपके रूपक वित्तीय जहाज में पर्याप्त लाइफबोट हों। जो लोग इस

अवधारणा को नजरअंदाज करते हैं, वे मूल रूप से यह चिल्ला रहे होते हैं, "बर्फ के पहाड़ सिर्फ एक मिथक हैं!" जबकि उनके बैंक खाते धीरे-धीरे खाई में डूब रहे होते हैं।

वित्तीय बुद्धिमत्ता जीवन में "आशा और सकारात्मक भावनाओं" वाले दृष्टिकोण पर भरोसा करने के बजाय आपात स्थिति के लिए पैसे बचाने से शुरू होती है। एक अच्छी तरह से भरा हुआ आपातकालीन कोष आपको कर्ज के दलदल में फंसने से बचाएगा जब जीवन आपको कोई वित्तीय चुनौती दे, जैसे कि अप्रत्याशित कार की मरम्मत, बीमारी का बिल, या नौकरी का नुकसान।

फिर, दीर्घकालिक वित्तीय सुरक्षा है, जो इस वित्तीय सिम्फनी का अंतिम भव्य समापन है। इसे सेवानिवृत्ति योजना की तरह सोचें, लेकिन किस्मत या आखिरी समय में लगी लॉटरी जीत पर निर्भर रहने के बजाय, इसमें स्मार्ट निवेश, सही बीमा, और कभी-कभार कोई ज़िम्मेदार वित्तीय निर्णय शामिल होता है। जो लोग इसमें महारत हासिल कर लेते हैं, वे अपने सुनहरे साल बिलों की चिंता में नहीं बिताते। इसके बजाय, वे आराम से बैठकर जीवन का आनंद लेते हैं जबकि बाकी सब यह समझने के लिए संघर्ष करते हैं कि तनख्वाह से तनख्वाह गुज़ारा करना एक भयानक सेवानिवृत्ति योजना क्यों है।

संक्षेप में, वित्तीय बुद्धिमत्ता को नज़रअंदाज़ करना उस व्यक्ति के आत्मविश्वास के साथ आपदा की ओर पूरी गति से बढ़ने के बराबर है, जिसने अभी-अभी जाना है कि बजट क्या होता है। समझदारी भरा कदम है तैयारी करना, निवेश करना और बचत करना, जब तक कि आप "क्या मैं इससे बचूँगा या नहीं?" के वित्तीय संस्करण को खेलना पसंद न करें।

संपत्ति संचय के बीज वित्तीय बुद्धिमत्ता की उपजाऊ मिट्टी में पनपते हैं। यह परिदृश्य समझदारी भरे निवेशों के प्रसार, चक्रवृद्धि की घातीय वृद्धि क्षमता को अपनाने, और बाजार के अवसरों का चतुराई से लाभ उठाने का गवाह है। इसका परिणाम एक ऐसा वैभव है जो समय के साथ बढ़ता है, जो व्यक्ति की वित्तीय समझदारी के विकास को दर्शाता है।

वित्तीय बुद्धिमत्ता केवल अर्थशास्त्रियों और स्प्रेडशीट के शौकीनों के लिए कोई अवधारणा नहीं है। यह तनाव कम करने और इस भ्रम को बनाए रखने का रहस्यमयी सूत्र है कि जीवन कुछ हद तक नियंत्रण में है। व्यक्तिगत वित्त की ठोस समझ और एक वास्तविक योजना का होना एक वित्तीय पैनिक रूम बनाने जैसा है। यह आपको अप्रत्याशित बिलों, खराब वित्तीय

निर्णयों और अपने बैंक खाते की जाँच करते समय होने वाले उस बहुत परिचित भय के अंतहीन चक्र से सुरक्षित रखता है।

एक सुव्यवस्थित वित्तीय जीवन का मतलब स्वतंत्रता भी है, या कम से कम किसी जादुई बॉल से सलाह लिए बिना विकल्प चुनने की क्षमता। जो लोग कर्ज में डूबे नहीं हैं, वे कम प्रतिबंधों के साथ जीवन में आगे बढ़ते हैं, और अपने बैंक बैलेंस की मजबूरी के बजाय अपने वास्तविक लक्ष्यों के आधार पर निर्णय लेते हैं। जब वित्तीय मामले सुलझे होते हैं, तो जीवन एक कभी न खत्म होने वाले वित्तीय उतार-चढ़ाव के खेल जैसा कम और एक नियंत्रित, जानबूझकर की गई यात्रा जैसा अधिक लगता है।

पैसे का बुद्धिमानी से प्रबंधन करना सिर्फ बटुए वाले व्यक्ति को ही लाभ नहीं पहुँचाता है। इसका प्रभाव वापस देने के महान, पुण्य कार्य तक भी फैलता है। वित्तीय ज्ञान वाला व्यक्ति उन कारणों को दान करने के लिए कहीं बेहतर स्थिति में होता है जो मायने रखते हैं, बजाय इसके कि वह यह दिखावा करे कि वह "कभी" योगदान देगा जब उसकी वित्तीय स्थिति जादुई रूप से ठीक हो जाएगी। अतिरिक्त धन होने का मतलब है वास्तव में छात्रवृत्ति को फंड करने, चैरिटी का समर्थन करने, या अत्यधिक महंगी सदस्यता सेवाओं से कहीं अधिक सार्थक किसी चीज़ में निवेश करने की शक्ति, जिनका उपयोग कभी नहीं किया जाता।

वित्तीय बुद्धिमत्ता रिश्तों में भी अपना रास्ता बना लेती है, जहाँ पैसों के मुद्दे सबसे आशाजनक प्रेम कहानियों को भी बिखेर देने के लिए जाने जाते हैं। जो जोड़े पैसों पर खुलकर चर्चा करते हैं, बिना इसे एक निष्क्रिय-आक्रामक बहस में बदले, उन्हें कम वित्तीय बहसों का अनुभव होता है। वित्तीय लक्ष्यों की साझा समझ विश्वास बनाती है, साझेदारी को मजबूत करती है, और इस बात की संभावना को नाटकीय रूप से कम कर देती है कि जब भी कोई साथी कुछ थोड़ी बहुत फिजूलखर्ची देखता है तो फुसफुसाकर कहे, "हम इसे वहन नहीं कर सकते।"

वित्तीय सफलता का मार्ग खोजना

अपने वित्त का प्रबंधन करना 'द लॉर्ड ऑफ द रिंग्स' में माउंट डूम तक फ्रोडो की यात्रा की तरह है—चुनौतीपूर्ण, थका देने वाला, और गलत फैसलों से भरा जो कभी भी हो सकते हैं। आपके वित्तीय लक्ष्य, चाहे वह कर्ज चुकाना हो, सेवानिवृत्ति के लिए बचत करना हो, या

घर खरीदना हो, वे पहाड़ हैं जिन तक आपको पहुंचना है। समस्या? ज्यादातर लोग अपने वित्तीय भविष्य में भटकते हुए अनजान हॉबिट्स की तरह चले जाते हैं, इस उम्मीद में कि सब कुछ अपने आप ठीक हो जाएगा। स्पॉइलर: ऐसा नहीं होगा।

बजट आपका नक्शा है। इसके बिना, आप आर्थिक रूप से खोए हुए हैं, बेतरतीब फैसले ले रहे हैं और सोच रहे हैं कि जब चीजें गंभीर हो जाती हैं तो आपका पैसा गैंडाल्फ की तरह तेजी से क्यों गायब हो जाता है। अपनी आय और व्यय पर नज़र रखने से आप पैसों के जालों से बचते हैं और वास्तव में अपने लक्ष्यों की ओर बढ़ते हैं।

लोग उम्मीद करते हैं कि वित्तीय सफलता जादुई रूप से हो जाएगी। ऐसा नहीं होता। यहां तक कि फ्रोडो को भी मेहनत करनी पड़ी थी। जब तक आपके पास भयानक वित्तीय विकल्पों से बचाने के लिए कोई सैमवाइज़ गेम्जी नहीं है, तब तक योजना बनाना शुरू करें, आवेग में खर्च करना बंद करें, और अपनी यात्रा को नियंत्रित करें—इससे पहले कि आपका बैंक खाता मॉर्डोर में बदल जाए।

जैसे एक मेहनती गिलहरी सर्दियों के लिए अखरोट जमा करती है, वैसे ही नियमित बचत वित्तीय सफलता की नींव है। इसे एक आदत के रूप में सोचें, जैसे बगीचे की देखभाल करना। एक समर्पित बचत खाते में ट्रांसफर को स्वचालित करना उस बगीचे में पानी देने जैसा है, जो निरंतर ध्यान की आवश्यकता के बिना आपके वित्तीय भविष्य को पोषित करता है।

अपनी बचत को जीवन के अप्रत्याशित तूफानों के खिलाफ एक मजबूत ढाल के रूप में कल्पना करें। एक आपातकालीन कोष, जो वित्तीय लचीलेपन के किले के समान है, आपको उन अप्रत्याशित आंधी-तूफानों से बचाता है जो आ सकते हैं। इस सुरक्षा कवच के होने पर, आप बिना उच्च-ब्याज वाले कर्ज का सहारा लिए किसी भी अप्रत्याशित चुनौती का सामना करने के लिए सुसज्जित होंगे।

कर्ज एक ड्रैगन की तरह हो सकता है, जो आपकी वित्तीय आकांक्षाओं पर आग उगलता है। उच्च-ब्याज वाले कर्जों को प्राथमिकता देकर इस दानव को वश में करना, लड़ाई की तैयारी में कवच पहनने जैसा है। जैसे-जैसे आप अपने कर्जों को चुकाते हैं, आप वित्तीय स्वतंत्रता के क्षेत्र की ओर एक रास्ता साफ करेंगे।

पैसे के बारे में सीखना एक नई भाषा सीखने जैसा है। वित्तीय ज्ञान को एक सार्वभौमिक अनुवादक के रूप में कल्पना करें जो आपको वित्त की जटिल बोली को समझने की अनुमति

देता है। इस उपकरण से लैस होकर, आप निवेश के अवसरों को समझ सकते हैं, जटिल शर्तों को सुलझा सकते हैं, और व्यक्तिगत वित्त के जटिल जाल में आत्मविश्वास से अपना रास्ता बना सकते हैं। निवेश एक जादुई बगीचे में बीज बोने जैसा है जो समय के साथ बढ़ता है। विविधीकरण एक जादुई मंत्र की तरह है जो आपके बगीचे को एक ही चूक से बचाता है, यह सुनिश्चित करते हुए कि यदि एक पौधा लड़खड़ाता है, तो दूसरे फलेंगे-फूलेंगे। बगीचे की देखभाल धैर्य से की जाती है, जो तूफानों का सामना करता है और धूप का आनंद लेता है, जिसके परिणामस्वरूप वर्षों में भरपूर फसल होती है।

बाज़ार में उतार-चढ़ाव सीधे मैक्रोइकॉनॉमिक चर, निवेशक भावना, और वैश्विक वित्तीय परस्पर निर्भरता से होते हैं, जो एक गतिशील वातावरण बनाते हैं जहाँ परिसंपत्ति मूल्यांकन में निरंतर पुनर्संतुलन होता है। स्टोकास्टिक मॉडल की तरह ही, वे संभाव्य परिणामों की भविष्यवाणी करते हैं। बाज़ार किसी निश्चित पथ का पालन नहीं करता है। भावनात्मक ट्रेडिंग पहले से ही जटिल समीकरण में अतार्किक चरों को शामिल करती है, जिससे अक्सर अनुकूलतम से कम निर्णय लेने का कारण बनती है। एक विवेकशील निवेशक, क्वांटम उतार-चढ़ाव का निरीक्षण करने वाले एक भौतिक विज्ञानी की तरह, यह समझता है कि अल्पकालिक अस्थिरता दीर्घकालिक संपत्ति के प्रदर्शन का संकेतक नहीं है। सांख्यिकीय प्रतिगमन और ऐतिहासिक डेटा विश्लेषण से पता चलता है कि बाज़ार सुधार न केवल अपरिहार्य हैं, बल्कि टिकाऊ वित्तीय संतुलन के लिए आवश्यक भी हैं।

वास्तविक जीवन में, उपभोक्ता खर्च को अनुकूलित करने के लिए गेम थ्योरी जैसी रणनीतिक पद्धति की आवश्यकता होती है। मूल्य वार्ताएँ नैश संतुलन जैसी स्थितियाँ होती हैं, जहाँ खरीदार और विक्रेता दोनों सौदे की सीमाओं के भीतर रहते हुए अधिकतम लाभ प्राप्त करने की कोशिश करते हैं। कीमतें निर्धारित करने में हुई त्रुटियों का लाभ उठाकर पैसा कमाना जोखिम आर्बिट्रेज के समान है, जो कैशबैक प्रोग्राम और डिस्काउंट स्टैकिंग करते हैं। अंत में, अपनी संपत्ति को सुरक्षित रखना आवेग में काम करने से कम और हर लेन-देन को एक बड़े आर्थिक परीक्षण की तरह लेने से अधिक है।

नियोक्ता लाभ एक सुसज्जित शस्त्रागार की तरह हैं, जो आपकी वित्तीय यात्रा के लिए आपको लैस करने के लिए तैयार हैं। सेवानिवृत्ति योजनाएं, स्वास्थ्य बचत खाते, और लचीले व्यय खाते वे उपकरण हैं जो आपकी वित्तीय सुरक्षा को मजबूत करते हैं, जिससे आप भविष्य

की चुनौतियों का आत्मविश्वास के साथ सामना कर सकते हैं। बीमा अप्रत्याशित आपदाओं के खिलाफ एक ढाल के रूप में काम करता है, यह सुनिश्चित करते हुए कि आप बिना छाते के तेज बारिश में न फंसें। इसे एक कवच समझें जो आपकी वित्तीय भलाई की रक्षा करता है और आपको जीवन में आने वाली अनपेक्षित बाधाओं से बचाता है।

जैसे-जैसे आपकी आय बढ़ती है, अपने खर्च को एक बगीचे के रूप में सोचें जिसे सावधानी से संवारने की आवश्यकता है। अपने खर्चों को अनियंत्रित बेलों की तरह बढ़ने देने के बजाय, अनुशासन और संयम का अभ्यास करें, जिससे आप अपने वित्तीय सपनों को संवारने के लिए अधिक संसाधन आवंटित कर सकें। अपनी वित्तीय यात्रा की कल्पना एक रोमांचक साहसिक कार्य के रूप में करें, जिसमें रास्ते में जाँच-बिंदु हों। नियमित वित्तीय जाँच-पड़ताल रेगिस्तान के अभियान में किसी मरुस्थल के अड्डे पर आराम करने के समान है। ये छोटे-छोटे ठहराव आपको अपनी प्रगति का पुनर्मूल्यांकन करने, अपने मार्ग को ठीक करने, और यह सुनिश्चित करने की अनुमति देते हैं कि आप अभी भी अपने गंतव्य तक पहुँचने के रास्ते पर हैं।

जब आप लापरवाही से खर्च करते हैं और अच्छे की उम्मीद करते हैं, तो सेवानिवृत्ति की योजना अपने आप जादुई रूप से ठीक नहीं हो जाती। यह एक धीमी प्रक्रिया है जिसमें मेहनत लगती है, ठीक IKEA का फर्नीचर जोड़ने की तरह, बस फर्क यह है कि यहाँ खोए हुए स्क्रू आपके बुरे वित्तीय निर्णय होते हैं। आप जितनी जल्दी शुरुआत करेंगे, यह उतना ही आसान होगा। आप जितनी देर से शुरुआत करेंगे, आपको उतनी ही ज़्यादा चीज़ों को जोड़-तोड़ कर काम चलाना पड़ेगा, इस उम्मीद में कि आपके बुरे फैसलों के बोझ तले आपकी सेवानिवृत्ति ढह न जाए।

यह मान लेना कि वित्तीय सफलता रातों-रात मिलती है, यही कारण है कि कुछ लोग 50 की उम्र पार करने के बाद यह सोचते हैं कि उनका भविष्य खुद अपनी गलतियों को क्यों नहीं सुधार पाया। हर चुनाव या तो वित्तीय स्थिरता का निर्माण करता है या गड्ढा और गहरा कर देता है। यदि आप सेवानिवृत्ति की योजना को नजरअंदाज करते हैं, तो आश्चर्यचकित न हों जब आपके सुनहरे साल आरामदायक स्वर्ग की तरह कम और एक वित्तीय बंजर भूमि की तरह अधिक दिखें, जहाँ आप कॉफी को राशन कर रहे हों और यह बहस कर रहे हों कि सर्दियों में हीटिंग वास्तव में आवश्यक है या नहीं।

वित्तीय बुद्धिमत्ता के उदाहरण

वित्तीय ज्ञान के परम सत्य की तलाश में, उन लोगों से सीखना मददगार होता है जिन्होंने इस खेल में महारत हासिल कर ली है। कुछ लोग जीवन में वित्तीय गलतियाँ करते हुए लड़खड़ाते हैं, जबकि अन्य ऐसा लगता है कि उन्होंने कोई गुप्त चीट कोड अनलॉक कर लिया है जो उन्हें शीर्ष पर बनाए रखता है। ये व्यक्ति केवल अमीर नहीं हैं; वे इस बात के चलती-फिरती केस स्टडी हैं कि पैसा कैसे कमाएं, पैसा कैसे रखें, और और भी पैसा कैसे कमाएं, जबकि हम बाकी लोग इस पर बहस करते हैं कि ग्वाकामोले पर धूम-धाम से खर्च करें या नहीं।

वॉरेन बफे, जिन्हें "ओमाहा के ओरेकल" के नाम से जाना जाता है, ने अपना जीवन यह साबित करने में बिताया है कि धैर्य और सोची-समझी निवेश से जेब खर्च को भी एक साम्राज्य में बदला जा सकता है। उनका तरीका सरल है: उन कंपनियों में निवेश करें जो वास्तव में समझ में आती हैं, उन्हें एक जिद्दी दादा-दादी की तरह पुराने फैशन ट्रेंड्स से चिपके रहते हैं, और चक्रवृद्धि को अपना जादू दिखाने दें। जहाँ दूसरे बाजार में गिरावट देख कर घबरा जाते हैं, वहीं बफे एक कोक के साथ आराम से बैठकर अपनी संपत्ति को बढ़ते हुए देखते हैं, और साथ ही दुनिया को यह याद दिलाते हैं कि आवेगपूर्ण निर्णय वित्तीय विनाश का एक त्वरित मार्ग हैं।

ओपरा विनफ्रे ने एक अलग रास्ता अपनाया। उन्होंने सिर्फ एक ब्रांड नहीं बनाया; वह खुद ही ब्रांड बन गई। एक स्थानीय समाचार एंकर से मीडिया मोगल तक का उनका सफर इस बात का सबूत है कि प्रामाणिकता, चतुर व्यावसायिक कदम, और राष्ट्रीय टेलीविजन पर लोगों को रुलाने की क्षमता वित्तीय प्रभुत्व की ओर ले जा सकती है। उन्होंने कहानी कहने को अरबों डॉलर के उद्यम में बदल दिया, यह दिखाते हुए कि रणनीतिक ब्रांडिंग और यह जानना कि दर्शकों को क्या पसंद है, एक व्यक्तिगत साम्राज्य को एक सांस्कृतिक घटना में बदल सकता है।

इलॉन मस्क पूरी तरह से अलग तरंग पर काम करते हैं। जहाँ ज़्यादातर लोग आराम से रिटायर होने की कोशिश करते हैं, वहीं वह मंगल ग्रह को रहने योग्य बनाने और मानव मस्तिष्क को ऑपरेटिंग सिस्टम में बदलने पर अपनी किस्मत आज़माना चुनते हैं। उनकी वित्तीय समझदारी में साहस, सोचे-समझे जोखिम और नवाचार के प्रति लगभग लापरवाह प्रतिबद्धता का एक उच्च-दांव वाला मिश्रण है। चाहे इलेक्ट्रिक कारें लॉन्च करना हो, पुन:

प्रयोज्य रॉकेट हों, या विवादास्पद ट्वीट, मस्क ने यह दिखाया है कि वित्तीय सफलता सिर्फ सुरक्षित खेलने के बारे में नहीं है। कभी-कभी, यह बहुत बड़े दांव लगाने, लोगों को यह विश्वास दिलाने कि वे आवश्यक हैं, और फिर किसी तरह उन्हें सफल बनाने के बारे में होता है।

फेसबुक की वृद्धि और लाभप्रदता के पीछे की प्रेरक शक्ति, शेरिल सैंडबर्ग, रणनीतिक दूरदर्शिता और प्रभावी नेतृत्व के माध्यम से वित्तीय बुद्धिमत्ता का उदाहरण प्रस्तुत करती हैं। तकनीकी परिदृश्य में मार्गदर्शन करने और टिकाऊ व्यावसायिक मॉडलों का अनावरण करने में उनकी भूमिका दूरदर्शी नेतृत्व की महत्वपूर्ण भूमिका को रेखांकित करती है।

निवेश और परोपकार में एक प्रतीक, जॉर्ज सोरोस, वैश्विक अर्थशास्त्र की अपनी समझ के माध्यम से वित्तीय बुद्धिमत्ता को बुनते हैं। भू-राजनीतिक रुझानों को समझने और साहसिक निवेश निर्णय लेने की उनकी क्षमता, दुनिया के मामलों की गहरी समझ के साथ वित्तीय समझ को जोड़ने में एक उत्कृष्ट उदाहरण है। जेफ़ बेज़ोस, अमेज़ॅन के तीव्र विकास के सूत्रधार, दीर्घकालिक दृष्टि और ग्राहक-केंद्रित नवाचार पर ध्यान केंद्रित करके वित्तीय बुद्धिमत्ता का प्रतीक हैं। अनुकूलनशीलता और भविष्य में निवेश के प्रति उनकी प्रतिबद्धता महत्वाकांक्षी उद्यमियों के लिए एक प्रकाशस्तंभ के रूप में कार्य करती है।

मैरी बार्रा जनरल मोटर्स के शीर्ष पर हैं, और दुनिया की सबसे बड़ी कार कंपनियों में से एक का संचालन एक अनुभवी कप्तान की तरह कर रही हैं, जो एक ऐसे उद्योग में मार्ग तय कर रही हैं जो कभी बदलना बंद नहीं करता। वह सिर्फ वित्तीय मामलों का प्रबंधन ही नहीं करतीं; वह अरबों डॉलर के कदम एक शतरंज के ग्रैंडमास्टर की सटीकता के साथ चलाती हैं, जो साथ ही साथ पाँच अन्य खेल भी खेल रहा हो। कंपनी को इलेक्ट्रिक वाहनों की ओर ले जाने से लेकर गैर-लाभकारी उद्यमों से अनावश्यक खर्च कम करने तक, उसके हर निर्णय में रणनीतिक नेतृत्व की एक उत्कृष्ट मिसाल मिलती है। अगर आपको लगता है कि अपना व्यक्तिगत बजट संभालना मुश्किल है, तो निवेशक आपके ऊपर नज़र बनाए हुए हैं, ऐसे में पूरे उद्योग के भविष्य को संतुलित करने की कोशिश करें।

दूसरी ओर, मार्क क्यूबन, कारोबारी दुनिया की सबसे ज़ोरदार याद दिलाते हैं कि स्मार्ट निवेश कमज़ोर दिल वालों के लिए नहीं है। वह सिर्फ पैसा उड़ाते नहीं हैं। वह एक ऐसे पोकर खिलाड़ी की तीव्रता के साथ खेल खेलते हैं जो पहले से ही बाकी सभी के पत्ते जानता हो।

खेल टीमों के मालिक होने से लेकर उन स्टार्ट-अप्स में निवेश करने तक जो दुनिया पर कब्ज़ा कर सकते हैं या नहीं कर सकते, क्यूबन वित्तीय निर्णयों को एक फुल-कांटैक्ट खेल की तरह लेते हैं। उनका रहस्य? वास्तव में, वह क्या कर रहा है यह जानना एक ऐसी अवधारणा है जो रॉबिनहुड खाते और एक सपने वाले कई लोगों की समझ से अभी भी परे है। जहाँ अधिकांश निवेशक गिरावट के पहले संकेत पर घबरा जाते हैं, वहीं वह और अधिक निवेश कर देता है, यह साबित करते हुए कि वित्तीय बुद्धिमत्ता भाग्य की तुलना में यह जानने पर अधिक निर्भर करती है कि कब टिकना है, कब पीछे हटना है, और कब झूठी चाल को बेनकाब करना है।

अलीबाबा ग्रुप के दूरदर्शी सह-संस्थापक जैक मा, अपनी विनम्र शुरुआत से लेकर वैश्विक प्रसिद्धि तक की यात्रा के माध्यम से वित्तीय बुद्धिमत्ता का प्रतीक हैं। नवाचार और अनुकूलनशीलता पर उनका जोर, लगातार विकसित हो रहे डिजिटल परिदृश्य में गहराई से प्रतिध्वनित होता है।

अबीगेल जॉनसन, फिडेलिटी इन्वेस्टमेंट्स की प्रमुख, वित्तीय सेवाओं के क्षेत्र में अपने नेतृत्व के माध्यम से वित्तीय बुद्धिमत्ता का प्रतीक हैं। उनका प्रबंधन ग्राहक-केंद्रित समाधानों और सतत विकास के सार को दर्शाता है।

ये वित्तीय प्रतिभाएं जादुई प्राणी नहीं हैं जो धन पर अचानक पहुँच गए, जबकि आप यह सोचते हुए बैठे हैं कि आपका बैंक खाता हमेशा संकट में क्यों रहता है। उन्हें किस्मत का साथ नहीं मिला। उन्होंने बुनियादी वित्तीय सिद्धांतों का पालन किया जबकि बाकी दुनिया ने उन्हें अनदेखा किया और फिर कंगाल होने की शिकायत की। उन्होंने एक स्पष्ट रोडमैप छोड़ा है, लेकिन ईमानदारी से कहें तो: ज़्यादातर लोग वास्तव में इसका पालन करने के बजाय ऑनलाइन बकवास देखना ज़्यादा पसंद करेंगे।

वित्तीय बुद्धिमत्ता ऐसी चीज़ नहीं है जिसे आप जल्दबाज़ी में हासिल कर सकें, चाहे आप कितनी भी बुरी तरह से रातों-रात कंगाल से अरबपति बनना चाहें। यह एक लेख पढ़ने और अचानक यह सोच लेने से नहीं आती कि आप पैसे पर महारत हासिल कर चुके हैं। यह आज़माइश और गलती से आती है, और अंत में, यह स्वीकार करने से कि आपकी खर्च करने की आदतें ही आपकी वित्तीय कहानी के असली खलनायक हैं। हर सुझाव, सबक और रणनीति को काम करने में समय लगता है।

यदि आप तुरंत परिणामों की उम्मीद करते हैं, तो आप धन के रास्ते पर नहीं हैं। आप निराशा के रास्ते पर हैं।

अध्याय 6

आजीवन संबंध

अगर कोई एक चीज़ है जिसमें इंसान माहिर हैं, तो वह है रिश्तों को उलझाना। मन, अपनी सारी कल्पित प्रतिभा के बावजूद, खुद को उन संबंधों से जोड़ लेता है जैसे कोई कुत्ता अपनी पूंछ का पीछा करता हो—बेचैन, लगातार, और कभी-कभी इस बात से हैरान कि उसने यह शुरू ही क्यों किया। रिश्ते वह अव्यवस्था हैं जिसके लिए हम खुशी-खुशी खुद को तैयार करते हैं, यह खुशी, निराशा और उन लोगों से मिली अनचाही जीवन सलाह का एक जटिल मिश्रण है जिनकी अपनी ज़िंदगी ही अभी तक सुलझी नहीं है।

मनोवैज्ञानिक इस बात पर ज़ोर देते हैं कि मनुष्य सामाजिक प्राणी हैं, जो जैविक रूप से साथी की चाहत के लिए बने हैं। आजीवन संबंध, वे संबंध जो किसी तरह समय, व्यक्तिगत टूटन, और पछतावाजनक टेक्स्ट संदेशों से बच जाते हैं, वही हमें आकार देते हैं। वे हमारी भावनात्मक बुद्धिमत्ता की माप हैं, वे दर्पण हैं जो हमारे सर्वोत्तम और सबसे बुरे गुणों दोनों को दर्शाते हैं, और ज्ञान के अप्रत्याशित स्रोत हैं जो तब हमारे गाल पर थप्पड़ मारते हैं जब हमें इसकी सबसे कम उम्मीद होती है।

यहाँ, हमें यह समझने की ज़रूरत है कि बुद्धिमत्ता निर्वात में विकसित नहीं होती है। यह अनसुलझी बहसों की अजीब खामोशियों में, इस विनम्र एहसास में कि किसी और की बात में दम हो सकता है, और "मैंने तुम्हें पहले ही कहा था" कहने से बचने के लिए आवश्यक आत्म-नियंत्रण में पनपती है। विडंबना यह है कि जहाँ रिश्ते अक्सर उलझे हुए और परेशान करने वाले होते हैं, वहीं वे ही कारण हैं कि हम बेहतर विचारक, अधिक आत्म-जागरूक व्यक्ति और अपने आप का थोड़ा कम हास्यास्पद संस्करण बनते हैं।

आजीवन संबंधों के लाभ

मानव मन, परमाणुओं को विभाजित करने और बिल्ली के वीडियो बनाने में अपनी सारी प्रतिभा के बावजूद, एक बहुत ही दुखद दोष रखता है। यह क्षणभंगुरता और शाश्वतता, दोनों

की लालसा करता है, कभी-कभी एक ही समय में। एक ओर, लोग नई चीज़ों के क्षणिक रोमांच को पसंद करते हैं—नई नौकरियां, नए रुझान, नए अस्तित्व संबंधी संकट। दूसरी ओर, वे ऐसी किसी चीज़ की लालसा करते हैं जो हर पांच मिनट में उनके पैरों तले से फिसल न जाए। आजीवन संबंध ठीक इसी अजीब चौराहे पर स्थित हैं, जो एक ऐसी दुनिया में स्थिरता की एक दुर्लभ भावना प्रदान करते हैं जो एक सब्जी खाने से इनकार करने वाले छोटे बच्चे से भी अधिक बार अपना मन बदलती है।

ऐसे समय में जब सब कुछ एक बार इस्तेमाल करके फेंक देने योग्य है—फास्ट फूड, जल्दी से बने कपड़े, और दुख की बात है, जल्दी से बनी दोस्ती—असली, लंबे समय तक चलने वाले रिश्ते अतीत की कोई चीज़ लगते हैं। आधुनिक समाज सुविधा का आदी है, और गहरे संबंधों को बनाए रखने के लिए प्रयास, धैर्य और वास्तविक एकाग्रता की आवश्यकता होती है, ये सभी जाहिर तौर पर विलुप्तप्राय प्रजातियों की सूची में हैं। दुनिया ऐसे लोगों से भरी है जो मानते हैं कि भावनात्मक बंधन कभी-कभार टेक्स्ट करने और इंस्टाग्राम लाइक से बनाए जा सकते हैं। स्पॉइलर अलर्ट: वे नहीं बन सकते। आजीवन संबंध, असली संबंध, कुछ डिजिटल इंटरैक्शन और एक साझा वाई-फाई पासवर्ड से कहीं ज़्यादा की मांग करते हैं। उन्हें वास्तविक समर्पण की आवश्यकता होती है, और किसी कारण से, यह लोगों को उनके छात्र ऋण से भी ज़्यादा डराता है।

इस सब का जो तर्कहीन है, वह यह है कि ये रिश्ते, वास्तव में, जीवित रहने का रहस्य हैं। कोई भी बिना किसी चोट के जीवन से नहीं गुजरता। बुरे दिन, अस्तित्वगत संकट, और वित्तीय आपदाएं अपरिहार्य हैं, और एक मजबूत समर्थन प्रणाली आपके वापस उबरने और अपनी व्यक्तिगत त्रासदी का नायक बनने के बीच का अंतर हो सकती है। आजीवन संबंध, चाहे वे दोस्तों, परिवार, या उस एक सहकर्मी के साथ हों जो किसी तरह आपके सभी शर्मनाक रहस्य जानता है, भावनात्मक बीमा पॉलिसी के रूप में काम करते हैं। वे वही लोग हैं जो आपके 2 बजे सुबह के फोन का जवाब देते हैं, वही जो आपको याद दिलाते हैं कि आप कौन हैं जब आप खुद को पूरी तरह से भूल चुके होते हैं।

इसमें एक सुखद विडंबना भी है कि रिश्ते अब तक के सबसे अच्छे आत्म-सुधार के उपकरण हैं। वे लोगों को अपनी सबसे बुरी विशेषताओं—हठी स्वभाव, खराब संचार कौशल, और एक समझदार वयस्क की तरह माफी न मांग पाने की अक्षमता—को स्वीकार

करने के लिए मजबूर करते हैं। रिश्ते, अपनी निराशाजनक, थका देने वाली चमक के साथ, विकास की मांग करते हैं। वे वास्तविकता की जांच हैं जिनकी कोई मांग तो नहीं करता, लेकिन उन्हें बेताबी से जरूरत होती है। हर गहरा रिश्ता एक आईना होता है, जो ताकत और स्पष्ट दोषों, दोनों को उजागर करता है, और वास्तविक परिवर्तन का अवसर प्रदान करता है।

एक व्यापक स्तर पर, ये संबंध समाज को एक साथ जोड़ने वाला गोंद हैं। साझा मूल्यों और पीढ़ियों की बुद्धिमत्ता पर बने समुदाय केवल स्थिरता ही नहीं बनाते; वे संस्कृतियों, परंपराओं और कभी-कभार परिवार की उस रेसिपी को भी संरक्षित करते हैं जिसे बदलने की कोई हिम्मत नहीं करता। दीर्घकालिक संबंधों के बिना, सब कुछ एक बड़ी, असंबद्ध गड़बड़ी में बदल जाता है, जिसमें लोग एक उथले संबंध से दूसरे उथले संबंध की ओर भटकते रहते हैं, और सोचते हैं कि वे असंतुष्ट क्यों महसूस करते हैं।

हालांकि आधुनिक जीवन ध्यान भटकाने वाली चीजों से भरा है, फिर भी आजीवन संबंध मजबूत बने हुए हैं। वे दिखाते हैं कि दूसरे लोगों से जुड़ना सिर्फ एक अच्छा विचार नहीं है; यह एक बुनियादी जरूरत है। बेशक, चुनौती यह है कि लोगों को यह समझाया जाए कि इन रिश्तों में निवेश करना स्मार्टफोन से पहले के युग की कोई पुरानी सोच नहीं है। यह वही चीज़ है जो जीवन को उसका अर्थ, गहराई और इस अराजकता को समझने का एक मौका देती है।

आजीवन संबंधों को संजोना

साँस लेने से लेकर सुबह 3 बजे अत्यधिक सोचने तक, हर चीज़ का कमांड सेंटर होने के बावजूद, आपका मस्तिष्क एक नरम, बिजली से चलने वाला अंग है जो संबंधों पर पनपता है। हर बार जब आप कुछ सीखते हैं, कुछ महसूस करते हैं, या सोशल मीडिया पर अपने एक्स को स्टॉक करते हैं, तो आपके न्यूरॉन्स छोटी-छोटी विद्युत चिंगारियाँ उत्सर्जित करते हैं, जिससे सिनेप्स नामक मार्ग बनते हैं। ये मस्तिष्क के वाई-फाई संकेतों का संस्करण हैं, जो जटिल नेटवर्क बनाते हैं जो यह आकार देते हैं कि आप कौन हैं, आप क्या मानते हैं, और क्या आप याद रखते हैं कि आपने अपनी चाबियाँ कहाँ रखी थीं।

जितनी अधिक बार किसी कनेक्शन का उपयोग किया जाता है, वह उतना ही मजबूत हो जाता है। यही कारण है कि आप सालों तक बाइक न चलाने के बाद भी उसे चला सकते हैं,

लेकिन किसी के अपना परिचय देने के कुछ ही सेकंड बाद उसका नाम भूल जाते हैं। आपका मस्तिष्क दोहराव के आधार पर उस चीज़ को प्राथमिकता देता है जिसे वह महत्वपूर्ण समझता है। रिश्ते भी बिल्कुल इसी तरह काम करते हैं। लोगों के साथ जो बंधन आप बनाते हैं, वे तंत्रिका पथों (neural pathways) की तरह होते हैं; आप जितना अधिक जुड़ते हैं, वे उतने ही गहरे और अधिक स्थिर हो जाते हैं। यदि आप उन्हें बहुत लंबे समय तक अनदेखा करते हैं, तो वे कमजोर हो जाते हैं। अंततः, वे गायब हो जाते हैं, ठीक वैसे ही जैसे मिठाई के सामने आपकी इच्छाशक्ति गायब हो जाती है।

आजीवन संबंध सिर्फ भावनात्मक बकवास नहीं हैं। वे इस बात के लिए मौलिक हैं कि मानव मस्तिष्क संबंध, सुरक्षा और अर्थ को कैसे संसाधित करता है। मस्तिष्क परिचित चीज़ों की लालसा करता है, यही कारण है कि पुरानी दोस्ती आरामदायक लगती है और आपके बचपन के घर में अभी भी पुरानी यादों और संदिग्ध वॉलपेपर के विकल्पों की महक आती है। लंबे समय तक चलने वाले संबंधों में निवेश भावनात्मक लचीलेपन को मजबूत करता है, तनाव के खिलाफ एक सुरक्षा कवच प्रदान करता है, और—वैज्ञानिक तथ्य—आपको लंबा जीवन जीने में मदद करता है। आपका मस्तिष्क, अपनी सारी जैविक बुद्धिमत्ता में, यह समझता है कि अलगाव का मतलब खतरा है और जुड़ाव का मतलब जीवित रहना है। यही कारण है कि, आत्मनिर्भरता के भ्रम के बावजूद, मनुष्य अभी भी साथी की ओर आकर्षित होते हैं, जैसे तितलियाँ सड़क के दीये की ओर आकर्षित होती हैं।

फिर भी, हम एक ऐसी दुनिया में हैं जो त्वरित संतुष्टि की दीवानी है, जहाँ लोग संभावित रिश्तों को वैसे ही स्विप करते हैं जैसे वे नेटफ्लिक्स पर कोई ऐसा शो चुन रहे हों जिसे वे पूरा नहीं करेंगे। सामाजिक बातचीत को इमोजी और आधे मन से किए गए "लाइक" तक सीमित कर दिया गया है, जबकि सच्चे जुड़ाव के लिए ध्यान देने जैसा क्रांतिकारी कार्य आवश्यक है। आजीवन संबंध सुविधा पर फल-फूलते नहीं हैं। वे निरंतरता, धैर्य और दुर्भाग्य से, प्रयास की मांग करते हैं। व्यायाम की तरह ही, वास्तव में कोई भी यह काम करना नहीं चाहता, लेकिन जो ऐसा करते हैं वे इसके लाभ उठाते हैं, जबकि बाकी सभी यह सोचते रहते हैं कि वे हमेशा असंतुष्ट क्यों महसूस करते हैं।

ये रिश्ते सिर्फ व्यक्ति के लिए ही अच्छे नहीं हैं। ये पूरे समाज को एक साथ जोड़ने वाला गोंद हैं। जो समुदाय दीर्घकालिक बंधनों पर जोर देते हैं, उनमें मजबूत सामाजिक संरचनाएं, गहरी सांस्कृतिक निरंतरता और अस्तित्व संबंधी भय काफी कम होता है। इन संबंधों के

माध्यम से साझा किया गया ज्ञान एक सामूहिक बुद्धिमत्ता की तरह है जो हर नई पीढ़ी को शून्य से शुरुआत करने या, उससे भी बदतर, वही गलतियाँ करने से बचाता है जो दूसरों ने पहले ही कर ली हैं।

तो, जब आपके मस्तिष्क को पता है कि वे महत्वपूर्ण हैं और इतिहास दिखाता है कि वे समुदायों को स्थिर रखते हैं, तो इतने सारे लोग गहरे संबंधों से क्यों लड़ते हैं? इसका जवाब सरल है। प्रतिबद्धता डरावनी होती है। इसका मतलब है मौजूद रहना, जवाबदेह होना, और यह स्वीकार करना कि रिश्तों को, पौधों की तरह, पानी की ज़रूरत होती है, जब तक कि आप उन्हें मुरझाकर मरते हुए नहीं देखना चाहते।

मानव अस्तित्व की बड़ी योजना में, चुनाव आपका है। आप नई चीज़ों के क्षणिक आनंद का पीछा कर सकते हैं, या आप कुछ ऐसा बनाने की बुद्धिमानी को अपना सकते हैं जो लंबे समय तक चले। बस याद रखें, आपके मस्तिष्क ने तो अपना फैसला पहले ही कर लिया है।

यह जुड़ाव के लिए बना है, चाहे आपको यह पसंद हो या न हो।

स्थायी रिश्ते

आजीवन दोस्ती बनाना एक ऐसी कभी न खत्म होने वाली सदस्यता सेवा के लिए प्रतिबद्ध होने जैसा है जिसे आप रद्द नहीं कर सकते, चाहे आप कितनी भी बार कोशिश कर लें। इसके लिए धैर्य, सहनशक्ति और तब उत्साह का दिखावा करने की क्षमता की आवश्यकता होती है, जब आपका दोस्त पचासवीं बार वही कहानी सुनाता है। आपसे यह उम्मीद की जाती है कि आप उनकी समस्याओं की परवाह करें, भले ही वे उनकी अपनी ही बनाई हुई हों, और किसी बिना तनख्वाह वाले थेरेपिस्ट की तरह हर समय भावनात्मक समर्थन दें। यह बिना तनख्वाह और बिना किसी लाभ के एक पूर्णकालिक काम है, और फिर भी, किसी कारणवश, हम सभी इसमें शामिल होते रहते हैं।

जब हम अपने संबंधों को ईमानदारी, अच्छे संचार, और एक-दूसरे के दृष्टिकोण और जीवन में स्थिति के प्रति सम्मान पर आधारित करते हैं, तो हम ऐसी जड़ें जमा रहे होते हैं जो किसी भी तूफान का सामना कर सकती हैं। ये जड़ें तब और मजबूत हो जाती हैं जब हम साथ में सुखद यादें बनाते हैं। उन अचानक हुई सड़क यात्राओं, नई जगहों की खोज, या बस उन

लोगों के साथ आराम से अच्छा समय बिताने के बारे में सोचें जिनसे हमारा जुड़ाव है। ये पल सिर्फ मज़ेदार नहीं हैं; ये वे धागे हैं जो हमारे जीवन को एक साथ बुनते हैं।

जैसे-जैसे हम ये यादें संजोते हैं, हम एक ऐसी कहानी बनाते हैं जो हमें बांधती है, एक ऐसा आख्यान जो समय के साथ फीका नहीं पड़ता। एक-दूसरे से खुलकर बात करना इस बगीचे में पानी देने जैसा है क्योंकि यह रिश्तों को स्वस्थ रखता है। कभी-कभी यह साझा करना महत्वपूर्ण होता है कि हम क्या सोच रहे हैं और महसूस कर रहे हैं, और जब दूसरे ऐसा करते हैं तो उन्हें सुनना भी। विश्वास तब बनता है जब हमें पता हो कि हम किसी भी चीज के बारे में, यहां तक कि अंधेरे रहस्यों और पागल सपनों के बारे में भी, बिना जज किए जाने के डर के बात कर सकते हैं।

सुनना सिर्फ अपनी बारी का इंतज़ार करना नहीं है। चौंकाने वाला है, है ना? सक्रिय सुनने के लिए वास्तव में इस बात पर ध्यान देने की क्रांतिकारी कौशल की आवश्यकता होती है कि दूसरा व्यक्ति क्या कह रहा है, बजाय इसके कि आप उस समय का उपयोग अपनी प्रतिक्रिया का मसौदा तैयार करने या मन ही मन रात के खाने के बारे में दिनdreaming करने में करें। यह वह गोंद है जो रिश्तों को एक साथ रखता है, यह सुनिश्चित करता है कि दो लोग एक-दूसरे से इस तरह बात न करें जैसे खराब रोबोट हों, बल्कि आपसी सम्मान बना रहे। यदि आप इसका अभ्यास नहीं कर रहे हैं, तो बधाई हो। आप किसी और के जीवन में बस एक और पृष्ठभूमि शोर हैं।

छोटी या बड़ी, जीतों का जश्न मनाना आवश्यक है। इसका मतलब है कि जब आपका दोस्त महीनों से टाल रहे उस प्रोजेक्ट को आखिरकार पूरा कर लेता है तो एक प्रशिक्षित सील की तरह ताली बजाना या उनके जन्मदिन की पार्टी में जाना, भले ही आप बिस्तर में रहना पसंद करें। ये परंपराएं, ये बेतुके छोटे साझा पल ही रिश्तों को वास्तविक बनाते हैं। वे हमें ऐसे तरीकों से जोड़ते हैं जिन्हें मापना असंभव है—क्योंकि दस साल पुराना और आज भी बरकरार कोई अंदरूनी मज़ाक ही यह कहने का सबसे अच्छा तरीका है कि "मैं आपकी परवाह करता हूँ"।

एक-दूसरे के व्यक्तिगत लक्ष्यों का समर्थन करना मानवीय बातचीत का एक और महत्वपूर्ण पहलू है, भले ही वे लक्ष्य आपको बिल्कुल भी समझ में न आते हों। आपका सबसे अच्छा दोस्त बेकरी खोलना चाहता है, भले ही वह खाना बनाना नहीं जानता? आप सिर

हिलाते हैं, मुस्कुराते हैं, और उससे कहते हैं कि वह यह कर सकता है। प्रोत्साहन रिश्तों की जीवन-रेखा है। बस यह न भूलें कि कुछ सपनों का समर्थन कोमल वास्तविकता की जाँच के साथ सबसे अच्छा होता है।

बेशक, किसी न किसी समय, कोई न कोई गलती करने ही वाला है। वे कुछ बेवकूफी भरा कहेंगे या कुछ और भी मूर्खतापूर्ण कर देंगे, और उनकी भावनाएं आहत होंगी। यहीं पर "मुझे माफ़ करना" जैसे जादुई शब्द काम आते हैं। क्षमा ही वह है जो रिश्तों को निष्क्रिय-आक्रामक चुप्पी की एक कभी न खत्म होने वाली शीत युद्ध में जाने के बजाय बढ़ने देती है।

इसका मतलब यह समझना है कि लोग त्रुटिपूर्ण, अक्सर मूर्ख प्राणी होते हैं जो बार-बार गलतियाँ करेंगे।

एक ही जगह पर शारीरिक रूप से मौजूद होना साथ में समय बिताने की केवल एक परिभाषा है। मुद्दा चुपचाप अपने फोन को घूरते हुए विचार करने का नहीं, बल्कि ऐसी गतिविधियों में शामिल होने का है जो आप दोनों के लिए सार्थक हों। यह मात्रा के बारे में नहीं, बल्कि गुणवत्ता के बारे में है, और अगर उस वाक्य पर आपकी आँखें घूम गईं, तो बधाई हो, आप समझ गए। रिश्ते उन पलों से बनते हैं जिनका कोई मतलब होता है, न कि सिर्फ उन पलों से जो कैलेंडर भरते हैं।

बेशक, साझा मूल्य मदद करते हैं। मान लीजिए कि आप और आपके दोस्त की दुनिया देखने की नजरिया बहुत अलग है। शुभकामनाएँ। यह तो तोते के साथ गहरी दार्शनिक बातचीत करने की कोशिश करने जैसा है। संभव है, लेकिन थका देने वाला। और आइए अप्रत्याशित खुशियों को न भूलें—वे दया के आकस्मिक कार्य जो हमें याद दिलाते हैं कि हमने सबसे पहले एक-दूसरे को क्यों बर्दाश्त किया। ये पल, ये छोटे, पहली नज़र में महत्वहीन लगने वाले इशारे, अक्सर वही होते हैं जो जीवन की बकवास के बोझ तले रिश्तों को टूटने से बचाते हैं।

रिश्ते बदलते हैं। लोग विकसित होते हैं, दृष्टिकोण बदलते हैं, और जो बात पांच साल पहले काम कर रही थी, हो सकता है कि आज काम न करे। यह इस सौदे का एक हिस्सा है। असली कला यह सीखना है कि एक साथ कैसे विकसित हुआ जाए, बजाय इसके कि आप सब कुछ बिखरते हुए देखें क्योंकि आप यह स्वीकार करने से इनकार करते हैं कि समय चाहे आपको पसंद हो या न हो, आगे बढ़ता रहता है। यह एक यात्रा है, जो अप्रत्याशित भटकाव,

अजीब मोड़ों और कभी-कभी, कुछ गलत निकासों से भरी होती है। यदि आप भाग्यशाली हैं, तो आपके साथ ऐसे लोग होंगे जो इस यात्रा को सार्थक बनाते हैं।

जीवन भर के रिश्ते बनाए रखना एक बड़ी तस्वीर पेंट करने जैसा है। इसके लिए एक स्थिर हाथ, विभिन्न रंगों और बड़ी तस्वीर पर नज़र रखने की ज़रूरत होती है। हर अच्छाई, साझा हँसी और दिल से की गई बात इस उत्कृष्ट कृति में इज़ाफ़ा करती है, एक ऐसा बंधन बनाती है जो हमें एक साथ जीवन की राह पर चलते हुए आराम और खुशी देता है।

रिश्तों की इन जटिल संगीतमय रचनाओं में सहानुभूति एक संगीत निर्देशक की भूमिका निभाती है। सुनने की कला का अभ्यास अपने कानों से नहीं, बल्कि अपने दिल से करें। भावनाओं के अनकहे सुरों को समझें, उन अंतर्निहित धुनों को समझें जो आपके प्रियजनों के अनुभवों का मार्गदर्शन करती हैं। जैसे एक सिम्फनी सामंजस्य में गूँजती है, वैसे ही एक रिश्ता तब फलता-फूलता है जब सहानुभूति मार्गदर्शक सुर हो।

तनाव के समय, वह व्यक्ति बनें जो यह समझे कि मानवीय जुड़ाव सिर्फ चुटकुले और सप्ताहांत की योजनाएँ साझा करने के बारे में नहीं है। यह तब आगे आने के बारे में है जब किसी की दुनिया बिखर रही हो। कठिन क्षणों में स्थिरता और मौजूदगी ही वास्तविक रिश्तों को औपचारिक परिचय से अलग करती है। भावनात्मक समर्थन के लिए हमेशा बड़े भाषणों या गहरी दार्शनिक अंतर्दृष्टि की आवश्यकता नहीं होती है। कभी-कभी, यह बस किसी के अपने जंजाल को सुलझाने के दौरान उसी कमरे में बैठने के बारे में होता है, और सिर्फ अपनी मौजूदगी से यह साबित करना होता है कि वह अकेला नहीं है।

मानव मस्तिष्क संबंध बनाने के लिए ही बना है। ऑक्सिटोसिन, जिसे "बंधन हार्मोन" कहा जाता है, जब हमें समर्थन महसूस होता है तो बढ़ जाता है, जो विश्वास और भावनात्मक सुरक्षा को मजबूत करता है। यही कारण है कि किसी की कठिनाई के समय में साथ देना रिश्तों को मजबूत करता है। साझा संघर्ष स्थायी संबंध बनाते हैं, न केवल कठिनाई के कारण, बल्कि साथ देने की क्रिया के कारण भी। समय के साथ, ये पल जमा होते जाते हैं, और जीवन भर के रिश्तों की नींव बनाते हैं।

एक तूफ़ान से परखी हुई रिश्ता एक टिकाऊ रिश्ता होता है। जब सब कुछ बिखर रहा हो तब मौजूद रहने की क्षमता सिर्फ दया का एक कार्य नहीं है। यह भावनात्मक बुद्धिमत्ता का एक महत्वपूर्ण घटक है, जो यह साबित करता है कि एक रिश्ता सिर्फ सुविधा पर नहीं बल्कि उससे

कहीं ज़्यादा चीज़ों पर टिका होता है। जो लोग इस अवधारणा को सहज रूप से समझते हैं, वे ही स्थायी बंधन बनाते हैं। यह समस्याओं को ठीक करने के बारे में नहीं है। यह किसी के अराजक समीकरण में एक स्थिर स्तंभ बने रहने के बारे में है, जो इस अटल सत्य को मज़बूत करता है कि लोगों को समाधानों की तुलना में अटूट समर्थन की ज़्यादा ज़रूरत होती है।

इन रिश्तों को ऐसे आईनों के रूप में सोचें जो वर्तमान और अतीत की यात्रा को प्रतिबिंबित करते हैं। साझा यादों के आईने को नियमित रूप से पॉलिश करना मददगार होता है, जिससे वह स्मृति की रोशनी से चमक उठता है। पुरानी तस्वीरों को फिर से देखना, प्रिय कहानियों को दोहराना, और प्रत्येक विकास को नोट करना निरंतरता की भावना को मजबूत करता है और उन बंधनों को गहरा करता है जो विभिन्न परीक्षणों से गुज़र चुके हैं।

इन रिश्तों को व्यक्तिगत अनुभवों के संगमरमर से तराशे गए भित्ति-चित्रों के रूप में देखें। क्षमा का अभ्यास करके गलतियों को ठीक किया जा सकता है, और मतभेदों को नरम किया जा सकता है, ठीक वैसे ही जैसे एक मूर्तिकार खुरदरे किनारों को निखारता है। यह प्रक्रिया कथा को बिना पॉलिश किए पत्थर के एक टुकड़े के बजाय कुछ लचीला और एकजुट बनाती है। जब इन रिश्तों को कृतज्ञता की बूंदों से पोषित किया जाता है, चाहे वह भव्य इशारों के माध्यम से हो या सरल स्वीकृति के माध्यम से, तो वे ऐसे अमृत की तरह हो जाते हैं जो आत्मा को पुनर्जीवित करते हैं।

एक-दूसरे के पुराने संस्करणों से चिपके बिना मानवीय जीवन की विकसित होने वाली प्रकृति को स्वीकार करें। परिवर्तन विकास का एक अभिन्न अंग है, और प्रत्येक व्यक्ति के परिवर्तन का जश्न मनाना संबंधों को जबरदस्ती बनाए रखने के बजाय प्रामाणिक बनाए रखता है। देखभाल, समर्थन और मौजूदगी प्रदान करके और दूसरों को भी ऐसा करने की अनुमति देकर संतुलन को अपनाएँ। ध्यान दें कि जीवन को समृद्ध करने वाले लोगों के साथ बंधन बनाने से कैसे वर्षों में अप्रत्याशित पारस्परिक लाभ हो सकते हैं, जो सभी को याद दिलाते हैं कि प्रभाव तुरंत स्पष्ट नहीं हो सकता।

सामाजिक संपर्क की मानवीय स्वाभाविक प्यास को पहचानें। जब सार्थक संपर्क से अलग हो जाते हैं तो जीवन नीरस और सुस्त हो जाता है। संबंध केवल जीवित रहने से परे हैं, वे अस्तित्व में गहराई और उद्देश्य जोड़ते हैं, ठीक वैसे ही जैसे साझा कहानियों की एक बड़ी बुनकर में बुने गए धागे। डिजिटल स्क्रीन ने अतीत की अलावों की जगह ले ली है, फिर भी

मनुष्य कहानियाँ, उपलब्धियाँ और डर साझा करने के लिए इकट्ठा होते हैं, जो समझ और जुड़ाव की सामूहिक खोज को फिर से स्थापित करता है।

इस बात की सराहना करें कि सामाजिक संपर्क में छोटी-मोटी बातों से कहीं ज़्यादा शामिल होता है। यह अस्तित्व संबंधी प्रश्नों और प्रामाणिकता की खोज को छूता है, जो भावनाओं और सपनों का सच्चा प्रतिबिंब है। मार्टिन बूबर ने "आई-थू" (I-Thou) संबंधों पर प्रकाश डाला, इस बात पर ज़ोर देते हुए कि मनुष्य एक-दूसरे के जीवन में केवल स्थान-धारक या पृष्ठभूमि पात्र नहीं हैं। इन संबंधों में एक ऐसी शक्ति है जो सतही सुखवाद से कहीं ज़्यादा है, यह इस बात को पुष्ट करता है कि साझा किया गया जीवन और भी अधिक पूर्ण लगता है।

यादें और प्रभाव

अस्तित्व, अपनी सारी क्षणिक निरर्थकता में, उन पलों, अनुभवों और संबंधों के एक संग्रह से अधिक कुछ नहीं है, जिन्हें हम मंच से बेरहमी से उतारे जाने से पहले जल्दबाजी में एक साथ जोड़ते हैं। कोई भी पीछे छूटने वाली विरासत पर जितना अधिक विचार करता है, उतना ही यह स्पष्ट हो जाता है कि भौतिक वस्तुएं और सांसारिक उपलब्धियां उतनी ही स्थायी हैं जितना कि ज्वार आने पर रेत का महल। जो बात बनी रहती है, और जो वास्तव में मायने रखती है—वह हम जो चीज़ें जमा करते हैं या जिन उपाधियों का हम पीछा करते हैं, वे नहीं, बल्कि हमारे प्रभाव की फुसफुसाहट, हमारे विकल्पों के बाद के असर, और वे यादें हैं जिन्हें हम अनजाने में (या जानबूझकर) दूसरों के दिमाग में उकेर जाते हैं।

जीवन को एक मोज़ेक (पच्चीकारी) के रूप में कल्पना करें। वह साफ़-सुथरी, सममितीय किस्म नहीं, बल्कि बेमेल टाइलों, आकस्मिक पेंट के छींटों और कुछ अनियोजित कॉफ़ी के दागों से बनी एक अव्यवस्थित, अराजक उत्कृष्ट कृति। हर क्रिया, हर शब्द और हर क्षणिक बातचीत इस अजीब कलाकृति में इज़ाफ़ा करती है, यह सुनिश्चित करते हुए कि, चाहे हमारी मंशा हो या न हो, हमने किसी न किसी तरह की छाप छोड़ी है। इस लगातार बढ़ते चित्र में असली रंग? यादें। वे संपत्तियों की तरह फीकी नहीं पड़तीं या भूली-बिसरी प्रशंसाओं की तरह बिखर नहीं जातीं। वे बनी रहती हैं, असुविधाजनक और शानदार ढंग से, जब तक कि क्रेडिट्स रोल होते रहें। एक चित्रकार के ब्रश स्ट्रोक की तरह, हमारे विकल्प उन कैनवासों की गहराई, बनावट और जीवंतता को परिभाषित करते हैं जिन्हें हम पीछे छोड़ जाते हैं।

दार्शनिक, जो हमेशा से विचारशील अस्तित्ववादी रहे हैं, लंबे समय से इस विचार से जूझते रहे हैं कि जीवन एक उदासीन ब्रह्मांड में एक क्षणिक झलक है। चूँकि हम सभी उधार के समय पर हैं, इसलिए अप्रासंगिकता से आगे निकलने का एकमात्र तरीका प्रभाव डालना है। हर क्रिया एक तरंग प्रभाव पैदा करती है, ठीक वैसे ही जैसे तालाब में पत्थर फेंकने पर तरंगें उठती हैं—सिवाय इसके कि इस मामले में, तालाब मानव सभ्यता है, और पत्थर वह हर बकवास या प्रतिभा है जिसे हम दुनिया पर उतारते हैं। इनमें से कुछ तरंगें छोटी होती हैं, जो मुश्किल से कोई असर छोड़ती हैं। और बाकी? सुनामी। इतिहास उन लोगों को याद रखता है जिन्होंने सबसे बड़ी लहरें पैदा कीं, चाहे अच्छा हो या बुरा।

यादें लालटेन की तरह काम करती हैं, जो अन्यथा धुंधले भविष्य में अपनी रोशनी बिखेरती हैं। जो प्रभाव कोई व्यक्ति रखता है, चाहे वह ज्ञान से हो या केवल साहस से, वह यह आकार देता है कि दूसरे अपने विकल्पों के भूलभुलैया से कैसे गुज़रते हैं। इसके लिए यूनानियों के पास एक शब्द था: कैरोस, वह उपयुक्त क्षण, जो भाग्य बदल देता है। जिन क्षणों को हम पकड़ते हैं, जो ज्ञान हम आगे बढ़ाते हैं, और जो अजीब, असाधारण प्रतिभा हम सामूहिक चेतना में लाते हैं, वह एक तरह की बौद्धिक विरासत बन जाती है, जो हमारी अपनी समाप्ति तिथि से बहुत आगे तक फैली रहती है।

इतिहास भर, सभ्यता का निर्माण पहले आए लोगों की गूँज पर ही हुआ है। दार्शनिकों से लेकर कलाकारों तक, बागियों से लेकर क्रांतिकारियों तक, अतीत के विचारकों के स्थायी योगदानों ने वर्तमान को आकार दिया है। प्राचीन विचारकों ने इसे 'फ्रोनेसिस' या व्यावहारिक बुद्धि कहा है—यह विचार कि सच्चा ज्ञान किताबों में सड़ता नहीं है, बल्कि इसे अनुयायियों के लाभ के लिए साझा किया जाना चाहिए, चुनौती दी जानी चाहिए, और पुनर्कल्पना की जानी चाहिए। दूसरे शब्दों में, बुद्धिमत्ता उतनी ही उपयोगी है जितना कि उसका प्रसारण।

इस सारी आत्म-चिंतन के मूल में, एक स्पष्ट सत्य बना हुआ है: हम क्षणभंगुर हैं, हमारी संपत्तियाँ भूलने योग्य हैं, और हमारी उपलब्धियाँ, सर्वोत्तम स्थिति में, इतिहास में केवल फुटनोट भर हैं। एकमात्र चीज़ जो कभी मायने रखती है, वह है दूसरों पर हमारा छोड़ा गया प्रभाव। यह शेल्फ पर रखी ट्रॉफियों या क्षणिक तालियों के बारे में नहीं है, बल्कि हृदयों और मनों पर छोड़े गए हमारे छापों के बारे में है। प्रभाव ही एकमात्र मुद्रा है जो समय को चुनौती देती है, और यादें ही एकमात्र ऐसी कलाकृतियाँ हैं जो क्षय से अछूती हैं।

तो, आइए हम अपनी दृष्टि उन दो हस्तियों की ओर मोड़ें जिन्होंने अपनी दृढ़ इच्छाशक्ति, बुद्धि, या असाधारण महत्वाकांक्षा के दम पर मानव इतिहास की नींव में अपना नाम उकेरा। उनका योगदान केवल प्रतिध्वनियाँ नहीं हैं; वे समय के साथ गूँजने वाली पूर्ण संगीतमय ध्वनियाँ हैं।

कैथरीन जॉनसन (1918-2020)

1918 में जन्मीं कैथरीन जॉनसन एक अग्रणी अमेरिकी गणितज्ञ थीं, जिनके बेदाग कौशल और सटीक गणनाओं ने अंतरिक्ष अन्वेषण पर एक अमिट छाप छोड़ी। संख्याओं के प्रति उनकी स्वाभाविक प्रतिभा और अपने काम के प्रति उनके अटूट समर्पण ने उन्हें ऐसी महान उपलब्धियों तक पहुँचाया, जिन्होंने अंतरिक्ष के इतिहास के कुछ सबसे महत्वपूर्ण मील के पत्थरों में महत्वपूर्ण भूमिका निभाई।

छोटी उम्र से ही कैथरीन की प्रतिभा स्पष्ट थी। एक ऐसे समय में जब STEM में अफ्रीकी अमेरिकी महिलाओं के लिए अवसर सीमित थे, उन्होंने असाधारण प्रतिभा का प्रदर्शन किया, कक्षाओं को बड़ी आसानी से पार किया और गणितीय अवधारणाओं को बेजोड़ सहजता से आत्मसात किया। इस असाधारण प्रतिभा ने उन्हें 15 साल की कम उम्र में कॉलेज में दाखिला लेने का अवसर दिया, जिससे गणित और एयरोस्पेस में बेजोड़ योगदान की एक विरासत की नींव रखी गई। 1950 के दशक में, कैथरीन की विशेषज्ञता को NACA में उसका उचित स्थान मिला, जो बाद में NASA बन गया। यहाँ, जटिल गणनाओं की उनकी कुशलता जल्द ही संस्थान की प्रगति का एक अभिन्न अंग बन गई। कैथरीन अंतरिक्ष अन्वेषण की नौकरशाही मशीन की सिर्फ एक और पुर्ज़ा नहीं थीं। वह इस वजह थीं कि वह मशीन एक शानदार, सरकारी-वित्त पोषित आग के गोले में विस्फोट नहीं हुई। जहाँ दूसरे कागज़ों को इधर-उधर करने और बैठकों में गंभीरता से सिर हिलाने में व्यस्त थे, वहीं वह यह सुनिश्चित कर रही थीं कि संख्याएँ वास्तव में काम करें—ऐसी संख्याएँ जो यह तय करती थीं कि अंतरिक्ष यात्री विजय के साथ पृथ्वी पर लौटेंगे या न्यूटन के नियमों के क्रियान्वयन का एक दुर्भाग्यपूर्ण उदाहरण बन जाएँगे।

1960 के दशक की अंतरिक्ष दौड़ के दौरान उनकी प्रतिभा सबसे बड़ी ताकत बन गई। जॉन ग्लेन, पृथ्वी की अपनी ऐतिहासिक परिक्रमा के लिए तैयारी कर रहे थे, उन्होंने अपना भरोसा किसी नए-नवेले शानदार कंप्यूटर पर नहीं, बल्कि कैथरीन पर जताया। जब हाई-टेक मशीनरी अभी भी बार-बार खराब हो रही थी और संदिग्ध आंकड़े दे रही थी, तो ग्लेन ने व्यक्तिगत रूप से जोर देकर उनसे गणनाओं की जांच करवाई। अगर उसके आंकड़ों से पता चलता कि वह पुनः प्रवेश से बच जाएगा, तो वह उस रॉकेट में चढ़ जाता। भरोसे का वह स्तर सिर्फ सम्मान के बारे में नहीं था; यह एक जीवन रक्षा की प्रवृत्ति थी। उसकी तीक्ष्ण सटीकता के कारण, ग्लेन सही-सलामत पृथ्वी पर वापस आ गया, जिससे यह साबित हुआ कि कभी-कभी, अंतरिक्ष यात्रा में सबसे शक्तिशाली शक्ति एक पेंसिल के साथ एक गणितज्ञ और त्रुटियों के लिए शून्य सहनशीलता होती है।

यह नासा में उनके कई निर्णायक क्षणों में से एक था। कैथरीन की गणितीय विशेषज्ञता ने अपोलो मिशनों का और मार्गदर्शन किया, जिसमें ऐतिहासिक चंद्र लैंडिंग में भी योगदान दिया, और इस तरह उन्होंने अंतरिक्ष अन्वेषण के इतिहास में अपना नाम हमेशा के लिए अंकित कर लिया।

अपने शानदार करियर के दौरान, कैथरीन के असाधारण योगदानों को उचित मान्यता मिली। नासा ने अपने अभियानों में उनकी महत्वपूर्ण भूमिका का जश्न मनाया, और उन्हें प्रतिष्ठित सहित कई सम्मानों से नवाजा गया

राष्ट्रपति स्वतंत्रता पदक। कैथरीन जॉनसन की जीवन कहानी पीढ़ियों को प्रेरित करती है, जो अपने क्षेत्र में समर्पण, सटीकता और उत्कृष्टता के मूल्य को रेखांकित करती है। उनकी यात्रा इस बात का उदाहरण है कि कैसे केवल प्रतिभा, अटूट प्रतिबद्धता के साथ मिलकर, बाधाओं को तोड़ सकती है और इतिहास को नया आकार दे सकती है।[5]

जॉन ग्लेन का कैथरीन जॉनसन पर भरोसा करने का निर्णय सिर्फ एक व्यक्तिगत पसंद नहीं था—यह क्षमता, ईमानदारी और पारस्परिक सम्मान पर आधारित संबंधों की शक्ति का प्रमाण था। एक ऐसे युग में जहाँ नस्लीय और लैंगिक पूर्वाग्रह गहराई से जड़े हुए थे, वहाँ एक ऐसा संबंध था जिसे काम नहीं करना चाहिए था। फिर भी, वह काम कर गया—क्योंकि यह

---

[5] लेखक. पूरा नाम। (अप्रकाशित)। *कैथरीन जॉनसन* न्यू साइंटिस्ट। https://www.newscientist.com/people/katherine-johnson/

पृष्ठभूमि या दर्जे के बारे में नहीं था; यह विश्वसनीयता के बारे में था। ग्लेन का जीवन सचमुच में उस व्यक्ति के हाथों में था जिसे समाज ने अनदेखा कर दिया था, लेकिन उनके पास परंपरा से ऊपर क्षमता को पहचानने की समझदारी थी। उनकी साझेदारी ने अपेक्षाओं को तोड़ा और उच्च-दांव वाले वातावरण में टीम वर्क की प्रकृति को ही नया आकार दिया।

सार्थक रिश्तों का यही सार है: वे हमेशा सुविधाजनक, स्पष्ट, या अपेक्षित नहीं होते हैं। वे सतही बाधाओं से परे होते हैं और विश्वास, साझा उद्देश्य, और दूसरों द्वारा अनदेखा किए गए मूल्य को पहचानने की इच्छा से बनते हैं। चाहे दोस्ती में हो, परिवार में हो, या पेशेवर दायरे में, सबसे मजबूत बंधन तब बनते हैं जब लोग दिखावे पर वास्तविकता को, धारणाओं पर विश्वसनीयता को, और पदक्रम पर सम्मान को चुनते हैं। जो रिश्ते समय की कसौटी पर खरे उतरते हैं—जो इतिहास और व्यक्तिगत जीवन को आकार देते हैं—वे वे हैं जहाँ लोग सीमाओं को अपने संबंधों को परिभाषित करने नहीं देते। कैथरीन और ग्लेन की कहानी इसका प्रमाण है, और अगर एक गणितज्ञ और एक अंतरिक्ष यात्री अंतरिक्ष की विशाल अनिश्चितता में विश्वास को बनाए रख सकते हैं, तो हम बाकी लोगों के लिए भी उम्मीद है।

लिसा जेलोब्टर (1971-वर्तमान)-

लिसा जेलोब्टर तकनीकी इतिहास में सिर्फ एक नाम नहीं हैं—वह प्रकृति की एक शक्ति हैं, एक डिजिटल वास्तुकार जिन्होंने इंटरनेट को तब फिर से तार-तार किया जब बाकी दुनिया अभी भी बफ़र कर रही थी। 1971 में जन्मी, उन्होंने कंप्यूटर की भाषा में महारत हासिल कर ली थी, बहुत पहले, जब तकनीकी उद्योग ने उनके जैसे किसी के लिए जगह बनाने पर विचार भी नहीं किया था। ब्राउन यूनिवर्सिटी से कंप्यूटर विज्ञान की डिग्री और एमआईटी से मास्टर डिग्री हासिल करने के बाद, लिसा ने सिर्फ तकनीकी दुनिया में प्रवेश नहीं किया—उसने इसे लाइन-दर-लाइन, एल्गोरिथम-दर-एल्गोरिथम आकार दिया।

1990 के दशक के दौरान, वह सिर्फ़ अपने समय से आगे नहीं थीं—बल्कि वही थीं जो उस रेखा को खींच रही थीं। जहाँ ज़्यादातर लोग अभी भी डायल-अप टोन को समझने के लिए संघर्ष कर रहे थे, वहीं लिसा वेब एनिमेशन के लिए नींव रख रही थीं, जिससे डिजिटल

अनुभवों के विकसित होने के तरीक़े में मौलिक रूप से बदलाव आया। उनके योगदानों ने शॉकवेव को जन्म देने में मदद की, यह वह तकनीक थी जिसने आधुनिक इंटरनेट को सिर्फ़ टेक्स्ट की दीवारों से कहीं ज़्यादा बना दिया। लेकिन तकनीक में प्रतिभाशाली होना एक बात थी—उद्योग से इसके लिए मान्यता प्राप्त करना एक बिल्कुल अलग लड़ाई थी। तकनीकी दुनिया एक सघन समूह थी, और लीसा को इसकी चाबी नहीं दी गई थी। इसलिए, उन्होंने वही किया जो अग्रदूत करते हैं: उन्होंने अपने दरवाज़े खुद बनाए, उन पर से गुज़रीं, और दूसरों के लिए उन्हें चौड़ा खोल दिया ताकि वे भी उनका अनुसरण कर सकें।

डिजिटल मनोरंजन परिदृश्य बदल रहा था, लेकिन लिसा सिर्फ़ साथ चलने से संतुष्ट नहीं थीं—वह इस परिवर्तन का नेतृत्व कर रही थीं। उन्होंने डिजिटल एंटरटेनमेंट नेटवर्क की सह-स्थापना की, एक ऐसे भविष्य की कल्पना करते हुए जहाँ बिंज-वॉचिंग के राष्ट्रीय शगल बनने से बहुत पहले स्ट्रीमिंग वीडियो का राज़ होगा। जहाँ एक ओर दूसरे यह बहस कर रहे थे कि क्या ऑनलाइन मीडिया व्यवहार्य भी है, वहीं लिसा यह साबित करने में व्यस्त थीं कि यह अपरिहार्य है।

लेकिन उनकी विरासत सिर्फ उत्पाद बनाने से कहीं बढ़कर है—उन्होंने एक ऐसे क्षेत्र में संबंध बनाए जहाँ उनका होना उचित नहीं समझा जाता था। सिलिकॉन वैली हमेशा अदृश्य नेटवर्क पर काम करती आई है, जहाँ पहुँच इस बात से निर्धारित होती है कि आप किसे जानते हैं, न कि आप क्या कर सकते हैं। लिसा को एक ऐसे उद्योग में रास्ता बनाना पड़ा, जो नवाचार की सारी बातों के बावजूद, अक्सर वास्तविक बदलाव का विरोध करता था। उन्होंने सिर्फ अपने लिए जगह नहीं बनाई—उन्होंने दूसरों के लिए रास्ते बनाए, यह सुनिश्चित करते हुए कि तकनीक में विविधता सिर्फ एक फुटनोट न हो, बल्कि प्रणाली का एक मौलिक पुनर्लेखन हो। उन्होंने गूगल की पहली विविधता रिपोर्ट तैयार करने में एक महत्वपूर्ण भूमिका निभाई, यह एक ऐसा कदम था जिसने समावेशन के अस्पष्ट वादों को ठोस जवाबदेही में बदल दिया।

लिसा जेलोब्टर शिष्ट निमंत्रणों के माध्यम से टेक जगत में नहीं उभरीं—उन्होंने विश्वास, विश्वसनीयता और ठोस परिणामों का एक नेटवर्क बनाया। उनके संबंध सतही नेटवर्किंग कार्यक्रमों या सावधानीपूर्वक तैयार की गई लिंक्डइन पोस्ट के माध्यम से नहीं बने थे। वे एक ऐसे उद्योग की कठिन परिस्थितियों में बने थे जो अक्सर अपने अग्रदूतों को एक साँचे में ढलना पसंद करता है। हालाँकि, लिसा का प्रभाव निर्विवाद था, और उनके साथ काम करने

वाले लोग यह जानते थे। उन्होंने सिर्फ़ मेज़ पर एक सीट की माँग नहीं की—उन्होंने पूरी संरचना को ही इस तरह से फिर से तैयार किया कि दूसरे लोग भी बैठ सकें।

उनकी कहानी न केवल नवाचार की है, बल्कि यह साबित करने की भी है कि असली बदलाव तब होता है जब रिश्ते बाधाओं से परे चले जाते हैं। वह न केवल एक ऐसे क्षेत्र में उत्कृष्ट रहीं जहाँ उन्हें अनदेखा किया गया था—उन्होंने ऐसे गठबंधन बनाए जो पुराने नियमों से भी लंबे समय तक चले। कैथरीन जॉनसन ने एक ऐसे युग में जॉन ग्लेन का विश्वास अर्जित किया जिसने उन्हें यह बताया कि वह उस क्षेत्र में रहने वाली नहीं थीं, और लिसा जेलोब्टर ने एक ऐसे उद्योग को फिर से परिभाषित किया जिसने उन्हें कम आँका था। दोनों ने एक मौलिक सत्य को समझा: एक ऐसी दुनिया में जो बदलाव का विरोध करती है, विश्वास और क्षमता पर बने संबंध ही वास्तविक शक्तिशाली कदम हैं।

लोग जीवन भर ऐसे नाज़ुक संबंध बनाने में बिता देते हैं जो दबाव में टूट जाते हैं। लेकिन जो बंधन वास्तव में इतिहास को नया आकार देते हैं—वे जो पूर्वाग्रह, बंद दरवाज़ों और असंभव परिस्थितियों का सामना करते हैं—वे उन लोगों द्वारा बनाए जाते हैं जो दुनिया को यह बताने नहीं देते कि वे किस पर भरोसा कर सकते हैं और किस पर नहीं। लिसा और कैथरीन ने सिर्फ अपने उद्योगों के भीतर काम नहीं किया; उन्होंने यह फिर से लिखा कि उनका नेतृत्व कौन करेगा। और अगर उनकी कहानियों से कोई एक सीख मिलती है, तो वह यह है: वे रिश्ते जो काम नहीं करने चाहिए लेकिन करते हैं, वही सब कुछ बदल देते हैं।

अध्याय 7

ईश्वर में विश्वास

मानव होने के नाते, हम सभी के जीवन में अलग-अलग लक्ष्य होते हैं जिन्हें हम प्राप्त करना चाहते हैं। हम में से कुछ लोग पैसे, प्रसिद्धि, शक्ति या प्रभाव के लिए प्रयास कर सकते हैं।

हालाँकि, जब हम इस मामले में एक दार्शनिक और अकादमिक जाँच शुरू करते हैं, तो हम यह देख सकते हैं कि हर व्यक्ति का अंतिम लक्ष्य एक पूर्ण जीवन जीना है। जीवन एक अप्रत्याशित घटना है, और एक पूर्ण जीवन जीने की हमारी खोज में, हम कभी-कभी यह भूल जाते हैं कि इस भौतिकवादी दुनिया में हर चीज़ हमारे नियंत्रण में नहीं है। तब भी, हम सभी के लिए अंतिम लक्ष्य वही रहता है: एक ऐसा जीवन जीना जो सार्थक और संतोषजनक हो।

"एक पूर्ण जीवन क्या है?" इस सवाल का जवाब व्यक्ति-व्यक्ति पर निर्भर करता है। दार्शनिकों ने इस पर बहस की है, धर्मगुरुओं ने इस पर उपदेश दिया है, और आपकी जिज्ञासु चाची ने शायद कम से कम दो बार इस पर अपनी अनचाही राय दी होगी। कुछ लोग धन-दौलत का पीछा करते हैं, यह मानकर कि स्विट्ज़रलैंड के एक तिजोरी में सोने के सिक्कों का ढेर उनकी अस्तित्वगत बेचैनी को शांत कर देगा। अन्य लोग एक काब्युरेटर को ठीक करने में अपना जीवन समर्पित कर देते हैं, इस विश्वास के साथ कि अगर उनकी 1967 मस्टैंग धूप में बिल्ली की तरह गुनगुनाती है, तो निश्चित रूप से, उन्होंने दिव्यता को छू लिया है।

लोग चीजों को और जटिल बना देते हैं। मन अर्थ खोजना चाहता है, लेकिन पेट को दोपहर का खाना चाहिए। आत्मा ज्ञान प्राप्त करना चाहती है, लेकिन पांच मिनट के ध्यान के बाद ही पीठ में दर्द होने लगता है। एक खुशहाल जीवन जीने के लिए पत्थर की पट्टियों पर कोई एक-आकार-सभी-के-लिए-फिट-होने वाली रेसिपी नहीं लिखी गई है।

यह बौद्धिक भूख, भावनात्मक स्थिरता, शारीरिक देखभाल, और सुबह 2 बजे के अजीब अस्तित्वगत घबराहट का एक अस्थिर मिश्रण है।

रिश्ते, जुनून, और दुनिया में योगदान की कोई अस्पष्ट भावना, सभी एक भूमिका निभाते हैं, हालांकि लोग उन्हें संतुलित करने में कुख्यात रूप से खराब हैं। एक समय पर, कोई इस बारे में कविताएँ लिख रहा होता है कि ब्रह्मांड कितना सुंदर है, और दूसरे समय पर, वे ट्विटर पर इस बात से नाराज़ होते हैं कि उनकी पिज्जा डिलीवरी देर से आई। संतुष्टि के बारे में अजीब बात यह है कि हर कोई इसे चाहता है, लेकिन ज़्यादातर लोग इसका मतलब यह बताए बिना समझा भी नहीं सकते कि वे खुद अपनी ही बात के खिलाफ न चले जाएँ।

एक संतुष्ट जीवन केवल मौजूद रहने, कर चुकाने, और कभी-कभी पानी पीना याद करने के बारे में नहीं है। मूल रूप से, संतुष्टि का मतलब मानवीय जुड़ाव से है, यानी दूसरे लोगों को इतनी देर तक सहन करने की एक बारीक कला, ताकि "अर्थपूर्ण रिश्ते" नाम की कोई चीज़ विकसित हो सके। परिवार, दोस्त और तरह-तरह के परिचित जीवन के भावनात्मक समर्थन नेटवर्क के रूप में काम करते हैं—बशर्ते, ज़ाहिर है, वे आपके तनाव का कारण न हों, उस स्थिति में, खैर, शुभकामनाएँ। ये संबंध साझा अनुभव, एक-दूसरे से शिकायत करने के अवसर, और यह भ्रम प्रदान करते हैं कि कोई वास्तव में आपको समझता है। सक्रिय सुनना और खुला संचार एक भूमिका निभाते हैं, हालांकि कई लोग बोलने की अपनी बारी का इंतज़ार करते हुए सिर हिलाना पसंद करते हैं।

शौक भी महत्वपूर्ण हैं। ऐसी चीजों में शामिल होना जो जीवन को अपरिहार्य दायित्वों की एक श्रृंखला जैसा महसूस नहीं होने दें, खुशी और उद्देश्य प्रदान करता है। कुछ लोगों को पेंटिंग करने, वाद्ययंत्र बजाने, या जीवन के अर्थ के बारे में नाटकीय निबंध लिखने में आराम मिलता है। अन्य लोग ऐसे शौक चुनते हैं जिनमें बहुत कम गतिविधि की आवश्यकता होती है, जैसे कि पहले से याद किए हुए एपिसोड को दोबारा देखना। व्यक्तिगत शौक उपलब्धि की भावना प्रदान करते हैं, मुख्य रूप से इसलिए क्योंकि समाज को जो भी काम आवश्यक लगता है, उसकी सराहना करने का दिखावा करने की तुलना में आप जो आनंद लेते हैं, उसे करना कहीं अधिक मजेदार होता है।

अपनी शारीरिक भलाई पर ध्यान देना भी उतना ही महत्वपूर्ण है। जीवित रहना, ठीक वैसे ही जैसे कार को चलते रखना, कुछ रखरखाव की मांग करता है। व्यायाम, उचित पोषण और पर्याप्त नींद सभी सामान्य कल्याण में योगदान करते हैं, लेकिन आधुनिक समाज इन्हें आवश्यक जीवित रहने के उपायों के बजाय वैकल्पिक कार्यों के रूप में देखता प्रतीत होता है।

योग या ध्यान जैसी माइंडफुलनेस विधियाँ मानसिक स्पष्टता में सुधार कर सकती हैं, बशर्ते कोई सत्र के दौरान सो न जाए। भावनात्मक लचीलापन तब बढ़ता है जब लोग यह पहचानते हैं कि तनाव जीवन का एक अंतर्निहित पहलू है और गहरी साँस लेना भी एक सीमा तक ही काम आता है।

संतुष्टि का एक और महत्वपूर्ण पहलू बौद्धिक उन्नति है। मानव मस्तिष्क को उत्तेजना की आवश्यकता होती है, आदर्श रूप से ऐसे स्रोतों से जो निरर्थक स्क्रॉलिंग और षड्यंत्र सिद्धांतों से अलग हों। आजीवन सीखना औपचारिक शिक्षा, साहित्य या जानकार व्यक्तियों के साथ बातचीत के माध्यम से मन को तेज और अनुकूलनीय रखता है। जिज्ञासा विकास को प्रेरित करती है, भले ही अधिकांश लोग अपनी बौद्धिक ऊर्जा फिल्मों के बारे में बहस करने या बेकार की जानकारी याद करने में बर्बाद कर देते हैं।

दूसरों को कुछ वापस देना एक संतोषजनक जीवन जीने का एक अनिवार्य घटक है। परोपकार, स्वयंसेवा और दया के छोटे-छोटे कार्य उद्देश्य की भावना को बढ़ावा देते हैं और साथ ही लोगों को नैतिक श्रेष्ठता की एक संक्षिप्त भावना भी प्रदान करते हैं। दूसरों की मदद करने से परिप्रेक्ष्य मिलता है, जो लोगों को याद दिलाता है कि उनकी व्यक्तिगत चुनौतियाँ उतनी गंभीर नहीं हो सकतीं जितना वे सोचते हैं। एक कुत्ता गोद लेने या किसी घर के पौधे के प्रति अत्यधिक समर्पित होने के अलावा, दुनिया से सही मायने में जुड़ाव महसूस करने के कुछ ही लगातार तरीकों में से एक है बृहत्तर भलाई में योगदान देना।

संतुष्ट होने का मतलब इन चीज़ों के बीच संतुलन खोजना है: रुचियाँ, रिश्ते, स्वास्थ्य, ज्ञान, और दया, और यह सब अस्तित्वगत निराशा में डूबे बिना करना है। आत्म-खोज, व्यक्तिगत विकास, और अर्थ की अनंत खोज जीवन को आकर्षक या कम से कम थोड़ा सुखद बनाती हैं।

आस्था के माध्यम से संतुष्टि

ईश्वर में आस्था इतिहास भर में व्यक्तियों के लिए प्रेरणा, मार्गदर्शन और सांत्वना का स्रोत रही है। इसमें जीवन को गहराई से समृद्ध और बदलने की क्षमता है, जिससे उद्देश्य, संतोष और पूर्णता की भावना पैदा होती है।

इन सबके केंद्र में, ईश्वर में आस्था सदियों से मानवता की सबसे भरोसेमंद जीवित रहने की रणनीति रही है। जीवन अप्रत्याशित, अक्सर हास्यास्पद, और कभी-कभी पूरी तरह से अन्यायपूर्ण होता है। यहाँ आस्था की अवधारणा इस ब्रह्मांडीय आश्वासन के रूप में सामने आती है कि यह सब निरर्थक नहीं है, चाहे ब्रह्मांड कितनी भी असुविधाएँ क्यों न थोप दे। आंतरिक शांति यह जानकर मिलती है कि एक उच्च शक्ति व्यवस्था का प्रबंधन कर रही है। विश्वासी इस विचार को थामे रहते हैं कि हर चुनौती एक दैवीय रूपरेखा में फिट बैठती है, जो चीजें गलत होने पर पास की मेज पलटने से रोकने को थोड़ा आसान बना देता है। उदाहरण के लिए, अय्यूब ने इतिहास की सबसे खराब दुर्भाग्यपूर्ण घटनाओं की श्रृंखला को सहा, फिर भी उन्होंने कभी अपना विश्वास नहीं खोया। अंततः, उन्हें जो कुछ भी खोया था उससे भी अधिक वापस मिला। उनकी कहानी इस बात का सबूत है कि ईश्वर में धैर्य और विश्वास रंग लाता है, भले ही सब कुछ बिखरता हुआ लगे।

नैतिकता को भी आस्था से बल मिलता है। मानव स्वभाव, अगर अपने हाल पर छोड़ दिया जाए, तो सही और गलत का सबसे भरोसेमंद निर्णायक नहीं होता है। धर्म एक नैतिक ढांचा प्रदान करता है जो समाज को पूर्ण अराजकता में जाने से रोकता है। ईमानदारी, दया, विनम्रता और क्षमा पर जोर दिया जाता है, हालांकि यह स्वीकार करना होगा कि इनमें से कुछ का अभ्यास दूसरों की तुलना में आसान है। यीशु ने उन्हें भी क्षमा कर दिया जिन्होंने उन्हें सूली पर चढ़ाया, जो सराहनीय है, यह देखते हुए कि अधिकांश लोग किराने की दुकान पर कतार में आगे निकलने वाले को माफ करने के लिए संघर्ष करते हैं। सत्यनिष्ठा के साथ जीने से एक शांत अंतरात्मा मिलती है, जो बुरे फैसलों को सही ठहराने के लिए आवश्यक मानसिक कसरत की तुलना में कहीं अधिक आरामदायक है।

आस्था-आधारित समुदाय एक और बड़ा लाभ है। मनुष्य सामाजिक प्राणी हैं। यहां तक कि सबसे अंतर्मुखी व्यक्तियों को भी अंततः किसी से बात करने की ज़रूरत होती है, भले ही वह सिर्फ अपने दिन के बारे में शिकायत करने के लिए ही क्यों न हो। धार्मिक सभाएं न केवल आध्यात्मिक मार्गदर्शन बल्कि एक सहायता प्रणाली भी प्रदान करती हैं। एक कारण है कि चर्च उन लोगों से भरे रहते हैं जो ज़रूरतमंदों के लिए भोजन लाते हैं। एक साझा विश्वास प्रणाली मजबूत बंधन बनाती है, जिससे जीवन की चुनौतियाँ थोड़ी कम एकाकी हो जाती हैं। यहाँ तक कि यीशु ने भी अपने चारों ओर शिष्यों का एक समूह बनाया था। यदि ईश्वर के पुत्र

ने एक मजबूत टीम रखने के महत्व को समझा, तो यह शायद एक ऐसी रणनीति है जिस पर विचार करना उचित है।

आस्था में व्यक्तिगत विकास एक निरंतर चलने वाला विषय है। अधिकांश धार्मिक परंपराएं आत्म-अनुशासन, आत्मनिरीक्षण और सुधार के लिए सक्रिय रूप से काम करने को प्रोत्साहित करती हैं। प्रार्थना और ध्यान चिंतन के लिए समय प्रदान करते हैं, जो व्यक्तियों को अपनी ताकत और, इससे भी महत्वपूर्ण, अपनी कमियों को पहचानने में मदद करते हैं। आत्म-सुधार का मतलब तत्काल परिवर्तन नहीं, बल्कि धीमी सीखने और विकास की प्रक्रिया है। जो लोग आस्था से जीते हैं, वे लगातार खुद को किसी बड़ी चीज़ की ओर धकेलते रहते हैं, भले ही इसका मतलब असहज सच्चाइयों का सामना करना ही क्यों न हो।

लचीलापन मजबूत आस्था का एक और उप-उत्पाद है। जीवन कोमल नहीं है, और इसके विपरीत विश्वास करना एक नौसिखिया की गलती है। चुनौतियाँ बिना किसी चेतावनी के आती हैं, और प्रतिकूलता धैर्य की परीक्षा लेने का एक तरीका है। विश्वास यह दृष्टिकोण प्रदान करता है कि संघर्षों का कोई अर्थ होता है, भले ही वे पूरी तरह से निरर्थक क्यों न लगें। प्रेरित पौलुस ने जहाज़ के हादसे, कारावास और सार्वजनिक पिटाई को सहा, फिर भी उन्होंने धैर्य के बारे में पत्र लिखने की ऊर्जा निकाली। उन्होंने प्रसिद्ध रूप से कहा, **"मैं उस मसीह के द्वारा सब कुछ कर सकता हूँ जो मुझे बल देता है।"** यदि कोई अपना आधा जीवन बेड़ियों में बिताने के बाद भी उस विश्वास को बनाए रख सका, तो स्पष्ट रूप से लचीलेपन के स्रोत के रूप में विश्वास में कुछ शक्तिशाली है।

एक पूर्ण जीवन कठिनाइयों से बचना नहीं है, बल्कि उद्देश्य की भावना के साथ उनका सामना करना है। आस्था दिशा, नैतिक स्पष्टता और यह आश्वासन प्रदान करती है कि सबसे बुरे क्षणों में भी, कोई वास्तव में अकेला नहीं है। यह सभी उत्तरों के होने के बारे में नहीं है, बल्कि इस पर भरोसा करने के बारे में है कि एक बड़ी तस्वीर है, भले ही वह हमेशा दिखाई न दे।

ईश्वर के वचन की बुद्धि

एक आदमी जीवन के सबसे बड़े सवालों के जवाब खोजने के दृढ़ संकल्प के साथ एक किताब की दुकान में जाता है। वह शेल्फों को देखता है, और ऐसे किताबें उठाता है जिनके

मोटे-मोटे शीर्षक तुरंत ज्ञान, गारंटीशुदा सफलता, या तीन आसान चरणों में खुशी का रहस्य देने का वादा करते हैं। वह दोबारा इस्तेमाल किए गए प्रेरक नारों और महंगी सामान्य समझ से भरे पन्नों को पलटता है। कुछ भी मन में नहीं ठहरता। फिर उसकी नज़र एक पुरानी, चमड़े की जिल्द वाली बाइबिल पर पड़ती है, एक ऐसी किताब जो युद्धों, सांस्कृतिक बदलावों और इसे नज़रअंदाज़ करने की अनगिनत मानवीय कोशिशों से बची हुई है। इसके बारे में कुछ अलग सा महसूस होता है। यह खोखली बातें या मिठास में लिपटा आशावाद पेश नहीं करती है। इसके बजाय, यह व्यक्तिगत सुविधा से कहीं आगे तक फैली सच्चाइयों को चुनौती देने, सिखाने और प्रकट करने की हिम्मत करती है।

ईश्वर के वचन पर विश्वास करना केवल डिनर पार्टियों में लोगों को प्रभावित करने के लिए छंद याद करने के बारे में नहीं है। यह नैतिक प्रबोधन के बारे में है, वह बुद्धिमत्ता जो सभ्यता को उसके बुरे फैसलों के बोझ तले ढहने से बचाती है। पवित्र ग्रंथ केवल मनोरंजन के लिए नियमों की सूची नहीं देते हैं; वे नैतिक रूपरेखा तैयार करते हैं जिन्होंने सदियों से मानवता का मार्गदर्शन किया है। दस आज्ञाएँ दिव्य सुझाव नहीं थीं। वे एक ऐसे समाज के लिए जीवित रहने का साधन थीं जो अन्यथा कुछ ही हफ्तों में खुद ही नष्ट हो जाता। जब इसे नियंत्रित नहीं किया जाता, तो मानव स्वभाव चीजों को गड़बड़ कर देता है। आस्था अनुशासन, जिम्मेदारी और एक ऐसे नैतिक compasses की मांग करती है जो मूड या सुविधा के आधार पर न बदले।

ईश्वर के वचन में विश्वास करना केवल डिनर पार्टियों में दूसरों को चकित करने के लिए छंदों को याद करने से कहीं बढ़कर है। यह नैतिक प्रबोधन के बारे में है, वह अंतर्दृष्टि जो सभ्यता को अपने खराब विकल्पों के बोझ तले ध्वस्त होने से रोकती है। पवित्र ग्रंथ केवल सुख के लिए नियमों की सूची से कहीं बढ़कर हैं। वे नैतिक ढाँचे बनाते हैं जिन्होंने पीढ़ियों से मानवता की सेवा की है। दस आज्ञाएँ दिव्य सुझाव नहीं थीं। वे एक ऐसे समाज के लिए जीवित रहने की युक्तियाँ थीं जो कुछ ही हफ्तों में खुद को नष्ट कर देता। जब मानव स्वभाव को नियंत्रित नहीं किया जाता है, तो उसमें चीजों को गड़बड़ करने की प्रवृत्ति होती है। विश्वास के लिए अनुशासन, जवाबदेही और एक ऐसे नैतिक compasses की आवश्यकता होती है जो भावना या सुविधा के आधार पर न बदले।

जैसे ही धर्म का प्रवेश होता है, दृष्टिकोण बदल जाता है। मनुष्य, स्वभाव से, अपनी वर्तमान चिंताओं से परे देखने के लिए संघर्ष करते हैं। बड़ी तस्वीर देखने की क्षमता, जीवन

को एक बड़ी कहानी के हिस्से के रूप में समझने के लिए, सहज ज्ञान से परे अंतर्दृष्टि की आवश्यकता होती है। धर्मग्रंथ केवल उत्तर प्रदान नहीं करते हैं। यह चिंतन को आवश्यक बनाता है। उदाहरण के लिए, अय्यूब ने बहुत दर्द सहा, जबकि उसके दोस्त उसे ऐसी सलाह दे रहे थे जिसकी उसने कभी मांग नहीं की थी। उसे अपनी परीक्षाओं का कोई सुसज्जित उत्तर नहीं मिला, फिर भी उसका विश्वास अटूट रहा। अंत में, उसे वह सब कुछ वापस मिल गया जो उसने खोया था। उसकी कथा इस बात की याद दिलाती है कि बुद्धिमानी सभी उत्तर जानने में नहीं, बल्कि इस पर विश्वास करने में है कि एक उच्च उद्देश्य मौजूद है, भले ही कुछ भी समझ में न आए।

ज्ञान कैसे बढ़ता है, इसका एक बड़ा हिस्सा आस्था समुदायों में निहित है। जीवन को अकेले ही जीने का प्रयास करने वाला व्यक्ति पहले निर्देश न पढ़े बिना फर्नीचर जोड़ने वाले व्यक्ति के समान है। यह काम कर सकता है, लेकिन परिणाम अनिश्चित होगा। धार्मिक समुदाय पीढ़ियों से चली आ रही बुद्धिमत्ता के एक जीवित अभिलेखागार के रूप में काम करते हैं। धर्म के बुजुर्गों ने यह सब देखा है। असफलताएं, उपलब्धियां, और जीवन के वे संदिग्ध निर्णय जिनके बारे में वे स्वीकार करना नहीं चाहते। उनके अनुभव उन लोगों के लिए सबक प्रदान करते हैं जो सुनने को तैयार हैं, जिसके परिणामस्वरूप साझा ज्ञान का एक चक्र बनता है जो व्यक्तियों को एक ही गलती दोहराने से रोकता है।

नम्रता के बिना, व्यक्तिगत विकास का अनुभव करना कठिन है। मनुष्य आत्म-वंचना में माहिर होते हैं, वे खुद को यह विश्वास दिलाते हैं कि वे हमेशा सही हैं, जबकि वही गलतियाँ दोहराते रहते हैं। आस्था आत्मनिरीक्षण को मजबूर करती है। यह जवाबदेही, आत्म-सुधार और इस समझ को बढ़ावा देती है कि बुद्धिमानी एक फूले-फले अहंकार से उत्पन्न नहीं होती है। अपनी उपलब्धियों के बावजूद, राजा दाऊद को बहुत कष्ट हुआ जब उन्होंने सत्ता को अपने विवेक पर हावी होने दिया। उनका अनुभव दर्शाता है कि कोई भी विफलता से अछूता नहीं है, फिर भी उद्धार हमेशा संभव है। विकास तब होता है जब लोग अपनी खामियों को स्वीकार करते हैं, बजाय इसके कि वे यह दिखावा करें कि वे मौजूद ही नहीं हैं।

सत्य की खोज के लिए केवल जिज्ञासा से अधिक कुछ होना चाहिए। लोग अपना जीवन विज्ञान, दर्शन और कभी-कभी इंटरनेट के कमेंट सेक्शन में अर्थ खोजने में बिता देते हैं। सत्य की खोज केवल जानकारी इकट्ठा करने से कहीं बढ़कर है; यह वास्तव में महत्वपूर्ण क्या है, उसे समझने के बारे में भी है। धर्मग्रंथ एक ऐसी नींव प्रदान करता है जो चलन और व्यक्तिगत

पूर्वाग्रहों से परे है। यह वर्तमान दृष्टिकोणों या समकालीन विचारधाराओं को आकर्षित नहीं करता है। यह कुछ गहरा प्रदान करता है, एक ऐसी बुद्धिमत्ता जो समय, समाज और मानवता की अपनी शर्तों पर नैतिकता को फिर से परिभाषित करने की अतृप्त इच्छा की कसौटी पर खरी उतरती है।

विश्वास से प्रेरित बुद्धि सक्रिय होती है, निष्क्रिय नहीं। यह चुनौती देती है, सुधारती है और रूपांतरित करती है। जो परमेश्वर के वचन को अपनाते हैं, वे केवल इसे सीखते नहीं हैं। वे इसे जीते हैं।

ईश्वर की सेवा में संबंध

आजीवन संबंध बनाना एक प्रिय प्रयास है जो मानवीय अस्तित्व को समृद्ध करता है, और साथ, समर्थन, और साझा अनुभव प्रदान करता है जो आत्म-खोज के हमारे मार्ग को आकार देते हैं। इन संबंधों में, ईश्वर के साथ जो बंधन हम बनाते हैं, वह सबसे विचारशील और महत्वपूर्ण है, जो आध्यात्मिक संबंध, मार्गदर्शन, और अनंत प्रेम की आधारशिला के रूप में कार्य करता है।

आजीवन संबंधों की खोज पारस्परिक समझ, साझा क्षणों और भावनात्मक गहराई का एक जटिल नृत्य है। इन संबंधों को बनाने के लिए सच्ची कोशिश, सक्रिय संचार और जीवन की आँधियों का सामना करने की प्रतिबद्धता की आवश्यकता होती है। ये संबंध उतार-चढ़ाव के बीच साथ देते हैं, और हमें प्रेम, विश्वास और सहानुभूति के एक जाल में स्थापित करते हैं। फिर भी, इन सभी बंधनों में, ईश्वर के साथ संबंध सांसारिक सीमाओं से परे है, जो समय और स्थान की सीमाओं को लांघते हुए एक शाश्वत संबंध प्रदान करता है।

ईश्वर के साथ संबंध वह एकमात्र बंधन है जो कभी आपको अकेला नहीं छोड़ता। इंसान अप्रत्याशित होते हैं। दोस्त दूर चले जाते हैं, परिवार के सदस्य जन्मदिन भूल जाते हैं, और जब आपको फर्नीचर स्थानांतरित करने में मदद की ज़रूरत होती है तो लोग रहस्यमय ढंग से गायब हो जाते हैं। दूसरी ओर, दिव्यता के साथ संबंध इतने अस्थिर शर्तों पर काम नहीं करता है। यह एक स्थिर, अपरिवर्तनीय बंधन है, जो मार्गदर्शन, स्पष्टता और कभी-कभी, एक बहुत ज़रूरी वास्तविकता की जाँच प्रदान करता है। जहाँ मानवीय संबंध व्यक्तिगत विकास में मदद करते हैं, वहीं ईश्वर में आस्था कुछ और गहरा जगाती है।

यह चिंतन के लिए मजबूर करता है, जवाबदेही की मांग करता है, और विनम्रता, करुणा और क्षमा जैसे गुणों पर जोर देता है। ये वही मूल्य हैं जो सिद्धांत में तो बहुत अच्छे लगते हैं, लेकिन जब आप किसी ऐसे व्यक्ति के पीछे ट्रैफिक में फंस जाते हैं जो अपना टर्न सिग्नल इस्तेमाल करने से इनकार कर देता है, तो इन्हें व्यवहार में उतारना मुश्किल लगता है।

आध्यात्मिक होने के लिए बस प्रबुद्ध महसूस करना ही काफी नहीं है। यह लोगों को आत्म-परीक्षा की एक कठिन प्रक्रिया से गुज़रने के लिए मजबूर करता है, अहंकार की परतों को हटाता है, जब तक कि केवल कड़वी सच्चाई ही न रह जाए। यही कारण है कि धर्म कमजोर दिल वालों के लिए नहीं है। यह लोगों को अपनी गलतियों को स्वीकार करने, अपने फैसलों पर पुनर्विचार करने और किसी बड़ी चीज़ की ओर प्रयास करने के लिए मजबूर करता है। बाइबिल ऐसे लोगों से भरी है जिन्हें यह बात कठिन अनुभवों से सीखनी पड़ी। उदाहरण के लिए, पतरस को ही लें। उसने कसम खाई थी कि वह यीशु को कभी नकारेगा नहीं, लेकिन मुर्गे के सुबह की बाँग देने से पहले ही वह लगातार तीन बार दबाव में टूट गया। फिर भी, उसे उद्धार मिला क्योंकि विश्वास कभी असफल न होने के बारे में नहीं है। यह सीखने, बढ़ने और, सबसे महत्वपूर्ण, एक ही गलती दो बार न करने के बारे में है।

अटूट समर्थन इस रिश्ते का सबसे बड़ा लाभों में से एक है। मानवीय रिश्तों की समाप्ति की तारीख होती है, भावनात्मक बोझ होता है, और कभी-कभी निष्क्रिय-आक्रामक चुप्पी भी होती है। दूसरी ओर, ईश्वर स्थिर, मौजूद और मनोदशा के उतार-चढ़ाव से अप्रभावित रहता है। जब जीवन में बाकी सब कुछ बिखर जाता है, तो आस्था अडिग रहती है। लोगों को यह जानकर सांत्वना मिलती है कि दिव्य प्रेम अंक प्रणाली पर काम नहीं करता है। इस तरह की स्थिरता लचीलापन पैदा करती है, जिससे अस्तित्वगत निराशा में डूबे बिना चुनौतियों का सामना करना आसान हो जाता है। भजन संहिता के लेखक ने इसे सबसे अच्छी तरह से कहा जब उन्होंने कहा, **"यहोवा मेरा रखवाला है; मुझे कुछ भी कमी न होगी।"** यह एक सीधा अनुस्मारक है कि, चाहे कुछ भी हो जाए, पर्दे के पीछे हमेशा कुछ बड़ा काम कर रहा होता है।

आध्यात्मिक संतुष्टि का कोई मुकाबला नहीं है। मानवीय रिश्ते, भले ही अद्भुत हों, स्वाभाविक रूप से दोषपूर्ण होते हैं क्योंकि मनुष्य स्वयं भावनाओं, विरोधाभासों और आवेगी निर्णयों का एक शानदार मिश्रण हैं। एक दिन लोग सबसे अच्छे दोस्त होते हैं, और अगले ही

दिन, वे इस बात पर बहस कर रहे होते हैं कि पिज्जा पर अनानास होना चाहिए या नहीं, जैसे कि यह जीवन और मृत्यु का सवाल हो। ईश्वर के साथ संबंध पूरी तरह से एक अलग ही तरंग पर काम करता है। यह मानवीय सीमाओं से बंधा नहीं है। गलतफहमी को रोकने के लिए इसे निरंतर आश्वासन या सावधानी से लिखे गए टेक्स्ट संदेशों की आवश्यकता नहीं होती है। यह विश्वास, ज्ञान और इस समझ पर बना एक ऐसा संबंध है कि लोग चाहे कितनी भी बार ठोकर खाएं, वे कभी भी उद्धार से परे नहीं होते।

यह आध्यात्मिक संबंध आत्मा की गहराइयों से प्रतिध्वनित होता है, जो अर्थ, उद्देश्य और परमात्मा के लिए एक अंतर्निहित तड़प को संतुष्ट करता है। यह व्यक्तियों को स्वयं से कहीं बड़ी किसी चीज़ से जुड़ाव की भावना में स्थिर करता है, जिससे संतुष्टि और आंतरिक शांति की गहरी भावना को पोषण मिलता है।

आजीवन संबंध बनाने का प्रयास, जुड़ाव और सहानुभूति के लिए मानवीय क्षमता का प्रमाण है। ये बंधन हमारे जीवन को समृद्ध करते हैं, साथ, साझा अनुभव और पारस्परिक विकास की पेशकश करते हैं।

हालाँकि, ईश्वर के साथ का बंधन अपनी स्थायी प्रकृति, प्रभाव, अटूट समर्थन और आध्यात्मिक अनुनाद के कारण इन रिश्तों में सर्वोपरि है।

जब व्यक्ति दिव्यता के साथ संबंध विकसित करने में निवेश करते हैं, तो वे एक ऐसे साहसिक कार्य पर निकल पड़ते हैं जो सांसारिक सीमाओं से परे है, और उन्हें एक ऐसे आजीवन संबंध की ओर मार्गदर्शन करता है जो उद्देश्य, गहराई और स्थायी संतुष्टि की भावना लाता है।

दुनिया में ईश्वर की उपस्थिति को पाना

ईश्वर और उसकी सर्वोच्च शक्ति में हमारा विश्वास अनंत रूप से आकर्षक है और इसने संस्कृतियों, सभ्यताओं और सदियों को पार करते हुए मानव इतिहास पर एक स्थायी छाप छोड़ी है। दुनिया की अधिकांश आबादी विश्वास करती है, और उनका तर्क अक्सर बहुआयामी होता है और अक्सर मनोवैज्ञानिक, सांस्कृतिक, दार्शनिक और आध्यात्मिक आयामों सहित विभिन्न कारकों से प्रभावित होता है।

उदाहरण के लिए, कुछ व्यक्ति केवल एक उच्च शक्ति में विश्वास करके सांत्वना प्राप्त कर सकते हैं, जबकि अन्य धार्मिक प्रथाओं के माध्यम से अपने जीवन में एक उद्देश्य पा सकते हैं।

सांस्कृतिक और दार्शनिक प्रभावों का मान्यताओं को आकार देने का एक अजीब तरीका होता है, जो कभी-कभी वास्तविक आध्यात्मिक दृढ़ विश्वास से भी अधिक प्रभावशाली होता है। कुछ समाज सामूहिक पूजा की ओर बहुत अधिक झुकाव रखते हैं, जहाँ किसी धार्मिक सभा में अनुपस्थित रहने को उतनी ही चिंता के साथ देखा जाता है जितना किसी चिकित्सा आपातकाल को।

अन्य लोग एकाकी आध्यात्मिक यात्रा की वकालत करते हैं, जिसमें ज्ञान की प्राप्ति गहरे चिंतन में अकेले ही सबसे अच्छी तरह से होती है, शायद क्षितिज को नाटकीय रूप से निहारते हुए।

विश्वासों का इतिहास भर में बने रहने का कारण यह नहीं है कि लोग विशेष रूप से स्थिर हैं, बल्कि इसलिए है कि वे उन चीजों पर टिके रहने में बहुत जिद्दी होते हैं जो उन्हें अच्छा महसूस कराती हैं।

मानसिक आराम और अर्थ

ईश्वर में विश्वास अक्सर व्यक्तियों को मनोवैज्ञानिक आराम का एहसास कराता है, खासकर अनिश्चितता, भय या संकट के समय में। ब्रह्मांड की देखरेख करने वाले ईश्वर की सर्वशक्तिमानता सांत्वना प्रदान करती है, जो आशा और आश्वासन का स्रोत है। उदाहरण के लिए, व्यक्तिगत विपत्ति या वैश्विक संकट के समय में, कई लोग सामना करने और अपनी चुनौतियों में अर्थ खोजने के लिए प्रार्थना की ओर रुख करते हैं और दिव्य मार्गदर्शन की तलाश करते हैं।

अव्याख्येय की व्याख्या

दुनिया और उसके रहस्यों के प्रति मानव जाति की स्वाभाविक जिज्ञासा ने उन प्राकृतिक घटनाओं को समझाने के लिए एक उच्च शक्ति में हमारे विश्वास को बढ़ाया है, जो कभी वैज्ञानिक समझ से परे थीं।

उदाहरण के लिए, प्राचीन संस्कृतियाँ अक्सर भूकंप और तूफ़ान जैसी प्राकृतिक आपदाओं के लिए देवताओं को दोषी ठहराती थीं क्योंकि वे इनका कारण नहीं समझ पाती थीं। इस दैवीय प्रभाव के विचार ने लोगों को अपने चारों ओर की जटिल दुनिया को समझने का एक तरीका दिया।

सांस्कृतिक और सामाजिक प्रभाव

सांस्कृतिक और सामाजिक कारक मान्यताओं को आकार देने में महत्वपूर्ण भूमिका निभाते हैं। धर्म कई संस्कृतियों की परंपराओं, पारिवारिक मूल्यों और सामाजिक मानदंडों से गहराई से जुड़ा हुआ है। उदाहरण के लिए, धार्मिक अनुष्ठानों को अक्सर जन्म, विवाह और अंतिम संस्कार जैसे जीवन के महत्वपूर्ण पड़ावों में शामिल किया जाता है।

धार्मिक मान्यताओं से जुड़े ये सांस्कृतिक बंधन पीढ़ियों से इनके बने रहने में योगदान करते हैं। धार्मिक शिक्षाएं अक्सर एक नैतिक ढांचा प्रदान करती हैं जो नैतिक व्यवहार का मार्गदर्शन करती हैं और करुणा, ईमानदारी और परोपकार जैसे सद्गुणों को बढ़ावा देती हैं।

कई लोग धार्मिक आचार संहिताओं का पालन करने में सांत्वना पाते हैं जो उन्हें जटिल नैतिक दुविधाओं से निपटने में मदद करती हैं। उदाहरण के लिए, ईसाई धर्म में दस आज्ञाएँ और इस्लाम के पाँच स्तंभ एक सदाचारी जीवन जीने के लिए स्पष्ट दिशानिर्देश प्रदान करते हैं।

ईश्वर में मानवता का विश्वास, पारलौकिक होने और किसी महान शक्ति से जुड़ने की एक मौलिक मानवीय इच्छा को दर्शाता है। हमारे दिव्य स्रष्टा की उपस्थिति जीवन में उद्देश्य की भावना और गहरे अर्थ खोजने का एक मार्ग प्रदान करती है। पारलौकिक होने की अवधारणा विभिन्न धर्मों के अनुष्ठानों, प्रार्थनाओं और ध्यान संबंधी प्रथाओं में देखी जा सकती है, जो व्यक्तियों को दैवीय शक्ति से जुड़ने और आध्यात्मिक उन्नति के क्षणों का अनुभव करने की अनुमति देती हैं।

दार्शनिक चिंतन

दार्शनिकों ने ईश्वर के अस्तित्व को साबित करने की कोशिश में सदियाँ बिताई हैं, जो प्रभावशाली है यह देखते हुए कि उनमें से अधिकांश दोपहर के भोजन पर भी सहमत नहीं हो सके। थॉमस एक्विनास ने अपने तर्कों को तर्क और बुद्धि पर बनाया, इस बात से आश्वस्त थे कि हर चीज़ का एक कारण होना चाहिए, और वह कारण ईश्वर ही होना चाहिए। दूसरी ओर,

रेने देकार्त ने "मैं सोचता हूँ। अतः, मैं हूँ" दृष्टिकोण अपनाया और निष्कर्ष निकाला कि चूँकि वह एक पूर्ण सत्ता की कल्पना कर सकता था, इसलिए वह सत्ता अवश्य मौजूद होगी। यह एक ऐसे व्यक्ति का साहसिक दावा था जो इस बात पर भी संदेह करता था कि क्या वास्तविकता स्वयं वास्तविक है।

बौद्धिक अन्वेषण ने विश्वास को आकार देने में एक प्रमुख भूमिका निभाई है। आस्था को अक्सर अंधभक्ति का मामला मानकर खारिज कर दिया जाता है, फिर भी इतिहास के कुछ महानतम दिमागों ने यह साबित करने के लिए अपना जीवन समर्पित कर दिया है कि आस्था और तर्क शत्रु नहीं हैं। ईश्वर के अस्तित्व के तर्कों पर उन विचारकों द्वारा बहस की गई है, उन्हें परिष्कृत किया गया है और उनका विश्लेषण किया गया है जिन्होंने आसान जवाब स्वीकार करने से इनकार कर दिया। बाइबिल स्वयं इस तरह के अनुसंधान का समर्थन करती है। नीतिवचन 2:6 कहता है, "क्योंकि यहोवा ज्ञान देता है; उसी के मुंह से ज्ञान और समझ निकलती है।" ज्ञान और विश्वास अलग रहने के लिए नहीं हैं। ईश्वर की खोज हमेशा उतनी ही तर्क की बात रही है जितनी कि विश्वास की। मनुष्य स्वभाव से ही सब कुछ प्रश्न करने, विश्लेषण करने और कभी-कभी इसे ज़्यादा जटिल बनाने के लिए बने हैं। दार्शनिकों ने इसे एक पूर्णकालिक काम बना लिया है, यह सुनिश्चित करते हुए कि किसी के पास बहस करने के लिए जल्द ही कोई विषय खत्म न हो।

व्यक्तिगत अनुभव

कई विश्वासी व्यक्तिगत अनुभवों की रिपोर्ट करते हैं, जिन्हें अक्सर आध्यात्मिक या दैवीय मुलाकातें कहा जाता है, जो ईश्वर में उनके विश्वास को दृढ़ करते हैं।

ये अनुभव दार्शनिक अंतर्दृष्टि के क्षणों से लेकर भौतिक जगत से परे किसी चीज़ से जुड़ाव महसूस करने तक हो सकते हैं। हालाँकि ये अनुभव व्यक्तिगत होते हैं, फिर भी वे सभी के लिए अत्यधिक महत्व रखते हैं और दिव्यता में उनके विश्वास को मजबूत करते हैं।

ईश्वर में विश्वास मानवता की सबसे लगातार बनी रहने वाली आदतों में से एक है, जो भविष्य की चिंता करने और जीवन के संदिग्ध निर्णय लेने के बराबर है। लोग हमेशा से अर्थ की तलाश में रहे हैं, चाहे वह दर्शन, संस्कृति, व्यक्तिगत अनुभव, या सुबह 3 बजे अचानक आए किसी अस्तित्वगत संकट के माध्यम से हो। बुद्ध, जिन्होंने दुनिया के दुख को देखा और

जब तक उन्हें सब कुछ समझ में नहीं आ गया तब तक एक पेड़ के नीचे बैठने का फैसला किया, वे इस बात को ज़्यादातर लोगों से बेहतर समझते थे। उन्हें ईश्वर के अस्तित्व पर बहस करने में उतनी दिलचस्पी नहीं थी, जितनी कि यह समझने में थी कि लोग सबसे पहले विश्वास से क्यों चिपके रहते हैं।

दुख, जैसा कि बुद्ध ने प्रसिद्ध रूप से बताया, अपरिहार्य है। जीवन बिना किसी चेतावनी के बाधाएं, दिल टूटने का दर्द और खराब वाई-फाई कनेक्शन लाता है। लोग ईश्वर की ओर इसलिए मुड़ते हैं क्योंकि यह अराजकता के बीच शांति का एहसास प्रदान करता है। एक उच्च शक्ति में विश्वास करने का मनोवैज्ञानिक आराम तूफान में एक लंगर की तरह है। यह स्थिरता, आश्वासन और सबसे महत्वपूर्ण रूप से, जब भी कुछ गलत होता है तो निराश न होने का एक कारण प्रदान करता है। बुद्ध के उस पेड़ के नीचे बैठने से बहुत पहले, भजन संहिता के लेखक ने इसी विचार को दोहराया था, लिखा था, "यहोवा मेरा शरणस्थान और बल है, संकट में मेरी अतिसत्य सहायक है।" आस्था, चाहे वह ईश्वर में हो या ज्ञान की राह पर, लोगों को यह भ्रम देती है कि कहीं न कहीं, किसी के पास एक योजना है।

रहस्यमय चीजों को समझने के प्रयासों से भी आस्था को बल मिला है। लोग उन पूछताछों को पसंद नहीं करते जो अनसुलझी रह जाती हैं। उन्हें कोई रहस्य दीजिए, और वे या तो उसे सुलझा देंगे या कोई ऐसा जवाब गढ़ लेंगे जिससे उन्हें बेहतर महसूस हो। प्राचीन संस्कृतियों ने आकाश को देखा, बिजली चमकती देखी, और यह तय किया कि कोई अलौकिक शक्ति जरूर क्रोधित है। अधिक वैज्ञानिक ज्ञान होने के बावजूद, आधुनिक मनुष्य अभी भी वही बड़े सवाल पूछते हैं—हम यहाँ क्यों हैं? मृत्यु के बाद क्या होता है, और अच्छे लोगों के साथ बुरा क्यों होता है? ईश्वर में विश्वास एक ऐसा ढांचा प्रदान करता है जो जीवन की अनिश्चितताओं को समझना आसान बना देता है।

नैतिकता भी अपनी भूमिका निभाती है। अगर लोगों को बिना किसी मार्गदर्शक सिद्धांत के अपने हाल पर छोड़ दिया जाता, तो दुनिया काफी बदतर होती। धार्मिक ग्रंथों में नैतिक शिक्षाओं की तरह ही, बुद्ध का अष्टांगिक मार्ग भी मनुष्यों को चीजों को पूरी तरह से बिगाड़ने से बचाने के लिए बनाया गया था। सही वाणी, सही आचरण और सही आजीविका, बस "एक बुरा इंसान न बनें" कहने के अलग-अलग तरीके हैं। इतिहास भर में धर्मों ने इसी तरह

के सिद्धांतों पर जोर दिया है, यह समझते हुए कि नैतिक संरचना के किसी रूप के बिना, समाज एक खराब तरीके से बनी रेत की महल की तरह तेजी से ढह जाएगा।

अलौकिक क्षण ही सब कुछ पक्का कर देते हैं। जिसने भी कभी एक शानदार सूर्यास्त देखा हो, गहरे ध्यान का अनुभव किया हो, या किसी जानलेवा स्थिति से बच निकला हो, वह इस एहसास को जानता है। ऐसे क्षण होते हैं जो लोगों को रुकने और यह सोचने पर मजबूर कर देते हैं कि क्या ऐसी कोई चीज़ है जो मापी नहीं जा सकती। बुद्ध ने वर्षों की खोज के बाद ज्ञान प्राप्त किया, यह साबित करते हुए कि कभी-कभी, वास्तविकता को समझने का सबसे अच्छा तरीका विचलित करने वाली चीज़ों से खुद को अलग करना और मौन में बैठना है। ज़्यादातर लोग इतना आगे नहीं बढ़ना चाहते, इसलिए वे अपने अस्तित्व को अर्थ देने के लिए एक उच्च शक्ति में विश्वास करना ही स्वीकार कर लेते हैं।

आस्था इतिहास भर में बनी रहती है, इसलिए नहीं कि हर कोई इस बात पर सहमत है कि ईश्वर क्या है, बल्कि इसलिए कि अर्थ की आवश्यकता गायब होने से इनकार कर देती है। सत्य की खोज, चाहे वह धर्म, दर्शन, या आत्म-चिंतन के माध्यम से हो, यही मानव अनुभव को परिभाषित करती है।

ईश्वर भला है

ईश्वर की भलाई की समझ कई धार्मिक आस्थाओं का आधार है, जो करुणा, दया और परोपकार से परिपूर्ण दिव्य स्वभाव पर जोर देती है। इस यात्रा के माध्यम से हम देख सकते हैं कि ईश्वर कैसे भले और दयालु हैं, उनकी दया के उदाहरण देख सकते हैं और यह भी जान सकते हैं कि ईश्वर में आस्था उनके प्रेम, अनुग्रह और समर्थन के साथ कैसे संतोषजनक होती है।

ईश्वर की दया विभिन्न धार्मिक परंपराओं में स्पष्ट रूप से दिखाई देती है, जो क्षमा और करुणा की उनकी क्षमता को प्रदर्शित करती है। धर्मशास्त्र अक्सर मानव गलतियों को क्षमा करने और व्यक्तियों को धार्मिकता की ओर मार्गदर्शन करने के लिए ईश्वर की तत्परता को दर्शाते हैं। उदाहरण के लिए, ईसाई धर्म में, 'व्यभिचारी पुत्र' का दृष्टांत एक पश्चातापी हृदय के साथ लौटने वाले भटके हुए बच्चे को गले लगाने और क्षमा करने के लिए ईश्वर की तत्परता को दर्शाता है। इसी तरह, इस्लाम में, 'अर-रहमान' (अत्यंत दयालु) और 'अर-रहीम' (अत्यंत करुणामय) की विशेषताएँ ईश्वर की असीम दया को उजागर करती हैं।

दिव्य दया के उदाहरण

ईश्वर की दया के उदाहरण हर जगह हैं, बशर्ते कोई ध्यान दे रहा हो और बुरे फैसले लेने में बहुत व्यस्त न हो। यों◌ाह की कहानी इसका एक प्रमुख उदाहरण है। ईश्वर उसे निनिवे जाकर लोगों को चेतावनी देने के लिए कहते हैं कि वे अपने दुष्ट व्यवहार को छोड़ दें। यों◌ाह, जो कि एक जिद्दी और अधिक सोचने वाला व्यक्ति था, तुरंत विपरीत दिशा में एक टिकट बुक कर लेता है। एक विशाल मछली उसे निगल लेती है, उसे अपने फैसलों पर पुनर्विचार करने का कुछ समय मिलता है, और अंततः, वह संदेश पहुँचाता है। लोग पश्चाताप करते हैं, और ईश्वर आग और विनाश भेजने के बजाय उन्हें क्षमा कर देता है। यह परम दया है—एक शहर-व्यापी माफी, और एक पूरी सभ्यता को दूसरा मौका मिल जाता है।

इस्लामी परंपरा भी इसी विषय को आगे बढ़ाती है। पैगंबर मुहम्मद ने हर मोड़ पर ईश्वर की दया पर जोर दिया। कुरान इसे स्पष्ट रूप से कहता है: **"मेरी दया सभी चीजों पर व्यापी है।"** मनुष्य इसके एक छोटे से अंश के साथ भी संघर्ष करते हैं। एक पार्किंग का टिकट किसी का पूरा दिन बर्बाद कर सकता है। दूसरी ओर, ईश्वर धैर्य और क्षमा के एक उच्च स्तर पर काम करता है, जो कि सौभाग्य की बात है क्योंकि लोग समय की शुरुआत से ही अपनी किस्मत आजमाते रहे हैं।

हिंदू धर्म भगवान कृष्ण के माध्यम से दैवीय दया को दर्शाता है, जो भक्तों को उनके अपने किए गए आपदाओं से बचाते हैं। यह बात समझ में आती है। जीवन के चुनाव अक्सर एक विस्तृत परीक्षा की तरह महसूस होते हैं, सिवाय इसके कि किसी को याद नहीं कि उसने इसके लिए साइन अप किया था, और कोई स्पष्ट पाठ्यक्रम नहीं है। जब चीजें नियंत्रण से बाहर हो जाती हैं तो कृष्ण मदद करते हैं। ये सभी कहानियाँ एक बात को मजबूत करती हैं—दैवीय दया सभी धार्मिक परंपराओं में एक बार-बार आने वाला विषय है, सबसे अधिक संभावना है क्योंकि मनुष्य एक ही गलती बार-बार करते रहते हैं और अच्छे परिणाम की उम्मीद करते हैं।

ईश्वर में विश्वास एक ऐसी गारंटी देता है जो मानवीय रिश्तों में दुर्लभ है। दिव्य प्रेम को पूर्णता की आवश्यकता नहीं होती। यह रंजिश नहीं रखता। यह किसी अजीब बातचीत के कारण अचानक आपका दोस्त नहीं छोड़ता। धार्मिक शिक्षाएं इस बात पर जोर देती हैं कि ईश्वर का प्रेम मानवीय सीमाओं से परे है, जो उन सभी के लिए एक अच्छी खबर है जिन्होंने कभी कोई

महत्वपूर्ण सालगिरह भूल गई हो। यह विश्वास आत्म-मूल्य की एक गहरी भावना को बढ़ावा देता है, यह जानते हुए कि कमियों के बावजूद, स्वीकृति का एक शाश्वत स्रोत है।

ईश्वर की भलाई उनके द्वारा प्रदान किए गए मार्गदर्शन में भी झलकती है। जीवन जटिल है, नैतिक दुविधाओं और विकल्पों से भरा है जो बहुत आसान हो जाते अगर हर कोई सरल निर्देशों का पालन करता। धार्मिक ग्रंथ ठीक यही प्रदान करने का प्रयास करते हैं। दस आज्ञाएँ एक स्पष्ट नैतिक संहिता प्रदान करती हैं, जो बातों को "झूठ न बोलो" और "शायद चोरी न करो" जैसे बुनियादी नियमों तक सीमित कर देती हैं। बौद्ध धर्म में अष्टांगिक मार्ग भी इसी उद्देश्य को पूरा करता है, जो ज्ञान की प्राप्ति के लिए एक संरचित दृष्टिकोण प्रदान करता है। ये ढाँचे श्रद्धालुओं को जीवन की उलझनों से थोड़ी अधिक बुद्धिमानी और थोड़ी कम अराजकता के साथ निपटने में मदद करते हैं।

धार्मिक परंपराएं दया, प्रेम और मार्गदर्शन पर प्रकाश डालती रहती हैं, मुख्यतः इसलिए क्योंकि मानवता को निरंतर अनुस्मारक की आवश्यकता होती है। इन कहानियों के सदियों से जीवित रहने का एक कारण है। लोग गलतियाँ दोहराते हैं, क्षमा मांगते हैं, और जीवन का अर्थ खोजते हैं। विश्वास एक ऐसी दुनिया में स्थिरता प्रदान करता है जो लगातार बदलती रहती है, यह साबित करते हुए कि दैवीय धैर्य संभवतः सभी से बड़ा चमत्कार है।

परिवर्तनकारी प्रभाव

ईश्वर में विश्वास व्यक्तियों के जीवन पर एक परिवर्तनकारी प्रभाव डालता है। ईश्वर की भलाई और दया की अवधारणा विश्वासियों को अपने कार्यों में इन गुणों का अनुकरण करने के लिए प्रोत्साहित करती है। दया, करुणा और क्षमा के कार्य उनके विश्वास की अभिव्यक्ति बन जाते हैं। यह परिवर्तन व्यक्तिगत विकास तक भी फैला हुआ है, क्योंकि विश्वास व्यक्तिगतों को नैतिक और आध्यात्मिक सुधार के लिए लगातार प्रयास करने के लिए प्रोत्साहित करता है। ईश्वर में आस्था श्रद्धालुओं को दिव्य संबंध के लिए सर्वोच्च वीआईपी (VIP) पहुँच देती है, एक ऐसी सदस्यता जिसके साथ असीमित आध्यात्मिक संतुष्टि और कोई छिपी हुई फीस नहीं है। यह बंधन सहज ही दैनिक जीवन की छोटी-मोटी असुविधाओं, जैसे बिल, खराब वाई-फाई, और इस शाश्वत रहस्य को पार कर जाता है कि धुलाई में मोज़े हमेशा क्यों गायब हो जाते हैं। यह आराम का एक अटूट स्रोत प्रदान करता है, यह सुनिश्चित करते हुए कि चाहे

चीजें कितनी भी अराजक क्यों न हो जाएँ, मानव अस्तित्व की इस बड़ी गड़बड़ी पर हमेशा एक उच्च शक्ति की निगरानी रहती है।

मुसलमान और ईसाई प्रार्थना, ध्यान और पूजा के माध्यम से इस संबंध को मजबूत करते हैं। यह किसी पुराने दोस्त से जुड़े रहने जैसा है, लेकिन यह दोस्त आपके संदेशों को पढ़कर अनदेखा नहीं करता है। मुसीबत के समय आशीर्वाद या दैवीय मदद मांगना आध्यात्मिक संतुष्टि पाने का एकमात्र तरीका नहीं है। यह एक उद्देश्य की भावना रखने और एक योजना में विश्वास करने के बारे में है, जिसमें ऐसे कार्यों का एक सेट शामिल हो सकता है या नहीं, जिनकी किसी ने मांग नहीं की थी, लेकिन जो चरित्र निर्माण में मदद करते हैं। आस्था आपको स्थिरता देती है जो अल्पकालिक समस्याओं से कहीं अधिक समय तक चलती है। यह आपको बताती है कि रोजमर्रा की जिंदगी के शोर से परे, कुछ बड़ा है जो देख रहा है, मार्गदर्शन कर रहा है, और शायद लोगों द्वारा किए गए चुनावों पर सिर हिला रहा है।

विपरीत समय में आशा

ईश्वर की भलाई और दया आशा प्रदान करती है, विशेष रूप से जब बाकी सब कुछ एक खराब बनाए गए सुफ्ले की तरह बिखरता हुआ प्रतीत हो रहा हो। विश्वासी इस विचार पर भरोसा करते हैं कि दैवीय उपस्थिति परेशानी के पहले संकेत पर भाग नहीं जाती है। बाइबिल में आयोब की कहानी इस विषय को दर्शाती है, क्योंकि आयोब लगभग सब कुछ खो देता है लेकिन ईश्वर को कोसने से इनकार कर देता है। वह आस्था से जुड़ा रहता है, इस बात पर दृढ़ विश्वास रखता है कि ईश्वर की भलाई का ही अंतिम वचन चलेगा। यह अटूट विश्वास विभिन्न परंपराओं में गूंजता है, यह दर्शाता है कि क्षमा, करुणा, मार्गदर्शन और व्यक्तिगत चिंतन इस भावना में कैसे योगदान करते हैं कि दैवीय शक्ति हमेशा पहुंच के भीतर है।

धार्मिक ग्रंथ अक्सर इन गुणों पर प्रकाश डालते हैं। यहूदी धर्म, ईसाई धर्म, इस्लाम, हिंदू धर्म और अन्य धर्मों के वृत्तांत दया की शक्ति को रेखांकित करते हैं, कभी-कभी ऐसे तरीकों से जो सच होने के लिए लगभग बहुत अच्छे लगते हैं। श्रद्धालु यह जानकर संतुष्टि की गहरी भावना पाते हैं कि ईश्वर का प्रेम निःशर्ता है, चाहे वे प्रार्थना करना कितनी भी बार भूल जाएं या भोर की प्रार्थना से पहले कितनी भी बार अलार्म बंद करें। समर्थन की यह अटूट भावना एक आरामदायक और विनम्र करने वाला बंधन बनाती है। जीवन में कई अप्रत्याशित मोड़

आ सकते हैं, फिर भी ईश्वर के शुभ स्वभाव में विश्वास यह गारंटी देता है कि आशा संभव बनी रहेगी।

आस्था की शक्ति सबसे स्पष्ट रूप से उस सांत्वना के माध्यम से प्रकट होती है जो यह प्रदान करती है, विशेष रूप से जब तर्क और कारण दुख को समझाने में विफल रहते हैं। धर्मग्रंथों और आध्यात्मिक प्रथाओं से मिली मार्गदर्शन श्रद्धालुओं को परम भलाई के वादे को दृढ़ता से थामे रहने के लिए प्रोत्साहित करती है। ईश्वर के साथ अपने संबंध को मजबूत करना एक व्यक्तिगत खोज बन जाता है जिसमें भक्ति, अध्ययन और निरंतर चिंतन शामिल होता है। पूजा-पाठ और ध्यान के कार्यों से श्रद्धालुओं को अपने बंधन को गहरा करने में मदद मिलती है, जो सामान्य दिनचर्या को पवित्र अनुभवों में बदल देते हैं। यह प्रक्रिया एक आध्यात्मिक भूख को दर्शाती है जो सतही जुड़ाव से कहीं अधिक की मांग करती है। यह सचेतता, ईमानदारी और तत्काल परिस्थितियों से परे देखने की इच्छा की मांग करती है। यही आस्था की शक्ति है।

आस्था का संवर्धन

ईश्वर के साथ अपने संबंध को बढ़ाने में किसी के विश्वास का विकास सबसे महत्वपूर्ण कारक है। एक संबंध बनाने के लिए, आपको ईश्वर की वास्तविकता और अच्छाई में विश्वास करना चाहिए। लोग अपने विश्वास में तब मजबूत हो सकते हैं जब वे अपने बारे में और जीवन में होने वाली जटिल चीजों के बारे में सोचते हैं। कई विश्वासियों को लगता है कि अपने विश्वास में बढ़ने के लिए, उन्हें खुला, विनम्र और अज्ञात को स्वीकार करने के लिए तैयार रहने की आवश्यकता है।

प्रार्थना और ध्यान

प्रार्थना एक मूलभूत अभ्यास है जो ईश्वर के साथ प्रत्यक्ष संवाद को संभव बनाता है। नियमित रूप से प्रार्थना के लिए समय निकालने से व्यक्ति अपने विचारों, आशाओं और चिंताओं को व्यक्त कर सकता है, जिससे दिव्यता के साथ अंतरंगता की भावना विकसित होती है। ध्यान प्रार्थना को पूरकता प्रदान करता है, क्योंकि यह मौन, चिंतन और ईश्वर की उपस्थिति की गहरी अनुभूति के लिए एक स्थान बनाता है। दोनों ही अभ्यास आध्यात्मिक क्षेत्र से संबंध को गहरा करते हैं।

पवित्र ग्रंथों का अध्ययन

अपने विश्वास से संबंधित पवित्र ग्रंथों का अध्ययन करने से ईश्वर की शिक्षाओं और ज्ञान की समझ प्राप्त हो सकती है। चाहे कोई व्यक्ति बाइबिल, कुरान, तोराह, भगवद् गीता, या किसी अन्य धार्मिक ग्रंथ को पढ़ रहा हो, श्रद्धालु एक नैतिक जीवन जीने, करुणा विकसित करने, और आध्यात्मिक विकास प्राप्त करने के लिए दिव्य मार्गदर्शन में मूल्यवान अंतर्दृष्टि प्राप्त कर सकते हैं। ये ग्रंथ श्रद्धालुओं के लिए ज्ञान के एक स्रोत के रूप में कार्य करते हैं, जो उनके विश्वास के आधारभूत दिव्य सच्चाइयों और सिद्धांतों की गहरी समझ प्रदान करते हैं और उनमें उनकी आध्यात्मिक बुद्धिमत्ता की सराहना पैदा करते हैं।

निःस्वार्थ होने की कोशिश करना मुश्किल है, खासकर ऐसी दुनिया में जहाँ लोग हवाई जहाज की सीटों के लिए लड़ते हैं। ईश्वर के साथ एक मजबूत बंधन बनाने के लिए, आपको बस चीजें गलत होने पर उनका धन्यवाद करने से कहीं ज़्यादा करने की ज़रूरत है। इसमें मेहनत, धैर्य और दया की ज़रूरत होती है, भले ही कोई आखिरी पिज्जा का टुकड़ा ले ले। सेवा, देना और दया के छोटे-छोटे कार्य सभी दिव्य गुण हैं जो यह दर्शाते हैं कि निःस्वार्थता सिर्फ एक पुरानी सोच नहीं है जिसमें केवल संन्यासी और संत ही विश्वास करते हैं। विश्वासियों को प्रेम, दया और क्षमा दिखाने के लिए कहा जाता है, जो तब तक आसान लगता है जब तक आपको उन लोगों से निपटना न पड़े जो यह नहीं जानते कि व्यक्तिगत स्थान क्या होता है।

मानसिक विकास का एक और महत्वपूर्ण हिस्सा समुदाय की तलाश करना है। लोग स्वभाव से सामाजिक होते हैं, भले ही वे इसे स्वीकार न करना चाहें। लोग अपनी आस्था के बारे में बात करने और बिना किसी परेशानी के हर हफ्ते एक ही जगह पर बैठने की कोशिश करने के लिए धार्मिक समूहों में एक साथ आ सकते हैं। जब लोग प्रार्थना करते हैं, भोजन करते हैं, और स्वतंत्र इच्छा के बारे में बहस करते हैं, तो उन्हें लगता है कि वे इस समुदाय का हिस्सा हैं। समुदाय का समर्थन बहुत मददगार होता है, खासकर मुश्किल समय में, क्योंकि जब जीवन एक बड़े मज़ाक जैसा लगने लगे तो आपके पूरे चर्च का आपके लिए प्रार्थना करना इससे बेहतर कुछ नहीं हो सकता। दूसरों के लिए अच्छे काम करना भी धार्मिक समूहों का एक हिस्सा है। यह विश्वास करने वालों को यह दिखाने का मौका देता है कि उनका विश्वास सिर्फ बाइबिल पढ़ने से कहीं बढ़कर है।

जीवन समस्याओं की एक कभी न खत्म होने वाली श्रृंखला से कहीं बढ़कर है; कृतज्ञता और सचेतता का अभ्यास आपको यह याद दिला सकता है। जीवन में बड़ी और छोटी आशीर्वादों को देखना ईसाइयों को अपने दैनिक जीवन में ईश्वर की उपस्थिति को पहचानने में मदद करता है। कुछ लोग कह सकते हैं कि सिर्फ यह जानना कि कॉफी मौजूद है, इस बात का प्रमाण है कि ईश्वर दयालु है, लेकिन प्रार्थना और कृतज्ञता की किताबें आपको चीजों के बारे में सोचने में मदद करती हैं। जो लोग कृतज्ञता का अभ्यास करते हैं, वे अपना ध्यान गुस्से से हटाकर आभारी होने पर केंद्रित करते हैं, जिससे वे बहुत बेहतर महसूस करते हैं और बेमतलब की लड़ाई में पड़ने की संभावना कम हो जाती है।

चिंतन विकास का एक महत्वपूर्ण हिस्सा है। लोग यह सोचते पसंद करते हैं कि वे सब कुछ जानते हैं, लेकिन इतिहास दिखाता है कि वे नहीं जानते। नियमित आत्म-चिंतन ईसाइयों को इस बारे में सोचने में मदद करता है कि उन्होंने क्या किया है, अपनी गलतियों को ठीक करें, और फिर से वही गलत निर्णय लेने से बचें। आत्म-जागरूकता को अक्सर अनदेखा कर दिया जाता है, लेकिन यह बहुत सहायक है, जैसे दांतों को ब्रश करना। बाइबिल ईसाइयों से कहती है कि वे अपने भीतर झाँकें और बेहतर बनने की कोशिश करें, लेकिन हर गलती को पहचान की समस्या न बनने दें।

विश्वास रखने के लिए, प्रतिकूलताओं का सामना करने के लिए तैयार रहना आवश्यक है। जीवन में हमेशा सब कुछ योजना के अनुसार नहीं होता है, और ऐसा होने की उम्मीद करना निराश होने का एक निश्चित तरीका है। प्रतिकूलता लोगों को मजबूत बनाती है, लेकिन अधिकांश लोग कम परेशान करने वाले अनुभवों से सीखना पसंद करते हैं। आस्था हमें बताती है कि कठिनाइयाँ किसी कारण से होती हैं, भले ही हम उस कारण को बहुत समय बाद ही समझें। ईसाई इस बात पर भरोसा करते हैं कि असफलताएँ बस नए अवसर हैं, न कि कोई ब्रह्मांडीय सज़ा, क्योंकि वे ईश्वर के निर्देश का पालन करते हैं। सब कुछ खोने के बाद भी, आयोब ने अपनी आस्था बनाए रखी। यह दर्शाता है कि प्रतीक्षा करना सिर्फ एक सद्गुण नहीं है; यह एक खतरनाक खेल भी है।

जब आप सचेत रूप से जीते हैं, तो साधारण चीजें महत्वपूर्ण हो जाती हैं। जब आप उद्देश्यपूर्ण ढंग से काम करते हैं, तो छोटे-छोटे दैनिक कार्यों से लेकर जीवन के बड़े फैसलों तक, सब कुछ भक्ति दिखाने का एक अवसर बन सकता है। अपने काम, रिश्तों और कर्तव्यों

में विश्वास जोड़ें ताकि वे अधिक सार्थक बन सकें। आध्यात्मिकता बड़ी खोजों का इंतजार करने के बारे में नहीं है; यह हर दिन होने वाली छोटी-छोटी चीजों में ईश्वर को खोजने के बारे में है। अपने जीवन के हर हिस्से में ईश्वर को देखने से आपको एक अर्थ, ईमानदारी और एक बहुत ही भ्रमित दुनिया में दिशा की एक बहुत ज़रूरी भावना मिलती है।

ईश्वर के साथ अपने बंधन को मजबूत करने की एक व्यक्ति की यात्रा कभी समाप्त नहीं होती। निःस्वार्थ होकर, समुदाय खोजकर, आभारी होकर, चिंतन करके और दैवीय बुद्धिमत्ता पर विश्वास करके आध्यात्मिक संतुष्टि प्राप्त की जा सकती है। आस्था, दर्शन और बुद्धिमत्ता सदियों से चली आ रही हैं, जो यह दर्शाती हैं कि विश्वास केवल नियमों का पालन करने से कहीं बढ़कर है। यह जीवन के साथ सक्रिय रूप से इस तरह से जुड़ने के बारे में भी है जो सुधार करता है, बदलता है, और कभी-कभी थोड़ी असुविधाजनक परिस्थितियों के माध्यम से महत्वपूर्ण सबक सिखाता है।

थॉमस मर्टन (1915-1968)

थॉमस मर्टन एक अमेरिकी ट्रैपिस्ट पादरी, विद्वान और निबंधकार थे। उनका पालन-पोषण उथल-पुथल भरा था, जो उनके भीतर के संघर्षों और जीवन के अर्थ की खोज से चिह्नित था। दूसरी ओर, मर्टन ने धर्म परिवर्तन कर कैथोलिक धर्म अपना लिया और आस्था के साथ एक जीवन-परिवर्तनकारी मुलाकात के बाद मठ में प्रवेश कर लिया।[6] मर्टन एक प्रभावशाली आध्यात्मिक लेखक बने जिन्होंने संन्यास की दीवारों के भीतर विश्वास, एकांत और सामाजिक न्याय के अंतर्संबंधों की जांच की। मर्टन का संन्यासी जीवन ज्ञान प्राप्त करने के लिए चिंतन और आध्यात्मिक आत्मनिरीक्षण को समर्पित था। ईसाई धर्म को अपनाने और मठ में प्रवेश करने ने अधिक अंतर्दृष्टि और सच्चाइयों की खोज के लिए एक ढांचा प्रदान किया।

---

66 [7]द एडिटर ऑफ़ एनसाइक्लोपीडिया ब्रिटानिका। (2023, 22 सितंबर)। *थॉमस मर्टन | जीवनी, लेखन, विरासत, और तथ्य* एनसाइक्लोपीडिया ब्रिटानिका।
https://www.britannica.com/biography/Thomas-Merton

मर्टन के लेखन में ज्ञान और जीवन के रहस्यमय पहलुओं पर उनके शोध का प्रतिबिंब मिलता है। आध्यात्मिक परिवर्तन और आस्था की गहरी समझ की तलाश में लोग उनकी आत्मनिरीक्षण यात्रा और "द सेवन स्टोरी माउंटेन" जैसे लेखनों से प्रेरित होते रहते हैं। उनकी यात्रा यह दर्शाती है कि मौन, चिंतन और दिव्य से जुड़ाव ज्ञान को विकसित कर सकते हैं।7

डॉली पार्टन की कहानी: परिवर्तन की एक शक्ति के रूप में आस्था

अगर कोई एक व्यक्ति है जिसने आस्था, सफलता और राइनस्टोन के बीच संतुलन की बारीक कला में महारत हासिल की है, तो वह डॉली पार्टन है। दुनिया के लिए, वह एक कंट्री म्यूज़िक की दिग्गज, एक व्यावसायिक दिग्गज और रचनात्मकता की एक अजेय शक्ति हैं। हालाँकि, विग और चमक-दमक के पीछे एक ऐसी महिला है जिसकी आस्था ने न केवल उन्हें आगे बढ़ने में मदद की है, बल्कि उनके जीवन को ऐसे तरीकों से भी बदल दिया है जिन्हें सबसे बड़ी हिट फिल्में भी नहीं दिखा सकतीं।

डॉली स्मोकी माउंटेन्स में एक कमरे वाले झोपड़ी में पली-बढ़ी, बारह बच्चों में चौथे नंबर की, इतनी गहरी गरीबी में कि, जैसा कि वह अक्सर मज़ाक में कहती है, "हमें पता ही नहीं था कि हम गरीब हैं, जब तक किसी ने हमें यह नहीं बताया।" ईश्वर में उनका विश्वास और यह यकीन कि उनके जीवन के लिए एक योजना है, उनकी किसी भी भौतिक संपत्ति से कहीं अधिक मजबूत था। जिन लोगों के बीच वह पली-बढ़ी, वे सिर्फ बातें नहीं करते थे, बल्कि अपने विश्वास पर अमल करते थे। विश्वास ने उन्हें एक ऐसे बच्चे से, जिसके पास कुछ भी नहीं था, एक ऐसी महिला में बदल दिया जिसने संभावनाओं से भरा एक उज्ज्वल भविष्य देखा।

ऐसा कहने के बाद भी, उन पहाड़ों के पार की दुनिया ठीक-ठाक तैयार नहीं थी कि वह उसका स्वागत करे। नैशविले के अधिकारी डॉली जैसी स्टार को देखने के आदी नहीं थे, जो ग्रामीण टेनेसी की एक किशोरी थी, जिसके बड़े सपने थे, एक और भी बड़ी आवाज़ थी, और एक ऐसा लुक था जो इस व्यवसाय के मानदंडों में फिट नहीं बैठता था। वह बहुत ज़्यादा चमकदार, बहुत ज़्यादा लड़कियों जैसी, और बहुत ज़्यादा अलग थी। लेकिन आस्था को दूसरे लोगों के समर्थन की ज़रूरत नहीं होती; उसे तब भी आगे बढ़ते रहने की ताक़त की ज़रूरत होती है जब दरवाज़े बंद हो जाते हैं। डॉली के लिए आस्था महत्वपूर्ण थी। वह इस

बात पर विश्वास करती थी कि अगर ईश्वर ने उसके दिल में यह बुलावा डाली है, तो वह उसके लिए इसका पालन करने का रास्ता जरूर बनाएगा।

और ईश्वर ने ऐसा ही किया।

हालांकि उसे लगातार ठुकराया जाता था, कड़ी मेहनत थका देने वाली थी, और कई आवाजें उसे बदलने के लिए कह रही थीं। उसके विश्वास ने उसके डर को प्रेरणा में बदल दिया। उसने अपने अंदर संदेह को पनपने नहीं दिया। उसका मानना था कि जिस रास्ते पर वह चल रही थी, चाहे वह कितना भी कठिन क्यों न हो, वह उसे किसी बेहतर चीज़ तक ले जाएगा। जब चीजें गलत होती थीं, तो वह हार नहीं मानती थीं। वह प्रार्थना करती थीं, फिर से जुटती थीं, और दोबारा कोशिश करती थीं। वह जानती थीं कि आस्था आसान रास्ते का वादा नहीं करती, लेकिन यह वादा जरूर करती है कि हर लड़ाई का एक कारण होता है।

डॉली के संगीत में आस्था का एक आभा हमेशा मौजूद रहा है, भले ही यह अक्सर मज़ेदार और शरारती हो। उनका एक पसंदीदा गीत, "कोट ऑफ़ मेनी कलर्स," सिर्फ़ उनके बचपन की एक याद से कहीं ज़्यादा है। यह इस बात का भी सबूत है कि आस्था कैसे बुरे हालात को अच्छा बना सकती है। उस गीत में, डॉली की माँ उसके लिए पुराने कपड़ों से एक कोट सिलती हैं। दूसरे बच्चे उसका मज़ाक उड़ाते हैं, लेकिन डॉली को यह बहुत पसंद है क्योंकि उसकी माँ ने उसे बताया था कि यह प्यार से बना है। आस्था लोगों को यह देखने की क्षमता देती है कि जहाँ दूसरे कमी देखते हैं वहाँ प्रचुरता हो, दर्द में अर्थ खोजने की, और जब चीजें कठिन हों तब भी प्रसन्न रहने की।

उन्होंने कभी बड़ी तस्वीर से ध्यान नहीं हटाया, भले ही प्रसिद्धि अपनी समस्याओं के साथ आई, जैसे तनाव, विश्वासघात, दुःख और व्यक्तिगत संघर्ष के समय। जब दुनिया का बोझ उनके लिए संभालना बहुत अधिक हो गया तो उन्होंने ईश्वर की ओर रुख किया। वह जानती थीं कि आस्था का मतलब सिर्फ तब विश्वास करना नहीं है जब चीजें अच्छी चल रही हों; इसका मतलब मुश्किल समय में भी डटे रहना भी है। उन्होंने हर परीक्षा को सिर्फ पार नहीं किया; उन्होंने उन्हें और मजबूत, अधिक बुद्धिमान और अपने उद्देश्य का पालन करने के लिए अधिक प्रेरित बनाया।

हालांकि, डॉली के अनुसार, आस्था का अर्थ केवल जीवित रहना ही नहीं है; यह ईश्वर द्वारा प्रदान किए गए संसाधनों का अधिकतम उपयोग करने के बारे में भी है ताकि आप कम

भाग्यशाली लोगों की मदद कर सकें। उनकी इमैजिनेशन लाइब्रेरी, जिसने दुनिया भर के बच्चों को 20 करोड़ से अधिक किताबें दी हैं, सिर्फ एक शिक्षण परियोजना नहीं है; यह कर्म में विश्वास है। डॉली का मानना है कि ईश्वर का आशीर्वाद साझा किया जाना चाहिए, इसलिए उन्होंने अपना पूरा जीवन यह सुनिश्चित करने में बिताया है कि जो सफलता उन्होंने हासिल की है, वह दूसरों के साथ भी साझा हो।

उनके विश्वास ने उन्हें बदल दिया है, लेकिन इससे भी महत्वपूर्ण बात यह है कि इसने उनके आस-पास की दुनिया को भी बदल दिया है। अपने गायन, अपने धर्मार्थ कार्यों, या बस मौजूद रहकर, वह उस प्यार, खुशी और उदारता को दिखाती हैं जो वास्तव में अपने विश्वास पर चलने वाले लोग महसूस करते हैं।

डॉली के लिए, आस्था विपत्ति से बचने की कोशिश करने के बारे में नहीं है; बल्कि, यह इस आश्वासन के साथ उसका सामना करने के बारे में है कि ईश्वर सभी घटनाओं को एक सकारात्मक परिणाम की ओर निर्देशित कर रहे हैं। उन्होंने एक ऐसी ज़िंदगी बनाई है जो लोगों की सोच के विपरीत है कि उन्हें क्या करना चाहिए, यह दर्शाते हुए कि आस्था सक्रिय है, निष्क्रिय नहीं। यह सिर्फ लोगों को कठिन समय से गुज़रने में मदद नहीं करती है; यह उन्हें बदलती है, उन्हें मज़बूत बनाती है, और उन्हें बड़ी चीज़ों की ओर धकेलती है।

उनकी कहानी दिखाती है कि आस्था सिर्फ एक विचार से कहीं बढ़कर है; यह चीजों को बदल सकती है। यही वह चीज़ है जो एक कमरे की झोपड़ी में रहने वाले बच्चे को दुनिया भर में प्रसिद्ध बनाती है। डर को साहस में बदला जा सकता है, समस्याओं को सीढ़ी बनाया जा सकता है, और सपने सच हो सकते हैं। एक ऐसी दुनिया में जो हर समय हमारी आस्था की परीक्षा लेती है, बहुत कम लोग ही एक ऐसी महिला की तरह चमकते हैं जिसने अपनी मेहनत, प्रतिभा और ईश्वर में दृढ़ विश्वास के आधार पर अपना साम्राज्य बनाया।

अध्याय 8

वित्तीय भविष्य को सुरक्षित करना

पैसों के मामले जीवन की ही अनिश्चित प्रकृति की तरह एक अजीब विरोधाभास को दर्शाते हैं। आप आज जितनी सावधानी से अपनी हर पाई की गिनती करते हैं, कल उतना ही अनिश्चित हो जाता है। आपका वित्तीय भविष्य आराम और अराजकता के बीच एक अजीब संतुलन में मौजूद है, जब तक कि वह डरावना खाता विवरण अंत में नहीं आ जाता।

वे चमकीले सेवानिवृत्ति कैलकुलेटर समुद्र तट पर टहलते सफेद बालों वाले जोड़ों की खूबसूरत तस्वीरें पेश करते हैं, यह सुझाव देते हुए कि अपनी जीवनशैली को बनाए रखने के लिए आपको ठीक $2.3 मिलियन की आवश्यकता होगी। ये आंकड़े इस वास्तविकता को नजरअंदाज करते हैं कि भविष्य में आपको आर्टिसनल कॉफी या दुर्लभ पोकेमॉन कार्ड्स जैसी महंगी चीज़ों का शौक हो सकता है। सच्ची समझदारी यह समझने में है कि वित्तीय सुरक्षा एक गणितीय समीकरण से कम और शतरंज के खेल से अधिक मिलती-जुलती है, जहाँ आपका प्रतिद्वंद्वी लगातार नियम बदलता रहता है।

आधुनिक वित्तीय योजना अक्सर भविष्य के आर्थिक चक्रों को चकमा देने की कोशिश की मौलिक रूप से हास्यास्पद प्रकृति को अनदेखा कर देती है। उसी प्रजाति ने जिसने क्रिप्टोकरेंसी का आविष्कार किया, कभी पालतू पत्थरों को एक ठोस निवेश भी समझा था। आपके दादा आपको अपने घर को दो आधुनिक स्मार्टफोन की कीमत पर खरीदने की कहानियाँ सुना सकते हैं, जिससे आप एवोकैडो टोस्ट की हर खरीद पर सवाल उठाने लगेंगे।

वित्तीय बुद्धिमत्ता का तर्कसंगत औचित्य क्यों खोजें?

वॉरेन बफे, जो स्वयं ओमाहा के ओरेकल थे, संयोग से अरबपति नहीं बने। वह निश्चित रूप से अपनी बीस की उम्र में हर रात रामेन नूडल्स खाकर अमीर नहीं हुए। उन्होंने कुछ ऐसा समझा था जो कई लोग नहीं समझते। पैसा, जब एक ट्रॉफी के बजाय एक उपकरण के रूप में देखा जाए, तो उसमें किसी भी एक भोग से कहीं बड़ी चीज़ बनने की क्षमता होती है। वित्तीय निर्णयों का तर्कसंगत मूल्यांकन करने का मतलब उन सवालों को पूछना है जिनसे ज़्यादातर

लोग बचते हैं। क्या यह चमकदार नया गैजेट अपनी कीमत के अनुपात में खुशी लाएगा? क्या इंडेक्स फंड में निवेश करने की तुलना में स्पोर्ट्स कार किराए पर लेना वास्तव में अधिक बुद्धिमानी है? इस तरह के प्रश्न ही वित्तीय रूप से प्रबुद्ध लोगों को उन लोगों से अलग करते हैं जो लगातार तनख्वाह से तनख्वाह गुज़ारा करते हैं।

वित्तीय तर्कसंगतता के लिए यह स्वीकार करना आवश्यक है कि पैसा जीवन के आर्थिक ग्लैडिएटर अखाड़े में एक ढाल और एक तलवार दोनों का काम करता है। प्राचीन काल में, कुलीनों ने इस अवधारणा को पूरी तरह से समझा था। वे अपना सोना ऊँची मीनारों में रखते थे, जहाँ वह आम लोगों से सुरक्षित रहता था, और साथ ही अच्छे मददगारों की कीमत पर भी शिकायत करते रहते थे। उनके लिए पैसा, सुरक्षा का एक साधन और सत्ता बनाए रखने का एक उपकरण, दोनों था।

आधुनिक समय में, इसका समकक्ष अक्सर एक स्वस्थ स्टॉक पोर्टफोलियो बनाए रखने जैसा दिखता है, जबकि यह सोचते हुए कि आपकी 8वीं स्ट्रीमिंग सेवा को लगता है कि आपको एक और कुकिंग डॉक्यूमेंट्री की ज़रूरत है। संघर्ष वही रहता है, बस इसमें थोड़ा ज़्यादा डिजिटल रंग होता है।

बुद्धिमानी सही-सही भविष्यवाणी करने में नहीं, बल्कि अपूर्ण वास्तविकताओं के लिए तैयारी करने में है। जैसे ज़ॉम्बी हमले के लिए तैयारी करना आपको किसी प्राकृतिक आपदा से बचने में मदद कर सकता है, वैसे ही वित्तीय सबसे बुरे हालात के लिए योजना बनाना जीवन के अप्रत्याशित मोड़ों के लिए सुरक्षा कवच बनाता है।

उदाहरण के लिए, एक 27-वर्षीया सॉफ्टवेयर इंजीनियर को लें जिसने शुरू से ही अपनी बचत को स्वचालित कर दिया था। जब तक वह घर खरीदने के लिए तैयार हुई, तब तक उस पर कोई कर्ज नहीं था—सिर्फ इसलिए क्योंकि उसने जल्दी शुरुआत की और पहले से योजना बनाई थी। या उस छोटे व्यवसाय के मालिक पर विचार करें जिसने आपातकालीन निधि अलग रखी थी और जब अर्थव्यवस्था में अप्रत्याशित गिरावट आई तो वह निधि उसके लिए महत्वपूर्ण साबित हुई। ये छोटे कदम, यदि लगातार उठाए जाएं, तो अनिश्चितता को अवसर में बदल देते हैं, यह साबित करते हुए कि तैयारी ही अंतिम वित्तीय उत्तरजीविता का उपकरण है।

आज वित्तीय नियोजन क्यों महत्वपूर्ण है, यह जानने के बाद, आइए अब जानें कि विभिन्न पीढ़ियों के लिए इसका क्या अर्थ है।

पीढ़ियों की सुरक्षा

पीढ़ीगत धन एक शानदार शब्द लगता है जिसे अमीर लोगों ने यह सही ठहराने के लिए गढ़ा है कि उनके बच्चों को कभी असली नौकरी क्यों नहीं करनी पड़ती। मोनोपोली वाले आदमी की कल्पना करें जो बार-बार संपत्तियों से गुजरता है जबकि बाकी 'गो' पार करने के लिए संघर्ष करते हैं। यह कठोर वास्तविकता एक बोर्ड गेम से कम और एक फिक्सड कैसीनो से अधिक मिलती-जुलती है जहाँ कुछ खिलाड़ी चिप्स के ढेर के साथ शुरुआत करते हैं जबकि अन्य अपने वाहनों में सिक्के ढूंढते हैं।

पैसा पैसा कमाता है।

भौतिकी ने कभी यह नियम नहीं बताया, फिर भी वास्तविकता इसे हर दिन साबित करती है। एक अमीर व्यक्ति अपने कंट्री क्लब में शैम्पेन पीते हुए एक निवेश का अवसर देखता है। एक मजदूर वर्ग का व्यक्ति छह महीने बाद सोशल मीडिया पर वित्तीय विशेषज्ञों के माध्यम से उसी अवसर की खोज करता है। अंतर तब सामने आता है जब हमारे कंट्री क्लब वाले दोस्त के पास पहले से ही आधे शेयर होते हैं।

वित्तीय साक्षरता को अक्सर एक डरावना विषय माना जाता है, जैसे आपके बटुए के लिए कैलकुलस। यह एक डिजिटल पालतू जानवर को प्रबंधित करने जैसा है। इसकी अनदेखी करें, और यह मर जाता है। इसे बहुत अधिक खिलाएं, और यह बीमार हो जाता है। लेकिन इसकी देखभाल करें, और यह फलता-फूलता है। आपने शायद यह कहावत सुनी होगी, "पैसा पेड़ पर नहीं उगता," लेकिन यह लगातार देखभाल और समझ के माध्यम से बढ़ता है। एक 27 वर्षीय सॉफ्टवेयर इंजीनियर का उदाहरण लें जिसने अपनी बचत को स्वचालित कर दिया—30 साल की उम्र तक, उसने अपना पहला घर बिना किसी कर्ज के खरीद लिया, सिर्फ इसलिए क्योंकि उसने जल्दी शुरुआत की थी। हम में से अधिकांश लोगों के लिए, वित्तीय समझ इतनी आसानी से नहीं आती। हम आमतौर पर क्रेडिट स्कोर के बारे में कठिन अनुभवों से ही सीखते हैं, अक्सर अपना पहला क्रेडिट कार्ड पूरी तरह से इस्तेमाल करने और सुबह 2 बजे अमेज़ॅन पर एक ब्लेंडर खरीदने के बाद।

दूसरी ओर, संपत्ति नियोजन एक जटिल नृत्य की तरह है। क्या आपने कभी सोचा है कि रोकेफेलर्स ने अपनी संपत्ति को कैसे बरकरार रखा? उन्होंने इसे गद्दे के नीचे नहीं छिपाया था। उनकी संपत्ति ट्रस्ट फंड, कर रणनीतियों और कानूनी ढाँचों का उपयोग करके पीढ़ियों तक

चलती है, जो इतने जटिल हैं कि वे क्वांटम भौतिकी को भी किंडरगार्टन का गणित लगने लगते हैं। इस तरह की योजना सिर्फ पैसे रखने के बारे में नहीं है; यह उसे बनाए रखने, बढ़ाने और उसे ऐसी दूरदर्शिता के साथ आगे बढ़ाने के बारे में है, जिसके बारे में हम में से अधिकांश को यह भी नहीं पता होता कि हमें इसका होना चाहिए। यह एक पारिवारिक रहस्य की तरह है जिसे केवल कुछ ही भाग्यशाली लोग इतना जल्दी सीखते हैं कि वे पीढ़ियों की दौलत बना सकें।

आपको यह समझने की ज़रूरत है कि दो समानांतर ब्रह्मांड मौजूद हैं। ब्रह्मांड A में, छोटा टिमोथी अपनी दादी का ज्ञान विरासत में पाता है, जिसमें डिविडेंड स्टॉक्स, रियल एस्टेट की सराहना, और कर अनुकूलन शामिल हैं। ब्रह्मांड B में, छोटा जेम्स अपनी दादी का बीनी बेबीज़ का संग्रह विरासत में पाता है, जिसके बारे में उसने वादा किया था कि वह उसके कॉलेज के खर्चों को पूरा करेगा। बीस साल बाद, टिमोथी एक विविध निवेश पोर्टफोलियो का प्रबंधन करता है जबकि जेम्स नीलामी वेबसाइटों पर पुराने खिलौने सूचीबद्ध करता है।

रूपक रूप से धन का पेड़ निरंतर देखभाल की मांग करता है। अमीर परिवार पूरे धन के बगीचे उगाते हैं, रणनीतिक विवाह, व्यावसायिक संबंध और निजी क्लब की सदस्यता के माध्यम से स्थापित धन पर नए अवसरों को जोड़ते हैं। उनके बच्चे अपने गर्म इनडोर पूल में पानी के खेल खेलते हुए म्यूचुअल फंड के बारे में सीखते हैं।

अमीरों के लिए जोखिम प्रबंधन एक उच्च-दांव वाली शतरंज की चाल की तरह होता है। हर चाल की सावधानीपूर्वक योजना बनाई जाती है: विविधीकृत निवेश, बीमा पॉलिसियां, और विशेषज्ञ वित्तीय सलाहकार उनकी रणनीति का मार्गदर्शन करते हैं। उनके लिए, जोखिम तो बस बाजार को मात देने का एक और अवसर है। हालांकि, हम बाकी लोग वित्तीय चैकर खेलने में फंसे हुए हैं। हम उम्मीद करते हैं कि हम बिना किसी अप्रत्याशित मेडिकल बिल या कार की मरम्मत के सप्ताह निकाल लेंगे। उस समय को याद करें जब आपको डिनर की योजना रद्द करनी पड़ी क्योंकि आपकी कार के ट्रांसमिशन ने समय से पहले ही काम करना बंद कर दिया था। यह कोई रणनीतिक कदम नहीं था; यह एक वित्तीय धोखा था।

अमीर परिवारों में, वित्तीय साक्षरता सिखाना उच्च-स्तरीय अर्थशास्त्र का एक पाठ होता है। वे अपनी करोड़ों डॉलर की संपत्ति में बैठे-बैठे कह सकते हैं, "टिमोथी, चलो तुम्हारी नई स्पोर्ट्स कार के मूल्यह्रास की गणना करते हैं।" इस बीच, अधिक सामान्य घरों में, पाठ थोड़े अधिक व्यावहारिक होते हैं। "जेम्स, बीस डॉलर में हम कितने इंस्टेंट नूडल्स के पैकेट खरीद

सकते हैं? और क्या तुम्हें सच में एक नया फोन चाहिए, या वह रामेन एक बेहतर निवेश होगा?" ये वे व्यावहारिक, वास्तविक दुनिया के सबक हैं जो हम बाकी लोगों का मार्गदर्शन करते हैं। यह एक स्पष्ट अंतर है; एक परिवार अपने बच्चे को विलासिता का प्रबंधन करना सिखाता है, और दूसरा अगली तनख्वाह के लिए जीवित रहने की तरकीबें सिखाता है। यह मजेदार है कि हम सभी एक ही खेल खेल रहे हैं, लेकिन हम में से कुछ के पास खेलने के लिए बोर्ड भी नहीं है।

सेवानिवृत्ति योजना

सेवानिवृत्ति की योजना एक उपन्यास के शुरुआती अध्यायों की तरह है जिसे हर कोई जानता है कि वह एक दिन पढ़ेगा, लेकिन किसी तरह यह हमेशा सूची में सबसे नीचे धकेल दी जाती है। यह परिचित लगता है? समय हमारे पास चुपके से आ जाता है, ठीक वैसे ही जैसे शर्लोक होम्स हमेशा अपने संदिग्धों को चौंकाकर पकड़ लेता था। आप सेवानिवृत्ति की कल्पना समुद्र तट पर आराम करने या बगीचे की देखभाल करते हुए गाने गुनगुनाने की कर सकते हैं, लेकिन एक पल के लिए सच का सामना करें: यदि तैयारी की उपेक्षा की जाती है, तो वास्तविकता बहुत कम सुखद होती है।

क्या आपने कभी सोचा है कि वह रोज़ाना का लाटे आपके और एक सुरक्षित रिटायरमेंट के बीच खड़ा है? कल्पना कीजिए कि एक दिन आप जागते हैं और पाते हैं कि आपका बचत खाता सहारा मरुस्थल की तरह सूखा पड़ा है, और अब आपके शौक इस बात पर बहस करने तक सीमित हो गए हैं कि जेनेरिक सीरियल नामी ब्रांड वाले से बेहतर स्वाद का होता है या नहीं। अगर आप अभी भी अपनी 30 की उम्र में हैं, तो बधाई हो क्योंकि आपके पास अभी भी समय है। अगर नहीं? खैर, आपके पास अभी भी विकल्प हैं। अपने वित्तीय भविष्य को नियंत्रित करने के लिए अभी बहुत देर नहीं हुई है, लेकिन उस उपन्यास को पढ़ना शुरू करने के लिए बहुत देर हो जाए, तब तक इंतजार न करें।

सेवानिवृत्ति के लिए पहले से तैयारी करने की अवधारणा "द हॉबिट" में बिल्बो बैगिन्स की यात्रा को दर्शाती है। पहली नज़र में, बिल्बो अपनी किताबों और चाय के प्यालों के साथ घर पर रहकर पूरी तरह से संतुष्ट लगता है, और किसी भी तरह के साहसिक कार्य से दूर रहता है। हालाँकि, गैंडाल्फ का आग्रह उसे आत्मसंतोष से बाहर निकालता है, और उसे एक ऐसे रास्ते पर ले जाता है जो अंततः कल्पना से परे खजाने तक पहुँचाता है, या कम से कम इतना

सोना तो दिला ही देता है कि सिर्फ़ दूसरों के दिए हुए बचे-खुचे टुकड़ों पर जीवन न बिताना पड़े। अर्ली रिटायरमेंट प्लानिंग भी इसी सिद्धांत पर काम करती है। इस प्रक्रिया में देरी करने से अक्सर बाद में भागदौड़ करनी पड़ती है, ठीक वैसे ही जैसे परीक्षा से एक रात पहले पूरी किताब याद करने की कोशिश करना।

बारीकी से तैयारी यह सुनिश्चित करती है कि समय का अपरिहार्य प्रभाव आपको संसाधनों के बिना बेसहारा न छोड़ दे। यह उर्वर मिट्टी में बीज बोने जैसा है, बजाय इसके कि उन्हें कंक्रीट के फुटपाथ पर फेंककर जंगल की उम्मीद की जाए। किसी ऐसे व्यक्ति को लें जो जल्दी बचत शुरू करता है; वे चक्रवृद्धि ब्याज के माध्यम से छोटे योगदानों को पर्याप्त धन में बदल देते हैं। यह एक धीमी प्रक्रिया है, यह सच है, लेकिन यह उम्मीद पर निर्भर रहने से बेहतर है, जो, सच कहें तो, कभी किसी काम नहीं आती। एक बीस-बाईस साल के युवा की कल्पना करें, जो अपने भविष्य को उसी उत्साह से देख रहा है जैसे एक छोटा बच्चा ब्रोकली को देखता है। फिर भी, कुछ ही वर्षों में, वे सोचेंगे कि उनकी वित्तीय स्थिति कीचड़ में क्यों फंसी हुई महसूस हो रही है, जबकि उनके साथी अपने पैसों से काम करवा रहे हैं।

जल्दी शुरू करने के फायदे निर्विवाद हैं। बीस साल का कोई व्यक्ति उस भविष्य के लिए पैसा बचाने के विचार पर शायद हँसे, जो अगले सूर्य ग्रहण जितना दूर लगता हो। लेकिन दस साल आगे बढ़ें। वे वहाँ हैरानी से मुँह खुला हुआ बैठेंगे, जब उनके दोस्त अपने निवेश पोर्टफोलियो के बारे में बातें कर रहे होंगे। यह ठीक वैसे ही है जैसे फ्रोडो को वह शापित अंगूठी माउंट डूम तक ले जाते देखना; हाँ, यह एक लंबा और थका देने वाला सफर लगता है, लेकिन अंत में, धैर्य ही जीतता है। जिन लोगों ने जल्दी शुरुआत कर दी, उनके लिए जीवन का वित्तीय भूलभुलैया सुविचारित कदमों की एक श्रृंखला बन जाता है, जबकि बाकी लोग बस पीछे छूट जाते हैं। तो, उन लोगों को सलाम जो भविष्य को देखते हैं क्योंकि स्पष्ट रूप से, ज़्यादातर लोग बस यही मान लेते हैं कि वे जैसे-तैसे काम चला लेंगे और उम्मीद करेंगे कि सब अच्छा हो।

अब मैं यह सूची आपके साथ साझा करूँगा:

अर्ली रिटायरमेंट प्लानिंग: वह सपना जो अनुशासन की मांग करता है

ज़्यादातर लोग जल्दी रिटायर होने का सपना देखते हैं। साठ साल की उम्र से पहले नौ से पाँच की भागदौड़ से मुक्त होने का विचार ठीक वैसे ही लगता है जैसे स्कूल में अचानक होने वाली परीक्षा से ठीक पहले भाग जाने जैसा। हालाँकि, वह सपना आपके हाथों-हाथ नहीं आ जाता जब आप आधे मन से कैप्पुचिनो पी रहे होते हैं। इसके लिए बहुत वास्तविक और बहुत गंभीर योजना की आवश्यकता होती है। आइए, जल्दी सेवानिवृत्ति की योजना के सबसे कीमती रत्न: वित्तीय सुरक्षा से शुरुआत करें।

वित्तीय सुरक्षा एक सभ्य शब्द है, जिसका मतलब है कि जब भी आपका कार्ड अस्वीकार हो जाए तो घबराना नहीं। जब इसे ठीक से किया जाता है, तो यह एक व्यक्ति को अपनी सत्तर की उम्र तक अपनी नौकरी से बंधे हुए बिना एक जीवन शैली बनाए रखने में सक्षम बनाता है। अपने कामकाजी वर्षों के दौरान रणनीतिक रूप से बचत और निवेश करने से वह बनता है जिसे वित्तीय सलाहकार प्यार से 'घोंसले का अंडा' (nest egg) कहते हैं। यह अंडा, आदर्श रूप से, आय के एक ऐसे स्रोत में बदल जाता है जो आपको इस बात की चिंता किए बिना जीवन का आनंद लेने देता है कि क्या आप ग्वाकामोले का एक साइड ऑर्डर ले सकते हैं या नहीं। यह आपके गद्दे के नीचे नकदी जमा करने के बारे में नहीं है। यह स्मार्ट आवंटन, विविध पोर्टफोलियो, और यह समझने के बारे में है कि पैसे को आपसे भी अधिक मेहनत कैसे करवाई जाए।

यहीं पर हम चक्रवृद्धि ब्याज पर आते हैं। इसे वित्तीय दुनिया का हिमखंड प्रभाव (स्नोबॉल इफेक्ट) समझें। जल्दी शुरू करें, और आपकी कमाई और कमाई करने लगेगी। पैसा और पैसा कमाता है, और फिर यह तब तक ठीक यही काम करता रहता है, जबकि आप खमीरी रोटी बनाना या इंटरनेट पर लोगों को आंकने जैसे अधिक नेक कामों पर ध्यान केंद्रित करते हैं। चक्रवृद्धि ब्याज का मतलब है कि पर्याप्त समय मिलने पर मामूली बचत भी आश्चर्यजनक रूप से एक मजबूत कोष में बदल सकती है। दो या तीन दशकों तक उन आंकड़ों को मन में पकाने दें, और आप देखेंगे कि शुरुआती सेवानिवृत्ति के शौकीन युवा उम्र में शुरुआत करने के बारे में क्यों चिल्लाते रहते हैं।

रॉथ व्यक्तिगत सेवानिवृत्ति खाता (Roth Individual Retirement Account) उन लोगों के लिए एक उत्कृष्ट माध्यम है जो चक्रवृद्धि ब्याज का लाभ उठाना

चाहते हैं। आप इसे पहले से कर चुकाए गए पैसे से फंड करते हैं, और बदले में, जब आप सेवानिवृत्त होते हैं, तो आपका पैसा पूरी तरह से कर-मुक्त होकर वापस मिलता है। सरकार कहती है, "अगर आप इंतजार करने का वादा करते हैं तो हम इसमें से कोई हिस्सा नहीं लेंगे।" यदि आप इसे जल्दी खोलते हैं, इसके साथ बने रहते हैं, और जल्दी पैसे निकालने के प्रलोभन से बचते हैं, तो परिणाम वित्तीय रूप से मुक्तिदायक हो सकते हैं।

फिर, अपनी सेवानिवृत्ति की उम्र चुनने की दुर्लभ विलासिता है। कुछ लोग यह तय कर पाते हैं कि वे कब सेवानिवृत्त होंगे। अन्य लोगों को उनके नियंत्रण से परे की ताकतों द्वारा प्यार से कार्यस्थल से बाहर धकेल दिया जाता है। स्वास्थ्य संबंधी समस्याएं, संगठनात्मक पुनर्गठन, और जीवन की सामान्य अनिश्चितता आपकी योजनाओं में बाधा डाल सकती हैं। अर्ली रिटायरमेंट प्लानिंग विकल्प प्रदान करती है। यह आपको यह चुनने का मौका देती है कि आप काम करते रहना चाहते हैं या जब सभी को आपकी विदाई पर दुख हो, तब शालीनता से संन्यास ले लें। उचित बचत और वित्तीय दूरदर्शिता के साथ, पचास की उम्र में सेवानिवृत्त होना एक दूर की कौड़ी नहीं रह जाता, बल्कि एक यथार्थवादी निकास रणनीति बन जाता है।

आइए उन कर लाभों को न भूलें जो उचित सेवानिवृत्ति योजना के साथ आते हैं। विभिन्न सेवानिवृत्ति खाते आपके वर्तमान कर बोझ को कम करने के लिए प्रोत्साहन प्रदान करते हैं, साथ ही भविष्य की योजना बनाने में भी मदद करते हैं। पारंपरिक व्यक्तिगत सेवानिवृत्ति खाते और 401(k) योजनाएं अभी कटौती प्रदान करते हैं, जबकि रोथ खाते बाद में राहत प्रदान करते हैं। इन खातों का अधिकतम लाभ उठाने के लिए थोड़ी सी रिसर्च, थोड़ा गणित, और आदर्श रूप से, किसी ऐसे व्यक्ति की आवश्यकता होती है जो स्प्रेडशीट देखकर तुरंत घबरा न जाए। योगदान, सीमाएं, आवश्यक न्यूनतम वितरण—ये सभी शब्द आपकी दैनिक शब्दावली का हिस्सा बन जाते हैं। यह सिर्फ कागजी कार्रवाई नहीं है। यह आंतरिक राजस्व सेवा (Internal Revenue Service) के जबड़ों से आपकी संपत्ति को बचाना है।

इस सारी वित्तीय तैयारी के साथ मन की शांति की अमूर्त अवधारणा आती है। आप इस क्षमता पर कीमत नहीं लगा सकते कि आप यह हिसाब लगाए बिना सो सकें कि आपको और कितने साल तक कड़ी मेहनत करनी है। यह जानना कि आपके बिलों का भुगतान हो गया है, आपके शौकों के लिए धन है, और आपकी सेवानिवृत्ति में हर रात रामेन नूडल्स नहीं होंगे, आपको जीवन का आनंद लेने के लिए मानसिक स्वतंत्रता देता है। यह मन की शांति

अक्सर अन्य क्षेत्रों में भी फैलती है, जिससे संबंध, स्वास्थ्य और सामान्य संतुष्टि में सुधार होता है। सेवानिवृत्ति की योजना वाले लोग थोड़े आत्मविश्वास से चलते हैं, शायद इसलिए क्योंकि वे अपने कंधों पर भारी चिंता का बोझ नहीं उठा रहे होते।

फिर बलिदानों की बारी आती है, एक ऐसा हिस्सा जिसे कोई पसंद नहीं करता। सेवानिवृत्ति की योजना अक्सर आपसे चमक-दमक वाली चीजों को 'ना' कहने के लिए कहती है। आप आलीशान छुट्टियाँ छोड़ सकते हैं, अपनी कार को डाउनग्रेड कर सकते हैं, या घर पर अधिक भोजन बना सकते हैं, जबकि आपके दोस्त अपने इन्फ्लुएंसर के सपनों को जी रहे होते हैं। विलंबित संतुष्टि एक ऐसा कौशल है जिसकी अधिकांश वयस्क शिक्षा देते हैं लेकिन बहुत कम लोग इसमें पारंगत होते हैं। हालाँकि, एक अधिक सुरक्षित भविष्य के लिए अभी कुछ सुख-सुविधाओं का त्याग करना एक ऐसा खेल है जिसे खेलना सार्थक है। इसके लिए अनुशासन, मजबूत मन, और बिना बहके किसी सेल के पास से गुजर जाने की क्षमता की आवश्यकता होती है।

इस बहुत-खुश पहेली का आखिरी तत्व आर्थिक अनिश्चितता है। नौकरियाँ खत्म हो जाती हैं। महामारियाँ आती हैं। यदि आपकी पूरी सेवानिवृत्ति योजना सर्वोत्तम परिदृश्यों पर आधारित है, तो आप एक भरी हुई चेंबर के साथ वित्तीय रूलेट खेल रहे हैं। एक अच्छी तरह से सोची-समझी योजना में असफलताओं के लिए जगह की आवश्यकता होती है। आपातकालीन निधि, विविधीकृत निवेश, और एक विश्वसनीय वित्तीय सलाहकार जो एक प्रेरक वक्ता के रूप में भी काम नहीं करता, ये सभी इन तूफानों का सामना करने में भूमिका निभाते हैं।

निवेश एक ही टोकरी में नहीं होने चाहिए। आपको शेयरों, बॉन्ड्स, और यदि आप खुद को विशेष रूप से परिपक्व महसूस कर रहे हैं तो शायद कुछ किराये की संपत्तियों का मिश्रण चाहिए। मुद्रास्फीति आपकी दोस्त नहीं है, और न ही वह बाजार है जो आपकी सेवानिवृत्ति पार्टी के एक हफ्ते बाद ही धड़ाम हो जाए। आर्थिक अनिश्चितता के लिए योजना बनाना केवल पैसा बचाने से कहीं बढ़कर है। इसका मतलब है वित्तीय पारिस्थितिकी तंत्र को समझना, अपनी भविष्य की जरूरतों का अनुमान लगाना, और एक ऐसी योजना बनाना जो दुनिया योजना के अनुसार न चलने पर खुद को ढाल सके।

स्वास्थ्य देखभाल की लागत

सेवानिवृत्ति के दौरान स्वास्थ्य देखभाल के खर्च अक्सर डिनर पार्टी में बिना बुलाए मेहमान की तरह महसूस होते हैं। जब आप सोचते हैं कि आपने सब कुछ व्यवस्थित कर लिया है, तभी वे ध्यान और संसाधनों की मांग करते हुए आ जाते हैं। जैसे-जैसे लोग बूढ़े होते जाते हैं, उनका शरीर प्राचीन मशीनों की तरह व्यवहार करने लगता है। इसका मतलब है कि वे डिज़ाइन में तो खूबसूरत बने रहते हैं, लेकिन बार-बार खराब होने लगते हैं, जिनकी मरम्मत महंगी होती है। यह कोई रहस्य नहीं है कि उम्र बढ़ने के साथ स्वास्थ्य देखभाल की लागत लगातार बढ़ती जाती है, खासकर जब सेवानिवृत्ति शुरू होती है और नियोक्ता-प्रायोजित बीमा का आरामदायक छत्र गर्मियों की दोपहर में आइसक्रीम की तरह तेजी से गायब हो जाता है। सेवानिवृत्त लोगों के लिए इसका मतलब है कि जब तक वे जरूरत पड़ने से बहुत पहले तैयारी नहीं करते, तब तक उन्हें संभावित रूप से भारी बिलों का सामना करना पड़ सकता है।

एक स्पष्ट उदाहरण दीर्घकालिक देखभाल है। कल्पना कीजिए कि आप दशकों तक सेवानिवृत्ति में हैं, शायद कैमोमाइल की चाय पी रहे हैं और इस पर चर्चा कर रहे हैं कि क्या बिल्लियाँ दुनिया पर कब्ज़ा करने की योजना बना रही हैं—एक ऐसा विषय जिसका जवाब दार्शनिक अभी तक नहीं दे पाए हैं। अचानक, परिवार के सदस्यों को पुरानी बीमारियों या गतिशीलता संबंधी चिंताओं के कारण उतनी मदद देने में असमर्थ हो जाते हैं जितनी उन्हें चाहिए।

यहीं पर दीर्घकालिक देखभाल की भूमिका आती है, जो तब तक तो ठीक लगती है जब तक आपको यह एहसास नहीं हो कि इसकी लागत आपकी पहली कार से भी अधिक हो सकती है। यहां दीर्घकालिक देखभाल बीमा एक सुपरहीरो की तरह काम करता है, जो ठीक समय पर आकर दिन बचा लेता है। ऐसी कवरेज के बिना, सेवानिवृत्त लोगों को या तो अपनी सारी बचत खत्म करनी पड़ती है या फिर अपने प्रियजनों पर बहुत अधिक निर्भर रहना पड़ता है, जिन्हें बिना वेतन के देखभाल करने वाले बनने पर चुपचाप नाराज़गी हो सकती है।

समय के साथ, मुद्रास्फीति आपकी मेहनत की कमाई को एक चालाक जानवर की तरह खा जाती है। हो सकता है आपके पास गद्दे के नीचे पैसा रखा हो, और सालों बाद आपको पता चले कि उसका मूल्य काफी कम हो गया है। अब एक ब्रेड की रोटी की कीमत उतनी हो गई है जितनी पहले एक सप्ताहांत की छुट्टी की होती थी, जिससे आप यह सोचने लगते हैं कि क्या मौद्रिक नीति किसी विकृत हास्यबोध वाले व्यक्ति ने बनाई है।

इस निरंतर बल का मुकाबला करने के लिए, जल्दी सेवानिवृत्त होने वालों को आक्रमणकारियों के खिलाफ एक किला बनाने जैसी रणनीतियों को अपनाना चाहिए। स्टॉक, रियल एस्टेट, कमोडिटीज—ये मुद्रास्फीति की लगातार बढ़त से आगे निकलने के उपकरण बन जाते हैं। स्टॉक को तेजी से सीखने वाले उत्सुक छात्रों के रूप में, रियल एस्टेट को धन की रक्षा करने वाले दृढ़ रक्षकों के रूप में, और कमोडिटीज को इस मिश्रण में आकर्षण जोड़ने वाले अप्रत्याशित जादूगरों के रूप में सोचें। मिलकर, ये निवेश एक विविध पोर्टफोलियो बनाते हैं जो बढ़ती कीमतों के साथ बढ़ने में सक्षम है।

हालाँकि, बिना जानकारी के निवेश करना ठीक वैसा ही है जैसे फ्रोडो अकेले माउंट डूम पर चढ़ने की कोशिश कर रहा हो; भले ही वह अंत में सफल हो जाए, लेकिन संभावना उसके खिलाफ है। पेशेवर सलाह यहाँ सैमवाइज़ गेम्जी की तरह काम करती है, जो बाजार की अस्थिरता और आर्थिक अनिश्चितता से भरे खतरनाक इलाके में मार्गदर्शन प्रदान करती है। वित्तीय सलाहकार व्यक्तिगत जरूरतों के अनुरूप योजनाएँ बनाने में मदद करते हैं, यह सुनिश्चित करते हुए कि सेवानिवृत्त लोग गलती से अपने सुनहरे वर्षों को ऐसे सट्टेबाज़ी वाले उद्यमों में न डुबो दें जो त्वरित धन का वादा तो करते हैं, लेकिन पछतावे के अलावा कुछ नहीं देते।

दीर्घायु का जोखिम सेवानिवृत्ति योजना में जटिलता की एक और परत जोड़ता है। आधुनिक चिकित्सा और प्रौद्योगिकी के कारण, मनुष्य अब पहले से कहीं अधिक समय तक जीवित रहते हैं, जो प्रकृति की मूल वारंटी अवधि को चुनौती देता है। हालांकि बुढ़ापे तक अच्छी तरह से जीना सुनने में सुखद लगता है—अपना पसंदीदा शो और एपिसोड कौन नहीं देखना चाहेगा?—लेकिन यह सेवानिवृत्ति कोष को दोस्तों के बीच बांटी गई पनीर की एक पतली स्लाइस से भी पतला कर देता है।

दीर्घायु के लिए योजना बनाना शर्लक होम्स द्वारा रहस्य सुलझाने जैसी सावधानीपूर्वक गणनाओं को शामिल करता है। संभावित स्वास्थ्य देखभाल लागत, मुद्रास्फीति, जीवनशैली की प्राथमिकताओं, और दशकों के नए मिले खाली समय के बाद उभरने वाले शौकों का भी हिसाब रखना होगा। शायद बागवानी एक शौक से विकसित होकर ऑनलाइन देसी टमाटर बेचने के एक लाभदायक साइड बिजनेस में बदल जाएगी। कौन जाने?

दीर्घायु के जोखिम को कम करने का एक प्रमुख घटक बजट बनाना है। एक विस्तृत योजना बनाने के लिए, आपको बिना धैर्य खोए फर्नीचर लगाने जितनी सटीकता की आवश्यकता होती है। आय के हर स्रोत की जांच की जानी चाहिए, हर खर्च की बारीकी से जांच की जानी चाहिए, और आपातकालीन बचत संकट के समय सुरक्षा जाल के रूप में काम करती है। उचित बजट बनाने से सेवानिवृत्त लोग वित्तीय अस्थिरता के प्रति कैफीन छोड़ने के लक्षणों से भी अधिक संवेदनशील हो जाते हैं।

आइए ईमानदारी से बात करें। सेवानिवृत्ति की योजना कभी-कभी अविश्वसनीय रूप से जटिल लगती है। किसी को बिंगो नाइट्स और क्रॉसवर्ड पहेलियों के लिए कितने पैसे चाहिए, यह जानने के लिए किसी को उन्नत गणित की डिग्री की आवश्यकता क्यों होनी चाहिए? फिर भी, हम यहाँ स्प्रेडशीट और निवेश पोर्टफोलियो को ऐसे नेविगेट कर रहे हैं जैसे अंतरिक्ष यात्री क्षुद्रग्रह क्षेत्रों के बीच से रास्ता बना रहे हों। विडंबना यह है कि इन जटिलताओं में महारत हासिल करने से हमें और अधिक बांधने के बजाय स्वतंत्रता मिलती है।

वित्तीय नियोजन का मूल्य

अपनी वित्तीय स्थिति का प्रबंधन करना कथित तौर पर एक संतोषजनक जीवन का सुनहरा टिकट है। उनका दावा है कि वित्तीय योजना लोगों को अपने संसाधनों का प्रबंधन करने में सक्षम बनाती है, क्योंकि सुपरमार्केट की रसीद में गलतियों के लिए दोबारा जांच करने जैसी कोई चीज स्वतंत्रता की घोषणा नहीं करती। जब इस प्रक्रिया में परिवार के सदस्य शामिल होते हैं, तो कथित तौर पर यह साझा वित्तीय स्थिरता को बढ़ावा देता है। बेशक, साझा स्थिरता का मतलब है इस पर बहस करना कि आवश्यक खर्च के किस विचार में तीस डॉलर का सिक्युलेंट पौधा शामिल है।

वित्तीय नियोजन कई क्षेत्रों को कवर करता है: बजट बनाना, बचत करना, निवेश करना और लक्ष्य निर्धारित करना। यह बंद आँखों से रबिक्यूब (Rubik's Cube) को हल करने जैसा है, जबकि आग की मशालें संभाली जा रही हों।

बजट बनाने से आप एक सावधान लेखाकार बन जाते हैं जो समझता है कि अगली तनख्वाह आने से पहले आप कितनी कॉफ़ी खरीद सकते हैं। सीधे शब्दों में कहें तो, जीवन तब मुश्किलें खड़ी करना पसंद करता है जब आपको इसकी सबसे कम उम्मीद होती है, और बचत यह सुनिश्चित करती है कि आप संकटों के लिए तैयार रहें। निवेश करना एक ऐसे

कैसीनो में जाने जैसा है जहाँ डीलर आपसे कहता है कि सब कुछ ठीक हो जाएगा लेकिन नियम नहीं समझाता।

इसके विपरीत, वित्तीय लक्ष्य स्थापित करना आकांक्षाओं को साकार करने के लिए एक रोडमैप के रूप में काम करता है, जैसे कि एक ऐसा बड़ा घर होना जहाँ आप हर दिन अपनी चाबियाँ खो सकें या हर रात इंस्टेंट नूडल्स खाने के बिना आराम से सेवानिवृत्त होना।

अच्छी वित्तीय योजना व्यक्तियों को अप्रत्याशित घटनाओं, जैसे आर्थिक मंदी या आश्चर्यजनक चिकित्सा बिलों के लिए भी तैयार करती है। यह महसूस करना कि आपके आपातकालीन कोष को एक टूटे हुए वॉटर हीटर और एक तत्काल दंत चिकित्सा अपॉइंटमेंट दोनों के लिए भुगतान करना होगा, साहसिक कार्य का परम उदाहरण है। इन सबके अलावा, वित्तीय योजना लोगों को आवेग में की जाने वाली खरीदारी से बचने की शिक्षा देती है, जैसे कि वह चमकीले हरे रंग का टोस्टर जिसकी उन्हें वास्तव में आवश्यकता नहीं है। कहा जाता है कि ये आदतें व्यक्तिगत और पारिवारिक समृद्धि की ओर ले जाती हैं, हालांकि जो कोई भी रिश्तेदारों के साथ छुट्टियों पर खर्च की सीमा को लेकर बहस कर चुका है, वह इससे असहमत हो सकता है।

हालांकि, इनमें से कोई भी गारंटी के साथ नहीं आता है। सबसे सावधानी से बनाया गया बजट भी ऊँची लहर के दौरान रेत के महल की तरह तेजी से ढह सकता है।

एक विशेष विषय जिसे मैं अब तलाशना चाहूँगा, वह है अपने आसपास के लोगों तक वित्तीय ज्ञान का प्रसार। जाहिर है, कोई भी चाहेगा कि उनके प्रियजन भी उतनी ही तरक्की करें जितनी उन्होंने की है, इसलिए मैंने आपके लिए एक सुसंगठित चेकलिस्ट तैयार की है, जिसका उपयोग आप अपने जीवन में कर सकते हैं यदि आप दूसरों की मदद करना चाहते हैं:

उदाहरण प्रस्तुत करके नेतृत्व: प्रदर्शन प्रभाव

वित्तीय प्रेरणा के लिए ठोस प्रदर्शन आवश्यक है—अभ्यास के बिना सिद्धांत केवल खोखली बातें हैं। आपकी व्यक्तिगत वित्तीय आदतें आपके अपने वित्तीय पारिस्थितिकी तंत्र से कहीं आगे तक प्रभाव की लहरें पैदा करती हैं। बजट का व्यवस्थित निर्माण, बचत का अनुशासित आवंटन, और निवेश की रणनीतिक तैनाती आपके सामाजिक दायरे के लिए शक्तिशाली प्रेरक तंत्र के रूप में कार्य करती है।

लोग स्वाभाविक रूप से उन व्यवहारिक पैटर्न की ओर आकर्षित होते हैं जिन्हें वे क्रिया में देखते हैं, न कि बिना अनुभवजन्य सबूत के प्रस्तुत किए गए अमूर्त अवधारणाओं की ओर। आपके अपने वित्तीय मार्ग का प्रकटीकरण, अपनी मापने योग्य चुनौतियों, दर्ज की गई रणनीतियों, और मात्रात्मक परिणामों के साथ, वह मानसिक आधार प्रदान करता है जिसका उपयोग अन्य लोग अपनी वित्तीय योजनाएँ बनाने के लिए कर सकते हैं।

बचत एल्गोरिदम लागू करने या गणितीय अनुकूलन के माध्यम से व्यवस्थित रूप से ऋण कम करने जैसी विशिष्ट तकनीकों का आपका प्रकटीकरण, ज्ञान के ऐसे टेम्पलेट बनाता है जिन्हें विभिन्न वित्तीय परिस्थितियों पर लागू किया जा सकता है।

आपके वित्तीय प्रयोगशाला प्रयोगों से प्राप्त व्यावहारिक युक्तियों का प्रसारण प्राप्तकर्ताओं को अपनी मौद्रिक पथ-रेखाओं पर नियंत्रण करने में सक्षम बनाता है, जिसमें आज़माने और त्रुटि की अक्षमता काफी कम हो जाती है। इसे इस तरह से तुलना की जा सकती है जैसे लोगों से सिर्फ "बेहतर खाने" के लिए कहने के बजाय आपके प्रभावी आहार योजना का समर्थन करने वाले पोषण संबंधी अध्ययनों को प्रस्तुत करना। यह विशिष्टता पुनरुत्पादनशीलता की ओर ले जाती है!

वित्तीय संज्ञान का तकनीकी संवर्धन

आधुनिक समय संबंधी प्रतिबंध, दक्षता के दृष्टिकोण से मैन्युअल वित्तीय प्रबंधन को तेजी से अनुकूलहीन बनाते जा रहे हैं। हालाँकि, संगणकीय क्रांति ने इस संज्ञानात्मक भार की समस्या को दूर करने के लिए विशेष रूप से तैयार किए गए एल्गोरिथम समाधानों की एक श्रृंखला पेश की है! व्यक्तिगत वित्त के क्षेत्र में वित्तीय नियोजन अनुप्रयोग, मानव-कंप्यूटर सहजीवन के विकासवादी शिखर का प्रतिनिधित्व करते हैं।

बजट प्रबंधन की अमूर्त जटिलताएँ दृश्य रूप से समझने योग्य डेटा संरचनाओं में परिवर्तित हो जाती हैं, जिन्हें विभिन्न स्तरों की वित्तीय साक्षरता वाले उपयोगकर्ता एक्सेस कर सकते हैं, ये डिजिटल वित्तीय सहायक पुरानी स्प्रेडशीट तकनीकों की तुलना में काफी बेहतर हैं। उपयोगकर्ता इंटरफेस को संज्ञानात्मक घर्षण को कम करते हुए सूचना प्रवाह को अधिकतम करने के लिए सावधानीपूर्वक समायोजित किया गया है।

इन अनुप्रयोगों के मेरे अपने अनुभवजन्य परीक्षण से आकर्षक परिणाम मिले। वित्तीय कार्यों के विभाजन के परिणामस्वरूप समय की बचत के मापनीय गुणांक 42% से अधिक हो गए—जो पारंपरिक तरीकों की तुलना में एक सांख्यिकीय रूप से महत्वपूर्ण सुधार है! स्वचालित वर्गीकरण एल्गोरिदम ने 97.3% लेनदेन का सही वर्गीकरण किया, जिसमें केवल कुछ विशेष मामलों के लिए न्यूनतम मानवीय हस्तक्षेप की आवश्यकता पड़ी। ये प्रोग्राम प्रभावी रूप से एक्सोकॉर्टेक्स के रूप में कार्य करते हैं, जो बाहरी संज्ञानात्मक मॉड्यूल हैं जो वित्तीय जानकारी को पचाते हैं और आपके जैविक तंत्रिका नेटवर्क को उच्च-स्तरीय निर्णय लेने के लिए मुक्त करते हैं।

इस तरह के तकनीकी उपकरणों को अपनाने का सुझाव किसी आकस्मिक सिफारिश से नहीं, बल्कि एक कठोर लागत-लाभ विश्लेषण से उत्पन्न होता है। वित्तीय अनुप्रयोग उन सभी के लिए अनिवार्य संज्ञानात्मक प्रोस्थेटिक्स (cognitive prosthetics) का प्रतिनिधित्व करते हैं जो समकालीन अस्तित्व की सीमाओं के भीतर अपने वित्तीय प्रदर्शन के मापदंडों को अनुकूलित करना चाहते हैं। इन उपकरणों के बिना आधुनिक वित्तीय जटिलता को समझने का प्रयास करने वाला व्यक्ति उस व्यक्ति की तरह है जो सुपरकंप्यूटरों के निष्क्रिय पड़े होने पर भी, शतरंज की बिसात पर गणना करने के लिए अबेकस (सलाखा) का उपयोग करने पर जोर दे रहा हो!

वित्तीय स्वतंत्रता आय से नहीं, बल्कि सचेत उद्देश्य से शुरू होती है।

वित्तीय रणनीतिकरण के दीर्घकालिक लाभ

वित्तीय नियोजन सिर्फ़ संख्याओं को ट्रैक करने के बारे में नहीं है। यह आपके भविष्य को आकार देने के बारे में है, हालाँकि यदि आप इसे सिर्फ़ "ट्रैकिंग" के बजाय "डिज़ाइनिंग" कहना चाहते हैं, तो मुझे लगता है कि इससे यह बहुत अधिक परिष्कृत और उद्देश्यपूर्ण लगता है। एक सुविचारित वित्तीय रणनीति बनाना संभावनाओं के लिए एक ढाँचा बनाने जैसा है। कम से कम, जब हम वास्तव में बैठकर कोई योजना बनाते हैं तो हम खुद से यही कहते हैं। यह आने वाले समय को आकार देने का एक जानबूझकर किया गया प्रयास है, और हाँ, इसके मनोवैज्ञानिक लाभ लगभग तुरंत महसूस किए जा सकते हैं, बशर्ते आप इस बारे में बहुत ज़्यादा न सोचें कि आप कितनी पीछे हैं।

जब आपको वित्तीय स्पष्टता मिलती है, तो आपका तनाव का स्तर कम हो जाता है। यह जानना कि आपका पैसा ठीक कहाँ है, वह क्या कर रहा है, और कहाँ जा रहा है, एक व्यवस्था की भावना पैदा करता है, और व्यवस्था से कौन प्यार नहीं करता? यह ठीक वैसा ही है जैसे कभी अव्यवस्थित रहे कमरे में जाना, जिसे अब पूरी तरह से व्यवस्थित कर दिया गया हो। आपका मस्तिष्क भी उसी तरह प्रतिक्रिया करता है, अव्यवस्था की जगह शांति ले लेती है, और आपको ऐसा महसूस होता है कि आप सांस ले सकते हैं। यह आश्चर्यजनक है कि एक अच्छी तरह से व्यवस्थित स्प्रेडशीट कितनी संतोषजनक हो सकती है। यह उस पारिस्थितिकी तंत्र के बीच संतुलन खोजने जैसा है, जिसके बिगड़ जाने का आपको पता भी नहीं था।

मजबूत वित्तीय सुरक्षा उपाय अप्रत्याशित खर्चों के खिलाफ एक सुरक्षात्मक बाधा के रूप में काम करते हैं। जिसे दूसरे आपात स्थिति, अचानक मरम्मत, मेडिकल बिल या आश्चर्यजनक लागत के रूप में देखते हैं, आप उसे योजनाबद्ध संभावनाओं के रूप में देखते हैं। अचानक, वे अब आपदाएं नहीं बल्कि प्रबंधनीय व्यवधान बन जाते हैं। इसे जीवन की छोटी-छोटी बाधाओं के रूप में सोचें जो अब आपको खुद में सिमट जाने पर मजबूर नहीं करतीं। यहाँ तक कि सेवानिवृत्ति भी, जो अक्सर एक वित्तीय अनिश्चितता लगती है, बस एक और सोचा-समझा चरण बन जाती है, जिसे पहले से ही आपकी जीवन रणनीति में सुव्यवस्थित रूप से शामिल किया गया है। काश हम पारिवारिक समारोहों की अपरिहार्य अव्यवस्था पर भी यही ढांचा लागू कर पाते।

वित्तीय नियोजन की असली सुंदरता इस बात में निहित है कि यह अस्पष्ट लक्ष्यों को वास्तविक उपलब्धियों में कैसे बदलता है। घर खरीदना, दुनिया घूमना, वापस स्कूल जाना, या कोई व्यवसाय शुरू करना—ये चीजें सिर्फ संभव ही नहीं हैं। अब वे संभावित हैं। आपकी योजना एक समय-सीमा, एक नक्शा और एक मार्गदर्शक बन जाती है, जो आपको महत्वाकांक्षा को कार्रवाई में बदलने में मदद करती है। अंत में, लोगों को यह कहने का एक कारण, "हाँ, मैं यह कर रहा हूँ," भले ही आप गुप्त रूप से यह सुनिश्चित न हों कि आप यह कैसे कर रहे हैं।

यह उन सबसे शक्तिशाली तरीकों में से एक है जिनसे लोग कार्यकारी सोच लागू करते हैं, और वित्तीय अव्यवस्था को संरचना में बदलते हैं। जब इसे अच्छी तरह से किया जाता है, तो यह प्रतिक्रियाशील नहीं बल्कि सक्रिय होता है। आप जीवन के छोटे-मोटे उतार-चढ़ावों से

हैरान होना बंद कर देते हैं और उन्हें निर्देशित करना शुरू कर देते हैं। नियंत्रण का यह एहसास बिल्कुल ऊर्जावान होता है क्योंकि, ईमानदारी से कहें तो, कौन यह महसूस नहीं करना चाहता कि उसने जीवन को समझ लिया है? वास्तविक परिणामों के साथ एक जटिल समस्या को हल करने की तरह, वित्तीय रणनीति आपको अपनी वास्तविकता को आकार देने के लिए उपकरण देती है, क्योंकि, जाहिर है, हम सभी के पास सब कुछ नियंत्रित करने की शक्ति है।

ये प्रभाव चारों ओर फैलते हैं। जब आपकी वित्तीय स्थिति स्थिर होती है, तो आपके बच्चों के पास अधिक शैक्षिक अवसर होते हैं। आप वे यात्राएँ कर सकते हैं जिन्हें आप कभी असंभव समझते थे, हालाँकि हम सभी जानते हैं कि जब क्रेडिट कार्ड का बिल आता है तो उन यात्राओं को लेकर अक्सर कुछ तिरछी नज़रें मिलती हैं। आप न केवल अपने लिए, बल्कि आपके बाद आने वाले लोगों के लिए भी दरवाज़े खोलते हैं। आप सिर्फ अपनी स्थिति में सुधार नहीं कर रहे हैं, आप अपने परिवार की दिशा बदल रहे हैं। चलिए, खुद को शाबाशी दें।

अंततः, वित्तीय योजना सिर्फ एक काम से बढ़कर हो जाती है, और यह व्यक्तिगत विकास और मानवीय क्षमता के लिए एक मार्ग बन जाती है। यह प्रतिबंध के बारे में नहीं है। यह स्वतंत्रता के बारे में है, वह स्वतंत्रता जो तब मिलती है जब आप अनिश्चितता की दया पर नहीं रहते। योजना न करने का विकल्प चुनना मूल रूप से अस्थिरता को चुनना है, लेकिन हाँ, समय-समय पर थोड़ी-बहुत अराजकता किसे पसंद नहीं आती? जब आप सावधानी और निरंतरता के साथ योजना बनाते हैं, तो गणित आपके पक्ष में होता है। यदि आप इसे पर्याप्त लंबे समय तक करते हैं, तो गणित जादू जैसा महसूस होने लगता है।

अंत में, स्मार्ट वित्तीय योजना भौतिक पुरस्कारों से कहीं ज़्यादा प्रदान करती है। यह मानसिक शांति और इस बात का सुकून देती है कि आपने अपने जीवन के हर क्षेत्र में सफलता की संभावनाओं को बढ़ाने के लिए अपनी बुद्धि और अनुशासन का उपयोग किया है। या कम से कम यह दिखाने की संभावनाओं को बढ़ाने के लिए कि आप अपने कामकाज को अच्छी तरह से संभालते हैं।

वित्तीय चिंतन

बजट-केंद्रित मानसिकता अपनाना वित्तीय स्थिरता की दिशा में एक शक्तिशाली कदम है। शुरुआत में, खुद को अपने वित्तीय परिदृश्य का खुलकर आकलन करने के लिए समय दें।

अपने खर्च करने की आदतों, खर्चों और आय पर बिना किसी निर्णय के विचार करें, और यह आत्म-संवाद आपकी वित्तीय सेहत को समझने के लिए महत्वपूर्ण है।

अपने आपको व्यक्तिगत वित्त के रोमांचक क्षेत्र में कूदने के लिए प्रोत्साहित करें, एक ऐसी जगह जहाँ सपनों को सूचीबद्ध किया जाता है, और कॉफ़ी के बजट का ऑडिट होता है। बजट का अनुकूलन केवल रंग-बिरंगी स्प्रेडशीट और कैलकुलेटर से अस्वस्थ लगाव रखने वाले लेखाकारों के लिए नहीं है। यह उन सभी के लिए है जिन्होंने कभी सोचा है कि भावनात्मक खर्चों वाले सप्ताहांत के बाद उनका बैंक बैलेंस उनके आत्म-सम्मान से कम क्यों होता है।

इस यात्रा के लिए आपको उन लोगों द्वारा बनाए गए उपकरणों और संसाधनों पर शोध करने की आवश्यकता हो सकती है जिन्हें वास्तव में वित्तीय साक्षरता में आनंद आता है। ये उपकरण आपके द्वारा खर्च किए गए हर डॉलर को ट्रैक करने का वादा करते हैं, यहाँ तक कि उन सब्सक्रिप्शन पर खर्च किए गए पैसे को भी जो आप भूल गए थे कि वे मौजूद हैं। इसमें गोता लगाएँ। ऐप्स की तुलना करें। उन ऐप्स का परीक्षण करें जो दैनिक अपराध-बोध सूचनाओं के माध्यम से वित्तीय स्वतंत्रता का वादा करते हैं।

कुछ लक्ष्य निर्धारित करें और उन्हें इतना विशिष्ट बनाएं कि आप व्यावहारिक रूप से उस काल्पनिक बीच हाउस की महक ले सकें जो वे आपको दिला सकते हैं। हालांकि, उन्हें यथार्थवादी रखें। आप पांच डॉलर की बचत योजनाओं और अस्पष्ट आशावाद पर एक साम्राज्य नहीं बना सकते। अपने लक्ष्यों को अपनी जीवनशैली के साथ संरेखित करें, जब तक कि आपकी जीवनशैली वर्तमान में आवेगपूर्ण खरीदारी और देर रात के बाहर के खाने से वित्त पोषित एक नेटफ्लिक्स बिंज मैराथन जैसी न हो।

खुद को याद दिलाएं कि आर्थिक रूप से साक्षर बनना आपके बेफिक्र युवा स्वरूप के साथ विश्वासघात नहीं है, जो सोचता था कि बजट उन लोगों के लिए है जिनकी कोई सामाजिक ज़िंदगी नहीं है। यह एक घोषणा है कि आप रात को बिना इस चिंता के सोना पसंद करते हैं कि आपके बकाया बिलों का ख्याल आपके दिमाग में गूँज रहा हो। वित्तीय क्षमता की ओर उठाया गया हर छोटा कदम एक जीत है, भले ही इसके साथ यह अस्तित्वगत संकट भी आए कि आपने अपना पूरा वयस्क जीवन बुनियादी गणित से बचने में बिताया है।

खुद को सशक्त बनाएँ। नियंत्रण लें। आपको हर फैसले के लिए वित्तीय सलाहकार की ज़रूरत नहीं है। आपको बस सामान्य ज्ञान, एक कैलकुलेटर, और अपनी ही बेतुकी बातों को 'ना' कहने की क्षमता चाहिए। आप जितना अधिक समझेंगे कि पैसा कैसे काम करता है, उतना ही कम पैसा आपको नियंत्रित करेगा। तुरंत संतुष्टि की अपनी इच्छा को दरकिनार करने के लिए पर्याप्त धैर्य और एक समझदार वयस्क की तरह सेल रैक के पास से गुजरने के लिए पर्याप्त अनुशासन के साथ, आप शायद एक ऐसे बिंदु पर पहुँच सकते हैं जहाँ वित्तीय सुरक्षा पारिवारिक दावतों में उबाऊ चाचाओं द्वारा सुनाई जाने वाली कोई कहानी नहीं लगेगी।

घोड़ा भागकर आपको अपने पीछे खींच ले जाने से पहले अपनी आर्थिक ज़िंदगी की लगाम थाम लें। प्रगति धीमी हो सकती है, लेकिन दिवालियापन भी धीमी गति से ही आता है। ऐसे फैसले लें जिन पर आपका भविष्य का आप शर्मिंदा न हो। बिना डूबे खर्च करना सीखें, बिना तकलीफ के बचत करना सीखें, और इस तरह से जीना सीखें कि आपको लगे कि ब्रह्मांड आपको सज़ा दे रहा है।

असली ताकत कुछ इसी तरह की होती है। यॉट और शैम्पेन नहीं। बस यह जानना कि आपका पैसा आपके हाथ से निकलकर ठीक कहाँ जाता है, जो कि उसे निकलना चाहिए, उससे कहीं ज़्यादा बार होता है।

वित्तीय नियोजन कोई आकर्षक शौक नहीं है। यह आपको खाने की मेज पर सबसे रोमांचक व्यक्ति नहीं बनाएगा, जब तक कि आपके चारों ओर स्प्रेडशीट बनाने में माहिर लेखाकार न हों। फिर भी, यह उन कुछ गतिविधियों में से एक है जो सीधे तौर पर आपके मानसिक स्वास्थ्य और आपके बैंक खाते दोनों में सुधार कर सकती हैं। अपने आस-पास के लोगों को इस ट्रेन में शामिल होने के लिए प्रोत्साहित करना उपदेश देने से कम और एक शांत, लगातार उदाहरण पेश करके नेतृत्व करने से अधिक है। ऐसा उदाहरण जो कहता है, "मैंने अपने खर्चों पर नज़र रखी और बच गया," जैसे किसी दूर की वित्तीय लड़ाई से लौट आया हो।

परिवार या दोस्तों के समूह में साझा वित्तीय योजना सिर्फ़ उबाऊ स्प्रेडशीट से कहीं ज़्यादा कुछ बनाती है। यह जवाबदेही, पारस्परिक समझ और इस बात की अनकही खुशी पैदा करती है कि कोई भी गुप्त रूप से पे-डे लोन पर जीवन नहीं बिता रहा है, जबकि यह दिखावा कर रहा है कि सब कुछ ठीक है। वित्तीय साक्षरता एक ऐसे वायरस की तरह फैलती है जो देर से भुगतान की फीस के बजाय मन की शांति लाता है।

अपनी योजना का रोमांच शुरू करने के लिए एक कठिन शुरुआती कदम उठाना पड़ता है। आपको अपनी वित्तीय स्थिति का सामना वैसे ही करना होगा जैसे कोई वैज्ञानिक किसी खराब प्रयोग के बाद परीक्षण के परिणामों का विश्लेषण करता है। अपने बिलों को घटाने और अपने खर्चों को जोड़ने के बाद, अपनी आय लें और उम्मीद करें कि जो राशि बची है वह ऋणात्मक न हो। इस चरण में बेबाक ईमानदारी की आवश्यकता होती है। यदि आप अपने खर्च करने के तरीकों के बारे में खुद से झूठ बोलते हैं तो आपका कर्ज खत्म नहीं होगा। यह केवल उस समय को पीछे धकेलता है जब आपको हकीकत का सामना करना पड़ता है।

एक बार जब वित्तीय जाँच-पड़ताल पूरी हो जाए, तो आपको लक्ष्यों की आवश्यकता है। वे अस्पष्ट लक्ष्य नहीं जो पार्टियों में प्रभावशाली लगते हैं। वास्तविक लक्ष्य निर्धारित करें। क्या आप जल्दी सेवानिवृत्त होना चाहते हैं? क्या आप किसी ऐसी यात्रा के लिए बचत करना चाहते हैं जिसका अंत पछतावे और ओवरड्राफ्ट शुल्क से न हो? लक्ष्य अव्यवस्था को संरचना देते हैं। वे आपके पैसे को एक काम देते हैं। लक्ष्यों के बिना, एक बजट सिर्फ एक एक्सेल शीट है जिसमें बड़े-बड़े सपने देखे जाते हैं।

बजट बनाने के लिए स्प्रेडशीट से ज़्यादा अनुशासन की ज़रूरत होती है। यह कोई सज़ा नहीं, बल्कि एक उपकरण है। पूंजीवादी समाज में खुद को एक संन्यासी जैसा महसूस करने से बचने के लिए अपनी ज़रूरतों, बचत और कभी-कभार मिलने वाले इनाम के लिए बजट बनाएँ। जहाँ आपकी दिखावा करने की आदत या आलस सबसे ज़्यादा नज़र आता है, वहाँ कम खर्च करें। अगर बिल्कुल भी संभव हो, तो अपनी आय बढ़ाएँ, खासकर तब, जब आपका मौजूदा वेतन स्पष्ट रूप से किसी ऐसे व्यक्ति के लिए था जो किसी खयाली पुलाव में किराए के बिना रहता है और हवा खाता है।

निवेश वह जगह है जहाँ योजना को गति मिलती है। चाहे वह नियोक्ता-प्रायोजित सेवानिवृत्ति योजनाओं, शेयर बाजार निवेश, या अन्य माध्यमों के माध्यम से हो, विचार पैसा लगाना है। समय के साथ चक्रवृद्धि ब्याज की शक्ति को कम करके आंका नहीं जा सकता। नियमित रूप से निवेश की गई छोटी-छोटी राशि भी, कमाई से और अधिक कमाई होने के हिमखंड प्रभाव के कारण, काफी बढ़ सकती है।

जैसे ही आप आरामदायक होने लगते हैं, ज़िंदगी आपकी योजनाओं को अनदेखा करने का एक अजीब तरीका अपना लेती है। आपको लगता है कि आपने सब कुछ तय कर लिया

है, फिर अचानक कहीं से नौकरी बदल जाती है, अस्पताल का बिल आ जाता है, या आपका वयस्क बच्चा अचानक यह तय कर लेता है कि उसे आपके सोफे पर "साब्बेटिकल" (लंबी छुट्टी) चाहिए। इसीलिए आपकी वित्तीय योजना पर कभी धूल नहीं जमती रहनी चाहिए। इसे नियमित जाँच की ज़रूरत होती है। ऐसी नहीं जो आप साल में एक बार अपनी स्प्रेडशीट को देखें और बस काम खत्म मान लें, बल्कि ऐसी जो आप देखें कि क्या बदला है और वास्तव में उसके बारे में कुछ करें। समायोजन विफलता के संकेत नहीं हैं। वे इस बात के संकेत हैं कि आप जागरूक हैं और ध्यान दे रहे हैं।

जीवन के हर पड़ाव में एक ही योजना पर टिके रहना वैसा ही है जैसे आप सोलह साल की उम्र में पहनने वाली शर्ट अभी भी पहन रहे हों। शायद वह अब फिट नहीं होती; भले ही हो, तो भी वह आपके किसी काम की नहीं है। अपने आंकड़ों पर फिर से गौर करें। रणनीति में फेरबदल करें। अगर आपके लक्ष्य अब समझ में नहीं आते तो उन्हें बदलें। एक सही योजना बदलाव की हवाओं के साथ झुकती है। यही वजह है कि जब जीवन में उतार-चढ़ाव आते हैं तो यह बीच में टूटती नहीं है।

अब, जब आप समायोजन कर रहे हैं, तो खुद पर एक एहसान करें और यह दिखावा बंद करें कि अनभिज्ञता आकर्षक होती है। बुनियादी बातें सीख लें। आप यह जाने बिना अपनी प्लंबिंग की मरम्मत नहीं करेंगे कि एक रिंच का क्या काम होता है। यही तर्क यहाँ भी लागू होता है। कर संहिता, निवेश उपकरण, और बीमा विकल्प, ये सभी उपकरणों के बक्से का हिस्सा हैं। आप जो भी ज्ञान प्राप्त करते हैं, वह आपको घबराने का एक कारण कम दे देता है, जब कोई अप्रत्याशित चीज़ आपके दरवाज़े पर एक बिल के साथ आती है।

धन आसमान से नहीं टपकता। आप एक सुबह सोने के सिक्कों से घिरे हुए नहीं जागेंगे क्योंकि आपने सोशल मीडिया पर प्रचुरता की कामना की है। इसमें धैर्य लगता है। असली वाला। वह जो हर महीने तब दिखता है जब आप चमक-दमक वाली आवेगपूर्ण खरीदारी को छोड़कर उसके बजाय अपने भविष्य में पैसा लगाते हैं। परिणाम आने में समय लगेगा। किसी भी सार्थक चीज़ की यही प्रकृति होती है। आप हार मानना चाहेंगे। आप सोचेंगे कि यह काम नहीं कर रहा है। फिर भी, चलते रहें।

जब आप अंततः अपने पैसे पर नियंत्रण पा लेते हैं, तो आप अपने जीवन के दर्शक बनना बंद कर देते हैं। आप अब प्रतिक्रिया नहीं दे रहे होते। आप मार्गदर्शन कर रहे होते हैं। लगातार

उठाए गए छोटे-छोटे कदम, किसी भी चमत्कारी समाधान से कहीं ज़्यादा कर सकते हैं। इसी तरह आप कुछ ऐसा बनाते हैं जो हमेशा के लिए टिकता है।

समय का प्रबंधन और उससे निपटना

जीवन का भविष्य जानने का एक अजीब तरीका है। आप जागते हैं, दाँत साफ करते हैं, कॉफी पीते हैं, और अपने दिन की शुरुआत करते हुए सोचते हैं कि दुनिया अभी भी एक साफ-सुथरी छोटी सी कक्षा में घूम रही है। फिर अचानक, कोई बुरी खबर लेकर फोन करता है, जूता बांधते समय आपकी पीठ में मोच आ जाती है, या आपका बैंक खाता किसी रेगिस्तान की नकल करने लगता है। सच तो यह है कि हम में से कोई भी वास्तव में नहीं जानता कि आगे क्या होने वाला है। यह कोई काव्यात्मक अभिव्यक्ति नहीं है, बल्कि एक बहुत ही असहज वास्तविकता है।

मानव मस्तिष्क, अपने अधिक काम से थके हुए तंत्रिकाओं के बावजूद, इन सब बातों को समझने की कोशिश करना कभी बंद नहीं करता। जिस पल हम "अब क्या?" पूछने के लिए पर्याप्त सचेत होते हैं, हमारे दिमाग तर्क की अटारी में खंगालना शुरू कर देते हैं। हम पैटर्न, सुराग, ब्रह्मांड से संकेत, और कुछ भी खोजते हैं जो हमें नियंत्रण का भ्रम दे सके। पूरी सभ्यताएँ इसी प्रयास पर बनीं। तारे कैलेंडर बन गए। मौसम एक भविष्यवाणी बन गया। चाय की पत्तियाँ, हड्डियाँ, एल्गोरिदम—आप नाम लीजिए। हमने उनका सबका इस्तेमाल किया, एक ऐसी चीज़ को समझने की कोशिश में जो स्थिर होने से इनकार करती है।

इससे भी बुरी बात यह है कि हमारा दिमाग सिर्फ यह जानकर संतुष्ट नहीं होता कि वास्तव में क्या है। वह यह जानना चाहता है कि क्या हो सकता है, क्या हो सकता था, और क्या होता अगर। यह परिदृश्य बनाता है, कई अंत तैयार करता है, और उन परिणामों पर अटका रहता है जो हुए नहीं हैं और शायद कभी होंगे भी नहीं। यह वही दिमाग है जो, ध्यान रहे, यह भी भूल जाता है कि उसने घर की चाबियाँ कहाँ रखी थीं, लेकिन किसी तरह यह सोचता है कि वह अगले पचास सालों की सटीक रूपरेखा तैयार कर सकता है। यह नहीं कर सकता। कोई भी नहीं कर सकता।

बुढ़ापा, अगर कुछ और नहीं, तो बस योजनाओं के बिखरने को देखने और यह दिखावा करने का एक दीर्घकालिक प्रयोग है कि आपकी मंशा शुरू से ही यही थी। आप अपने ही कम

उम्र वाले आप पर हँसना सीख जाते हैं, वही जो सोचता था कि सब कुछ योजना के अनुसार ही होगा। तीस साल की उम्र तक शादी, पैंतीस तक घर, साठ तक शांतिपूर्ण सेवानिवृत्ति। फिर आप पलक झपकते ही चौंतीस के हो जाते हैं, आपके जोड़ों में बबल रैप की तरह फड़फड़ाहट होती है, और आपका वित्तीय पोर्टफोलियो एक आधुनिक कलाकृति जैसा दिखता है—अमूर्त, उलझन भरा, और थोड़ा अपमानजनक।

इस सब का उद्देश्य निराश करना नहीं है। इसका उद्देश्य ईमानदार होना है। एक निश्चित स्वतंत्रता मिलती है जब आप यह स्वीकार करते हैं कि अनिश्चितता जीवन से कोई भटकाव नहीं है। यह मुख्य मार्ग है। हर एक व्यक्ति, चाहे वह माने या न माने, बस उसी क्षण की योजना बना रहा है। आपका पसंदीदा शिक्षक, टैक्सी चालक, नोबेल पुरस्कार विजेता वैज्ञानिक—वे सभी किसी न किसी हद तक उसी क्षण की योजना बना रहे होते हैं। कुछ लोग बस इसे बेहतर मुद्रा और गंभीर चेहरे के साथ करते हैं।

इसे और भी दिलचस्प यह बनाता है कि हम अक्सर व्यस्त होने को निश्चित होने से भ्रमित कर देते हैं। अपना कैलेंडर भरना, पाँच साल की योजनाएँ बनाना, और बीमा पॉलिसियों का ढेर लगाना उत्पादक लगता है। यह समझदारी भरा लगता है। यह नियंत्रण जैसा लगता है। फिर जीवन आपको कंधे पर थपथपाता है और पूछता है कि क्या आप ढोंग करना बंद करेंगे। नौकरी चली जाती है। कोई प्रियजन गुजर जाता है। कोई निदान एक मुक्के की तरह लगता है। अचानक, सभी ग्राफ, चार्ट और वित्तीय मॉडल को फिर से लिखना पड़ता है। फिर से।

यहीं पर योजना बनाना मायने रखता है, लेकिन उस तरह से नहीं जैसा लोग सोचते हैं। योजना बनाना आपके भविष्य को एक तिजोरी में बंद करने के बारे में नहीं है। यह खुद को अनुकूलन के लिए तैयार करने के बारे में है। आप भविष्य से डरकर पैसे नहीं बचाते। आप इसे इसलिए बचाते हैं क्योंकि भविष्य निश्चित रूप से आपके सामने एक बिल लेकर आएगा, और खाली निहारने से बेहतर है कि हाथ में नकद हो। आप अपने स्वास्थ्य का ध्यान इसलिए नहीं रखते कि यह अमरत्व की गारंटी देता है, बल्कि इसलिए रखते हैं क्योंकि बिना हांफते हुए सीढ़ियों पर चढ़ पाना जीवन के सबसे कम आंके गए सुखों में से एक है।

इंसानों में नियंत्रण की चाहत स्वाभाविक होती है। यह बेहद मानवीय है। समय को समझने, उस पर विजय पाने, उसे खींचने, उसके खिलाफ दौड़ने की इतनी तीव्र इच्छा होना कोई कमजोरी नहीं है। यह एक सहज प्रवृत्ति है। हम जो भी लक्ष्य निर्धारित करते हैं, जिसे भी हम संवारते हैं, जिसे भी हम सोमवार तक टालते हैं, यह सब एक ही बात की ओर इशारा

करता है। हम जानते हैं कि समय सीमित है, और हमारा मस्तिष्क हर पल से अर्थ निकालने की कोशिश कर रहा है।

अजीब बात है, लेकिन जो मदद करता है, वह है हास्य। अगर आप इस बात पर हँस नहीं सकते कि आप एक अनिश्चित ब्रह्मांड में, प्रति घंटे एक हजार मील की रफ्तार से घूमने वाले ग्रह पर सवार होकर, अपने जीवन की योजना बना रहे हैं, तो आपका जीवन बहुत तनावपूर्ण होने वाला है। यह स्वीकार करने में कुछ चिकित्सीय गुण है कि यह सब कितना हास्यास्पद है। आप अपनी वसीयत तैयार कर सकते हैं, अपनी सेवानिवृत्ति योजना लिख सकते हैं, और छह महीने बाद के लिए दंत चिकित्सक की अपॉइंटमेंट बुक कर सकते हैं, यह सब इस बात को अच्छी तरह जानते हुए भी कि ब्रह्मांड कल आपके लिए कोई ऐसी अप्रत्याशित घटना ला सकता है जिसमें बकरियां, कन्फेट्टी, और तीन बिना भुगतान किए पार्किंग टिकट शामिल हों।

लोग अक्सर कोई कदम उठाने से पहले निश्चितता का इंतज़ार करते हैं। वे प्रतिबद्ध होने से पहले गारंटी चाहते हैं। वे सभी हरी बत्तियाँ, कोई ट्रैफ़िक जाम नहीं, और एक ऐसा मौसम पूर्वानुमान चाहते हैं जो हमेशा के लिए धूप का वादा करे। वे यह भूल जाते हैं कि जीवन के अधिकांश बेहतरीन पल रास्ते से भटकने, देरी, और दबाव में लिए गए फ़ैसलों से ही आते हैं। कोई भी उत्कृष्ट कृति कभी भी इन शब्दों से शुरू नहीं हुई, "मुझे ठीक-ठीक पता था कि इसका नतीजा क्या होगा।"

मस्तिष्क एक मैनुअल चाहता है, लेकिन जीवन हमें एक खाली नोटबुक थमा देता है। हर दिन, आप एक पन्ना भरते हैं। कभी-कभी, यह कविता होती है। कभी-कभी, यह बकवास होती है; कभी-कभी, यह सिर्फ एक किराने की सूची होती है। मायने यह रखता है कि कलम आपके हाथ में है। यह वह शक्ति है जिसे कोई आपसे छीन नहीं सकता, चाहे परिस्थितियाँ कितनी भी अनिश्चित क्यों न हों।

आत्म-मूल्यांकन

यह एक ऐसा बिंदु था जिसमें मुझे खुद को बहुत सुधार की ज़रूरत महसूस हुई। जीवन को एक कभी न खत्म होने वाली तंग रस्सी पर चलने जैसी कल्पना करें। बस फर्क इतना है कि रस्सी पर चिकनाई लगी है, हवा अप्रत्याशित है, और आपका संतुलन बनाए रखने वाला डंडा असल में बकाया बिलों और संदिग्ध वित्तीय विकल्पों का ढेर है। अप्रत्याशितता के इस सर्कस

में, जिम्मेदार वित्तीय योजना की शुरुआत अपने जीवनशैली को सीधे तौर पर देखने और यह ज़ोर से स्वीकार करने के असुंदर काम से होती है कि शायद अंतरिक्ष यान के आकार वाला वह एस्प्रेसो मशीन खरीदना सबसे बुद्धिमानी भरा निवेश नहीं था।

अपने वित्तीय मामलों की जांच करना कुछ-कुछ अपनी बेकार की चीज़ों से भरी दराज खोलने जैसा है। आप जानते हैं कि यह एक अव्यवस्था है, और आपको पूरी तरह से यकीन नहीं है कि उसमें क्या है, और कुछ न कुछ हमेशा आपको वहीं चुभता है जहाँ दर्द होता है। फिर भी, अपने भविष्य पर काबू पाने का एकमात्र तरीका है कि आप उसमें से सब कुछ निकालकर छाँटना शुरू करें। थोड़ी कठोर ईमानदारी और एक ऐसे कैलकुलेटर के साथ जो आपकी भावनाओं को आहत न करने के लिए झूठ न बोले, आप यह पता लगा सकते हैं कि आपके सेवानिवृत्ति के भव्य सपने के लिए केवल अंधा आशावाद और एक भाग्यशाली लॉटरी टिकट से कहीं ज़्यादा की ज़रूरत है।

परिस्थितियाँ बदलती हैं, लक्ष्य बदलते हैं, और प्राथमिकताएँ हर कुछ वर्षों में उछल-कूद करती रहती हैं। इसका मतलब है कि जिन चीज़ों की आपको पच्चीस साल की उम्र में परवाह थी, वे अब हास्यास्पद रूप से अव्यावहारिक लग सकती हैं। चौंकाने वाला है, मुझे पता है। अपने वित्तीय कार्य-योजना की समीक्षा करना अस्तित्वगत भय से कम और इस बात की पुष्टि करने के बारे में अधिक है कि आपकी वर्तमान आदतें भविष्य का निर्माण कर रही हैं या सिर्फ एक धीमी, शानदार पतन को हवा दे रही हैं। आत्म-जागरूकता चुभती है, लेकिन कम से कम यह इनकार करने से तो सस्ता है।

एक व्यापक जीवनशैली मूल्यांकन करने के लिए, आपको स्पष्ट वित्तीय लक्ष्य स्थापित करने होंगे। आप अल्पकालिक और दीर्घकालिक रूप से क्या हासिल करना चाहते हैं? इन लक्ष्यों में घर खरीदना, अपनी शिक्षा के लिए भुगतान करना, सेवानिवृत्ति की योजना बनाना, या वित्तीय स्वतंत्रता प्राप्त करना शामिल हो सकता है। विशिष्ट उद्देश्यों को निर्धारित करके, आप इस बारे में स्पष्टता प्राप्त कर सकते हैं कि आप क्या हासिल करना चाहते हैं। एक और महत्वपूर्ण विचार आपकी वर्तमान खर्च करने की आदतें हैं। क्या आप अपनी आय के अनुसार जी रहे हैं, या आप अधिक खर्च कर रहे हैं? अपने खर्चों की जांच करने से उन क्षेत्रों का पता चल सकता है जहाँ आपको अपने वित्तीय लक्ष्यों के अनुरूप अपनी जीवनशैली को समायोजित करने की आवश्यकता हो सकती है। ऐसे बदलाव कठिन हो सकते हैं, क्योंकि इसके लिए आपको भविष्य की सुरक्षा के लिए तत्काल संतुष्टि का त्याग करना पड़ सकता है।

अपनी जीवनशैली का मूल्यांकन करने पर यह पता चल सकता है कि वित्तीय रूप से सुरक्षित भविष्य बनाने के मामले में समय आपके पक्ष में नहीं है। उदाहरण के लिए, यदि आप सेवानिवृत्ति की आयु के करीब हैं और आपने पर्याप्त बचत नहीं की है, तो उस कमी को पूरा करना बहुत चुनौतीपूर्ण हो सकता है।

ऐसे मामलों में, यह महत्वपूर्ण है कि आप वैकल्पिक रणनीतियों का पता लगाएँ, जैसे कि अधिक समय तक काम करना, खर्च कम करना, या शेष समय का अधिकतम लाभ उठाने के लिए पेशेवर वित्तीय सलाह लेना।

हालांकि, यह याद रखना महत्वपूर्ण है कि कार्रवाई करना हमेशा सार्थक होता है, भले ही आपको लगे कि आपके पास पर्याप्त समय नहीं है। वित्तीय सुरक्षा की दिशा में हर कदम मायने रखता है, चाहे आप किसी भी समय शुरुआत करें।

आज के छोटे-छोटे बदलाव आपके भविष्य पर महत्वपूर्ण प्रभाव डाल सकते हैं। वित्तीय सुरक्षा केवल धन संचय करने के बारे में नहीं है; यह आपके संसाधनों का बुद्धिमानी से प्रबंधन करने और अपनी आय के दायरे में रहने के बारे में भी है।

जिम्मेदार वित्तीय योजना में अपनी जीवनशैली और वित्तीय जरूरतों का मूल्यांकन करना महत्वपूर्ण है। यह आपको अपने उद्देश्यों को अपनी वर्तमान परिस्थितियों के साथ संरेखित करने और अपने भविष्य के बारे में सूचित निर्णय लेने में सक्षम बनाता है। भले ही आप समय की कमी या चुनौतियों का सामना कर रहे हों, वित्तीय सुरक्षा की दिशा में कदम उठाने के लिए कभी भी देर नहीं हुई है। वित्तीय कल्याण की यात्रा आत्म-जागरूकता और अपने उपलब्ध संसाधनों और समय का अधिकतम लाभ उठाने की प्रतिबद्धता के साथ शुरू होती है।

सुरक्षा प्राप्त करें

अब तक हमने जिन भी विषयों पर चर्चा की है, वे सभी एक ही निष्कर्ष पर पहुंचते हैं: *व्यक्ति को एक वित्तीय रूप से सुरक्षित भविष्य प्राप्त करना चाहिए।* एक वित्तीय रूप से मजबूत भविष्य सुनिश्चित करना एक बहुआयामी प्रयास है जो केवल पैसा बचाने और समझदारी से निवेश करने से कहीं बढ़कर है। इसमें विभिन्न प्रथाओं को शामिल करने वाला एक दृष्टिकोण शामिल है, जिनमें से सबसे महत्वपूर्ण है अच्छे स्वास्थ्य को बनाए रखना। यह कुछ ऐसा है जिसे मैंने खुद हाल ही में जाना है। आपके स्वास्थ्य और वित्तीय सुरक्षा के बीच का संबंध

जितना आप सोचते हैं, उससे कहीं अधिक मजबूत है। अब हम स्वास्थ्य और वित्तीय सुरक्षा के बीच सहजीवी संबंध का पता लगाएंगे, और एक संतुलित तथा सचेत जीवन शैली के महत्व पर प्रकाश डालेंगे।

वित्तीय सुरक्षा एक ऐसा लक्ष्य है जिसे कई लोग साझा करते हैं, लेकिन यह पहचानना महत्वपूर्ण है कि खराब स्वास्थ्य के साथ कोई भी अपने परिश्रम के फलों का पूरी तरह से आनंद नहीं ले सकता है। स्वास्थ्य अक्सर वह नींव होता है जिस पर जीवन के अन्य सभी पहलू, जिसमें वित्तीय कल्याण भी शामिल है, निर्मित होते हैं। यहाँ कुछ प्रमुख प्रथाएँ दी गई हैं जो एक वित्तीय रूप से सुदृढ़ भविष्य को सुरक्षित करने में योगदान करती हैं:

स्वास्थ्य और कल्याण को प्राथमिकता दें

स्वस्थ रहना कोई एक-बार की बहादुरी भरी खोज नहीं है जहाँ आप एक ग्रीन स्मूदी पीते हैं, छह मिनट जॉगिंग करते हैं, और जादुई रूप से बीमारियों से प्रतिरक्षित हो जाते हैं। यह एक पूर्णकालिक नौकरी की तरह है जो आपको भुगतान नहीं करती, आपको कोई छुट्टी नहीं देती, और फिर भी आपके डॉक्टर से प्रदर्शन समीक्षा की मांग करती है। आपको अपने शरीर के लिए हमेशा मौजूद रहना होगा, भले ही आपका शरीर हर बार खड़े होने पर बबल रैप की तरह अपने घुटनों को चटका कर प्रतिक्रिया दे।

उदाहरण के लिए, व्यायाम प्रकृति का आपको यह याद दिलाने का एक परेशान करने वाला तरीका है कि आपके जोड़ों का अस्तित्व है। जॉगिंग, तैराकी, या खुद को किसी योग कक्षा में घसीटना जो शांति के भेष में एक सज़ा लगती है, एंडोर्फिन जारी करता है, वे आनंददायक रसायन जो आपके मस्तिष्क को यह सोचने के लिए धोखा देते हैं कि आप वास्तव में सार्वजनिक रूप से पसीना बहाने का आनंद लेते हैं।

अच्छा खाना अपने आप में एक मज़ाक है। आप अपनी पूरी जवानी सब्ज़ियों से ऐसे बचते हैं जैसे वे ज़हर हों, और बाद में आपको पता चलता है कि वे ही जल्दी मरने से बचने का राज़ हैं। फल, साबुत अनाज, कम वसा वाला मांस, और पौधों से मिलने वाले फैट, न कि आपके पसंदीदा ड्राइव-थ्रू मेन्यू से, ये सब एक ऐसे शरीर के निर्माण में योगदान करते हैं जो लगातार ढहने की कगार पर महसूस नहीं करता।

एक और बेतुकी ज़रूरत है नींद। लोग इसकी डींगें हाँकते हैं, जैसे कि चार घंटे दौड़ना कोई ओलंपिक इवेंट हो। इस बीच, आपका शरीर चुपचाप एक विद्रोह रच रहा है क्योंकि उसे आपकी नींद के दौरान खुद को ठीक करने के लिए बनाया गया है, न कि जब आप सुबह के दो बजे अपने फोन पर स्क्रॉल कर रहे हों। अच्छी नींद से आराम किया हुआ दिमाग अपनी चाबियाँ फ्रिज में नहीं रखता। यह बस विज्ञान है।

तनाव एक ज़रूरतमंद भूत की तरह है जो हर किसी का पीछा करता है। उसे इस बात की परवाह नहीं है कि आप कितना केल खाते हैं। इसे संभालना सीखे बिना, आप एक प्रेशर कुकर के अंदर ही जी रहे हैं। श्वास-प्रश्वास के व्यायाम, स्ट्रेचिंग, या दुनिया के खत्म हुए बिना एक घंटे के लिए सिर्फ अपना फोन बंद कर देना कोई विलासिता नहीं है। ये तो जीवित रहने की तरकीबें हैं।

इन विकल्पों को अभी चुनना किसी वेलनेस गुरु बनने के बारे में कम और एक ऐसे भविष्य से बचने के बारे में ज़्यादा है जहाँ हर बार कोई मेडिकल बिल आने पर आपका बटुआ रो पड़े। आपका शरीर ही एकमात्र ऐसी जगह है जहाँ आपको रहना है। इससे तो बेहतर है कि आप इसकी देखभाल करें, इससे पहले कि इसकी मरम्मत का खर्च आपके घर से भी ज़्यादा हो जाए।

स्वास्थ्य बीमा सुरक्षा

अच्छी स्वास्थ्य बीमा पॉलिसी लेना आपके पैसे की योजना बनाने का पहला कदम है। कई लोग अपनी बचत बनाने में सालों बिता देते हैं, लेकिन जब उनका शरीर जवाब दे जाता है तो वह सब कुछ गायब हो जाता है। मानव शरीर सबसे बुरे समय पर ही समस्याएं खड़ी कर देता है, आमतौर पर जब आपका बैंक खाता पहले से ज्यादा खाली दिखता है।

जब आपका शरीर आपको धोखा देता है तो स्वास्थ्य बीमा एक सुरक्षा जाल की तरह काम करता है। इसमें कोई शक नहीं कि आपके शरीर को देर-सवेर मरम्मत की ज़रूरत पड़ेगी। सवाल यह नहीं है कि ज़रूरत पड़ेगी या नहीं, बल्कि यह है कि यह कब और आपको कितना महंगा पड़ेगा।

ज़्यादातर लोग यह सोचते हुए घूमते हैं कि गंभीर स्वास्थ्य समस्याएँ दूसरों के साथ होती हैं, उन लोगों के साथ नहीं। यह क्या बकवास है! आँकड़े बताते हैं कि अंततः हर किसी को

चिकित्सा देखभाल की आवश्यकता होती है। स्वास्थ्य बीमा से बचना उतना ही समझदारी है जितना कि सीटबेल्ट न पहनना क्योंकि आप खुद को एक बेहतरीन ड्राइवर मानते हैं।

किसी विदेशी भाषा को पढ़ना स्वास्थ्य बीमा को समझने की कोशिश करने जैसा है। नेटवर्क, बहिष्करण, सह-भुगतान, कटौती योग्य, और जेब से अधिकतम खर्च, सभी औसत उपभोक्ताओं को भ्रमित करने के लिए बनाए गए लगते हैं। जैसे आप किसी चुनौतीपूर्ण परीक्षा की तैयारी करते हैं, वैसे ही आपको अपने स्वास्थ्य बीमा विकल्पों पर शोध करना चाहिए क्योंकि बारीक अक्षरों में लिखी शर्तों को न पढ़ने पर आपको पैसे का नुकसान हो सकता है।

पहले से स्वास्थ्य समस्याओं वाले लोगों को और भी बड़ी चुनौतियों का सामना करना पड़ता है। बीमा प्रणाली यहाँ अपना असली रंग दिखाती है—जब आपको कवरेज की सबसे अधिक आवश्यकता होती है, तो उचित मूल्य पर इसे प्राप्त करना सबसे कठिन हो जाता है। यदि इससे इतने लोगों को चोट न पहुँचती, तो आप इस क्रूर विडंबना पर हँस सकते थे।

शुरुआत में ही स्वास्थ्य समस्याओं को रोकना

जल्दी वित्तीय बचत की तरह, निवारक स्वास्थ्य सेवा भी बाद में बड़े मुद्दों से बचने के लिए अभी छोटे-छोटे कदम उठाकर काम करती है। जाँच-पड़ताल में एक छोटा सा निवेश बाद में गंभीर बीमारियों का इलाज करने से कहीं कम महंगा है, इसलिए यह गणित पूरी तरह से समझ में आता है।

युवा लोग अक्सर निवारक देखभाल की अनदेखी करते हैं। वे भविष्य की स्वास्थ्य समस्याओं को दूर की चिंता के रूप में देखते हैं, न कि अपरिहार्य वास्तविकता के रूप में। यह सोच तार्किक रूप से सही नहीं है! जो युवा पैसे बचाने के लिए नियमित रूप से डॉक्टर के पास जाने से बचता है, वह बहुत बड़े जोखिम पर दांव लगाता है। आपका भविष्य इसका भारी कीमत चुकाएगा।

रोकथाम संबंधी देखभाल में सिर्फ अपॉइंटमेंट लेना ही शामिल नहीं है। हमारी स्वास्थ्य सेवा प्रणाली आपात स्थितियों को रोकने के बजाय उनका इलाज करना पसंद करती है। बीमा अक्सर आपको रोकथाम संबंधी सेवाओं के लिए अधिक भुगतान करने पर मजबूर करता है, इसके बावजूद कि स्पष्ट सबूत बताते हैं कि रोकथाम पैसे बचाती है। यह आपको अपनी रोकथाम संबंधी देखभाल का जिम्मा खुद लेने के लिए मजबूर करता है।

एक और समस्या यह है कि आप चिकित्सा पेशेवरों जितना नहीं जानते। सही निवारक उपाय खोजना विशेष ज्ञान की मांग करता है, जिसकी अधिकांश लोगों में कमी होती है। आपको स्वास्थ्य सेवा प्रदाताओं के साथ एक ऐसा रिश्ता बनाने की जरूरत है जिसमें विश्वास और स्वस्थ प्रश्न पूछना दोनों शामिल हों।

काम और जीवन में संतुलन

अपने शरीर की देखभाल किए बिना पैसा कमाने की दौड़ एक हानिकारक स्थिति पैदा करती है। काम करने के घंटों और शारीरिक स्वास्थ्य के बीच का संबंध सीधी रेखा का अनुसरण नहीं करता है। बल्कि, यह एक शिखर-और-पतन वक्र (peak-and-fall curve) प्रदर्शित करता है, जो यह दर्शाता है कि आपके कार्यभार में वृद्धि अंततः आपकी उत्पादकता को कम कर देती है।

आधुनिक नौकरियों का अधिकतम काम निकालने का एक अजीब तरीका है, जिसमें ऐसी स्थितियाँ पैदा की जाती हैं जो दीर्घकालिक स्वास्थ्य को नष्ट कर देती हैं। पूरे दिन सिर्फ बैठना कई स्वास्थ्य समस्याओं का कारण बनता है। मानव शरीर घूमने-फिरने के लिए विकसित हुआ है, न कि जागने के अधिकांश घंटों तक चमकती स्क्रीन को घूरने के लिए!

तकनीक के साथ काम और जीवन में संतुलन बनाना और भी मुश्किल हो गया है। हमेशा जुड़े रहने की कथित सुविधा, हमेशा उपलब्ध रहने की अपेक्षा में बदल गई है। कामकाजी जीवन और निजी जीवन के बीच की रेखा लगभग गायब हो गई है, जिससे एक ऐसी स्थिति बन गई है जहाँ आप कभी भी किसी एक पर पूरी तरह से ध्यान केंद्रित नहीं कर पाते।

प्रतिस्पर्धी कार्यस्थलों में उचित सीमाएँ तय करना और भी मुश्किल हो जाता है, जहाँ अधिक काम करना समर्पण का संकेत माना जाता है। जो व्यक्ति उचित समय तक काम करता है, उसे अपने सहकर्मियों की तुलना में कम प्रतिबद्ध दिखने का खतरा होता है, भले ही वह बेहतर परिणाम दे रहा हो। यह एक ऐसी स्थिति पैदा करता है जहाँ व्यक्तिगत रूप से बुद्धिमानी भरे निर्णय सामूहिक रूप से एक मूर्खतापूर्ण परिणाम की ओर ले जाते हैं।

इसका जवाब ठोस सीमाएँ निर्धारित करने और यह पहचानने में निहित है कि आराम वास्तव में आपको अधिक उत्पादक बनाता है। पर्याप्त नींद, व्यायाम और सार्थक सामाजिक समय सीधे आपके काम के प्रदर्शन में सुधार करते हैं। ढेर सारे शोध इसे साबित करते हैं, फिर भी अधिकांश कार्यस्थल इसे पूरी तरह से अनदेखा कर देते हैं।

आपातकालीन धन का बैकअप

एक आपातकालीन कोष एक लंगर की तरह काम करता है जो तूफानों के दौरान आपके वित्तीय जहाज को स्थिर रखता है। आपातकालीन कोष के नियम काफी हद तक एक जैसे ही रहते हैं, चाहे आप कितना भी पैसा कमाते हों। आपको आमतौर पर तीन से छह महीने के बुनियादी खर्चों को पूरा करने के लिए पर्याप्त नकदी की आवश्यकता होती है।

आपातकालीन कोष स्थापित करने के लिए प्रतिस्पर्धी जरूरतों के बीच संतुलन बनाने की आवश्यकता होती है। पैसा आसानी से उपलब्ध रहना चाहिए और साथ ही उसे मुद्रास्फीति की भरपाई के लिए पर्याप्त कमाई भी करनी चाहिए। यह एक ऐसी पहेली बनाता है जिसका कोई सरल समाधान नहीं है।

एक आपातकालीन कोष बनाए रखने की मानसिक चुनौती अच्छे समय में विशेष रूप से कठिन लगती है, जब इसकी आवश्यकता तत्काल की बजाय सैद्धांतिक लगती है। मानव मस्तिष्क वर्तमान परिस्थितियों पर बहुत अधिक ध्यान केंद्रित करता है और उस इतिहास को अनदेखा कर देता है जो स्पष्ट रूप से दिखाता है कि वित्तीय आपातकाल अंततः सभी के साथ होता है।

आपातकालीन निधि बनाए रखना ठीक उसी समय सबसे मुश्किल हो जाता है जब आपको इसकी सबसे अधिक आवश्यकता होती है। आर्थिक मंदी इस संभावना को बढ़ा देती है कि आपको आपातकालीन नकदी की आवश्यकता होगी, जबकि आपके खर्च को पूरा करना और भी मुश्किल हो जाता है। इसका मतलब है कि आपको अपने आपातकालीन निधि का निर्माण अच्छे वित्तीय समय के दौरान करना चाहिए—यह एक ऐसी प्रथा है जिसके लिए बचत करने के बजाय खर्च करने की स्वाभाविक मानवीय इच्छा पर काबू पाना आवश्यक है।

वृद्धावस्था देखभाल की योजना

दीर्घकालिक देखभाल की योजना वित्तीय तैयारी के सबसे अधिक उपेक्षित हिस्से को दर्शाती है, मुख्य रूप से इसलिए क्योंकि लोग शारीरिक गिरावट के बारे में सोचने में असहज महसूस करते हैं। वास्तविकता अपरिहार्य बनी हुई है: लगभग 70 प्रतिशत लोगों को अपने जीवन के दौरान किसी न किसी रूप में दीर्घकालिक देखभाल की आवश्यकता होगी, जिसकी लागत अक्सर प्रति वर्ष $100,000 से अधिक होती है।

दीर्घकालिक देखभाल बीमा पॉलिसियों को समझना उन्नत भौतिकी जितना ही जटिल लगता है। विकल्पों में समाप्ति अवधि, लाभ ट्रिगर, मुद्रास्फीति संरक्षण, और कई अन्य कारक शामिल हैं जो दशकों तक अप्रत्याशित तरीकों से एक-दूसरे के साथ जुड़ते हैं। उपयुक्त कवरेज चुनने के लिए प्रीमियम लागतों और संभावित लाभों के बीच संतुलन बनाने की आवश्यकता होती है, जब आप अपनी भविष्य की जरूरतों का अनुमान नहीं लगा सकते।

लंबी अवधि की देखभाल की योजना बनाना अक्सर आँखों पर पट्टी बांधकर भूलभुलैया में रास्ता खोजने जैसा लगता है, खासकर जब पारिवारिक रिश्तों का मामला शामिल हो। लोग मान लेते हैं कि जब समय आएगा तो उनके प्रियजन आगे आएँगे, और देखभाल और समर्थन इस तरह देंगे जैसे यह कोई स्वचालित प्रतिक्रिया हो। लेकिन, जब हकीकत सामने आती है, तो उन्हें पता चलता है कि देखभाल की व्यावहारिक और भावनात्मक माँगें कोई छोटी उपलब्धि नहीं हैं। सारा का उदाहरण लें, जिसे लगा था कि उसकी माँ की देखभाल उसकी दो बेटियाँ करेंगी। लेकिन जब तक सारा की बहन को पूर्णकालिक सहायता के लिए अपनी नौकरी छोड़नी पड़ी, और सारा खुद नींद खो चुकी थी, तब तक उन्हें एहसास हो गया कि यह वह परी कथा नहीं थी जिसकी उन्होंने कल्पना की थी। उनकी भावनात्मक और शारीरिक थकान की कीमत किसी भी वित्तीय योजना में नहीं दिख रही थी, लेकिन यह वहाँ थी, एक भूले हुए बिल की तरह उनके सिर पर मंडरा रही थी।

अचानक अतिमानवीय शक्ति के प्रस्फुटन या एक आदर्श पारिवारिक समाधान की आशा करने के बजाय, कुंजी अनिवार्यताओं का सीधे सामना करने में निहित है। जिम्मेदार दीर्घकालिक देखभाल की योजना यह दिखावा करने के बारे में नहीं है कि सब कुछ अपने आप ठीक हो जाएगा। यह अपने आप से ईमानदार होने के बारे में है—यह समझना कि देखभाल की ज़रूरतें, खासकर जैसे-जैसे समय आगे बढ़ता है, इच्छावादी सोच से कहीं ज़्यादा कुछ मांगती हैं। संभावित देखभाल की ज़रूरतों का एक यथार्थवादी आकलन और आपकी इच्छाओं तथा उन्हें पूरा करने के लिए आवश्यक संसाधनों के बारे में स्पष्ट संचार आवश्यक है। और जब हम इस विषय पर बात कर ही रहे हैं, तो आइए इसकी व्यावहारिकता पर भी बात करें: आप तब बस "कोई रास्ता निकाल लेंगे" नहीं कह सकते जब आपका स्वास्थ्य बिगड़ने लगे। जेन से पूछिए, जिसने यह मान लिया था कि वह अपने बच्चों पर मदद के लिए भरोसा कर सकती है, जब तक कि वे सभी अपनी-अपनी ज़िंदगी में इतने व्यस्त न हो गए। अब, वह चाहती है कि काश उसने पहले से योजना बनाने के लिए समय—और

पैसा—अलग रख लिया होता। लेकिन अरे, चिंता मत करो, सब कुछ ठीक हो जाएगा, है ना? जब आपके इरादे नेक हों तो योजना की क्या ज़रूरत?

अपनी आय की सुरक्षा

अक्षमता बीमा इस वास्तविकता से बचाता है कि लगभग हर चार लोगों में से एक व्यक्ति ऐसी अक्षमता का अनुभव करेगा जो उन्हें अपने करियर के दौरान एक लंबी अवधि के लिए काम करने से रोकती है। जब आय बंद हो जाती है, तो जीवन-यापन के खर्च बने रहते हैं और अक्सर बढ़ जाते हैं। इस प्रकार, वित्तीय परिणाम अक्सर समय से पहले मृत्यु के परिणामों से भी बड़े होते हैं। अक्षमता नीतियों का मूल्यांकन करने के लिए अक्षमता की विशिष्ट परिभाषाओं, प्रतीक्षा अवधियों, लाभ की राशि, और विभिन्न वैकल्पिक सुविधाओं को समझना आवश्यक है।

अक्षमता की परिभाषा विशेष रूप से महत्वपूर्ण साबित होती है, क्योंकि "अपना स्वयं का व्यवसाय" करने में असमर्थता को कवर करने वाली नीतियां "कोई भी व्यवसाय" करने में असमर्थता को कवर करने वाली नीतियों की तुलना में बहुत अलग सुरक्षा प्रदान करती हैं।

स्व-रोजगार लोगों और अनियमित आय वाले लोगों के लिए पर्याप्त विकलांगता कवरेज प्राप्त करना और भी कठिन हो जाता है। मानक बीमा मॉडल गैर-पारंपरिक रोजगार व्यवस्थाओं के लिए अच्छी तरह से काम नहीं करते हैं, जिससे कामगारों के एक बढ़ते हुए प्रतिशत के लिए सुरक्षा में महत्वपूर्ण अंतराल पैदा होते हैं।

उपयुक्त कवरेज राशि की गणना करने के लिए आवश्यक खर्चों, संभावित चिकित्सा लागतों और दीर्घकालिक वित्तीय लक्ष्यों का सावधानीपूर्वक विश्लेषण करने की आवश्यकता होती है। अधिकांश लोग आवश्यक कवरेज का काफी कम आकलन करते हैं, वे केवल बुनियादी जीवन-यापन के खर्चों पर ध्यान केंद्रित करते हैं और सेवानिवृत्ति में चल रहे योगदान और अन्य दीर्घकालिक वित्तीय दायित्वों को भूल जाते हैं।

विचारशील खर्च करने की आदतें

सचेत खर्च करना केवल एक वित्तीय अभ्यास ही नहीं बल्कि चीजें खरीदने का एक दार्शनिक दृष्टिकोण भी है। अपनी बताई गई मूल्यों और लक्ष्यों के आधार पर प्रत्येक खरीदारी

का मूल्यांकन करना निर्णय लेने के लिए एक ऐसी रूपरेखा बनाता है जो ज़रूरत बनाम चाहत की सरल श्रेणियों से परे है। सचेत खर्च को लागू करने के लिए महत्वपूर्ण खरीदारी से पहले व्यवस्थित विचार बिंदु स्थापित करने की आवश्यकता होती है। आवेग और खरीदारी के बीच खुद को इंतजार करने के लिए मजबूर करना भावनात्मक प्रतिक्रिया के बजाय तर्कसंगत मूल्यांकन के लिए जगह बनाता है। यह अभ्यास तर्कसंगत निर्णय लेने की प्रक्रिया को दरकिनार करने के लिए बनाई गई परिष्कृत विपणन तकनीकों का सीधे तौर पर मुकाबला करता है।

सामाजिक परिस्थितियों में सावधानीपूर्वक खर्च करना विशेष रूप से मुश्किल हो जाता है, जहाँ खर्च करना दर्जा और जुड़ाव का संकेत देता है। सामाजिक अपेक्षाओं के बजाय व्यक्तिगत मूल्यों के अनुरूप खर्च के पैटर्न को बनाए रखने के लिए उद्देश्य की स्पष्टता और पर्याप्त मानसिक शक्ति दोनों की आवश्यकता होती है। इसका जवाब खर्च की प्रक्रिया में जानबूझकर रुकावट पैदा करना है, ऐसे प्रश्न पूछकर जो वित्तीय निर्णयों, दीर्घकालिक लक्ष्यों और गहरे मूल्यों के बीच संबंध को फिर से स्थापित करते हैं।

यह तरीका खर्च करने की आदत को एक अवचेतन प्रवृत्ति से बदलकर सच्ची प्राथमिकताओं पर आधारित एक उद्देश्यपूर्ण विकल्प बना देता है।

वित्तीय योजना और स्वास्थ्य रखरखाव का एकीकरण अलग-अलग क्षेत्रों का प्रतिनिधित्व नहीं करता है, बल्कि यह मानवीय समृद्धि के लिए एक एकीकृत दृष्टिकोण है। जो व्यक्ति शारीरिक कल्याण की उपेक्षा करते हुए वित्तीय स्थिरता बनाता है, वह अंततः ऐसे संसाधन जमा कर लेता है जिनका आनंद लेने के लिए उसमें स्वास्थ्य नहीं होता।

इसके विपरीत, जो व्यक्ति वित्तीय वास्तविकताओं को अनदेखा करते हुए स्वास्थ्य को प्राथमिकता देता है, वह खुद को उस स्वास्थ्य को बनाए रखने के लिए आवश्यक चिकित्सा देखभाल तक पहुँचने में असमर्थ पा सकता है।

अध्याय 9

स्वयं को दुनिया को समर्पित करना

अब हम जीवन की यात्रा के उस अजीब मोड़ पर आ गए हैं जहाँ पुराने पेड़ अपने से भी बड़ी चीजों के बारे में फुसफुसाने लगते हैं। जीवन का यह हिस्सा आपके द्वारा किए गए कामों से चिपके रहने के बारे में नहीं है। यह आपके द्वारा समझी गई बातों को आगे बढ़ाने के बारे में है। मैं पीढ़ियों की बुद्धिमत्ता की बात कर रहा हूँ, वह सूक्ष्म, जिद्दी शक्ति जो चुपचाप हमारे अतीत की बेहतरीन बातों को आगे बढ़ाती है ताकि कतार में अगला व्यक्ति अपनी चढ़ाई उसी घाटी से शुरू न करे।

खुशहाल जीवन वह नहीं है जो आराम और तुच्छ परेशानियों पर ही अटका रहे। जैसा कि किसी बुद्धिमान ने कहा है, सच्ची खुशी उस उद्देश्य के लिए उपयोग किए जाने में है जिसे आपने चुना है और जिसे आपने महान माना है। यह ब्रह्मांड से माफी की प्रतीक्षा कर रही शिकायतों के ढेर में होने में नहीं है। ऐसी ही ज़िंदगी से पीढ़ियों की बुद्धिमत्ता उत्पन्न होती है। आत्म-महत्व के बजाय उद्देश्य को चुनने से, खुद को रुझानों को नहीं बल्कि उन सच्चाइयों को समर्पित करने से जो आपसे ज़्यादा समय तक टिकती हैं।

जब आप खुद को लोगों और जगहों को समर्पित करते हैं, तो कुछ अजीब होता है। वे एहसान लौटाते हैं। आप उन्हें आकार देते हैं, और वे आपको आकार देते हैं। यादें ऐसी जगहों पर अदृश्य बेलों की तरह बढ़ती हैं, जो पुराने सबकों को लपेटकर उन्हें वहीं छोड़ देती हैं, उन लोगों के लिए जो किसी दिन लौटेंगे, आपके रास्ते पर अपने पैर रखकर अर्थ की तलाश में।

विरासत की परिभाषा

विरासत हमेशा से वह रहस्यमयी चीज़ रही है, जिसके बारे में मनुष्य तब जुनूनी हो जाता है, जब घुटनों में खड़खड़ाहट होने लगती है और माथा चौड़ा होने लगता है। यह कोई संगमरमर की मूर्ति नहीं है। यह शेरों और तलवारों वाला कोई पारिवारिक प्रतीक नहीं है जिसे कोई समझा न सके। यह, अपने सच्चे अर्थ में, वह अदृश्य स्याही है जिसे हम कागज़ पर नहीं, बल्कि लोगों पर छोड़ते हैं। चतुर व्यक्ति पीटर स्ट्रोपल ने एक बार कहा था कि विरासत वह

नहीं है जो हम दूसरों के लिए छोड़ते हैं। यह वह है जो हम उनमें छोड़ते हैं। याद किए जाने और गूगल किए जाने में यही अंतर है।

लोग सिर्फ याद किए जाने के लिए ही पूरी साम्राज्य खड़ी कर चुके हैं। कुछ ने किताबें लिखी हैं, छतों पर चित्र बनाए हैं, क्रांतियों का नेतृत्व किया है, या उन किशोरों को बीजगणित सिखाया है जो कुछ और करना पसंद करते थे। यह सारी मेहनत एक ही सताने वाले विचार से आती है। कोई भी ऐसा व्यक्ति नहीं बनना चाहता जो बस जिए, बिल चुकाए और धुलाई में मोज़े की तरह गायब हो जाए। हर कोई चाहता है कि यहाँ बिताया गया उनका समय कुछ मायने रखे। यहीं पर विरासत की अवधारणा चुपके से आती है। यह ज़ोरदार नहीं होती। इसे तालियाँ नहीं चाहिए। यह आपके द्वारा लिए गए फ़ैसलों में, आपके द्वारा दिए गए मूल्यों में, और आपके जाने के बहुत बाद तक आपकी मौजूदगी ने दूसरों को जिस तरह से आकार दिया, उसमें चुपचाप विराजमान रहती है।

संपत्ति के कागजात के विपरीत, मूल्य हस्तांतरित नहीं होते हैं। वे अजीब पारिवारिक समारोहों के दौरान भव्य बक्सों में नहीं आते हैं। वे उदाहरण, दृढ़ता से कायम रहने, और कभी-कभार रात के खाने पर दिए गए नाटकीय भाषण के माध्यम से आगे बढ़ते हैं। हर बार जब आपने असुविधाजनक होने पर ईमानदारी को चुना या कुछ कीमत चुकानी पड़ी तो आपने न्याय को चुना, आपने एक बीज बोया। विरासत वह बगीचा है। वह बगीचा आपकी अनुपस्थिति में भी पनपता है क्योंकि जब आप मौजूद थे तो आपने उसमें पानी देने की दूरदृष्टि दिखाई थी। उदाहरण के लिए, न्याय सिर्फ एक गुण नहीं है। यह मानवीय सभ्यता की रीढ़ की हड्डी है। यह वह कारण भी है कि अब कोई आपके साथ बोर्ड गेम नहीं खेलना चाहता।

किसी बच्चे को पागल नहीं दिखते हुए निष्पक्षता सिखाने की कोशिश करें। एक कुकी बची है। दो बच्चे घूर रहे हैं। वह पल एक अदालत बन जाता है। और आप वहाँ, जज की तरह, एक हाथ में मिठाई और दूसरे में अपने नैतिक बोध को थामे खड़े होते हैं। उस पल का परिणाम सिर्फ़ चीनी का नशा नहीं होता। यह एक ऐसा सबक है जिसकी गूँज सालों बाद तब सुनाई देती है, जब वही बच्चे वयस्क होकर बोर्डरूम, शादी या क्लासरूम में फैसले ले रहे होते हैं। यही विरासत का अदृश्य पाठ्यक्रम है।

जैसे-जैसे हम बड़े होते हैं, हम यह समझने लगते हैं कि गरिमा, भरोसे की तरह ही, जीती जाती है और बहादुरी से बचाई जाती है। यह सलीके से रहने के बारे में नहीं है। यह इस बात को स्वीकार करने के बारे में है कि हम में से सबसे नाजुक व्यक्ति भी एक इतिहास, एक कदर,

एक गर्व अपने साथ लेकर चलते हैं जो सम्मान का हकदार है। जब लोग अपनी संपत्ति खोने लगते हैं, तो गरिमा और भी कीमती हो जाती है। स्वतंत्रता, युवावस्था, और स्मृति। कुछ लोगों के लिए, उनकी गरिमा ही उनकी अंतिम संपत्ति होती है। आप ऐसे व्यक्ति से कैसे पेश आएँगे जिसके पास आपको लौटाने के लिए कुछ भी नहीं है? उस समय विरासत आगे आती है, अपनी टाई ठीक करती है, और नोट्स लेना शुरू कर देती है।

रोज़ा पार्क्स ने एक बार कहा था कि वह एकता, समानता और प्रेम को पीछे छोड़ रही थीं। अचल संपत्ति नहीं। स्टॉक विकल्प नहीं। उन्होंने दुनिया को एक खाका दिया कि जब दुनिया अपने शिष्टाचार भूल जाती है तो कैसे व्यवहार करना है। जब उन्होंने वह सीट ली, तो उन्होंने एक मूल्य को आगे बढ़ाया। एक ऐसा जो कहता है कि गरिमा वैकल्पिक नहीं है। यह कोई सुविधा नहीं है। यह मानव जीवन का मूल तंतु है, और यदि आप इसे फाड़ देते हैं, तो पूरा ताना-बाना बिखर जाता है। यही विरासत है, उस पल के कारण नहीं, बल्कि इस कारण से कि वह पल अभी भी क्या सिखाता है।

कुछ लोग विरासत को प्रतिष्ठा समझ लेते हैं। यह ठीक वैसा ही है जैसे कोई तस्वीर को उसमें मौजूद व्यक्ति समझ ले। विरासत को रोशनी या फ़िल्टर की परवाह नहीं होती। यह आपके उस हिस्से को कहते हैं जो दूसरों में इतनी सूक्ष्मता से समा जाता है कि उन्हें इसका एहसास तब तक नहीं होता जब तक वे आपके नारे दोहराते नहीं हैं या वही नैतिक चुनाव नहीं करते जो आपने कभी किए थे। विलियम जेम्स ने इसे सीधे शब्दों में कहा है। किसी ऐसी चीज़ के लिए जियो जो आपसे भी ज़्यादा समय तक जीवित रहे। इससे ज़्यादा स्पष्ट कुछ नहीं हो सकता। एक ब्रांड बनने की कोशिश में अपना जीवन बर्बाद न करें। एक खाका बनें।

अब हम एक ऐसी दुनिया में रहते हैं जहाँ हर कोई जीवन भर याद रहने के बजाय एक हफ़्ते के लिए वायरल होने की होड़ में है। प्रभाव को एक रात के विज्ञापन की तरह फिर से पैक करके बेचा गया है। हालाँकि, सच्ची विरासत इससे प्रभावित नहीं होती। यह पूछती है कि क्या आपने किसी को बेहतर ढंग से प्यार करना सिखाया। क्या आपने किसी को सीधा खड़ा होने, गहराई से सोचने, या तब परवाह करने के लिए प्रोत्साहित किया जब दूर चले जाना आसान था। विरासत कोई टेड टॉक नहीं है। यह एक निशान है।

यदि निष्पक्षता विरासत की धड़कन है, तो साहस वह मांसपेशी है जो इसे धड़कते रखती है। उन जीवनों के बारे में सोचें जिन्होंने वास्तव में इतिहास का रुख बदला। उन सभी में साहसिक विरोध का एक क्षण था। समझौता न करने का इनकार। सामान्य को चुनौती। माया

एंजेलो ने इसे सबसे अच्छी तरह कहा। एक ऐसा प्रभाव डालें जिसे मिटाया न जा सके। न कोई ऐसा जो ट्रेंड करे, न कोई जो चमके, बल्कि एक ऐसा जो गहराई तक जाए और एक पीढ़ी की नैतिक स्मृति में बस जाए। ऐसी विरासत के लिए पसीना बहाना ही सार्थक है।

इस पूरे समीकरण का एक और हिस्सा है जिसे लोग भूल जाते हैं। स्थान। जिन स्थानों में हम रहते हैं, वे दर्पण बन जाते हैं, जो हमारी आदतों, हमारी यादों और हमारे मूल्यों को आत्मसात कर लेते हैं। खुद को किसी स्थान को समर्पित करें, और वह आपको वापस खुद के पास लौटा देता है। यही जादू है। आपके मूल्य केवल तैरते नहीं रहते। वे उस पार्क के बेंच में समाए होते हैं जहाँ आपने सलाह दी थी। वे उस रसोई की मेज पर होते हैं जहाँ पारिवारिक निर्णय लिए जाते हैं। वे उन लोगों के बीच आदान-प्रदान की गई शांत सहमति में होते हैं जिन्होंने आपसे सीखा है। विरासत केवल लोगों में ही नहीं होती। यह स्थान में निहित होती है। आप अपने समुदाय, अपने घर और अपने कार्यस्थल में जितने अधिक गहराई से जड़े होते हैं, आपकी विरासत साझा इतिहास की मिट्टी में उतनी ही अधिक जड़ें फैलाती है।

बेशक, इस सब में कठिनाई यह है कि इसके लिए प्रयास की आवश्यकता होती है। यह आत्म-जागरूकता की मांग करता है। यह आपको यह कल्पना करने की चुनौती देता है कि आपके कार्य आपके इरादों से भी ज़्यादा गूँजते हैं। माइल्स मुनरो ने हमें याद दिलाया कि लोगों में निवेश, अब तक बनी हर इमारत से ज़्यादा समय तक टिकता है। हमें और अधिक स्मारकों की ज़रूरत नहीं है। हमें अधिक मार्गदर्शकों की आवश्यकता है। ऐसे अधिक लोग जो जानते हैं कि बदलाव केवल सुर्खियों में रहने वाले क्षणों के बारे में नहीं है। यह आपके मूल्यों के अनुरूप जीने की रोज़मर्रा की मेहनत के बारे में है, भले ही यह असुविधाजनक, आकर्षक न हो और पूरी तरह से आभारहीन हो।

जब लोग पूछते हैं कि वे किस तरह की विरासत छोड़ रहे हैं, तो वे अक्सर एक सूची की उम्मीद करते हैं। किए गए काम। हासिल की गई उपलब्धियाँ। फिर भी सच्चा जवाब थोड़ा और जटिल है। विरासत आपके बच्चे की आँखों में वह नज़र है जब वह किसी के लिए आवाज़ उठाता है। यह किसी सहकर्मी का चुपचाप सच बोलने का निर्णय है क्योंकि उसने एक बार आपको भी ऐसा करते देखा था। यह वह पड़ोसी है जो बगीचे को पक्का करने के बजाय उसमें कुछ उगाने का फैसला करता है क्योंकि उसे याद है कि आप सिर्फ उपयोगिता नहीं, सुंदरता की भी परवाह करते थे।

यही जीवन की सच्ची खुशी है। यह किसी ऐसे उद्देश्य के लिए उपयोग किए जाने में है जिस पर आप वास्तव में विश्वास करते हैं। एक चलती-फिरती शिकायत बक्से के बजाय प्रकृति की एक शक्ति बनना, जो लगातार यह सोचता रहता है कि ब्रह्मांड आपकी पसंद के अनुसार क्यों नहीं चल रहा है।

एक विरासत के लिए एक शक्तिशाली उद्देश्य आवश्यक है। यह एक तरह का समर्पण है। वह समर्पण जो यह तर्क देता है कि दुनिया आपके चारों ओर न घूमते हुए भी आप अपने क्षेत्र से लाभान्वित हो सकते हैं। यही इसे इतना सुंदर बनाता है। यह आवश्यक नहीं है कि आप प्रसिद्ध हों। अंत में, आज आपके द्वारा किए गए चुनाव वह कहानी गढ़ते हैं जिसका दूसरों द्वारा कल अनुसरण किया जाएगा। आप जितने दयालु होंगे, उतना ही साहस दिखाएंगे, उतनी ही बुद्धिमानी प्रदान करेंगे, उतनी ही संभावना है कि आपकी कहानी जारी रहेगी। पत्थर पर नहीं। सुर्खियों में नहीं। लोगों में। और यही, मेरे दोस्त, वह तरीका है जिससे आप इसके लिए कभी पूछे बिना शाश्वत बने रहते हैं।

जब गरीब, बेघर, या सामाजिक-आर्थिक चुनौतियों का सामना कर रहे लोगों पर विचार किया जाता है, तो गरिमा की मान्यता एक शक्तिशाली समतामूलक शक्ति बन जाती है। यह यह सुनिश्चित करके अवसरों के मैदान को समतल करती है कि हर व्यक्ति, अपनी परिस्थितियों के बावजूद, अपने गौरव और आत्म-मूल्य की भावना बनाए रख सकता है। जब आप किसी और की गरिमा को स्वीकार करने में कामयाब होते हैं, तो आप वास्तव में कुछ नया नहीं कर रहे होते, लेकिन आप एक ऐसी दुनिया में कुछ असाधारण रूप से दुर्लभ कर रहे होते हैं जहाँ स्व-मग्नता को एक कला के रूप में ऊँचा उठा दिया गया है। आप दूसरों के साथ ऐसा व्यवहार करने का एक क्रांतिकारी विकल्प चुन रहे हैं जैसे कि वे मायने रखते हों, जो कि उन कुछ लोगों से उम्मीद करना शायद बहुत ज़्यादा है जो मानते हैं कि आँखों में आँखें डालकर देखना और बुनियादी सभ्यता वयस्कता की वैकल्पिक विशेषताएँ हैं।

यह सरल कार्य, चाहे यह कितना भी पुराना क्यों न लगे, एक ऐसा माहौल बनाता है जहाँ निष्पक्षता और समानता केवल कॉर्पोरेट विविधता कार्यशालाओं में उछाले जाने वाले सैद्धांतिक अवधारणाएँ नहीं, बल्कि वास्तव में जीए जाने वाले मूल्य हैं जो वास्तविक मानवीय संबंधों को आकार दे सकते हैं। ऐसा करने से, आप अनजाने में अपने चरित्र को समृद्ध करते हैं, हालाँकि इसे अपने सिर पर न चढ़ने दें। आप यहाँ संन्यासी बनने के लिए ऑडिशन नहीं दे

रहे हैं, लेकिन आप दुनिया को दया जैसी भावना की ओर थोड़ा सा धकेल रहे हैं। अजीब बात है, यह आपके विरासत को इस बात से भी अधिक सार्थक बना देता है कि आप सिर्फ़ क्रिप्टो जमा कर लेते या सूर्यास्त की तस्वीरों पर प्रेरणादायक उद्धरण पोस्ट करते रहते।

कल्पना कीजिए—विरासत की अवधारणा हर विचारशील आत्मा के मन में बसी होती है, जिसे अक्सर तब तक अनदेखा कर दिया जाता है जब तक कि वह चुपचाप अतीत में खो न जाए। न तो संगमरमर के स्मारक और न ही दराजों में रखे धूल भरे प्रमाण पत्र। मैं असली चीजों की बात कर रहा हूँ। वह चीज़ जो आपको तब तक महसूस नहीं होती जब तक कि आप किसी गंध, किसी गीत, या अपने बच्चे को ठीक अपने दादाजी की तरह नाक सिकोड़ते हुए देखकर मुस्कुराते नहीं हैं।

देखिए, मैं इस बात पर आश्वस्त हूँ कि सबसे बड़ी विरासत पत्थर पर उकेरी नहीं जाती या किसी वित्तीय स्प्रेडशीट पर संतुलित नहीं होती। यह उन कहानियों में मिलती है जो हम सुनाते हैं, पुरानी रसोईयों में गूँजते हँसी में, ऐसी यादों में जो इतनी जीवंत होती हैं कि वे जीवित चीजें ही लगती हैं। यादें, मेरे दोस्त, किनारे पर पड़े छोटे-छोटे कंकड़ों की तरह होती हैं। आप उन्हें उस समय बिना ज़्यादा सोचे-समझे याद कर लेते हैं। एक जन्मदिन की पार्टी। देर रात की कोई बातचीत। जिस तरह से आपकी माँ कपड़े तह करते समय गुनगुनाती थीं। आप उन्हें संजोकर रख लेते हैं, यह जाने बिना कि आप किसी और के विरासत में मिलने के लिए एक खज़ाना बना रहे हैं।

ये कंकड़ चुपचाप, मानसिक अलमारियों पर धूल जमा करते हुए पड़े रहते हैं। एक दिन, अक्सर जब आपको इसकी सबसे कम उम्मीद होती है, वे लुढ़ककर बाहर आ जाते हैं। हो सकता है कि आप अपने बच्चे को ठीक उसी लहजे में कुछ कहते सुनें जो आपके पिता का था। हो सकता है कि आपका पोता-पोती फूल उसी तरह तोड़ ले जैसे आप तोड़ते थे। तब आपको एक बहुत ही अजीब बात का एहसास होता है। समय हमेशा सीधी रेखा में नहीं चलता। कभी-कभी, यह वापस मुड़ आता है, और आपको धीरे से याद दिलाता है कि आपके पल किसी और की नींव बन गए हैं।

अब साझा करने का कार्य एक और गलत समझी गई अनमोल चीज़ है। ज़्यादातर लोग सोचते हैं कि साझा करना संसाधनों के बारे में है, अपनी कुकी को आधा काटना, या किसी को लॉन मोवर उधार देना। ऐसा नहीं है। सच्चा साझा करना स्मृति, भावना और अर्थ का एक

कार्य है। आप सिर्फ एक भोजन साझा नहीं करते; आप देखे जाने की गर्माहट साझा करते हैं। आप सिर्फ एक औज़ार नहीं देते; आप विश्वास देते हैं। साझा करने का सबसे शक्तिशाली रूप वह है जो बिना किसी तामझाम के किया जाता है, जब ऐसा न करना आसान हो। यही वह प्रकार है जो पीढ़ियों में एक सुनहरे धागे की तरह फैलता है, लोगों को सुविधा से कहीं गहरी चीज़ से जोड़ता है।

हम सभी परिवार के विषय को तब तक रोमांटिक बनाना पसंद करते हैं जब तक कि यह हमें चरम पर न ले जाए। हालाँकि, हमारे विश्वासों को स्थापित करने के लिए सबसे अच्छी मिट्टी असहमतियों, अलग-अलग दृष्टिकोणों और अनचाही सलाह के उस उलझे हुए जंजाल में मिल सकती है। साझा खून, अनंत समझौतों और अजीबोगरीब खास रिवाजों वाले उस घनिष्ठ समुदाय में हमारे असली स्वरूप की झलक मिलती है। आपका परिवार आपको अव्यवस्थित लग सकता है। मेरे एक डिनर में, इस बात पर एक गरमागरम बहस हुई थी कि किस तरह का प्याज सबसे बढ़िया है। लेकिन उन हास्यास्पद पलों में भी, एक विरासत बनती है। वह तरीका जिससे आप उनका समर्थन करते हैं और भाग जाना चाहने के बावजूद लौटते रहते हैं।

वे इसे ध्यान में रखेंगे।

बहुत से लोग धूमधाम से विरासत बनाने का पीछा करते हैं, यह सोचकर कि स्थायी होने के लिए उसे ज़ोरदार होना चाहिए। वे यह भूल जाते हैं कि बच्चे आपकी बात सुनने से ज़्यादा आपको देखते हैं। पोते-पोतियाँ यह भूल जाने के बहुत बाद तक याद रखेंगे कि आपने उन्हें कैसा महसूस कराया था। आपका परिवार आपके मूल्यों का जीवंत कैनवास बन जाता है, चाहे आपको यह पसंद हो या नहीं। सवाल यह है कि आप पीछे किस तरह के रंग-संयोजन छोड़कर जा रहे हैं?

दुनिया आपको बताती है कि सफलता का पैमाना यह है कि जब आप बोलते हैं तो कितने लोग तालियाँ बजाते हैं। मैं आपको बताता हूँ—असली सफलता इस बात में है कि कितने लोग आपकी खामोशी को याद रखते हैं। क्या आपकी शांत मौजूदगी ने किसी को सुकून दिया? क्या आपकी निरंतरता उनके तूफान में एक प्रकाशस्तंभ बन गई? ये कोई बड़े-बड़े हाव-भाव नहीं हैं; ये छोटी-छोटी, अक्सर अनदेखी रहने वाली आदतें हैं जो समय के

साथ ईंटों की तरह एक-दूसरे पर चढ़कर एक ढाँचा बनाती हैं। वे एक विरासत की नींव बनाती हैं, जो शांत तो है लेकिन अटूट है।

अब, मुझे नहीं लगता कि यह सिर्फ दूसरों के बारे में है। आत्मा की यात्रा भी उतनी ही महत्वपूर्ण है। व्यक्तिगत विकास, यह जानने का प्रयास कि आप कौन हैं और क्या बनना चाहते हैं, यह बीमारी ठीक करने या सिम्फनी लिखने से कम महान नहीं है। वह व्यक्ति जो अपने अहंकार का सामना करने की हिम्मत रखता है, जो बोलने से ज़्यादा सुनना सीखता है, जो अपनी ही ज़िद से ऊपर उठ जाता है, वह धन से कहीं बड़ी चीज़ पीछे छोड़ जाता है। वह ज्ञान छोड़ जाता है। किताबों वाला नहीं, बल्कि जीया हुआ ज्ञान। वह ज्ञान जो कहता है, "मैं पहले भी गलत रहा हूँ, और जब मैंने अपनी गलती को स्वीकार किया तो मैंने यह सीखा।"

आप उस मूल्य को आगे नहीं बढ़ा सकते जिस पर आप खुद नहीं चलते। यह एक असहज सच्चाई है जिसे ज़्यादातर लोग टालना पसंद करते हैं। बच्चे पाखंड को वैसे ही सूंघ लेते हैं जैसे शिकारी कुत्ते मांस को। अगर आप दया का उपदेश देते हैं लेकिन वेटर पर चिल्ला पड़ते हैं, अगर आप ईमानदारी की मांग करते हैं लेकिन पारिवारिक समारोह में न जाने का झूठ बोलते हैं, तो बधाई हो, आपने अभी-अभी विरोधाभासों की एक विरासत बनाई है।

आइए निष्पक्षता को न भूलें। यह विरासत की आत्मा है। इसलिए नहीं कि यह आपको अच्छा दिखाती है, बल्कि इसलिए क्योंकि यह आपको अपने अहंकार से बाहर निकलने के लिए मजबूर करती है। निष्पक्षता दार्शनिकों के लिए चाय पर बहस करने वाली कोई अमूर्त सद्गुण नहीं है। यह वह क्षण है जब आप अपने से छोटे की बात सुनने का चुनाव करते हैं। यह तब है जब आप स्वीकार करते हैं कि आपके पास सभी जवाब नहीं हैं। यह तब है जब आप माइक्रोफोन उस व्यक्ति को देते हैं जिसकी आवाज़ बहुत लंबे समय से दबी हुई है। न्याय वह पुल है जो आपके मूल्यों को किसी और के जीवन में प्रवेश करने की अनुमति देता है।

अब, आइए गरिमा के बारे में बात करें। वह गरिमा जो आप दूसरों को सिर्फ इसलिए देते हैं क्योंकि वे इंसान हैं, न कि वह गरिमा जो प्रशंसा या उपाधियों से मिलती है। खासकर उन लोगों के लिए जो अपने जीवन के अंतिम पड़ाव पर हैं। क्या आप अपने चरित्र की परीक्षा लेना चाहते हैं? समाज द्वारा भुला दिए गए किसी व्यक्ति के साथ एक घंटा बिताएं। आप उन लोगों के साथ कैसा व्यवहार करते हैं जिनके पास बदले में आपको देने के लिए कुछ भी नहीं

है—यही आपका असली बायोडाटा है। यही वह है जिसकी गूंज आपके नाम के मिट जाने के बहुत बाद तक सुनाई देगी।

व्यक्तिगत विकास कोई आत्म-सहायता का नारा नहीं है। यह एक कर्तव्य है। क्योंकि हर बार जब आप बढ़ते हैं, तो आप अपने साथ किसी और को भी ऊपर उठाते हैं। आपकी हर चढ़ी हुई सीढ़ी, देखने वालों के लिए एक सहारा बन जाती है। यह सिर्फ अपने एक बेहतर संस्करण तक पहुँचने के बारे में नहीं है। यह ऐसे व्यक्ति बनने के बारे में है, जिसकी मौजूदगी ही दूसरों को भी बढ़ने के लिए प्रेरित करे।

याद रखें, विरासत कोई चीज़ नहीं है। यह कोई व्यवसाय, घर या उपाधि नहीं है। आपके आदर्श उन लोगों में झलकते हैं जिन पर आपका प्रभाव पड़ा है। विरासत तब होती है जब आपकी बेटी, आपके कामों को एक बार देख लेने के बाद, किसी चुप कराए गए व्यक्ति के लिए खड़ी हो जाती है। एक विरासत तब बनती है जब आपका पोता याद करता है कि आपके पास उसके लिए हमेशा समय था और वह किसी अकेले व्यक्ति को फोन करने के लिए समय निकालता है। छोटे-छोटे चुनाव, करुणा के निरंतर कार्य, और मौन बहादुरी ही विरासत छोड़ती है।

तो, तालियाँ बटोरने से पहले, मैं आपसे रुकने को कहता हूँ। चारों ओर देखें। जो लोग मायने रखते हैं, उनकी नज़रों में आप क्या बन रहे हैं? आप अपनी बात करने के अंदाज़, अपनी मौजूदगी दिखाने के अंदाज़, और माफ़ करने के अंदाज़ से क्या विरासत छोड़ रहे हैं? दुनिया शायद आपका बायोडाटा याद न रखे, लेकिन आपके प्रभाव को वह कभी नहीं भूल पाएगी।

हाँ, आपके पास समय है। बस यह दिखावा करके बर्बाद न करें कि आपके पास हमेशा के लिए समय है। विरासत इरादों से नहीं बनती। यह कर्मों से बनती है। हर पल, आप चुनते हैं कि आप कौन बन रहे हैं। यही, मेरे दोस्त, रहस्य है। यही पूरा खाका है। आपको दुनिया को एक ही भव्य कदम में बदलने के लिए कभी नहीं कहा गया था। आपको इसमें अपने आप को, अपने अच्छे हिस्सों को, बार-बार बोने के लिए कहा गया था, जब तक कि एक दिन, कोई उन हिस्सों में से एक को न उठा ले और कहे, "यह घर जैसा महसूस हो रहा है।"

मूल मूल्यों के लाभ

हर व्यक्ति के जीवन में एक समय आता है जब वे उधार लिए गए आदर्शों के बोझ से बाहर निकलने लगते हैं और एक गहरा सवाल पूछना शुरू कर देते हैं: मैं वास्तव में किस बात पर विश्वास करता हूँ? यहीं पर मूल मूल्यों की खोज शुरू होती है। यह किसी विरासत में मिली या रटी हुई चीज़ के रूप में नहीं, बल्कि एक व्यक्तिगत और जीवंत अभ्यास के रूप में होती है। मूल्य केवल पारिवारिक भोज में सुनाए गए या पाठ्यपुस्तकों में छपे अमूर्त विचार नहीं हैं। वे कंपास के बिंदुओं की तरह काम करते हैं जो जीवन के अनिश्चित परिदृश्य में हमें स्थिर रखते हैं। जो लोग जागरूकता के साथ जीना चुनते हैं, उनके लिए मूल्य शब्दों से बढ़कर हो जाते हैं। वे एक जीवन रेखा, एक लय, एक विरासत बन जाते हैं जो वास्तविक समय में प्रकट होती है।

मूल मूल्यों के साथ जीना, उद्देश्य के साथ जीना है। इसका मतलब है कि आप अपने साथ ले जाने वाले प्रभाव से अवगत रहें, चाहे वह आपके घर में हो, आपके कार्यस्थल में हो, या आपके समुदाय में। इसका मतलब यह समझना है कि आपके विकल्प आपके देखने से परे भी गूंजते हैं। जो व्यक्ति अपने मूल्यों में दृढ़ होता है, वह दुनिया में अलग तरह से चलता-फिरता है। उन्हें अपने विश्वासों की घोषणा करने की आवश्यकता नहीं होती है। इसके बजाय, वे उन्हें अपने कार्यों, इस बात से प्रकट करते हैं कि वे कैसे सुनते हैं, कैसे माफ करते हैं, और जब असुविधाजनक हो तब भी वे कैसे मौजूद रहते हैं। इन शांत कार्यों का वजन होता है। वे रिश्तों को एक साथ बनाए रखते हैं और हमारे आसपास के सामाजिक ताने-बाने को मजबूत करते हैं।

ईमानदारी सिर्फ झूठ से बचना नहीं रह जाती है। यह अपने सच्चे स्वरूप में सामने आने का कार्य बन जाती है, भले ही सच साझा करना कठिन हो। दया अब किसी विशेष अवसर के लिए बचाई जाने वाली चीज़ नहीं रह जाती है। यह आपका स्वभाव बन जाती है, एक शांत उपहार जो आप बदले में कुछ भी उम्मीद किए बिना देते हैं। सत्यनिष्ठा का अर्थ है कठिन चुनाव करना, भले ही वह सबसे अकेला करने वाला चुनाव हो, क्योंकि वह उस बात से मेल खाता है जो आप जानते हैं कि सही है। सम्मान अब अच्छे व्यवहार का इनाम नहीं है। यह कुछ ऐसा है जो आप इसलिए देते हैं क्योंकि हर व्यक्ति गरिमा के साथ व्यवहार किए जाने का हकदार है।

जब कोई इन मूल्यों को लगातार जीने लगता है, तो वह एक आईना बन जाता है। दूसरे उस प्रतिबिंब में खुद को देखते हैं और सोचने लगते हैं कि क्या वे भी किसी बड़ी चीज़ के लिए खड़े हो सकते हैं। अक्सर बदलाव इसी तरह शुरू होता है। यह जुलूसों या सुर्खियों से शुरू नहीं होता। यह एक व्यक्ति के आसान रास्ता अपनाने से इनकार करने से शुरू होता है। जब मूल्यों को ईमानदारी से जिया जाता है, तो वे संक्रामक हो जाते हैं।

जीने का यह तरीका संघर्ष के बिना नहीं आता। एक ऐसी दुनिया में जहाँ शॉर्टकट को पुरस्कृत किया जाता है और दिखावे की तारीफ की जाती है, अपने मूल्यों पर टिके रहना थका देने वाला महसूस हो सकता है। आपके जीवन में ऐसे दिन आएँगे जब समझौता उचित और जायज़ भी लगेगा। लेकिन अगर आप इस पर टिके रहते हैं, अगर आप त्वरित जीत के बजाय शांत ईमानदारी को चुनते हैं, तो आप अंदर से बाहर की ओर बदलना शुरू कर देते हैं। आपको एक तरह की स्पष्टता का एहसास होता है, जिसे दूसरे ताकत समझ बैठते हैं, लेकिन यह वास्तव में शांति है। आप अधिक लचीले हो जाते हैं, इसलिए नहीं कि जीवन नरम हो जाता है, बल्कि इसलिए कि आपने अपने रास्ते पर संदेह करना बंद कर दिया है।

जब मूल्यों का सिर्फ कहा नहीं जाता, बल्कि उन पर अमल किया जाता है, तो उनमें गहराई आ जाती है। वे आपके चरित्र का हिस्सा बन जाते हैं। वे आपकी आदतों को आकार देते हैं। वे एक माता-पिता के बच्चे से बात करने के तरीके में, एक नेता के बैठक चलाने के तरीके में, और एक अजनबी के ज़रूरतमंद को जवाब देने के तरीके में दिखाई देते हैं। यहीं पर विरासत आकार लेना शुरू करती है। आप उस चीज़ को आगे नहीं बढ़ा सकते जिसका आप स्वयं पालन नहीं करते। लेकिन जब आप अपने मूल्यों के अनुसार जीते हैं, तो आप कुछ स्थिर प्रदान करते हैं, कुछ ऐसा जिस पर दूसरे भरोसा कर सकें, खासकर तब जब वे देख रहे हों और आपको इसका एहसास भी न हो।

परिणामों को मापना आसान नहीं हो सकता है, लेकिन वे गहराई से महसूस किए जाते हैं। साझा मूल्यों में जड़ें जमाए परिवार आराम और विश्वास का स्थान बन जाता है। सहानुभूति और जिम्मेदारी से आकार लिया समुदाय कठिनाइयों का सामना करते समय मजबूत हो जाता है। सत्यनिष्ठा वाले व्यक्ति पर दूसरे भरोसा कर सकते हैं। इस तरह का विश्वास ऐसे दरवाजे खोलता है जो कोई भी बायोडाटा कभी नहीं खोल सकता।

मूल मूल्य जीवन को परिपूर्ण नहीं बनाएंगे, लेकिन वे इसे सार्थक बनाते हैं। वे आपको शांति से रहने, बुद्धिमानी से नेतृत्व करने और बिना डर के प्यार करने में मदद करते हैं। अराजकता और शोर से भरी दुनिया में, वे एक शांत संरचना प्रदान करते हैं जो आपको सीधा रखती है। जब आप उनके अनुसार जीते हैं, तो भले ही गलतियों के साथ, लेकिन दृढ़ता के साथ, आप अपने जीवन से भी बड़ी किसी चीज़ को आकार देना शुरू कर देते हैं। आप एक ऐसी कहानी का हिस्सा बनते हैं जिसमें आगे बढ़ने की शक्ति होती है।

मूल मूल्य विरासत को आकार दे सकते हैं

अगर इतिहास ने हमें कुछ सिखाया है, तो वह यह है कि खाने की मेज पर नैतिकता पर चिल्लाने से शायद ही कभी काम बनता है, जब तक कि आप मिठाई को बंधक न बना रहे हों। असली राज़, जो वे उन प्रेरणादायक कॉफ़ी मग्स पर कभी नहीं छापते, नारों से कहीं ज़्यादा शक्तिशाली है। इसे उदाहरण प्रस्तुत करके नेतृत्व करना कहते हैं। इसका मतलब है वही करना जिसकी आप दूसरों से उम्मीद करते हैं। यह सरल कार्य किसी भी भाषण से ज़्यादा ज़ोरदार तरीके से पीढ़ियों तक गूँज सकता है।

बच्चे, जो स्नीकर्स पहने छोटे निगरानी कैमरों की तरह काम करते हैं, आपके लंबा-चौड़ा जीवन-उपदेश सुनते नहीं हैं। वे भविष्य की किसी रिपोर्ट के लिए व्यवहार संबंधी सबूत इकट्ठा करने वाले जूनियर एफबीआई एजेंटों की तरह आपके हर कदम का अध्ययन कर रहे होते हैं। आप कहते हैं कि ईमानदारी मायने रखती है, फिर टिप के बारे में वेटर से झूठ बोल जाते हैं। वे इसे पकड़ लेते हैं। आप कहते हैं कि बड़ों का सम्मान करो, फिर आंटी एडना की वॉलपेपर वाली कहानी पर आँखें घुमाते हैं। वे इसे दर्ज कर लेते हैं। आप कहते हैं कि अपनी सब्ज़ियाँ खाओ, फिर अपनी सब्ज़ियों को मैश किए हुए आलू के नीचे छिपा देते हैं। वे यह सब देख लेते हैं। बच्चे सिर्फ़ सुन ही नहीं रहे होते। वे 'विरासत' नाम की एक केस फ़ाइल बना रहे होते हैं, और आपके दैनिक चुनाव ही उस पर सबूत के तौर पर दर्ज होते हैं।

ईमानदारी पर बनी विरासत किसी भाषण से शुरू नहीं होती। यह आपके मुँह से निकली बातों और आपके शरीर के वास्तविक कामों के बीच के तालमेल से शुरू होती है। अगर आप धैर्य, करुणा, या बुनियादी मानवीय शिष्टाचार का उपदेश देते हैं, तो ये मूल्य दीवार पर टंगे बेकार संकल्पों की तरह नहीं टिक सकते। ये आपके लहजे, आपके कामों और यहाँ तक कि

किराने की दुकान पर आपकी अजीबोगरीब बातचीत में भी दिखने चाहिए। मूल्य कोई सजावट नहीं हैं। वे गतिशीलताएँ हैं, चलती-फिरती आदतें हैं।

यहीं पर विरासत का विचार आकार लेना शुरू करता है। आप अगली पीढ़ियों को यह बताकर आकार नहीं देते कि उन्हें क्या बनना है। आप हर दिन उनके सामने रहकर उन्हें आकार देते हैं। जब मूल्यों को सिर्फ कहा नहीं जाता, बल्कि जिया जाता है, तो उनका प्रभाव स्थायी होता है। लोग उन्हें आगे बढ़ाते हैं, अक्सर आपके चुप हो जाने के बहुत बाद तक।

अगली पीढ़ी में मूल मूल्यों को समाहित करने का सबसे शक्तिशाली तरीका नैतिक संहिताओं की सूची प्रिंट करना नहीं है। यह अपनी कहानियाँ साझा करना है। शर्मनाक वाली। असली वाली। आपकी संस्कृति की कहानियाँ। आपकी विफलताओं, आपकी जीत, आपके निर्णायक मोड़ों के बारे में कहानियाँ। ये कहानियाँ अमूर्त मूल्यों को मूर्त बनाती हैं। वे लोगों को यह देखने में मदद करती हैं कि नैतिक शक्ति पूर्णता नहीं है। यह दृढ़ता है। एक अच्छी कहानी किसी मूल्य को सौ व्याख्यानों से कहीं ज़्यादा आगे तक ले जाती है।

विरासत कोई मूर्ति नहीं है जो कोई आपके लिए बनवाता है। यह वह तरीका है जिससे कोई सालों बाद व्यवहार करता है क्योंकि उसने आपको पहले ऐसा करते देखा था।

परिवार या समुदाय के भीतर स्पष्ट और पारदर्शी संचार का माहौल बनाना अनिवार्य है। तब मूल्यों, विश्वासों और नैतिक दुविधाओं पर खुले तौर पर चर्चा की जा सकती है। परिवार के भीतर सिद्धांतों को विकसित करने के लिए ईमानदार बातचीत आवश्यक है। एक परिवार के रूप में चर्चा करें कि प्रत्येक मूल्य क्यों महत्वपूर्ण है और यह आप कौन हैं और आप क्या हासिल करना चाहते हैं, उससे कैसे जुड़ता है। सभी परिवार के सदस्यों से प्रश्न और टिप्पणियों को आमंत्रित करने से स्वामित्व और समझ की भावना को बढ़ावा मिल सकता है।

परिवार के रीति-रिवाजों और अनुष्ठानों के माध्यम से भी मूल्यों को सुदृढ़ किया जाता है। ये खुशी को बढ़ावा देने और पारिवारिक बंधन को विकसित करने के अलावा, इन आदर्शों को व्यवहार में लाने के अवसर भी प्रदान करते हैं। इस तरह की परंपराएं कई रूप ले सकती हैं, दया और स्वयंसेवा के सामूहिक कार्यों से लेकर सांस्कृतिक त्योहारों के जश्न तक। एक परिवार के रूप में सामुदायिक सेवा न केवल जरूरतमंदों की मदद करती है, बल्कि बच्चों को जिम्मेदारी और सहानुभूति भी सिखाती है। सहिष्णुता और स्वीकृति सिखाने का एक तरीका सांस्कृतिक त्योहारों में भाग लेना है। दान देना और जरूरतमंदों को सहायता प्रदान करना दयालुता के ऐसे कार्यों के उदाहरण हैं जो सहानुभूति, करुणा और उदारता को बढ़ावा देते हैं।

मूल्यों का महत्व जितना दिखता है, उससे कहीं ज़्यादा है। वे एक परिवार के चरित्र के सार का प्रतीक होते हैं। इसलिए, स्पष्ट अपेक्षाएँ और सीमाएँ स्थापित करने के लिए, उन व्यवहारों और गतिविधियों की रूपरेखा तैयार करना आवश्यक है जो इन सिद्धांतों को दर्शाते हैं। जब अपेक्षाएँ स्पष्ट रूप से व्यक्त नहीं की जाती हैं, तो लोगों को जवाबदेह ठहराना अधिक कठिन हो जाता है। यहाँ, लोगों को अपने परिवार या समुदाय के विश्वासों के अनुसार कार्य करने और हमेशा अपने कार्यों के परिणामों के बारे में सोचने के लिए प्रोत्साहित किया जाता है; परिणामस्वरूप, माहौल स्वस्थ और सकारात्मक रहता है।

जांच-पड़ताल, खुले विचारों की अभिव्यक्ति और खोज की संस्कृति एक ऐसी पीढ़ी को पालने के लिए महत्वपूर्ण है जो अपने व्यक्तिगत मूल्यों और उन मूल्यों के व्यापक परिणामों के बारे में आलोचनात्मक रूप से सोच सके। मूल्यों को सतही तौर पर स्वीकार करने के बजाय, यह तकनीक लोगों को उन्हें वास्तव में आत्मसात करने में मदद करती है। व्यक्तिगत आस्था के आधार पर निर्णय लेने और जटिल नैतिक दुविधाओं से निपटने के लिए, युवाओं को मूल्यों के तर्क और निहितार्थों को समझने की आवश्यकता है।

जैसे-जैसे सामाजिक और सांस्कृतिक परिदृश्य बदलते हैं, यह दर्दनाक रूप से स्पष्ट हो जाता है कि जो बात आपके परदादा-दादी के लिए काम करती थी, वह आज खाने की मेज पर शायद ही चले। चिंतन और अनुकूलन करना महत्वपूर्ण है। जो मूल्य हम आगे बढ़ाते हैं, वे बबल रैप में लिपटे और अटारी में ठूंसे हुए अवशेष नहीं होने चाहिए। उनकी निरंतर उपयोगिता के लिए उनका नियमित रूप से मूल्यांकन किया जाना चाहिए। हमें बदलाव के लिए भी तैयार रहना चाहिए, लेकिन बेशक पूरी नींव को उखाड़ फेंके बिना। इस तरह की सावधानीपूर्वक निगरानी यह सुनिश्चित करती है कि विरासत में मिले आदर्श अभी भी टिके हुए हैं और वे सिर्फ एक सजावटी तकिए पर की गई सुंदर कढ़ाई नहीं हैं।

मूल्यों को लगातार आगे बढ़ाने के लिए आत्मनिरीक्षण नामक एक क्रांतिकारी चीज़ की आवश्यकता होती है। इसका मतलब है, हाँ, कभी-कभी यह सवाल करना कि क्या हमारी पूर्वनिर्धारित आदतें अभी भी समझ में आती हैं। इसके लिए खुली चर्चा की भी आवश्यकता होती है, जिसका मतलब है "चिल्लाए बिना बात करना," और सबसे महत्वपूर्ण, उन सिद्धांतों को वास्तव में जीने के लिए एक दृढ़ प्रतिबद्धता जिनका हम दावा करते हैं कि हम पालन करते हैं। एक पाखंडी रोल मॉडल से बेहतर ढंग से यह नहीं कहा जा सकता कि "मेरी बात मानो, मेरी नकल मत करो"।

अलग-अलग लोगों के सांस्कृतिक, धार्मिक और व्यक्तिगत अनुभव उनके परिवारों को एक 'गमबो पॉट' (एक तरह का सूप) की तरह बनाते हैं, जो परंपरा, अराजकता और मसाले के बराबर हिस्सों से मिलकर बना होता है। इस विविधता के कारण, अगली पीढ़ी को मूल्य सौंपना पिनटेरेस्ट-योग्य पालन-पोषण के लक्ष्य से कम और जीवित रहने की एक कला से अधिक बन जाता है। ऐसे स्थिर और सामंजस्यपूर्ण परिवार और समुदाय बनाना महत्वपूर्ण है जो ग्रुप टेक्स्ट में होने वाली बहसों के दौरान बिखर न जाएँ।

ईमानदारी, सत्यनिष्ठा, सहानुभूति, सम्मान, दया और जिम्मेदारी अभी भी कुछ सबसे बुनियादी मूल्य हैं जिन्हें हम बिना किसी प्रेरणादायक पोस्टर जैसा महसूस कराए परिभाषित और लागू कर सकते हैं। अपनी विरासत के बारे में सोचें और यह भी कि उसने आपको कैसे आकार दिया है, शायद मज़ेदार या डरावने तरीकों से। फिर, उन सिद्धांतों को लें और उन्हें अपनी रोज़मर्रा की ज़िंदगी में बुनें, बेहतर होगा कि अनाज के गलियारे में हर किसी को उपदेश दिए बिना। जादू यहीं होता है। इसी तरह मूल्य बस चलन के शब्द बनकर नहीं रह जाते और विरासत बन जाते हैं।

लोगों को एक साथ लाने और मज़े करने का एक तरीका पारिवारिक मूल्यों को मज़बूत करना है। आप अपनी आस्थाओं को दर्शाने वाली परंपराओं के माध्यम से प्यारी यादें बना सकते हैं और अपने सिद्धांतों को मज़बूत कर सकते हैं। पारिवारिक मूल्यों के अनुरूप कार्यों की प्रशंसा करके, हम अधिक लोगों को उनका पालन करने के लिए प्रोत्साहित कर सकते हैं और उन्हें हमारे दैनिक जीवन में गहराई से जुड़ने में मदद कर सकते हैं। लोगों को प्रतिबद्ध बनाए रखने का एक शानदार तरीका यह है कि जब वे आपके आदर्शों का प्रदर्शन करते हैं तो उनके प्रयासों को पहचाना और उनकी प्रशंसा की जाए।

जब एक मजबूत परिवार बनाने की बात आती है, तो सहानुभूति और सम्मान सर्वोपरि हैं। एक सहायक समुदाय में, जब लोग एक-दूसरे के अनुभवों और दृष्टिकोण को समझने और उससे सहानुभूति रखने के लिए समय निकालते हैं, तो हर कोई सुना हुआ और सराहा हुआ महसूस करता है। विनम्र संवाद, सक्रिय सुनने और पारस्परिक सम्मान के माध्यम से संघर्षों के सामंजस्यपूर्ण समाधान के लिए प्रयास करें।

आप अकेले एक मजबूत पारिवारिक इकाई बनाने के रास्ते पर नहीं चल सकते। सलाह के लिए आध्यात्मिक नेताओं, सलाहकारों या मार्गदर्शकों से संपर्क करना ताकत और मार्गदर्शन का स्रोत हो सकता है। समान मूल्यों वाले परिवारों के साथ बातचीत करने से समुदाय की

भावना को बढ़ावा मिलता है। आपके और आपके परिवार द्वारा इन जानबूझकर और निरंतर प्रयासों के माध्यम से विकसित की गई नैतिक दिशा, लचीलेपन, एकता और प्रेम से आपके परिवार और समाज को लाभ होता है।

मूल मूल्य वे सबसे महत्वपूर्ण विचार हैं जो हमें वह बनाते हैं जो हम हैं, यह आकार देते हैं कि हम कैसे कार्य करते हैं, और हमारे व्यक्तिगत और पेशेवर जीवन दोनों में विकल्प चुनने में हमारी मदद करते हैं। हमारे नैतिकता के लिए एक कम्पास के रूप में, ये मूल्य यह मार्गदर्शन करते हैं कि हम दूसरों के साथ कैसा व्यवहार करें, जीवन में निर्णय लें, और कठिन परिस्थितियों से निपटें। हालाँकि लोगों, परिवारों या देशों के बीच मूल मूल्य बहुत अलग हो सकते हैं, वे सभी ईमानदारी को प्रोत्साहित करके, करुणा और सहानुभूति को प्रोत्साहित करके सार्थक संबंध बनाकर, नैतिक निर्णय लेने में, और लोगों को जवाबदेह ठहराकर, विशेष रूप से कठिन परिस्थितियों में, लोगों को भरोसेमंद बनने में मदद करते हैं। अपने मूल मूल्यों के अनुरूप जीने से हमारा जीवन बेहतर होता है, हमारे संबंधों में सुधार होता है, और हमारे लक्ष्यों तक पहुँचने में मदद मिलती है। यह हमें अपने विश्वासों और सिद्धांतों को अपने दृढ़ मार्गदर्शक के रूप में रखते हुए जीवन के उतार-चढ़ाव से निपटने के लिए आत्मविश्वास और स्थिरता भी देता है।

अखंडता, एक मूल मूल्य के रूप में, ईमानदारी और नैतिक दृढ़ता का मूर्त रूप है। यह एक ऐसा गुण है जो विश्वास दिलाता है, संबंधों को मजबूत करता है, और प्रतिष्ठा बढ़ाता है, जिससे व्यक्तिगत और व्यावसायिक दोनों तरह से उन्नति होती है। अखंडता विश्वास पैदा करती है, जिससे व्यक्तिगत और व्यावसायिक संबंध और मजबूत होते हैं। यह एक सकारात्मक प्रतिष्ठा भी बनाती है, जो नए अवसरों के द्वार खोलती है और सकारात्मक सामाजिक संपर्क को प्रोत्साहित करती है। इसके अलावा, अखंडता का जीवन जीने से आंतरिक शांति मिलती है, जो हमें धोखे और नैतिक सिद्धांतों के उल्लंघन से जुड़ी उथल-पुथल से बचाती है। कुल मिलाकर, अखंडता एक सार्थक जीवन का आधार है, जो विश्वसनीयता, प्रतिष्ठा और आंतरिक शांति को बढ़ाती है।

ईमानदारी एक पुराना सिद्धांत है, जिसकी आपकी दादी पुरज़ोर वकालत करती थीं, लेकिन आपका सीवी इसे ज़िम्मेदारी से उल्लेख करने से बचता है। ईमानदार होना सिर्फ सच बोलने से कहीं ज़्यादा है, हालांकि उससे मदद मिलती है। यह अपने जीवन को उन झूठों से

निपटे बिना जीने के बारे में है, जो आपके किसी ऐसे शो में लपटों वाली मशालों की तरह हों, जिसके लिए आपने साइन अप नहीं किया था। सच बोलने से आपको बेहतर नींद आती है, आसानी से सांस लेने में मदद मिलती है, और यह याद करने की कोशिश बंद करने में मदद मिलती है कि आपने अकाउंटिंग की ब्रेंडा को सच का कौन सा संस्करण बताया था।

ईमानदारी ही रिश्तों को जोड़े रखती है, लेकिन इसकी भारी कीमत चुकानी पड़ती है। यह लोगों को एक-दूसरे पर भरोसा करने में मदद करती है, जो एक ऐसा दुर्लभ गुण है जिसकी लोग रिलेशनशिप ऐप्स पर तलाश करते रहते हैं। बेईमानी हर बातचीत को एक अटकल लगाने वाला खेल बना देती है, जिसके लिए किसी के पास समय नहीं है (खैर, शायद रियलिटी टीवी निर्माताओं के पास है)।

अंत में, सम्मान है, एक मूल्य जिसे हर कोई महत्वपूर्ण बताता है लेकिन गाड़ी चलाते समय इस्तेमाल करना भूल जाता है। किसी का सम्मान करने का मतलब है उन्हें एक असली इंसान की तरह व्यवहार करना, न कि अपनी कहानी के अतिरिक्त पात्रों की तरह। इसका मतलब है बिना किसी बड़े सम्मान की उम्मीद किए "धन्यवाद" और "कृपया" कहना। इसका मतलब है बिना यह सोचे कि अगला क्या कहना है, सुनना। मुझे पता है, यह पागलपन है। जब आप किसी का सम्मान करते हैं, तो उन्हें लगता है कि वे महत्वपूर्ण हैं, भले ही आप जानते हों कि वे पिज्जा पर अनानास रखने को लेकर गलत हैं। इससे शांति बनी रहती है, परिवार के खाने पर अनावश्यक लड़ाइयों को रोकता है, और सभी को चीजें फेंके बिना एक-दूसरे से मिल-जुलकर रहने का मौका मिलता है।

ईमानदारी और विनम्रता केवल सराहनीय गुण नहीं हैं; वे आवश्यक हैं।

वे आपको अन्य व्यक्तियों से जुड़ने की अनुमति देते हैं, ठीक वाई-फाई की तरह। इनके बिना, कुछ भी ठीक से काम नहीं करता, और लोग केवल जीवित रहते हैं। सम्मान दिखाने से रिश्ते काफी बेहतर हो सकते हैं, विश्वास की नींव बन सकती है, और सौहार्दपूर्ण संचार को बढ़ावा मिलता है। यह मतभेदों को सुलझाने में भी महत्वपूर्ण है, जिससे असहमति को शालीनता और रचनात्मक परिणामों के साथ संभाला जा सकता है। इसके अलावा, सम्मान समावेशिता का पर्याय है, क्योंकि यह विविधता का स्वागत करता है और समान व्यवहार को बढ़ावा देता है, इस प्रकार एकता और अपनत्व की भावना पैदा करता है। इसलिए,

सकारात्मक बातचीत को पोषित करने, मतभेदों को सौहार्दपूर्ण ढंग से सुलझाने, और समावेशिता को बढ़ावा देने के लिए सम्मान अनिवार्य है।

जिम्मेदारी का अर्थ है अपने कार्यों के लिए उत्तरदायी होना और अपनी प्रतिबद्धताओं को ईमानदारी से पूरा करना। यह व्यक्तिगत विकास का आधार है, क्योंकि अपनी गलतियों को स्वीकार करने से सीखने और आत्म-सुधार का मार्ग खुलता है। जो लोग जिम्मेदारी स्वीकार करते हैं, उन्हें विश्वसनीय और सम्माननीय माना जाता है, और वे अक्सर समस्या-समाधान में मजबूत क्षमताएं तथा निर्णय लेने में सक्रिय दृष्टिकोण प्रदर्शित करते हैं। यह गुण समस्याओं को प्रभावी और समय पर हल करने के लिए आवश्यक है। ज़िम्मेदारी जवाबदेही और अनुशासन के माध्यम से एक व्यक्ति के चरित्र को आकार देती है, जिससे यह व्यक्तिगत ईमानदारी और सामाजिक सम्मान का एक प्रमुख घटक बन जाता है।

सहानुभूति एक विशेष रूप से शक्तिशाली मूल्य है, जो हमें दूसरों की भावनाओं को समझने और साझा करने में सक्षम बनाता है। यह हमारे संबंधों को गहरा करता है, भावनात्मक समर्थन प्रदान करता है जो रिश्तों को मजबूत और वास्तव में समृद्ध बना सकता है। संघर्ष समाधान में भी सहानुभूति अपरिहार्य है, क्योंकि यह समझ और समझौते को बढ़ावा देती है, जिससे साझा आधार खोजने और शांतिपूर्ण समाधान तक पहुंचने में मदद मिलती है। सहानुभूति का उच्च सम्मान करने वाला समाज स्वाभाविक रूप से अधिक दयालु और समावेशी होता है, जो हम सभी को जोड़ने वाली सामान्य मानवता को पहचानता है और उस पर प्रतिक्रिया करता है।

करुणा, दूसरों के दुख के प्रति वह सहज सहानुभूति, बाहर की ओर फैलती है, और हमें दर्द को कम करने के लिए कार्रवाई करने के लिए प्रेरित करती है। यह हमें बड़े कार्यों या सरल कार्यों के माध्यम से दयालुता दिखाने के लिए प्रेरित करती है, जिससे हमारे उद्देश्य की भावना और भावनात्मक कल्याण बढ़ता है। करुणा सहिष्णुता को बढ़ावा देती है और पूर्वाग्रह को कम करती है, जिससे हम अपने मतभेदों से परे देखने और विविधता को अपनाने में सक्षम होते हैं, जिसके परिणामस्वरूप एक ऐसा समाज बनता है जहाँ हर किसी को महत्व और सम्मान दिया जाता है।

अडिगता, प्रतिकूलता के सामने लक्ष्यों की दृढ़ता से खोज, उपलब्धि को बढ़ावा देती है, लचीलेपन को पोषित करती है, और आत्म-प्रभावशीलता को मजबूत करती है। यह केवल

सहने का मामला नहीं है, बल्कि उद्देश्य की स्पष्टता और अपने लक्ष्यों के प्रति अटूट प्रतिबद्धता के साथ लगातार प्रयास करना है। यह दृढ़ता न केवल महत्वाकांक्षाओं की पूर्ति की ओर ले जाती है, बल्कि भावना को भी मजबूत करती है, और हमें जीवन की अपरिहार्य चुनौतियों का सामना करने के लिए दृढ़ और स्थायी आशावाद के साथ तैयार करती है।

कृतज्ञता, हमारे द्वारा अनुभव किए गए अच्छे कार्यों की हार्दिक स्वीकृति, परिवर्तनकारी है। नियमित रूप से कृतज्ञता का अभ्यास हमारे जीवन को समृद्ध करता है, जिससे शारीरिक और भावनात्मक कल्याण बढ़ता है। यह सकारात्मक संबंधों को पोषित करता है और उन बंधनों को मजबूत करता है जो हमें दूसरों से जोड़ते हैं। कृतज्ञता मानसिक स्वास्थ्य की चुनौतियों की लहर के खिलाफ एक सुरक्षा कवच के रूप में भी काम करती है, जिससे संतोष और शांत मन से भरे जीवन में योगदान मिलता है।

ये मूलभूत मूल्य, जिनमें सत्यनिष्ठा, ईमानदारी, सम्मान, जिम्मेदारी, सहानुभूति, करुणा, दृढ़ता और कृतज्ञता शामिल हैं, केवल शब्द नहीं बल्कि हमारे चरित्र का सार हैं। वे हमारी पहचान को आकार देते हैं, हमारे कार्यों का मार्गदर्शन करते हैं, और उस विरासत को प्रभावित करते हैं जिसे हम पीछे छोड़ते हैं। इन मूल्यों को अपनाकर, हम न केवल अपने जीवन को बेहतर बनाते हैं, बल्कि एक अधिक समझदार, दयालु और लचीली दुनिया बनाने में भी योगदान करते हैं। ये मूल्य हमें एक-दूसरे से जोड़ते हैं, जिससे मानवता की एक साझा भावना और व्यापक भलाई के लिए सामूहिक प्रयास को बढ़ावा मिलता है।

इन मूल्यों को अपनाने का हमारे रिश्तों, मानसिक स्वास्थ्य और जिन समुदायों में हम रहते हैं, उन पर एक तरंग प्रभाव पड़ता है। उदाहरण के लिए, ईमानदारी और सत्यनिष्ठा विश्वास को बढ़ावा देती हैं, जो स्वस्थ रिश्तों के लिए महत्वपूर्ण है। सहानुभूति और करुणा हमें दूसरों से गहरे स्तर पर जुड़ने और मजबूत, सहायक समुदाय बनाने में सक्षम बनाती हैं। जिम्मेदारी और दृढ़ता हमें अपने लक्ष्यों को प्राप्त करने और जीवन की चुनौतियों को लचीलेपन और दृढ़ संकल्प के साथ पार करने में मदद करती हैं।

मूल मूल्यों का अभ्यास एक व्यक्तिगत पसंद और सकारात्मक सामाजिक परिवर्तन के लिए एक शक्तिशाली बल है। जब हम अपने मूल्यों के अनुसार जीते हैं और दूसरों के लिए उनका उदाहरण प्रस्तुत करते हैं, तो हम दूसरों को भी ऐसा करने के लिए प्रेरित करते हैं, जिससे दया, करुणा और सम्मान की संस्कृति बनती है। अंततः, मूल मूल्यों के अभ्यास में

समाज को बदलने की क्षमता है, जिससे वह सभी के लिए अधिक सामंजस्यपूर्ण, न्यायसंगत और करुणामय बनता है।

मुख्य मूल्यों का प्रकटीकरण

एक समय में एल्मब्रिज नामक एक शांत तटीय शहर था, ऐसी जगह जहाँ सुबहों में समुद्री नमक और ताज़ी ब्रेड की महक आती थी, और दोपहरें बाकी दुनिया की तुलना में थोड़ी धीमी चलती थीं। वहाँ ज़्यादातर लोग आपका नाम, आपके कुत्ते का नाम, और यह जानते थे कि आप अपनी कॉफ़ी कैसे पीते हैं। यह वह आखिरी जगह भी थी जहाँ डैनियल वाइल्डर जैसे किसी व्यक्ति को लगता था कि वह आकर रुकेगा।

डैनियल एल्मब्रिज में वैसे ही आया जैसे ज़्यादातर भटकते लोग आते हैं, चुपचाप और सतर्क, यह मानकर कि वह सबको समझ चुका है। उसने अपने जीवन का ज़्यादातर समय एक नौकरी से दूसरी नौकरी और एक शहर से दूसरे शहर में घूमते हुए बिताया था, कभी इतना लंबे समय तक नहीं रुका कि कोई छाप छोड़ सके या कोई गड़बड़ कर सके। उसके अतीत ने उसे सिखाया था कि बहुत करीब जाने से अक्सर चोट लगती है, इसलिए उसने अपने दायरे को छोटा रखा और अपनी उम्मीदों को उससे भी छोटा। अगर उसने कभी अपनी मूल्यों का नाम रखा होता, तो वे आत्म-संरक्षण और व्यंग्य पर केंद्रित होते।

एलमब्रिज सिखाने का एक अलग तरीका जानता था। यह शहर अपनी अच्छाई का ढिंढोरा नहीं पीटता था। यह बस बार-बार सामने आता था। यह उन पड़ोसियों में था जो सिर्फ इसलिए हाथ हिलाते थे क्योंकि वे हिला सकते थे। यह उस डाकिया में था जो अपने रास्ते में आने वाले हर कुत्ते के लिए बिस्कुट छोड़ जाता था। और सबसे बढ़कर, यह नोरा प्राइस नाम की एक महिला में था।

नोरा बंदरगाह के पास एक छोटी सी किताबों की दुकान चलाती थी, उस तरह की दुकान जहाँ उसके पसंदीदा उपन्यासों के पन्नों में हाथ से लिखे नोट्स रखे होते थे और दरवाज़े पर एक घंटी लगी थी जो हर बार किसी के अंदर आने पर एक ही उम्मीद भरी झनकार करती थी। उसके पास लोगों को यह महसूस कराने का एक तरीका था कि वे उस जगह के हिस्से हैं, बस उनकी कहानियों को याद करके और उनका अंत पूछकर। वह अपने मूल्यों को बिना किसी

तामझाम के जीती थी। वह तब मौजूद रहती थी जब दूसरे नहीं आते थे, मुश्किल होने पर माफ कर देती थी, और इस तरह सुनती थी जैसे कि वह बात मायने रखती हो।

डैनियल की उससे संयोग से मुलाकात हुई। अगर आप नोरा से पूछते, तो वह कहती कि संयोग जैसी कोई चीज़ नहीं होती, बस ऐसे निमंत्रण होते हैं जिन्हें स्वीकार करने की हिम्मत हम करते हैं। वह बागवानी वाले हिस्से में किताबें देखने का नाटक कर रहा था, जब वह चाय का एक मग लेकर उसके पास आई और बोली, "आप ऐसे लगते हैं जैसे आप अपनी असल उम्र से कहीं ज़्यादा उम्र के हैं।"

यह कोई आरोप नहीं था। यह एक शांत शुरुआत थी।

शुरू में डेनियल सतर्क रहा। वह ध्यान भटकाने के लिए मज़ाक उड़ाता और केवल आधे-अधूरे जवाब देता था, मानो वह ईमानदारी को बचाकर रख रहा हो। नोरा ने ज़ोर नहीं दिया। उसने उसे अपनी जगह दी। समय के साथ, वह जगह कुछ ऐसी बन गई जो डेनियल ने सालों से महसूस नहीं की थी—सुरक्षित। उसने देखा कि वह कैसे जीती थी। वह एक पड़ोसी के लिए सूप ले जाने के लिए दुकान जल्दी बंद कर देती थी। जब लोग ठोकर खाते थे तो वह उन पर कृपा करती थी। उसने कभी किसी को सुधारने की कोशिश नहीं की। उसने बस यह दिखाया कि उद्देश्य के साथ जीना कैसा होता है।

डैनियल ने देखा, और कुछ बदल गया। वह उसके मूल्यों को अपनाने लगा, इसलिए नहीं कि उसने उससे कहा था, बल्कि इसलिए कि वे सच लगते थे। उसने देखा कि कैसे सहानुभूति पुल बनाती है। उसने देखा कि कैसे ईमानदारी लोगों को फिर से भरोसा करने का कारण देती है। उसने देखा कि कैसे दयालुता, लगातार अपनाने पर, माहौल बदल सकती है।

उसके अपने बदलाव की शुरुआत छोटी-छोटी बातों से हुई। उसने अधिक अर्थ के साथ 'धन्यवाद' कहना शुरू कर दिया। उसने बिना सोचे-समझे अपनी सीट दे दी। उसने अपने भाई को फोन किया, जिससे उसने सालों से बात नहीं की थी, बस सुनने के लिए। शुरुआत में, यह अजीब लगा, जैसे सालों तक बाहर बैठने के बाद नाचना। लेकिन धीरे-धीरे, उसने अपनी लय पा ली। वह लय नहीं जो वह पहले था, बल्कि वह लय जो वह बन सकता था।

एक शाम, किताबों की दुकान बंद होने के बाद, डैनियल ने नोरा से पूछा कि उसने सबसे पहले उससे संपर्क क्यों किया था।

वह मुस्कुराई और बोली, "क्योंकि किसी ने एक बार मेरे लिए ऐसा किया था। और मैंने वादा किया था कि मैं इस उपहार को कभी बर्बाद नहीं करूंगी।"

तभी डेनियल को कुछ और गहरा समझ आया। मूल्य, जब ईमानदारी से जिए जाएँ, तो वे सीमित नहीं रहते। वे फैलते हैं। वे किसी और के जीवन तक पहुँचते हैं। और अगर उन्हें सावधानी से स्वीकार किया जाए, तो वे बढ़ते हैं।

एक साल बाद, डैनियल अब एल्मब्रिज से होकर नहीं गुजरता था। वह शहर का हिस्सा बन गया था। वह सामुदायिक केंद्र में स्वयंसेवा करने लगा, पड़ोस की सफाई का आयोजन किया, और यहां तक कि स्थानीय हाई स्कूल में सेवा के माध्यम से उद्देश्य खोजने के बारे में बात भी की। उसने घबराहट से बचने के लिए इसे एक बातचीत कहा, लेकिन हर कोई जानता था कि यह उससे कहीं बढ़कर था। उसका परिवर्तन किसी रोशनी में नहीं आया। यह सार के साथ आया। वह आदमी जो कभी भटकता था, अब उद्देश्य के साथ चलता था।

नोरा के मूल्य उसके साथ खत्म नहीं हुए। वे उसके माध्यम से जारी रहे। एक पड़ोसी ने मदद की पेशकश की। एक अजनबी ने प्रोत्साहन दिया। छोटे-छोटे कार्य, चुपचाप लेकिन लगातार, बनते चले गए। जो कभी एक सुस्त शहर लगता था, अब उद्देश्य से जीवंत महसूस हुआ। एल्मब्रिज इस बात का एक जीवंत उदाहरण बन गया कि कैसे मूल्य, जब अपनाए जाते हैं, तो न केवल व्यक्तियों को बल्कि पूरे समुदायों को आकार देते हैं।

विरासत हमेशा पीढ़ियों से चली आ रही मूर्तियों या कहानियों में नहीं मिलती। कभी-कभी, यह एक पुस्तक की दुकान की गर्माहट में, हाथ बढ़ाने के साहस में, और एक सच्चे कार्य से उत्पन्न विकल्पों की लहर में जीवित रहती है। जब हम अपने मूल्यों को दिखाने के लिए नहीं बल्कि बदलाव लाने के लिए जीते हैं, तो हम कुछ ऐसा पीछे छोड़ जाते हैं जो हमारे अंतिम शब्द कहने के बहुत बाद तक जारी रहता है। मूल्यों को तालियाँ नहीं चाहिए। उन्हें बस सच्चा होना चाहिए।

चरित्र निर्माण का सार

वास्तविक चरित्र तो कुछ और ही होता है। यह वह प्रकार नहीं है जिसे लोग किसी महत्वपूर्ण व्यक्ति के देखने पर जैकेट की तरह पहन लेते हैं, बल्कि वह प्रकार है जो आपकी हड्डियों में गहराई से बस जाता है और तब खुद को दिखाता है जब कोई आसपास नहीं

होता। इस तरह का चरित्र आसानी से नहीं मिलता। इसे आकार दिया जाता है। इसे गढ़ा जाता है। कभी-कभी यह परीक्षा, गलती और धीमी सीख की आग में टूटता और फिर से ढला जाता है।

हर व्यक्ति जीवन की एक तरह की चाप पर चलता है। यह यात्रा सीधी रेखा में नहीं बल्कि उतार-चढ़ाव, गलत मोड़ों और अप्रत्याशित साथियों वाले एक घुमावदार रास्ते पर पूरी होती है। उस चाप पर, आपसे बार-बार पूछा जाएगा कि आप कौन हैं। और आपका जवाब आपके शब्दों में नहीं होगा। यह आपके कार्यों में होगा। जब आपके नीचे की ज़मीन खिसकने लगे तो आप किस बात के लिए खड़े हैं?

एक पुरुष या महिला बिना नींव के कोई भी सार्थक चरित्र नहीं बना सकता। वह नींव है मूल्य। इन्हें लोहे के कीलों की तरह समझें जो आपकी आत्मा की संरचना को एक साथ बनाए रखते हैं। इनके बिना, आपका जीवन-पथ ढह जाता है। जब जीवन कठोर दबाव डालता है तो आप डगमगाते हैं, और यह हमेशा होगा। आप हर बात में गिर जाते हैं क्योंकि आप किसी भी बात के लिए नहीं खड़े होते।

ईमानदारी आपको तब स्थिर बनाए रखती है जब हवा आपको आसान रास्ता अपनाने के लिए उकसाती है। यह आपको सही काम करने की याद दिलाती है, भले ही इसके लिए आपको कुछ कीमत चुकानी पड़े। ईमानदारी ईमानदारी के साथ चलती है। यह सिर्फ सच बोलने के बारे में नहीं है। यह सच्चाई से जीने के बारे में है, जहाँ आपके काम आपके शब्दों से मेल खाते हैं और आपका अंतरात्मा शुद्ध रहता है।

सम्मान आपको याद दिलाता है कि कोई भी व्यक्ति आपसे नीच नहीं है। आप जिस भी आत्मा से मिलते हैं, भिखारी से लेकर राजा तक, हर एक में मूल्य होता है। आप उसका सम्मान शब्दों से नहीं, बल्कि उनके साथ अपने व्यवहार से करते हैं। वही सम्मान दूसरों को सिखाता है कि बदले में वे आपके साथ कैसा व्यवहार करें।

जिम्मेदारी वह शांत शक्ति है जो आपको वह उठाने में मदद करती है जो आपको उठाना चाहिए। आप अपने फैसलों के लिए खुद जिम्मेदार होते हैं। आप अपनी गलतियों का बोझ दूसरों पर नहीं डालते या हवा को चलने के लिए दोषी नहीं ठहराते। आप उस बोझ को उठाते हैं। और समय के साथ, वह बोझ आपको मजबूत बनाता है।

सहानुभूति आपको अपनी नाक के आगे देखने देती है। यह आपको किसी और की छाती में दर्द महसूस करने और भागने के बिना उसके साथ बैठने देती है। यह आपको इंसान बनाती है। करुणा वह हाथ है जो उसी सहानुभूति के कारण आगे बढ़ता है। यह देने का, शब्दों से बढ़कर दूसरों के लिए मौजूद रहने का कार्य है।

अडिगता एक लंबा रास्ता है। यह आपको तब भी आगे बढ़ाए रखती है जब कोई मंजिल नज़र नहीं आती। यह दिखावटी नहीं है। यह दृढ़ता है। यह तब भी चढ़ाई जारी रखने का चुनाव करना है जब आपके पैरों में कोई ताकत न बची हो। यह चुनाव, बार-बार दोहराया जाने पर, कुछ ऐसा बनाता है जिसे कोई आपसे नहीं छीन सकता।

कृतज्ञता वह लालटेन है जिसे आप अपने साथ रखते हैं। यह राह रोशन करती है और आपको विनम्र बनाए रखती है। यह आपको आशीर्वादों को पहचानना सिखाती है, भले ही वे फटेहाल रूप में सामने आएँ। यह आपके भीतर के कठोर स्थानों को कोमल बनाती है और आपको याद दिलाती है कि खुशी अक्सर शांत होती है।

अब, यहाँ एक बात है जिसे ज़्यादातर लोग चूक जाते हैं। मूल्य सिद्धांत नहीं हैं। वे नोटबुक की लाइनें या दीवार पर टांगे जाने वाले शब्द नहीं हैं। वे आदतें हैं। वे ऐसे चुनाव हैं जो हजारों बार दोहराए जाते हैं, जब तक कि वे आपका स्वभाव न बन जाएँ। आप सिर्फ उनके बारे में बात नहीं करते, आप उन्हें जीते हैं। और जब आप उन्हें जीते हैं, तो कुछ होता है। दूसरे इसे महसूस करने लगते हैं। वे आप पर भरोसा करने लगते हैं। वे आपकी ही तरह बनने लगते हैं। इसी तरह संस्कृति का निर्माण होता है, बड़े भाषणों से नहीं, बल्कि शांत उदाहरणों से।

आपकी पहचान एक ही पल में नहीं बनती। यह उन चीजों से बनती है जिन्हें आप तब चुनते हैं जब कुछ भी न चुनना आसान हो। दुनिया आपके हर उस मूल्य पर आपकी पकड़ का परीक्षण करेगी जिसे आप अपना होने का दावा करते हैं। जीवन आपको आज़माएगा। आपको पूरी तरह से आज़माएगा। यह फुसफुसाएगा, "हार मान लो। आसान रास्ता अपना लो। दूसरी तरफ देखो।" तभी यह धनुष या तो ताकत की ओर मुड़ता है या टूट जाता है।

आपके द्वारा अपनाए गए मूल्य उस क्षण में कम्पास बन जाते हैं। वे आपको बताते हैं कि आगे किस दिशा में है। वे आपकी रीढ़ को सीधा रखते हैं। वे आपकी कहानी को याद रखने योग्य बना देते हैं।

आप जो आगे बढ़ाते हैं, वही मायने रखता है। आपकी संपत्ति नहीं। आपका पद नहीं। जो हमेशा के लिए रहता है, वह है जीने का आपका तरीका और वे मूल्य जिन्हें आपने एक मशाल की तरह थामे रखा। वही मूल्य जिन्होंने आपके रास्ते को रोशन किया और दूसरों को अपना रास्ता खोजने का साहस दिया।

तो, जब आप कल सुबह उठें और ज़मीन पर पैर रखें, तो खुद से पूछें कि आप किस तरह का चरित्र बना रहे हैं। खुद से पूछें कि आप कैसी विरासत छोड़कर जा रहे हैं। आपको पता चलेगा कि आपके मूल्य सिर्फ जीने के साधन नहीं हैं। वे इस बात का ठोस सबूत हैं कि आपने उद्देश्य के साथ जीवन जिया।

निष्कर्ष

जैसे ही हम "समय के माध्यम से नेविगेटिंग" के पन्नों में अपने अध्यायों का समापन करते हैं, मैं हमारी यात्रा की सराहना करता हूँ और आशा करता हूँ कि यह अनुभव सार्थक रहा है। यह यात्रा मानव ज्ञान, विश्वास और वित्तीय समझदारी की एक गहन खोज रही है, जिसने हमें समय के गलियारों से होकर मार्गदर्शन किया है।

हमारी खोज ज्ञान के उस दुर्लभ खजाने को खोजने की एक साधारण इच्छा से शुरू हुई। जब हमने इस यात्रा पर कदम रखा, तो हमने पाया कि ज्ञान, इतिहास के पन्नों तक सीमित एक प्राचीन अवशेष होने के बजाय, एक गतिशील, लगातार विकसित होने वाली इकाई है। यह विद्वानों या दार्शनिकों का विशेष क्षेत्र नहीं है; बल्कि, यह एक प्रकाशस्तंभ है जो आत्मनिरीक्षण, खुले विचारों और आजीवन सीखने की यात्रा पर निकलने के इच्छुक प्रत्येक व्यक्ति का मार्गदर्शन करता है।

दर्शन को कभी जीवन प्रशिक्षक बनने के लिए नहीं बनाया गया था, फिर भी, किसी तरह, उसने सीटी बजाने का काम संभाल लिया। इसकी शुरुआत पेड़ों के नीचे बैठे कुछ दाढ़ी वाले लोगों द्वारा शांत चिंतन से हुई। वे सोचते थे कि हम क्यों मौजूद हैं और कोई पूरी तरह से पागल हुए बिना कैसे जी सकता है। फिर, हम बाकी लोग, जो दैनिक जीवन में घबरा रहे थे, उससे ऐसे चिपक गए जैसे यह अव्यवस्था से बाहर निकलने वाली अंतिम रस्सी हो। दर्शन ने कभी विरोध नहीं किया। वह खड़ा हुआ, अपनी चोगा ठीक की, और अर्थ की ओर इशारा किया।

उन शुरुआती अध्यायों में हमें जो पता चला, वह यह था कि दर्शन कोई विलासिता नहीं है। यह विचारकों और ट्वीड-पहनने वालों के लिए कोई अतिरिक्त सजावट नहीं है। यह दैनिक जीवन की रीढ़ है। यह आपके सुबह के फैसलों, बहसों, खर्च करने की आदतों में और इस बात में भी दबे पाँव आ जाता है कि जब बारिस्टा फिर से आपका नाम गलत लेता है तो आप कैसे प्रतिक्रिया देते हैं। आप दर्शन का अध्ययन नहीं करते। चाहे आपको पसंद हो या न हो, आप इसे जीते हैं।

हमने सीखा कि बुद्धिमत्ता कोई ट्रॉफी नहीं है जिसे आप पर्याप्त उद्धरण पढ़ने के बाद अर्जित करते हैं। यह उस ज्ञान को लागू करने की क्षमता है जो आपके पास है, जब जीवन आपको पूरी तरह से धराशायी करने की कोशिश करता है। यह ज़ोरदार या नाटकीय नहीं है। यह वह शांत आवाज़ है जो आपको कुछ बेवकूफी भरा कहने से पहले बैठ जाने के लिए कहती है। बुद्धिमत्ता आपके कदमों का मार्गदर्शन करती है, भले ही आपका अहंकार गलत दिशा में दौड़ना चाहता हो।

हर व्यक्ति सोचता है कि उसे ज्ञान की आवश्यकता है। वास्तव में उन्हें जिस चीज़ की ज़रूरत है, वह बुद्धिमानी है। ज्ञान आपको बहस जीतने में मदद करता है। बुद्धिमानी आपको उनसे पूरी तरह से बचने में मदद करती है। ज्ञान आपको नौकरी दिला सकता है। बुद्धिमानी आपको वह करते हुए अपनी गरिमा बनाए रखने में मदद करती है। बुद्धिमानी दुर्लभ इसलिए नहीं है क्योंकि यह जटिल है। यह दुर्लभ है क्योंकि यह अनुशासन की मांग करती है। यह उस इच्छा की मांग करती है कि जब दुनिया आपसे प्रतिक्रिया चाहती है, तो आप एक पल के लिए रुकें।

वहाँ से, हमारा रास्ता विश्वास की ओर मुड़ गया। वह विश्वास नहीं जो बेंचों और मोमबत्तियों वाली इमारत में बंद हो, हालांकि उसकी भी अपनी जगह है। विश्वास, जैसा कि हमने जाना, वह उन चीजों पर विश्वास करने का एक जिद्दी कार्य है जिन्हें आप देख नहीं सकते। यह उस चीज़ पर भरोसा करने की क्षमता है जब सबूत खत्म हो गए हों। यह उस क्षमता को भी दर्शाता है जब रास्ता ही खत्म हो जाए तो भी आगे बढ़ने की हिम्मत हो।

विश्वास कोई सजावटी शब्द नहीं है। इसे सुंदरता के लिए तकियों में नहीं सिल दिया जाता। यह वह है जो आपको तब संभाले रखता है जब बाकी सब कुछ ढह जाता है। जब आपकी योजनाएँ बिखर जाती हैं, और आपका समय-सार आपके सामने हँसता है, तो विश्वास आपकी रीढ़ को सीधा रखता है। यह सबूत नहीं माँगता। यह प्रतिबद्धता माँगता है। या तो आप विश्वास करते हैं, या नहीं करते। यही परीक्षा है।

विश्वास के बिना व्यक्ति उस जहाज की तरह है जिसके न तो लंगर है और न ही पाल। वे बहते रहते हैं। वे घबरा जाते हैं। वे हवा को कोसते हैं, बजाय यह सीखने के कि उसके साथ कैसे काम किया जाए। विश्वास आपको याद दिलाता है कि इस गड़बड़ी से परे भी एक अर्थ है। इस शोर के नीचे कहीं एक व्यवस्था है। आपको हमेशा समझने की ज़रूरत नहीं है। आपको बस चलते रहना है।

अगले ही पल, हम एक ऐसे विषय से मिले जिस पर हर किसी को लगता था कि वे माहिर हैं, लेकिन वास्तव में बहुत कम लोग ही उसे समझ पाए थे। पैसा। वित्तीय बुद्धिमत्ता एक स्कूल शिक्षक की तरह, हाथ में रूल लिए हुए, हमारे बकवास को सुधारते और हमारी आदतों को उजागर करते हुए आई। ज़्यादातर लोग सोचते हैं कि वित्तीय बुद्धिमत्ता का मतलब सीपियों की तरह डॉलर इकट्ठा करना है। ऐसा नहीं है। यह इस बारे में है कि आपके फैसले समय के साथ कैसे गूँजते हैं।

पैसा सभी बुराइयों की जड़ नहीं है। यह एक मिथक है। पैसे के बारे में अज्ञानता कहीं ज़्यादा खतरनाक है। जो व्यक्ति पैसे का प्रबंधन नहीं कर सकता, वह अपनी ही जीवनशैली का कैदी बन जाता है। वे तनख्वाह के पीछे भागते हैं और कीमतों को लेकर घबरा जाते हैं। वित्तीय बुद्धिमत्ता लालच के बारे में नहीं है। यह स्वतंत्रता के बारे में है। यह अतीत की बेड़ियों में जकड़े बिना विकल्प बनाने की कला है।

जल्दी निवेश करना कोई सिफ़ारिश नहीं है। यह एक जीवन रेखा है। बीस डॉलर का एक बचाया हुआ नोट, चालीस साल की उम्र में बचाए गए दस डॉलर के नोट से कहीं ज़्यादा मूल्यवान होता है। यह वित्तशास्त्र नहीं है। यह भौतिकी है। योजना आपकी सहजता को नहीं छीनती। यह उसकी रक्षा करती है। जो व्यक्ति बजट बनाता है, वह उबाऊ नहीं होता। वे नियंत्रण में होते हैं। वे वही लोग होते हैं जो तब चैन की नींद सोते हैं, जबकि बाकी सब अँधेरे में बेचैन होकर इधर-उधर घूम रहे होते हैं।

वित्तीय बुद्धिमत्ता यह भी सिखाती है कि आप वह नहीं हैं जो आप कमाते हैं। आप वह हैं जो आप इसके साथ करते हैं। कुछ लोग छह अंकों की कमाई करते हैं और डर में जीते हैं। अन्य मामूली कमाई करते हैं और जीवन को एक नृत्य की तरह जीते हैं। पैसा जवाब नहीं है। यह एक प्रवर्धक है। आपके अंदर जो कुछ भी है, वह पैसा आने के बाद और ज़ोर से सुनाई देगा। इसीलिए चरित्र को पहले आना चाहिए।

जो हमें रिश्तों पर लाता है। आत्माओं का वह शांत नेटवर्क जो आपके जीवन को आकार देता है। रिश्ते कोई बोनस नहीं हैं। वे मूल रूपरेखा हैं। कोई भी उपलब्धि, कोई भी पुरस्कार, कोई भी बैलेंस शीट किसी दूसरे व्यक्ति द्वारा देखे और महत्व दिए जाने के अनुभव की तुलना नहीं कर सकती। आप तालियों के बिना जी सकते हैं। आप बिना जुड़ाव के नहीं जी सकते।

आपके रिश्तों का स्वास्थ्य अक्सर आपके चरित्र के स्वास्थ्य को प्रकट करता है। जो व्यक्ति दीवारें बनाता है, उसे अंत में गूँज ही मिलती है। जो व्यक्ति पुल बनाता है, उसे

सामंजस्य मिलता है। रिश्ते शब्दों से नहीं बनते। वे वादे पूरे करने पर बनते हैं। जब ज़रूरत हो तो मौजूद रहने और जब मुश्किल हो तो टिके रहने पर बनते हैं। वे सुविधाजनक नहीं होते। वे पवित्र होते हैं।

एक अच्छा रिश्ता आपसे परिपूर्ण होने को नहीं कहता। यह आपसे उपस्थित रहने, किसी और को सुनने के लिए अपने अहंकार को कुछ समय के लिए अलग रखने, जब दूसरा व्यक्ति नहीं उठा सकता तो उसका बोझ उठाने, और आपको विनम्रता, धैर्य, और आपके अपने स्वार्थी सोच की सीमाओं को सिखाने के लिए कहता है।

अब, हम अंतिम क्षण पर आते हैं। वह हिस्सा जहाँ लोग एक निष्कर्ष और सीखों पर बँधी एक स्पष्ट नैतिक पट्टिका की उम्मीद करते हैं। जीवन ऐसा नहीं चलता। कोई पुनः प्रयास नहीं होता। केवल अगला विकल्प होता है। जो आप जानते हैं, उसके साथ आप क्या करते हैं, वही अंतिम परीक्षा है, जो हमेशा एक ओपन बुक परीक्षा होती है।

अब आप समझ गए हैं कि बुद्धिमानी कोई सिद्धांत नहीं है। यह एक गति है। यह इस बात का तरीका है कि आप भीड़ में कैसे चलते हैं और अपने बिलों का भुगतान कैसे करते हैं, आप उस व्यक्ति के साथ कैसा व्यवहार करते हैं जो आपको बीच में टोकता है। आपके मूल्य वह नहीं हैं जो आप कहते हैं। वे कुछ ऐसा हैं जो आप प्रकट करते हैं।

आस्था वैकल्पिक नहीं है। न ही वित्तीय स्पष्टता है। न ही दयालुता। वे एक बेहतर जीवन के लिए सजावट नहीं हैं। वे जीवन हैं। वे खुद को खोए बिना आगे बढ़ने का एकमात्र तरीका हैं। वे वह खाका हैं जो वर्षों के संग्रह को एक सार्थक अस्तित्व में बदल देता है।

आपको जो कुछ भी चाहिए, वह सब पहले से ही आपके भीतर मौजूद है। दर्शनशास्त्र ने आपको दिशा-सूचक दिया। विश्वास ने आपको साहस दिया। वित्त ने आपको नींव दी। रिश्तों ने आपको कारण दिया। आप अंत में नहीं हैं। आप द्वार पर हैं। आपकी कहानी अब जारी है, बाद में नहीं।

हर दिन जब आप जागते हैं, तो आप दो चीजों से मिलेंगे। कल की गूंज और आज का सवाल। आप कैसे प्रतिक्रिया देते हैं, वही वह पंक्ति बन जाती है जिसे एक दिन याद किया जाएगा। उस पंक्ति में उन मूल्यों को प्रतिबिंबित होने दें जो दबाव में भी नहीं झुके।

चरित्र एक ही पल में नहीं बनता। यह आदतों से तराशा जाता है। यह मूल्यों में जड़ें जमाता है। आपको पूर्णता की आवश्यकता नहीं है। आपको दिशा की आवश्यकता है। आपको तालियाँ नहीं चाहिए। आपको ईमानदारी चाहिए। बाकी सब शोर है।

जैसे ही आप आगे के अनलिखे पन्नों में कदम रखते हैं, इस सत्य को साथ रखें। आप लेखक हैं। आप पात्र हैं। आप संपादक हैं। जिन मूल्यों को आप बनाए रखते हैं, वे हर दृश्य को आकार देंगे। वे उस अंत को बनाएँगे जो मायने रखता है।

अब यह आपकी कहानी है। इसे अच्छी तरह लिखें।

संदर्भ

1. Arendt, H. (1958). *The human condition*. University of Chicago Press.
2. दोस्तोव्स्की, एफ. (2004). *द ब्रदर्स कारामाज़ोव* (आर. पेवियर और एल. वोल्खोंस्की, अनुवाद)। फारार, स्ट्रॉस एंड गिरॉक्स। (मूल कृति 1880 में प्रकाशित)
3. एमर्सन, आर. डब्ल्यू. (2000). *आत्म-विश्वास और अन्य निबंध*। डोवर पब्लिकेशंस। (मूल कृति 1841 में प्रकाशित)
4. फ्रेम, डी. एम. (2010). *मोंटेन:* निबंध। स्टैनफोर्ड यूनिवर्सिटी प्रेस।
5. जनावे, सी. (1999). *शॉपेनहावर: ए वेरी शॉर्ट इंट्रोडक्शन.* ऑक्सफ़ोर्ड यूनिवर्सिटी प्रेस.
6. Xunzi. (1999). *मूल लेख* (बी. वॉटसन, अनु.). कोलंबिया यूनिवर्सिटी प्रेस.

www.ingramcontent.com/pod-product-compliance
Lightning Source LLC
LaVergne TN
LVHW100303210926
848480LV00003B/1009